纪念中国人民抗日战争暨世界反法西斯战争胜利七十周年特别奉献

河南抗战老兵口述录

焦国强 编

图书在版编目(CIP)数据

河南抗战老兵口述录 / 焦国强编.— 郑州 ：大象出版社，2015. 8（2017. 5 重印）
ISBN 978-7-5347-8084-4

Ⅰ. ①河… Ⅱ. ①焦… Ⅲ. ①抗日战争—史料—中国 Ⅳ. ①K265. 06

中国版本图书馆 CIP 数据核字(2015)第 105001 号

河南抗战老兵口述录

焦国强　编

出 版 人　王刘纯
责任编辑　石更新
责任校对　钟　骄
版式设计　刘　民

出版发行　大象出版社(郑州市开元路 16 号　邮政编码 450044)
发行科　0371-63863551　总编室　0371-65597936
网　　址　www.daxiang.cn
印　　刷　永清县晔盛亚胶印有限公司
经　　销　各地新华书店经销
开　　本　787mm×1092mm　1/16
印　　张　22.5
字　　数　457 千字
版　　次　2015 年 8 月第 1 版　2017 年 5 月第 3 次印刷
定　　价　45.00 元

印厂地址　永清县工业园区大良村西部
邮政编码　065699　　　　电话　0316-6658662

国家兴亡
匹夫有责

张长海

孙钦尧

八年抗日侵略
生最终无条件
的投降了

刘继孔
（刘四在）

抗战老兵　许保和

张忠义

[illegible]

石振东

关爱抗战老兵
弘扬民族精神。

李松海

张金忠

高尚志

葛传海

日本侵华
残无人道
铁证如山，
不容翻案。

抗日老兵：
白存恩

希望六老的
中华民族团
结起来建新
时代新国家

郭建华

寇杏林

[illegible]

亲爱精诚

刘进祥

精诚团结

吴吉书

王德松

杨宝山

保卫祖国
抗战到底

[illegible]

刘宗阁

赵百斋、
国家兴亡
匹夫有责

张君图

我是一个普通的一个抗日老兵，没有什么事功伟勋，值说自己的经历只是一个尽了自己应尽义务。
我是山西省乡宁县农村的一个村民。

魏文彬

亲爱精诚
刘子明

刘彦飞　　張克銀　　中華民族
站起来吧
艾玉福上

抗战到底　　張天生

高尚峰

賈金生

王杰

收复中华　　我是老兵

張永光　　翟銘耀

王月亭　　华人佐克

参军名字 張伯英
（張钧柯书）
四纵一〇部队参谋处四科

抗日老兵金鑑

翟灿有　　康定國　　張文樹　　赵永信

禹养玉　　余春华　　張平座（張济越）

張華亭

反对日本侵略
领土

老兵
陶士君

团结友爱

吴云帆

李太

姚书倍

史定坤

蕭大鈞

日本记害我
很多老百姓流
了血 河水流红了
马兴武

祖国万岁

当兵名 張玉山

现名 張東升

杨乃宗

前 言

抗日战争是中国近代史上第一次取得彻底胜利的民族解放战争，也是世界反法西斯战争的一个重要组成部分。如此重要的一段历史，由于国内历史和政治的原因，在一个时期里并没有得到完全客观、准确、全面的记载和叙述。20世纪80年代起，一些文学和影视作品中开始有了国民党军队正面战场抗战的内容，如台儿庄战役等。政协全国委员会很早就成立的文史资料委员会以“亲见、亲闻、亲历”为特色，收集、整理、编辑出版了大量近现代史资料，其中相当一部分为抗战口述史料，但在“文革”中，人人自危，与国民党有关的一切书面资料、照片、徽章、证件等物品，其主人必焚之弃之而后安，对那段浴血抗战的经历人们更是讳莫如深，避而不谈。改革开放后，一批离退休人员利用各级政协编辑出版文史资料这个平台，撰写了大量文章，其中不乏涉及抗战内容的珍贵历史资料，但这部分作者来源于八路军、新四军的居多，且多以回忆文章的形式叙述历史，无意中过滤掉了很多在作者看来无关紧要的历史细节，也在无意识中加入了自己的立场和观点，这和由采访者提问，被采访者口述，用录音录像的形式存留下来的原始历史记忆还是有所不同的。随着海峡两岸文化交流的日益深入，台湾出版的一些原国民党高级将领的回忆录、访谈录被介绍到了大陆，近年内地出版的一些口述历史丛书就是根据台湾的出版物重新组合整理而来的。总体来说，历史资料越来越丰富，追寻历史真相的阅读者也越来越多。长期以来，包括知识分子、青年学生在内的普通民众希望更多地了解这场伟大的民族自卫和解放战争。寻找历史当事人进行口述采访，便成为拓展史学空间，廓清历史谜团的一条必由之路。一些散居民间的原国民党下级官兵生活困苦，失去话语权，几乎被社会遗忘，但作为抗日战争的亲历者，他们是真刀真枪和敌人拼过命的人，是战争中的生死体验者，他们对战争的记忆也有别于高层将领，只有走近他们，倾听他们，我们才能走近历史的真相。

口述历史在当下受到广泛的欢迎，除了大众探求历史真相的渴望之外，还在于口述历史具有多元化、民主化的特点，已超越了历史技法，成为一种理解人类历史的新立场和新态度，有补于文献历史之短，增加了历史的丰富度，从精英人物为主的传统史学领地打开了一个向民众开放的缺口，给老百姓一个讲述和回忆的渠道。如果没有口述史，许多文化水平不高的普通老百姓就难以提供他们所见所闻的重要历史情节，同时，直白的大实话更容易把我们带回到真实的历史时空中。如本书中平顶山市的抗战老兵史定坤老人并不识字，少年逃荒时学会了唱地摊戏，口口相传，练就了过人的记忆力，后来参加远征军，从滇西反攻作战到后来在南京受降仪式上担任警卫，见证了重要的历史时刻。采访时，他一口气讲了两个小时，可谓畅快淋漓，整理后形成了13页的材料。

抗战期间河南有多支部队驻防、整补，东、北两条战线长期与敌对峙，一应军需均就地取材，征兵征粮河南为全国最多省份之一，河南籍的抗战将领也很多。留住河南抗战老兵的历史记忆，把他们无形的记忆固化为能传之于后世的历史读物，无论是对于丰富抗战历史资料、还原历史真相，还是对于弘扬抗战精神、体现对老兵的人文关怀都是极有意义的。

我决心独立完成这项工作的时候，最大的难题是怎样准确地找到这些抗战老兵。2013年夏天，我联系到洛阳关爱抗战老兵的志愿者袁慧敏女士，通过她又认识了一批可爱的志愿者。在他们的帮助下，我没费什么周折就得到了一批老兵住址和联系电话等信息。这些资料虽然我得来全不费功夫，但在起初寻访这些老兵的过程中，这些志愿者是煞费苦心的。

在接下来的八个月里，我全身心投入到采访工作中，累计行程1万多公里，有重点地选择采访了全省各地150多位经历丰富、思维和记忆良好的抗战老兵，录制、拍摄和收集了大量视频、音频、照片和文字资料，从中整理出老兵口述材料百余篇，最终收入书中81篇。在核对史料的过程中又查证和引用了大量历史图片和注释，至此，一部抗战口述历史读物就初步成型了。

本书的采访对象限于河南籍及长期在河南定居的参加过抗战的原中国军人，在口述人的选择和口述内容的分布上，尽量使其具有广泛的代表性。一是既有国民党部队的抗战老兵，也有共产党直接领导下的八路军、新四军部队的抗战老兵；二是女性口述人虽然不多，但没有缺席；三是本书的口述人有军校教官、步兵、炮兵、汽车兵、司号员、传令兵、勤务兵、通信兵、工兵、军邮员、译员、监护兵、救护兵等，尽可能体现不同兵种的岗位特色；四是尽量广泛地涉及各个战区、各个战役，从地域上看北到长城，南到滇缅、印度，时间上从1932年的“一·二八”事变到1945年的西峡口战役。这些内容虽然远远不足以重构历史，但以其鲜活、真实和生动起到了补史和证史的作用。书中用河南方言语汇构筑了一个独特的叙事空间，对抗战时期河南民众的生存状况也有所记录，使我们在了解历史的同时真切感受到那个时代的沉重和悲怆，感受到普通人的伟大和人性的光芒。

客观真实是口述史的基本要求，本书收入的材料是按照录音逐字逐句整理出来的，只有个别篇章在录音材料的基础上参考了口述人及其家属整理的书面回忆材料，并做了注明。口述资料以记忆为依据，由于口述人年事已高，存在记忆的偏差，口述资料可能与事实有出入，也可能含混不清，所以后期的核实论证就显得格外重要。本人深深体会到做口述史最困难的是整理和考证访谈记录，在这方面花费的时间要比前期采访多得多，有时为了核实一个人名或一个地名而遍寻群书、穷搜网络，能核实的放心使用，对无法核实的人名、地名，则注以“音”字，留下进一步核实的余地。在材料梳理过程中，我始终坚持真实和严谨两大原则，不用文献资料来修补口述材料的空白和错误，仅对材料的顺序进行调整，使语句连贯通顺，合乎逻辑，以方便读者阅读和理解口述内容；对于与文献史料明显不符的口述材料尽量回避不用，或用关联资料加以注释；最大程度地保持口述材料的原有面貌，保持口述人的语言特色；注释和图片的引用完全以材料内容的需要为取舍，对于一些重要的历史情节尽可能找到关联史料加以佐证，给读者提供一定的扩展阅读空间；对注释文字和引用图片均注明了来源和出处，没有可靠来源的弃之不用。

采访的深度和文字材料的质量需要时间来保证，有时候为了弄清一个细节，要三番五次刨根问底，而每一次静下心来倾听老兵的讲述都会有新的收获。但有时候我又不得不和时间赛跑。刚刚过去的一年中已有不少老兵去世了，有的采访还没有来得及进行，有的采访还没有机会让他们对材料进行最后的审核。每个老兵的经历都是一份沉甸甸的国家记忆和珍贵的历史资料，一个亲历者的去世，就意味着一段历史的消失，必须尽快地采访到更多的老兵，有时免不了来也匆匆去也匆匆，所以疏漏是在所难免的。我想，如果早几年着手开展这项工作，如果有相关的组织或机构愿意和我一起来做这项工作，成果可能会更令人满意一些，但这毕竟只是一种假设。现在，能够留住河南抗战老兵这些仅存的记忆，已算是值得庆幸了。

焦国强

2014年8月

目　录

一、狼烟初起

二、保卫华北

四、挥师远征

五、铁血洛阳

九、庄严受降

一、狼烟初起

我在行军途中睡着了

白存恩，男，1919 年生，山西省五台县城关镇唐家湾村人，现居河南开封。1936 年参加国民革命军 34 军 70 师，参加过绥远抗战的人祖山阻击战，历任下士副班长、营部少尉副官、军政干部学校第十四分校中尉分队长，1940 年考入黄埔军校第七分校，后因病退学，1941 年到 1948 年在盐务局工作，后回老家当了义教，1954 年起在开封任教，1983 年在开封六中退休。

我小时候在村小学上了三年学，后来又转到县城上模范小学，该上四年级的时候，老师让交学费，我回家跟我爹说："爹，老师叫交学费哩。"爹听了只是一个劲地吸他的旱烟，吸吸咳咳，就是不说话。我知道那时候家里弟兄们多，没钱。我回到学校，老师又问我："你的学费拿来没有啊？"我说："没有。"说罢，我红着脸，拿上书包就走了。

回家后我给白引财家割草、垫圈、挑水，干这些活儿人家只管饭没工钱。15岁时，我去西关广兴隆油盐店当了学徒，受尽了苦，一年只有一元工钱。1935年，我16岁。一次，我进城看见70师步兵干部训练队招学兵的布告，一看有个"学"字，据说管学习还管吃饭，我就报了名，考上之后我连蹦带跳回到家里告诉了父母，母亲不舍得我离开，姥爷说:"咱要饭也不当兵！"我说："这是学兵，不是兵。"就这样，过了二月二，我就迎着北风，北上包头去当兵了。

部队长官是傅作义[1]，包头市驻军长官是孙胡子孙福麟[2]旅长，下属两个团：补充一团和二团。一团后来改为431团，就是学兵团，团长是刘效曾；二团是老兵。一团3个营，我属于第3营，部队驻在包头市东边东大营。需要说明的是，记不清从何时起我们改属66师管，师长叫杜春沂，旅长还是孙福麟。

参加绥远抗战的国民革命军（图片来源：《血战华北》）

1936年秋季，日本人的飞机每天中午11点多就到包头上空盘旋一周，天天如此，上级也不叫打，日本人横行霸道，我们当兵的心里有气，旅长孙福麟更有气。一天，日本飞机照例在包头上空盘旋时，孙福麟下令除手枪外所有枪支一齐开火，突然间，万枪齐发，敌机掉头就逃，从此再也不敢来了。这件事是我在包头当兵时最开心的一

①傅作义（1895—1974）：字宜生，山西省荣河县安昌村（今属临猗县）人。国军高级将领，后为中华人民共和国全国政协副主席。1915年入保定陆军军官学校第5期步兵科，毕业后回到山西加入阎锡山领导的晋军。1931年5月，傅作义被任命为国民革命军第35军军长。同年8月，他被任命为绥远省政府主席，在治安维持、农村基层组织改革、金融整理、城乡建设、教育事业等方面都取得好成绩。1931年9月，“九一八”事变发生，他和徐永昌、宋哲元联名发表抗日声明。1935年，傅作义晋升陆军二级上将。1936年11月，李守信率领的蒙古军与王英率领的大汉义军共同进攻绥远省，被傅作义击退，史称“百灵庙大捷”，这就是著名的“绥远抗战”。1937年抗日战争全面爆发后，傅作义历任第二战区第七集团军总司令、第二战区北路军总司令，先后参加忻口战役、太原保卫战。1938年12月，国民政府任命傅作义为第八战区副司令长官兼第二战区北路军总司令，傅作义自此摆脱阎锡山控制，回到绥远，他先后参加了包头战役、绥西战役、五原战役。1939年，傅作义获国民政府青天白日勋章。抗日战争胜利后负责热河省、察哈尔省、绥远省的日军受降事宜。1949年1月21日，傅作义在北平中南海宣布与中国共产党方面达成《关于和平解决北平问题的协议》，北平和平解放。（据《民国人物传》第12卷）

②孙福麟（1899—1968）：国民党中将，河北青县人，陆军大学特别班第1期毕业，1932年3月任晋绥军军事整理委员会教育科科长，1933年4月任70师215旅430团团长，全面抗战爆发后参加忻口会战，1939年任83军206旅少将旅长，1940年8月任83军66师师长，1941年3月任83军军长，1946年1月任43军副军长兼太原警备司令，1947年夏任山西省保安司令部副司令，1948年11月任第10兵团中将副司令，12月调任第15兵团副司令，1949年4月24日在太原战役中被俘，1952年获释，1968年9月23日去世。（据《河北抗日战争简志》）

件事。

后来，我随部队参加了百灵庙战斗①。当时包头饭店是日本特务机关的一个据点，为了不被敌人察觉，部队以两团对抗搞军事演习为名，全副武装离开包头，出城北上。我们向北走呀走，天黑了还在走，当兵的觉得这和平时演习不太一样，连排长们也不知道是怎么回事。第二天部队到达固阳，晚上一个士兵发一个急救包，长官要我们吃完饭开始擦枪擦子弹，然后好好睡一觉，看来是真格要打了，我心里毛毛的。这一仗打得真漂亮，拂晓开始攻击，出其不意围剿了百灵庙的叛乱部队，傅作义的骑兵师从东口进攻，432团从南口进攻，431团是我们学兵队，放在二线。当时432团比预定开战时间晚了几分钟，结果敌人听到枪响就把兵力集中到东边，南边的兵力薄弱，432团顺利直捣百灵庙，先骑兵团一步到达立了大功，我们也跟着沾光，当时刘效曾团长指挥着机枪向敌人开火，我们学兵趴在地下不敢抬头，而刘团长却离开掩体站在阵地前指挥射击，忽然听见刘团长下令："上刺刀！"我心想，要拼刺刀了！谁知平时练

参加绥远抗战的中国军人（图片来源：搜狐网）

百灵庙抗战中的国民革命军重机枪手（图片来源：凤凰网）

---

①百灵庙战斗：1936年11月至12月，在绥远抗战中，中国军队反击驻百灵庙日伪军的战斗。1936年11月中旬红格尔图战斗后，日军深恐中国军队乘胜捣毁伪蒙政权，除以伪蒙军第7师穆克登宝部在绥远省百灵庙（今内蒙古自治区达尔罕茂明安联合旗）构筑工事，积极备战外，又以两个旅进驻大庙（又名锡林木楞庙，在今四子王旗西北部），并以日军军官200余人为各部指导官，监督伪蒙军作战，还拟由赤峰抽调日军、伪满军各一部到多伦、商都、百灵庙等地，伺机进犯绥远东部和北部。为粉碎日伪军侵略企图，国民政府绥远省主席兼第35军军长傅作义决定先发制人，以远程奔袭手段收复百灵庙，遂命骑兵第2师师长孙长胜、第211旅旅长孙兰峰为前敌正副总指挥，率所部两个团和第70师1个团、骑兵第2师1个团、山炮兵1个营和小炮、汽车、装甲车各一队进行收复百灵庙的战斗。23日18时，上述各部在百灵庙东南35公里的二分子、公胡同集结完毕，冒零下20摄氏度的严寒和没膝深的积雪前进，于24时许开始进攻。由于中国军队行动极为隐秘，日伪军事前毫无觉察，仓促应战，日本特务机关长胜岛角芳亲自督战，企图阻止中国军队进攻。战至24日8时，除胜岛角芳和穆克登宝等少数人逃跑外，日伪军全部被歼，共毙300余人，其中日军20余人，俘400余人。12月2日夜，日伪军4000余人向百灵庙反扑，经3小时战斗，国军将其击溃，并击毙西北防共自治军副司令雷中田。（据《内蒙古统战理论研究》2006年第6期《抗战的先声——1936年百灵庙战役追记》）

习很利索，而今手却不听话了。我憋着气等着团长的冲锋命令，停了很长时间，没听到冲锋命令，这时天慢慢亮起来，我看见前沿阵地有几个少数民族士兵脱掉了马靴，战斗就这样结束了。我们班负责把7名日本特务从前线押到包头警备司令部处理，后来听说这7个人又被释放了。百灵庙战斗结束后，饼干、罐头、毛巾等慰问品源源不断地从上海等地运来。

此后部队移居关内阳明堡，距家乡五台较近，父亲到军营接待室看望我，他老泪横流，我也不知道说什么好。父亲连一口饭也没吃就匆匆离去，一别就是十几年。

1937年抗日战争全面爆发了，我们接到的第一个任务是抢运金库的银元和钞票。部队从阳明堡出发，到太原地下金库抢运银元和山西钞票，成箱的银元装满了一节节火车车厢，我们日夜看守着，火车到达运城一带才完成任务。第二个任务是押运鸦片，这是禁烟督察处查收的鸦片，从太原运至运城一个大院子里，堆放在席棚下，我们就在这儿守了几个月。有一次，班长值班时间内，一个士兵偷了些鸦片跑了，连部会同禁烟督察处负责人召开大会，当场打了班长及大部分士兵大板。后来日寇南下太快，这些鸦片转移到黄河东岸渡口附近的山沟窑洞里，一时无法转运过河，部队接到命令将其就地放火销毁了。

1938年夏秋，部队在大宁休整，驻在邻近公路边的山沟里。当时这里的乡亲们逃难走了，到处田园荒芜，渺无人烟。山洪暴发时，我带领全班弟兄在齐腰深的水里打捞柴草晾干烧火用，水里浸泡加上劳累过度，入秋后全班人都得了伤寒，一个炕上睡了一溜，都病倒了，这个要水，那个要尿，这个哼，那个咳，我一个人伺候10个人，屋里那种气味无法形容。在无医无药的情况下，弟兄们都是拿命苦熬苦撑。好在都是十八九岁的小伙子，生命力旺盛，后来都慢慢好了起来。那段时间我不知道是怎么熬过来的，只有亲身经历才知道抗战时期的生活是多么艰苦。

此后我参加了几个战役，其中伤亡最重、战斗最惨烈的是吉县人祖山战役①。那段时间我作为普通士兵不了解上级部署，只知道按命令在山谷中和敌人周旋，先后有40多个日夜，经常是正支锅做饭敌人的大炮就轰过来，只好用挖战壕的小铁锹在锅里挖上一铲半生不熟的小米饭充饥；有时在山坡上、沟渠边和衣打个盹，有时太累了，

①吉县人祖山战役：1938年3月，日军在攻陷晋南重镇临汾城之后，纠集步炮联合兵力1.5万余人，分三路向第二战区司令长官部所在地晋西吉县地区进攻，妄图一举摧垮晋绥军指挥系统，彻底消灭晋绥军。在十分紧急的情况下，孙福麟奉命率全旅3个团，分别从桑峨、窑头一带，火速向人祖山进发，先于日军抢占了人祖山的有利地势，与凶悍的敌人在人祖山展开争夺制高点的激烈战斗。旅长孙福麟亲自到前线督战，经两昼夜的血战，击退敌人多次凶狠的冲锋，毙、伤敌人甚众，堵截住敌人前进，使长官部人员及物资得以安全西渡黄河入陕。是年10月10日，孙福麟为了纪念是役英勇作战牺牲的官兵，特在人祖山烈士鲜血染红的地方勒石立碑，以慰忠魂，启迪后人。至今该碑仍屹立完好。（据《河北抗日战争简志》）

行军途中走着走着就睡着了，碰到前面的人才被惊醒；有时满脸灰土，口渴得嘴上裂成口子，恨不能将马蹄坑里面的湿土放在嘴里吸一口，有时在大山背后阴暗处发现没融化的雪泥，就用手绢包一团，挤着喝一口。后来知道当时二战区司令部指挥机关要西渡黄河，日寇穷追不舍，我们部队的任务就是阻击敌人，保证司令部安全渡河。这一天，部队选定一处四面环山，中间一条大路直通上山的有利地形布防，刘效曾团长亲自指挥布置阵地。在大路的正面有个两层阁楼，一开始我们班的阵地就设在阁楼里，我们在墙上打开枪眼，楼上还存有棉籽，我当时心想，这个阵地真好，晚上还可以睡在棉籽上哩。后来团长又命令我们班撤到大路左侧岔路口一个小孤峰上布阵，没有命令不准撤退，目的是预防敌军从侧翼包抄。黄昏时分战斗打响了，日寇先用小钢炮轰击我们的正面阵地，第一炮就把阁楼炸平了，然后用重机枪打得我方不能抬头。炮火一停，敌人“啊……哈……”着发起冲锋，快接近阵地时，我们一齐扔出手榴弹，步枪、机枪一齐开火，交织火力射向敌人，敌人丢下一批尸体退了下来。这样的冲锋一夜连续发动10多次。我们班在侧翼阵地上一字排开，每人3个手榴弹，都抽出拉弦，并且不断打枪，让敌人知道侧翼也有部队把守，防止他们迂回包抄。第二天拂晓，战斗结束，我方死伤100多人，敌人死伤更多。第7连的牛保国连长牺牲后尸体不倒，半跪在地上，手持手枪，怒目圆睁。还有和我一起长大的党府、王玉等人，他们都是英俊的青年，都为国牺牲了。我至今难忘他们的音容笑貌。

1938年冬，我由下士副班长提升为206旅游击支队营部少尉副官，在任职期间经历了不少事情，其中印象最深的是一次在暴风中滚山坡给旅部送情报。一路上在山上走，午后下起雪来，越下越大，近黄昏时雪更大了，积雪没过小腿，如果不能在天黑前下山那就危险了。风雪中我无法站立行走，只能倒退着下山，这样连滑带爬，越过了山坡上的沟沟坎坎，也不知道冷和疼，只顾拼命向下，终于在天黑前到达旅部，完成任务后到热气腾腾的窑洞里休息，冷热相激，夜里发起高烧，从那时起病魔缠身，在紧张的战斗生活之外又增添了更多的痛苦和折磨。

206旅游击支队还有个特殊任务，就是为部队补充兵源，深入到敌后动员群众参军抗战。支队建立了一个剧团，名字为“火焰剧团”，团长由支队长牛夑育兼任，支队指导员是赵清萍。她很有水平，能歌善舞，朝气蓬勃。另外支队里还有三位政治指导员。这是国共合作后组建的一支新部队，走到哪里都深受群众喜爱，有时演出刚结束就有人当场报名参军。我当时的任务是打前站，搞宣传、写标语，标语是用石灰刷在墙壁上，写的内容有“坚持持久抗战”“坚壁清野”“誓死不做亡国奴”“把日本鬼子赶出中国去”等。火焰剧团演出内容有自编的话剧如《放下你的鞭子》等，另外还演唱抗战歌曲，如《大刀向鬼子们的头上砍去！》《河里水黄又黄》《我们在太行山上》《到敌人后方去》《黄河大合唱》等。

大合唱和指导员赵清萍的独唱情深意浓，感情充沛，台上台下引起共鸣，有时唱到悲伤处如“泣别了白山黑水，走遍了黄河长江，流浪……”台上台下一片哭泣声，要多次谢幕才能止住。老乡们的抗战热情也激励着我们。那时我们还和八路军联欢，相互拉歌搞比赛。招兵搞得很顺利，部队过一段时间就往后方送一批新兵。在晋东南时，曾有一批妇女加入过来，我们本来不招女兵，但她们在敌占区日子没法过，怎么动员就是不走，非要跟着我们，就成立了一个妇女队。

在206旅期间我参加了保卫黄河作战，任务是在执法队执法。旅长宣布任务时说：“我是孙悟空，拔一根毫毛变成无数个孙悟空，你们每个人都可以代表旅长执法，违令者斩，后退者斩！”后来，我因病被安置在一个小村庄休养，其间遇到日本人“扫荡”，全村人都躲到了山里，我身子弱，就牵着驴尾巴上了山，心想：病死累死，也不能让鬼子捉住。到了山上，人太多，屋子占完了，我就住在牛棚里，夜里渴了就爬到院里喝雪水。战斗结束后，部队返回晋东南，赵清萍指导员让我骑着她的马，她自己步行，行程半月，至今想来，赵清萍真是一个好同志。以后我到秋林参加集训，听说她被软禁在秋林一个窑洞，原因是我们那个部队归了共产党，说她遥控指挥。我在离开秋林到二战区上军校之前曾托阎锡山警卫队的老乡白士奇帮助安排我探望了赵清萍指导员，见她还穿着那身灰军装，短发齐肩，神情依旧，谈吐自若，毫无悲愁之感。我知道窑洞很潮湿，就把我的棉被套等物品送给她。一别几十年，不知道她是否还活着。

1939年，我在襄垣县接到命令赴秋林镇参加军队尉官第13期集训班。一路上，我戴着一顶草帽，挑着两个竹篓，跟着农民兄弟一起走。我的军装藏在一个农民的筐底，铁路道口有日本人站岗，还好，当时没人盘问，顺利过了关。到黄河边上乘坐一只小船渡黄河，水深浪高，漂在激流中，看到水浪超过头顶，吓得心缩成一团。老船夫告诉大家：不要乱动！不要喊叫！最后终于平安渡过去了！

秋林镇在宜川县，干部集训团就设在席啸沟。沟长数里，沟底有道小河，两边是像梯田一样的一排排窑洞，窑洞没一块砖，整个山沟看上去黄澄澄的，来自前线的军、政、民抗日骨干都集中在这里接受抗日理论培训。平日里，身着浅灰色军装的男女青年个个朝气蓬勃，歌声不断，办报纸杂志、印小册子、搞文艺表演和文学创作、写学习心得，早上大家下河洗漱，每人还搬一块石头回来盖房子用。记得当时我曾参加演出，扮演过一个妇女杀敌人。每周一，阎锡山都要骑着毛驴赶到大会场进行升旗讲话，记得有一次学员提意见说：“我们都是步行，而长官却骑着毛驴，这算民主平等吗？”他微笑着回答：“好，我接受意见，从明天起我也步行。”结果他下次来得很晚，因为他当时已五六十岁了，腿走路不方便，同志们就一致要求他还是继续骑毛驴吧！

一个月的学习很快结束了，正准备返回原部队，有一天，我偶然遇见在包头时的老排长葛俊，他当时是军政干部学校第十四分校教育长。他热情地对我说："跟我来这里干吧，你再参加一个政治训练班学习，然后来我这儿当中尉分队长。"就这样，我又留下来继续在政治班学习，并按要求集体参加了同志会，这也成了我解放后所谓的"历史问题"之一。

政治班毕业后我随葛俊东渡黄河到吕梁地区隰县为军政干部学校第十四分校招收学员，完成招生任务后原计划将学生送往孝义县境内开学，但我因住了两个月的湿窑洞，满身生了脓包疥疮动弹不得，只好留在隰县养病，葛俊介绍我住在牙医张书锦家。张师傅属于青帮，为了得到他们帮助，葛俊让我也加入了青帮，没想到这又成了我解放后的另一个"历史问题"。张师傅一家人对我很好，都是把饭送到我手上。为了治病，我用尽各种办法：打清血针、用装过死人的腐烂棺材板烧火熏烤、用做神像的陈年干草熏烤、用硫黄与炭粉加香油涂抹全身，然后在太阳底下暴晒，后来脓包干瘪，又从左腿与臀部处长出拳头大的肿块，多次开刀治疗，真是受尽了病痛折磨。后来日本人"扫荡"隰县，在张师傅的安排下我带病北上，到达学校驻地孝义。

在孝义，学校的军政干部之间发生矛盾，有时开会军政干部双方腰里都藏着手榴弹。我庆幸自己与他们之间没什么过节。后来日本人进攻附近的八路军兵工厂，我们学校被迫转移，在转移过程中发生了一次流血事件。事情是这样的：学校要南撤，我当时奉命打前站，把事情办好后等待学校人马到达，可一等再等就是不见踪影。有逃难者告知，学校出了流血事件，在孝义县宋家庄，军政干部争夺学员，政治干部要截留这些学员不让南下，军事干部要将学生带到南方，当场分成两派。冲突的结果是：中队长赵某身亡，军事主任王以德的马被打死，还有一位分队长跳崖逃命，葛俊以及王以德等先后都回到秋林。听到这个消息我决定迅速经隰县回到黄河西岸。这件事对我震动很大，我真不理解，大敌当前，中华民族到了最危险的时候，有人竟同室操戈，把枪口对着自己人。

回到秋林后学校准备继续招生，我代理上尉事务主任一职，学校不久又要停办，我接着参与善后工作。一次，教育长葛俊对我说："我要去铁军团当团长，你跟着我当上尉连长吧。"要说二战区司令长官阎锡山、副司令长官王靖国都是山西五台人，和我算同乡。俗话说："会说五台话，就把洋刀挎。"但我经历了前段一些事情，觉得山西这里国共关系复杂，我想尽快脱离这个是非之地，到后方上黄埔军校继续深造，将来毕业后带上千军万马打鬼子。想到这儿，我婉言拒绝了葛俊的建议，放弃了"锦绣前程"，跋涉近千里，于1940年来到西安，原计划到成都报考黄埔军校，后因路费短缺，只好报考了西安的黄埔军校七分校，结果，我顺利考入第七分校第十七期步科。

初到军校一切都很新鲜，浑身有使不完的劲，军事训练越障碍、涉池塘、摔打滚爬都不在话下，只是文化课有些吃力，要勤学苦练才能跟得上。在学校因伙食不好，又无家庭接济，我的身体越来越差，每次出操后大汗淋漓，一口气喝一瓢井水，后来得了严重的痢疾和夜盲症，最严重时只得住在厕所里，后来快不行了，在同学杨子杰帮助下我被送进医院，打了一针名叫“120”的进口药才保住命。这个医院设在一个大庙里，多数病人患的是痢疾和黑热病，每周都要抬出一个死人。我旁边一个河南病号，傍晚我俩还说话，他说：“老家说好个对象，要我回去结婚。”这天夜里他突然死了，原因是他误把漱口用的红锰氧一口喝了下去。同学杨子杰经常来看我，还给我钱，远在山西的本家大爷白士奇给我寄来几十张五分钱面值的邮票，一张能买一个烧饼。当时的夜盲症就是营养不良造成的，每天到傍晚，眼前就出现闪动的菊花瓣，然后一个黑圈从大变小，越来越小，直至变成一个直径几厘米的亮点，再瞪大眼睛也只能看见一个小圈点，听人说吃鸡肝能治夜盲症，我弄了些吃，果然灵，居然好了!同班同学黄柏松也患了夜盲症，他在路上买了一块西瓜吃，到医院时竟然好了，可见战时营养不良到何种程度。

我出院时学校已经迁往岐山，我曾回到学校，病情又有所反复，最后无奈地选择了退学。最后我虽没有完成学业，但对黄埔军校的记忆还是很深的，我还记得黄埔军校校歌：“怒潮澎湃，党旗飞舞，这是革命的黄埔。主义须贯彻，纪律莫放松……亲爱精诚，继续永守。发扬吾校精神，发扬吾校精神。”还记得胡宗南在一次讲话时说：“我们要为校长马前一卒，我们要为校长马后一卒。马前一卒保卫我们的国旗，马后一卒保护我们的校长。”当时还有些同学模仿他的浙江腔讲话。

退学后我住进了西安小辛庄战区青年收容所，收容所除了管吃饭还进行文化教育。不久，陕西盐务办事处招收押运员50名，得到这个消息，我及时报了名，并顺利通过考试，成了一名盐务职员，先在常家湾搞搬运，后调到洛阳河南盐务办事处运销科工作，负责审核公卖店销售凭证，后又负责运销科收发档案，办公地点在洛阳东大寺。

1944年日本鬼子进攻洛阳，我奉命下乡雇了十五辆大车抢运业务档案。走到伊川县城时，遭到日寇飞机轰炸，大车剩下七辆，有的车夫吓得丢了大车一个人跑了，我整顿好剩下的大车继续走。到河边时飞机又来轰炸渡口，派来帮我运输的人独自游泳渡河逃命去了。我听说部队要炸掉大桥阻挡日本人，就紧赶慢赶想抢先过桥，但还是晚了一步，轰隆一声桥被炸了。我准备涉水把档案搬到对岸，这时，给局长开小车的朱广道看见了，对我说：“小白，你还要那干啥？局长的小车都不要了!”我心想：这是清朝以来的盐务资料，岂能轻易丢失？这时枪声四起，非常混乱，我只好放弃了这些卷宗，涉水过河，日寇飞机又来俯冲扫射，我把身子藏在水里躲避。后来在路上遇到朱科长，我向她汇报了卷宗的情况，她表示自己也是身临其境，肯定我已经尽心尽职了，随后我们一起向西逃难。

逃难的路上，上有飞机轰炸扫射，下有土匪趁火打劫，有时独自去田地里解个大便就可能遇上土匪，几天几夜没吃一顿饱饭，所到之处十室九空，只能在野外拔竹笋充饥。路边逃难的人丢下的大小包袱堆积如山，谁也不瞧它一眼只顾逃命。朱德君科长一行到卢氏后马上联系卢氏县盐务分局某局长，紧急开会决定把库存食盐分散给当地群众保存，谁料会刚开完，从嵩县下来的一股敌人已到达卢氏，局长被日本鬼子刺死，其妻子被奸污，其余数十人被俘，跪成一排挨个被搜身，戒指、手表、钢笔等统统被收进汉奸脖子上挂的一个大兜子里。朱科长幸好是短发蓝衣，没有被注意到，逃过一劫。盐务局老工友李宝书，被日寇抓去随军做苦力，白天扛东西，夜晚被捆绑在大柱子上，过河时喝口水也要挨打，身体实在支持不住了。一天，他突然躺倒在地，日本鬼子在他的头上戳了一刺刀，他当场昏死过去，后来过了很长时间他又苏醒过来，辗转数日才回到家。后来我和盐务局其他人员在窑子沟会合，当时一起被困的职工中有两位是盐务总局直接派驻地方监督盐务的官员，一个叫何子望，另一个叫赵一鸣。在危难中他们曾几次派人去卢氏盐务仓库查看库存盐斤丢失情况，又果断决定将盐务职工合作社暗室里密封的物资分给员工们分散保存，这样既可以避免土匪抢劫，又可解决职工生活困难。当时我分得凡士林洋布一匹、白布一匹、墨菊袜十打，我和本科同事王学崦合资从老百姓手里购买了一匹军队散失的马，这样辗转将近一个月，最后终于到达西安。

朱德君是我的科长，她父亲原是东北军的将军，后任救济总署署长，是国共两党共同推崇的人士，威望很高，在西安崇礼路有他的纪念堂；她母亲是一位大慈善家，任救济院院长，组织收养的孤儿一面接受文化教育，一面学习生产技术，十几岁的儿童就开始学习织布技术，到他们18岁成人后，老人就帮他们物色对象，找好对象再赠送一台织布机让他们自谋生路。朱德君有八个哥弟，多在军界任职。朱德君毕业于南开大学，虽然工资丰厚，但衣服都是自己洗的。后来朱德君晋升为晋豫两省盐务局局长，解放前夕曾担任上海盐务局局长。

1944年，回到西安不久，我又奉命赶赴南阳西峡开展业务。

1945年，日寇从南阳一带调动兵力进犯西峡、淅川，我们得到消息后发动群众分散储存仓库食盐，宣布政策，凡是能保存住盐斤的群众，盐务机关发给保管费。食盐分散后，听说日军距此地仅有10里了，我们马上撤离。这时迎面看见西峡民团的士兵们光着膀子横挎着大刀去迎击敌人，他们个个精神抖擞，队伍齐刷刷的，很威武。后来听说这支地方武装在西峡镇上与敌人血战，歼灭了大量鬼子兵。后来没多久鬼子就投降了，真是日落西山啊！

1945年8月15日，日本宣布无条件投降，当时我在西安，看到西安市鞭炮齐鸣，灯火通明，市民群众还有外国友人都涌上街头庆祝，美国空军官兵拿着酒瓶醉醺醺东倒西歪，还打着V字形手势。我和盐务局的同事们买来酒肉喝酒庆祝。本来我从不喝酒，但那天例外，也开开洋荤。干！干！干！小杯换大碗，一开始感觉酒是辣的，后来是麻的，最后酒成了井水，只管往嘴里灌，也不知道喝了多少，后来倒在床上一睡好几天，抗战的苦难一扫而光。

抗战时期我学会了很多抗战歌曲，现在还记得很清楚，如“流亡三部曲”的《上前线》歌词是：

走，朋友！我们要为爹娘复仇！走，朋友！我们要为民族战斗！全世界被压迫的人民，都是我们的兄弟；爱好和平的国家，都是我们的朋友。……拿起我们的枪杆笔杆，举起我们的锄头斧头，打倒这群强盗，争取我们的自由。看，光明已在向我们招手。

还有那首《黄河对口曲》很是生动活泼：

张老三，我问你，你的家乡在哪里？我的家，在山西，过河还有三百里。我问你，在家里，种田还是做生意？拿锄头，耕田地，种的高粱和小米。为什么，到此地，河边流浪受孤凄？痛心事，莫提起，家破人亡无消息。张老三，莫伤悲，我的命运不如你！为什么，王老七，你的家乡在何地？在东北，做生意，家乡八年无消息。这么说，我和你，都是有家不能回！仇和恨，在心里，奔腾如同黄河水！黄河边，定主意，咱们一同打回去！为国家，当兵去，太行山上打游击！从今后，我和你，一同打回老家去！

还有一首《青年进行曲》：

前进，中国的青年！挺战，中国的青年！中国恰像暴风雨中的破船，我们要认识今日的危险，向一切力量，争取胜利的明天。我们要一以当十，百以当千。我们没有退后，只有向前向前！兴国的责任，落在我们的两肩，前进，中国的青年！挺战，中国的青年！青年！青年！

还有几首忘了歌名：

河里水，黄又黄，东洋鬼子太猖狂，昨日到了王家寨呀，今天又上张家庄，逼着那青年当炮灰，逼着老年运军粮，炮火打死丢山沟呀，运粮累死丢路旁，这样活着有何用呀，拿起刀枪干一场。

红日照遍了东方，自由之神在纵情歌唱。看吧，千山万壑，铜壁铁墙，抗日的烽火，燃烧在太行山上，山高林又密，兵强马又壮，青烟千万丈。听吧，母亲叫儿打东洋，妻子送郎上战场。

开荒哎开荒，前方的战士要军粮。织布哎织布，前方的战士要衣服。我们努力耕织，不愁他们穿吃，打败鬼子，好还家！

中国男儿，中国男儿，要将只手撑天空。睡狮千年，睡狮千年，一夫振臂万夫雄。长江大河，亚洲之东，峨峨昆仑，翼翼长城，天府之国，取多用宏，黄帝之胄神明种。风虎云龙，万国来同，天之骄子吾纵横。

1945年初冬，我随河南盐务办事处由

西安回到开封，办公地点在省政府西街东口，也就是行宫后街东口路北。

1946年5月，我和董淑贤结婚。

1948年，由于战乱，我又脱离了盐务局，回到山西老家当了义教。

1952年，我到老家孟家坪小学当小学教师，后经人介绍又回到开封参加挖河、建筑、刻蜡版、教珠算等临时工作，到1954年，开封六中建校，我被派往六中工作，直到1983年退休。

班长后悔得扇自己耳光

刘宗玉，男，1918 年生，洛阳新安县南李村乡刘邦沟村人。1937 年在李仙洲 21 师 122 团 3 营 10 连当步兵，1938 年转入杜聿明部队炮 52 团 3 营 10 连当炮手，1941 年回乡务农，1958 年加入中国共产党，当过生产队干部。

我十一二岁时跟着父母到嵩县要饭，到洛阳吃“舍饭”，吃了上顿没下顿，被大户人家的狗撵得满街跑。1937年春，我和一个老乡到新安县城去吃“舍饭”，新安县招兵站的人问我当不当兵，我心想“好铁不打钉，好男不当兵”，就说：“不当。”招兵的端出一盘香喷喷的炒绿豆芽和两个热乎乎的大馍，说：“当不当都行，先吃点饭再说。”我们俩从没有吃过这么好吃的饭菜，吃完饭用袖子把嘴一抹，就下决心当兵了。

新兵到洛阳停了两三天，经潼关过黄河，坐火车到介休、汾阳，转到宋家川（在榆林市吴堡县），在那儿训练了三个月，又分配到21师122团3营10连，师长叫李仙洲①。

1937年夏天，部队接到命令，走雁门关，过长城，开到康庄（北京市延庆县康庄镇），到南口与日军作战，南口离北京90里。

去南口的路上，遇到一批从前方下来的难民，有一个20多岁的妇女，左侧乳房被日军流弹击中，倒在地上，一个七八个月大的小孩儿，头上、脸上都是血，趴在母亲的尸体上哭个不停，难民们看着直流泪：“小日本太糟践人了！”弟兄们个个恨得咬牙切齿。

在南口打了半月时间②。我们是预备

---

①李仙洲（1894—1988）：原名李守瀛，字仙洲，山东省德州市齐河县人，国民党将领。全面抗日战争爆发后，李仙洲奉命开赴华北，增援宋哲元的第29军，先后参加南口、忻口战役。在忻口战役中他被日军子弹击中负伤，1938年任第92军中将军长兼21师师长。（据齐河县政府网）

②南口战役：是全面抗战初期的重要战役。1937年8月，中国第7集团军在河北省南口地区抵抗日本中国驻屯军进攻，挫伤了日军的气焰，延缓了日本侵华进程，迟滞了日军进攻华北、夺取山西的速度。（据《抗日战史纪要》）

队，哪里紧张就派到哪里，一天一夜要走一百七八十里地，今天这个山明天那个山，有时候还没到地点，战斗就结束了，就又开回来。那一段时间整天下连阴雨，路泥，给养运不上去，吃没吃，喝没喝，伙房送饭要走几十里，送到时米饭长出老长的白毛，就这还吃不饱。白天有飞机轰炸扫射，我的枪托、背带和衣服都被打得稀烂。

日军攻占南口村（图片来源：抗战名将网）

在南口，我见过汤恩伯一面。当时我在团部值勤，一个穿得很随便有点像伙夫的老兵带着个小兵来到团部，老兵给我敬了个军礼，问能不能借用下电话。我进里屋请示了团长，团长同意了。那个老兵在外屋拿起电话就叫着一个师长的名字骂起来："你他妈的把阵地给我拿回来！"团长出来一看，才知道是汤恩伯。

有一天，天快黑时，5班的吴班长领着我们在岗子上走，班里有个战士叫郭世新（音），走着走着，郭世新说："班长，我走不成了。"班长说："为啥走不成了？没到地点哩你就装孬熊！"啪啪连着打了他两个嘴巴。郭世新坚持走了没多远又说："班长，我实在走不成了。"说完，扑通一声倒在地上没气了。我们一开始没找到他身上的伤口，解开衣服仔细一看，原来一颗流弹正好从他的肚脐眼处射了进去，只有一个很小的口子，子弹闷在肚子里了。班长一看，照着自己的脸上就扇起了嘴巴子："郭世新啊郭世新，我打你打亏了呀，我要为你报仇！为你报仇！"

第二天我们上到阵地，不到3个钟头又死了3个战友，挖个水槽一样深的坑就埋了。打到最后，我们连阵亡28个。下午两三点，没子弹了，我们8个人被派下山领子弹。山又高又大，3点钟下山到天黑时还在半山腰。最后把子弹领出来了，正要走时，山上别的队伍下来了，一问，当官的说："21师已经下去了，你们几个跟着我们走吧。"就这样我们随着别的部队走了几天，又找到了我们的队伍，一路行军经过大同开到平型关。

平型关战役中八路军向日军射击（图片来源：新浪网）

阴历八月十三到平型关。这地方地形复杂，进里面才能再上去，上上下下，有时没路走，抱着枪往下滚。我们21师在这边，还有别的部队在那边，中央军各个师分别用重机枪连堵住几个山口子，中间留条路。那天晚上八路军上到山顶，第二天打开了，这一仗打得好，收拾了日本人一次，打死不少，逮住不少。①

那时候国军和八路军相处得好，我们休息时候和八路军比赛唱歌。他们唱一首，我们拍拍手；我们唱一首，他们拍拍手。我们部队唱的是《为我民族争生存》：

听，
这是什么声音？
咚咚的战鼓响，
萧萧的战马鸣。
朋友你莫惊，
拿上枪刀去拼命，
为我民族争生存，
谁说好男不当兵！
杀，杀，杀，
杀到日本去，
杀，杀，杀，
杀到日本东京！

离开平型关，部队继续走。经过霸王桥，这地方高着哩，是个一二十里长的过道，有铁栏杆，只能走一行人，当官的说："都别往下看，只管往前走。"过了霸王桥又经过一个叫七十二道河的地方，其实是一条河，拐来拐去。几天后到了五台山。在五台山被日本飞机轰炸，第二天又到忻口作战。②这里出盐，盐池高着哩。在这里不过3天，我们又上了火线阵地，敌人在山上，炮弹呼呼叫，飞机俯冲扫射，连玉米秆都被刮得东倒西歪，我趴在一个污泥沟里躲过一劫。敌人从上往下冲，我们死的人多得比麦个还稠。部队退到太原，在原平镇（音）又和敌人接上火，这次部队被打散了。

忻口战役中缴获的日军武器（图片来源：新浪网）

我军的防御战车炮

我和战友张银东一起在太原蹚过一条河，走了几天，碰到杜聿明200师的一支部队，我认识里面一个伙夫，是新安县的老

①平型关战役：1937年9月中旬，八路军115师在师长林彪、副师长聂荣臻指挥下，开抵平型关地区集结待机，伏击日军辎重队，打破了日军不可战胜的神话。（据新浪网纪念抗战胜利60周年专题资料）

②忻口、太原会战：平津失陷、淞沪会战开始之后，国民党正面战场第二战区组织的一次以保卫太原为目的的大会战。这次会战从1937年9月13日到11月8日，历时近两个月。国军奋勇血战，但由于双方实力相差悬殊，忻口、太原相继失守。从此，华北屏障不复存在。（据2005年7月8日《解放军报》）

乡。经伙夫介绍，我和张银东一起留在这个部队当炮兵，编在炮52团3营10连，学习使用37防御战车炮。这种炮是平射炮，胶轮，瞄准镜在炮身这边，平时汽车拉，作战时两个人皮带挂着拉，专门用来打装甲车、战车、坦克车，分三个距离：900公尺（米）、600公尺（米）、300公尺（米），六个人管一门炮。我在这个炮兵团干了好几年，在山西霍州打一次，在河南开封曲荣集（音）打一次，日本人知道我们部队有这种炮，坦克不敢出来。又在开封罗王车站打一次，在开封老虎坟（音）居民区打一次，在信阳罗山、光山打一次，最后在郑州打一次。在郑州时我请假回家，此后没再回部队。

战斗在五原

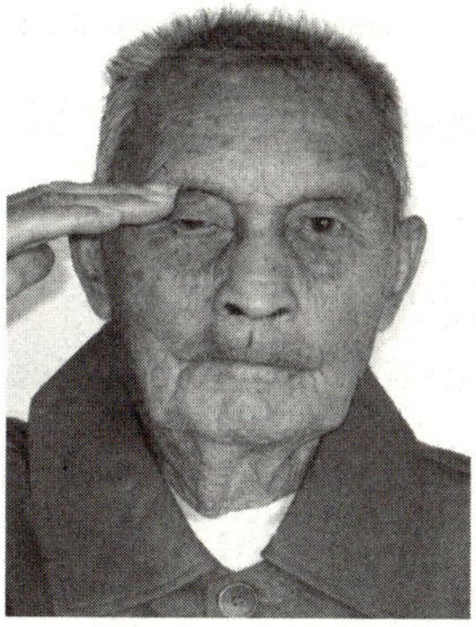

吴吉书，曾用名吴玉卿，男，1921年生，洛阳吉利区郭营村人。1939年参军，曾在35军军政干校学习，历任35军101师少尉副排长、上尉连长。1949年随部队在北平和平起义后回乡教书、务农至今。

我小时候先在老家宋庄上学，后来在河南开封强豫中学上了两年，赶上全面抗战爆发，日军进攻开封，学校迁移到南阳，我没办法再上学，就回了家。大约1939年我参军到了35军，接着考上西安35军军政干校，编在第3队。一年后，课程还没学完就毕业了，分配到35军101师303团3营8连，军长是傅作义，师长是董其武，团长是王赞臣，后改为宋海超，营长叫李保荣，连长叫王连湘。傅作义当时升任第八战区副司令长官，35军改属第八战区。

我到部队之前，35军在河套地区伤亡惨重，就剩2800人，排长变班长。在河西喇嘛庙整顿了一个阶段后下决心开始打五原。我下连队不久就参加五原战役。开战前，傅作义军长做动员讲话，主要意思是：35军处境险恶，东边日军占领包头、五原，往宁夏退吧，宁夏土皇帝马鸿逵要先缴枪才能进；往山西吧，阎锡山也不欢迎，没有立足之地啊，只能打回五原，赶走日本人！这一仗只能胜不能败。那时冬季刚过，从地冻三尺到慢慢开化，日本的机械化部队行动不便，时机较好。我们当时的武器不好，我只有两颗手榴弹，连手枪也没有，当兵的用的还是“老套筒”[①]，那是最老的枪了，后来才用上中正式，一个连一挺圆盘轻机枪，一盘50发子弹，两挺马克沁重机枪，炮就更少了。动员后，把101师作为预备队，因为这是傅作义的基本队伍、老家底，要在关键时候用。

①老套筒：即初期的汉阳造，仿自德国出品的1888式委员会步枪。因为当时所用枪管材质不好，在使用时经常炸膛，为了安全起见，在原枪管的外面又套上一根钢管，枪管是双层的，而且年代较远，所以叫老套筒。（据中华网军事频道）

部队后半夜天快亮的时候到达五原，由于当时日军没有防备，顺利占领东门、西门、南门。当时北门久攻不下，这才让8连上，我们用机枪对准碉堡口集中打，打开了北门。日军死伤较多，最后残余敌人又退到城内铜元局司令部据点里，这里院高墙厚，再加上他们事先又加固了工事，我们攻不进去。后来上级不知道从哪儿弄来两门平射炮，距离30米开火，打开两个缺口，队伍才冲进去，全歼了敌人，收复了五原。随后部队又主动撤出了五原，防备敌机轰炸。初次参战，我用了一颗手榴弹，留了一颗没用，以防万一。①

五原是河套的中心，日军还想夺回。为报五原之仇，他们由包头开来两辆坦克、几辆汽车向折桂乡（音）迎面而来，当时部队已修好防御工事，加深加宽了壕沟，公路全部破坏，坦克无法通过，日军用排炮向我军阵地连续射击，部队的伤亡主要在炮上，我们只有两门迫击炮，火力比不上敌人。最后日军步兵发起冲锋，我军在远距离时不准射击，等敌人距30米后用步枪手榴弹全部火力打击，经过数次交战，双方伤亡都很大，攻了八次，打退了八次，日军没有前进一步。团长宋海超亲临前线，被炮弹炸成重伤，手指炸断，肚子也破了，被送到35军医院。有个牛医生外科技术高明，为他做了手术。当时战场上由副团长宋玉（音）接替指挥。夜晚把附近大渠挖开，公路淹没，壕沟内灌水，使日军无法前进。第二天，日军用炮火狂轰滥炸1小时有余，看攻不下只好返回包头。

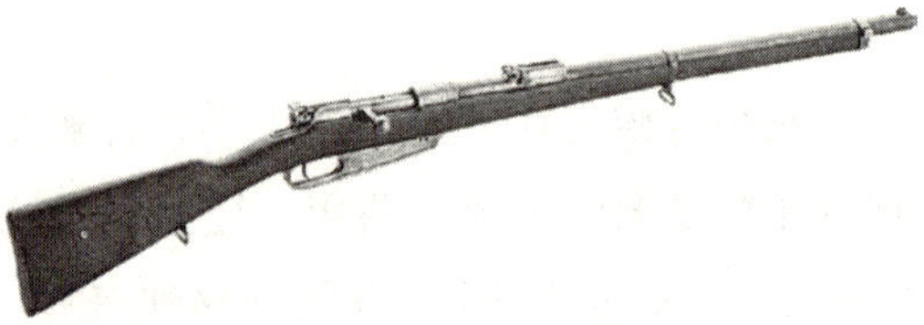

1888式委员会步枪（资料来源：中华网）

约1941年我受派到陕西招新兵，在陕

①五原战役：1940年3月至4月，第八战区部队在绥远省（今内蒙古自治区西部）五原地区对日伪军进行的进攻战役。五原为绥西重镇，日伪军在此构筑工事，架设桥梁，妄图长期固守。第八战区副司令长官兼35军军长傅作义，决定在黄河河套解冻后反攻五原。3月20日午夜，中国军队向五原旧城、梅令庙、新公中等日军据点同时发起进攻。至21日拂晓，35军新31师击溃新公中之日军，日军残部向北山撤逃中被101师全部歼灭。战至11时，新31师及警备旅占领了旧城除平市官钱局和屯垦办事处以外的各据点；新32师攻占了广盛西及新城的外围据点，集中围歼新城城内之日伪军；101师及新6旅击溃据守乌加河与乌拉壕的日伪军。17时，新32师攻占新城。黄昏，新31师全歼旧城日伪军，并包围了平市官钱局、屯垦办事处两个据点。与此同时，101师在乌加河北岸与包头、固阳增援之日伪军展开激战。日伪军在飞机和重炮掩护下反复冲锋，始终未能突破101师阵地，为攻城部队全歼五原守军创造了条件。22日，新31师、新32师歼灭了五原新旧城之日伪军，收复了外围各据点。打援部队向日伪军展开猛攻，激战至24日，日军又增派骑兵集团主力和第26师团一部，在飞机大炮掩护下强行渡河。打援部队奋力阻击，与日伪军激战3个昼夜，在完成阻击任务后奉命撤出阵地。在日伪军优势炮火攻击下，为避免与其决战，傅作义采取诱敌深入、相机聚歼的方针，下令所部于24日晚转移到有利地区寻机歼敌。25日，日军分兵两路，一路追击中国军队，一路直趋五原，妄图歼灭中国军队主力。26日中午，日军在飞机掩护下进入五原，又于4月1日逃出五原，撤出河套地区。五原战役至此结束。（据中国知网学术百科）

西郊县（今彬县）、千阳、乾州待了几个月。关中师管区把新兵交给我们，我们步行将其带回部队。我带新兵从不打骂，凭善心对待他们，叫吃饱饭，所以路上新兵逃跑的不多。回来后我当了排长，后在甘肃兰州临洮步兵学校受训三个月，专门学习近战技术，学会很多技术动作，还学了一招叫“飞刺刀”，就是白刃战时子弹上膛，不行就开枪。毕业后回35军2营2连任代连长。当了军官我还是一样对当兵的好，当兵的有啥难处都跟我说。有个兵请假，大家担心他不回来，都说不能批，我不仅批了还给他安排路费，后来这个兵又回来了。我不喜欢巴结上司，也从不吃空饷。

绥远抗战官兵（图片来源：《人民政协报》）

又过了几年，部队驻扎在张家庙、乌镇。大约在1944年秋天，日军再次进攻五原，由包头向乌镇我军阵地进攻，先用炮轰后再组织冲锋，交锋四次，伤亡惨重。我们子弹缺少，一人发50颗子弹，要等敌攻近了才一齐开火。两个连长被炮击中牺牲。我军顽强坚持到底，守卫阵地。打仗就是这样，拼上一次，眼红了，什么都不怕了。当时在近战班的受训学习起了很大作用，但这次我没用“飞刺刀”，凭着个子高、技术好，刺死一个日本兵。后我部刘春芳骑兵旅增援，最终击败日军，这一仗打得相当艰难。

五原抗日烈士纪念碑（图片来源：内蒙古新闻网）

1945年日军投降时，我在绥远警备司令部驻防，修公路。我接到任务后步行到包头，再坐车到绥远，由日军派兵引路，安排坐火车由绥远到大同接收日军武器物资。我连当时负责接收大同西关日军的武器，包括坦克2辆、轻机枪8挺、步枪60支、子弹4000余发及其他军用物资。当时接收日军的坦克感到既丢人又可笑：日本人按要求把坦克开到城西门交给我们，因为我们部队人才少，不会开，又推不动，后在大同城里找了个汽车司机想办法才把坦克开到营房存放。此外，跟随副师长接收伪军头子赵大义（音）300多人，我负责点名；还对大同车站进行了接收。

在永丰，与鬼子不分昼夜激战20多天

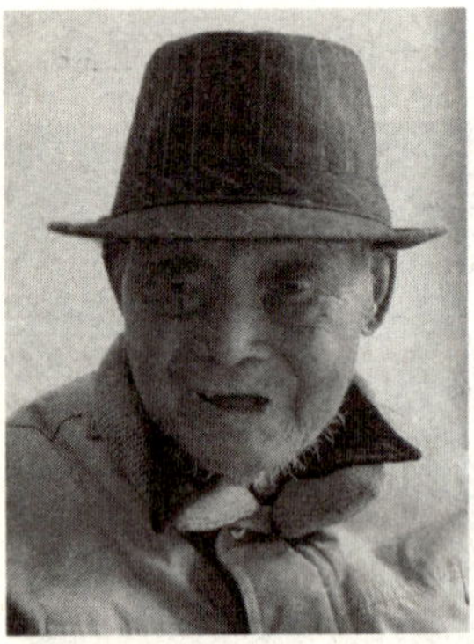

冯浩然，男，1920年2月生，河北省石家庄赞皇县南清河乡冯家村人，现住河南省平顶山市叶县龚店乡。1937年到1945年在东北军91师任勤务兵、副排长。1945年转入第127军，1949年在四川归入解放军二野，1950年复员回乡务农。

我小时候上学到小学毕业，17岁在河北高邑当了兵，属于91师271团。“九一八”事变后东北军91师退在高邑县驻扎。师长叫冯占海①，副师长叫张春喜（音），团长陈富昌（音），营长李如武（音），排长韩凤鸣（音）。

18岁那年初次打仗是在保定②涿县（今涿州市），那里有个东、西骆驼湾，在那里打了一个月时间，攻攻退退。到河北雄县打得更厉害，那里有个“十二座连桥”的地方，高高低低相交错的地形，高处是平地，低处是河，三四里长的地方一座桥连着一座桥。当时正好赶上下大雨，深沟积水有8尺深，部队都拥挤在这一带的河沟里，天上有日本飞机轰炸，地上有日本大炮撵着打。我个子小过不了河，碰上我们营长，营长说：“小鬼，你抓住我的马尾巴，千万别松手，水深。”就这样我抓着营长的马尾巴，总算过了河。此后，我就跟着营长当勤务兵。

部队过了河，又遭日军包围，我们突围通过了火车线上一座铁路桥，到这时，队伍打得没啥人了，收容后到河南尉氏县休整。

此后在开封守黄河一个月，再到漯河，经漯河坐火车开到江西的九江、南昌、永丰，这时候我已是副排长了。在永丰打得

①冯占海（1899—1963）：字寿山，辽宁省锦县（今凌海市）人，“九一八”事变后举兵抗日，被称为“吉林抗日第一人”。“七七”事变后，91师参加保定会战，全师伤亡惨重。1938年7月，91师划归汤恩伯的31集团军，在武汉会战中，官兵浴血厮杀，伤亡殆半，后痛惜部队减员，更因受排挤而心灰意冷，于是率亲信副官二人出走，潜入广西、香港等地，以经商为业，脱离了军旅。（据《民国人物大辞典》）

②保定会战：又称涿州保定会战，是全面抗战爆发后国民政府在平汉线（北平—汉口）北段组织的一次会战。（据中国战略网）

很激烈，不分昼夜激战20多天。师长、团长都找不到了，就剩营长手下几十个人了。在江西，东北军受到排斥，光叫打，不支援。队伍打呼啦了[①]，没办法，从江西转到湖南、湖北，最后回到四川。

到四川后向蒋介石汇报了情况，上面叫补充人员。

在四川，我被送到中央军校军官训练班学习一年半，在中央军校一分校，校址在陕西汉中，教育长钟彬，中队长熊占奎，分队长王步者。

军校毕业回到老部队。

1945年春，我随部队开到湖北老河口，接着和日军作战。这次战役中我三处挂彩，头皮打破，大腿被子弹穿透，只用绑腿包扎，没有住院。

老河口一仗后，我转到127军，军长赵子立。后随赵部到四川，在四川起义归到解放军二野。

起义后部队试验枪支，发现有一挺机枪打不响，查对了号码，这枪是属于我这一连的。他们找到我，说："坏蛋！有意破坏枪支。"我不知道是咋回事，真有点害怕。等我查看后，心里明白枪本身没问题，就说："首长，给我一盘子弹。"当时的首长是胡耀邦，他说："给他一盘子弹。"我装上子弹，把枪挂在脖子上，打开机钮，哗哗哗地就打响了。首长高兴了，说："这个小伙子还真中哩。"于是推荐我到解放军西北军区军政大学学习，一年后毕业，我被分配到达县军分区教导队当军事教员。1950年我复员回乡。

①1938年秋，冯占海91师奉命参加武汉会战。在江西九江以南的德安西、修水河北岸之间抗击日寇，归第九战区第一兵团总司令薛岳指挥。91师先是驰援在瑞武路小坳地区与日军第27师团激战的国军黄维第18军等部，接着参加在德安万家岭地区对日军第106师团及101师团一部的围歼战。该围歼战史称南浔大捷、德安大捷，又称万家岭大捷，是中国抗战中的著名战役和经典战例之一。是役国军毙敌万余人，是继台儿庄战役之后又一次振奋全国的重大胜利。武汉会战结束后，91师所剩官兵不足2000人，随汤恩伯31集团军开往湖南宝庆整训。战后得不到补充，只得缩编。这支"九一八"事变后在东北名声颇大的抗日义勇军队伍，为了国家民族的生存，奋勇搏杀，历经7年转战，最终在保卫大武汉的会战中融入抗战的烈焰，与敌同归于尽。（据中华网及中国记忆论坛有关资料，作者韩声涛）

难忘的台儿庄大战

王清松，男，1919年生，新乡市卫滨区平原乡南高村人。1937年参加西北军第2集团军27师158团野战补充营，历任勤务兵、上尉军需、少校粮库主任。1948年回乡务农。

我9岁在本地上国民小学，16岁小学毕业，学校缺老师，我留校当了老师。

1937年，卢沟桥事变爆发，国难当头，我决心投笔从戎参军上前线。当时，我父母年事已高，奶奶双目失明，家里不同意。8月12日，我背着家人，到新乡火车站集合，参加了正要开赴临颍的西北军第2集团军。

台儿庄城门战后的惨烈情景（图片来源：百度百科）

经过短暂的训练之后，我被正式分配到27师79旅158团野战补充营。因为我有文化，人又机灵，深受杨守道团长的喜爱。杨团长问我："小鬼，你是学生吧？怎么跑这儿来了？"我说："打鬼子呀，不把鬼子赶回去，怎么上学呀？"团长笑着说："那好，你就当我的勤务兵吧。"从此，我就当上了杨团长的勤务兵。杨团长是山东人，为人仗义豪爽，平易近人，处处关心爱护我。

部队从山西娘子关下来后，经太原转移到河南信阳过春节。1938年3月上旬，部队调到河南孟津守河防。有一天突然接到上级命令，我们立即出发，当夜9点上火车直达徐州，从徐州北上急行军60公里赶到台儿庄。离台儿庄还有15公里的时候，我们就听见了隆隆的炮声，再向前走，听见了机枪的扫射声。

由于大运河的地势限制，日军主力受挫，企图集中兵力强渡运河突围，我所在的

中国守军在台儿庄外围阻击日军（图片来源：百度百科）

部队任务是阻击敌人，巩固阵地。日军像一群受惊的野兽冲了过来，我们占据有利地形，严阵以待，三天三夜没合眼的杨团长，在指挥部左手拿着望远镜，右手握着电话机话筒，表情沉着镇定，敌人冲上来了，100米，50米，20米，“打！狠狠地打！”团长一声令下，所有机关枪、步枪、冲锋枪一齐开火，手榴弹在敌群中开花，早已埋下的地雷也爆炸了，阵地前沿成了一片火海，炸得敌人血肉横飞。“冲啊——”随着杨团长一声大喊，军号声、呐喊声响成一片，千军万马一齐冲击，打得敌人尸横遍野，坂垣师团遭到致命打击。同时，我们部队也伤亡惨重。158团主要负责西门、北门的战斗，其中第一营在营长孙国增的带领下，一仗下来清点人数只剩下57人，全团1000多人只剩下100多人。团长又组织敢死队与鬼子拼大刀，打得异常惨烈，真是积尸如山，血流成河。清扫战场时我看到有的阵亡战士怒目圆睁，死不瞑目；有的紧握大刀，扭着鬼子不放，甚至血肉模糊，分不清哪个是我们的人，哪个是敌人，只能从衣服的残留物上来确认。

油画《台儿庄大战》（徐青峰作）

整个战斗持续的40多个日夜中，每天都十分疲劳。作战时我背着一个水壶和一个饭包，为杨团长服务，可他总是望远镜、电话机、地图不离手，已把生死置之度外，哪里还顾得上吃喝？每天夜里我们都要转移阵地，一到住处，杨团长和衣躺在草铺上休息，经常让我一起盖着他的大衣睡觉。虽然很劳累，但为了杨团长的安全，我极力控制自己不睡着。战斗结束时，我们身上的污垢像树皮一样能揭下来。

台儿庄战役敢死队勋章（图片来源：百度百科）

在极其艰难的条件下，我们部队转战运河两岸，作战一个多月，攻克了前棚、后棚，在刘家湖击溃日军坂垣师团主力，和兄弟部队一起，毙敌1万多人，俘虏600多人，缴获各类武器数万件，取得了整个战役的胜利。

口述人应邀参观台儿庄大战纪念馆（图片由口述人提供）

我的两只耳朵也在这次战役中被炮弹震聋了，再也听不见了。战役结束后，部队到湖北襄阳一带与敌作战，我因耳聋改任上尉军需。抗战胜利后部队返回山东驻防。1948年淮海战役中随张克侠将军起义归解放军，驻夏洪村。这期间，家中爷爷病死，等着我这唯一的孙子回家安葬，我父亲一路讨饭来到部队要我回家。经部队领导同意，我回到家乡，当了一辈子农民。

几十年过去了，我难以忘记台儿庄战役的场面。2009年12月，我有幸受邀赴台儿庄参加“台儿庄大战战史研讨会”，并代表参战老兵第一个发言，还参观了台儿庄大战纪念馆。这次活动中我见到了当年27师副师长阎廷俊的女儿和186团团长王冠五的外孙女。阎廷俊是个文质彬彬的读书人，有勇有谋，大战中他立了大功；王冠五团长兼守城总指挥，身材魁梧，人高马大，声音洪

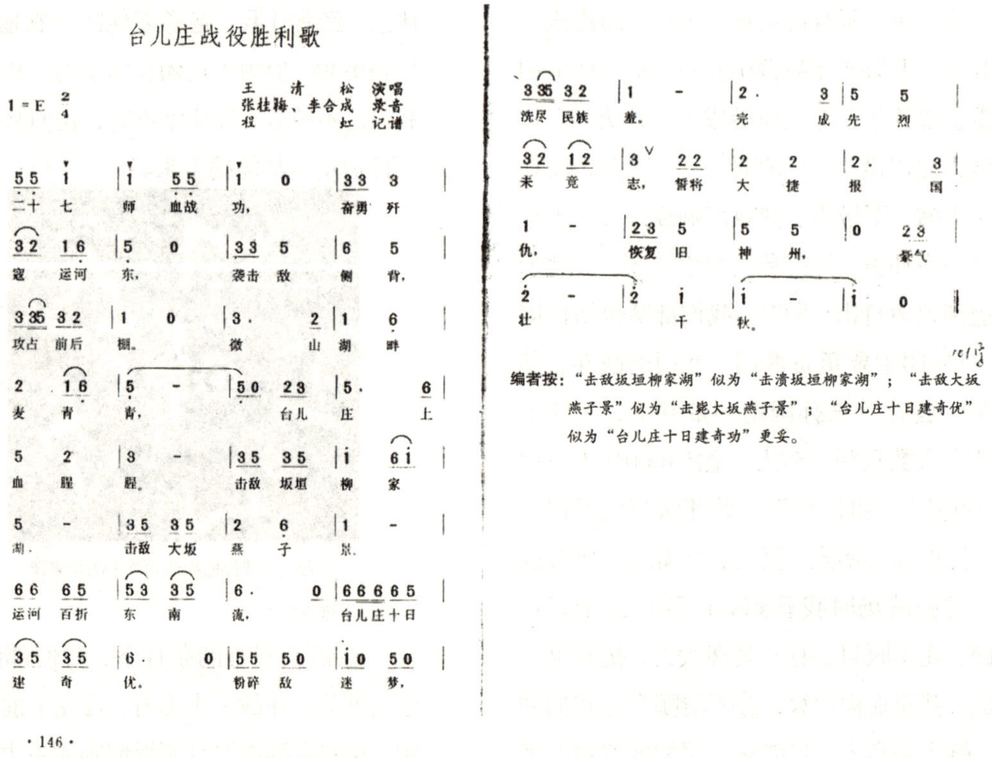

文艺工作者整理的《台儿庄战役胜利歌》曲谱（曲谱由口述人提供）

亮，治军有方，英勇善战，军纪严明，外号“好汉爷”。他曾带领敢死队，掂着大刀冲进敌阵，收复了城西北阵地。

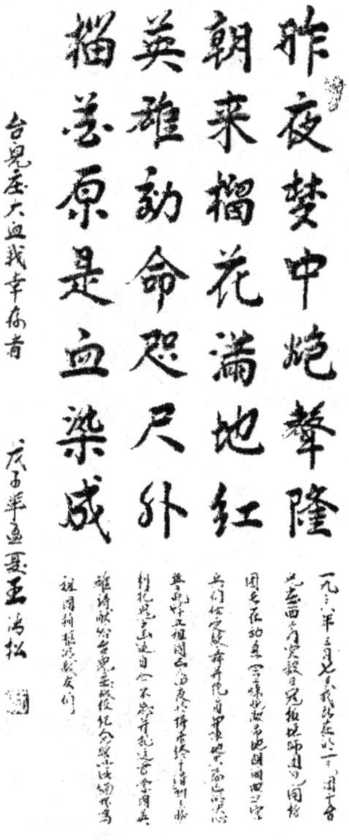

口述人常抄写的黄樵松绝命诗（图片由口述人提供）

台儿庄大战刚刚结束，部队文艺工作者就创作出了一首歌曲叫《台儿庄战役胜利歌》，歌词的曲调我依然记忆犹新，遗憾的是忘了词曲作者姓名。这首歌我唱后新乡音乐工作者整理出了曲谱。这首歌的歌词整理后是：二十七师血战功，奋勇歼寇运河东。袭击敌侧背，攻占前后棚。微山湖畔麦青青，台儿庄上血腥腥。击溃坂垣柳家湖，击毙大坂燕子景。运河百折东南流，台儿庄十日建奇功。粉碎敌迷梦，洗尽民族羞。完成先烈未竟志，誓将大捷报国仇。恢复旧神州，豪气壮千秋。

令我难忘的还有黄樵松师长在台儿庄决战前写下的绝命诗：昨夜梦中炮声隆，朝来榴花满地红。英雄效命咫尺外，榴花原是血染成。我们杨团长在战前动员会上慷慨激昂地朗诵了数遍，官兵们备受鼓舞。我晚年每天读书练字，常常抄写黄师长这首诗。参观台儿庄大战纪念馆后我写了一首诗赠送，内容是：三七卢沟抗敌顽，转战齐鲁运河畔。拼将身躯筑长城，甘洒碧血慰祖先。柳家湖东挫强寇，燕子铺西戮大坂。降龙伏虎台儿庄，浩气永存天地间。

我经历过战争，参加了台儿庄大会战，经受了生死的考验，生活中再大的难事也吓不倒我，凡事都能想得开，心理平衡不悲观，抗战精神激励着我，我是一个永远不老的兵。

我是参加过“一·二八”淞沪抗战的老兵

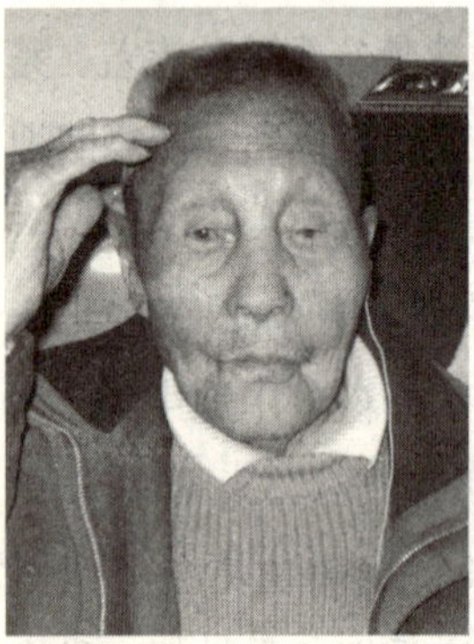

刘宗阁，男，1915年5月12日生，河南温县人，现居郑州。1931年参加国民革命军19路军60师，任勤务兵、工兵，曾参加“一·二八”淞沪抗战，“福建事变”后被编入顾祝同部，1937年在南京工兵学校学习，南京沦陷前经汉口回到河南老家，1938年至1942年在国民革命军90军196师谍报队任谍报组组长。1943年至1949年先后经商、在洛阳警察局任刑警。“文革”中被遣返原籍务农。

民国8年我就跟着父亲到郑州了，也是在这儿上了三年半的学，读完上《论语》，下《论语》才读了半篇，又改上了半年洋学就不上了，所以我文化上还是不行。

我父亲是国民党，他原来跟着山东的一个军阀，后来孙中山把他们改编为新革命军第14师。民国16年，我父亲跟着部队打吴佩孚，从东北过来，先打山海关，又到郑州。当时我父亲是营长，和吴佩孚军队作战时，团长阵亡了，我父亲代理团长，连打几天几夜，在临颍县一个地方，炮弹把房子炸塌了，房檩掉下来把我父亲砸伤了，送到漯河医院抢救。后来吴佩孚被打垮了，父亲养好伤，在家待了一段时间，到民国19年，他又出去了，从此再也没有消息。

民国20年，我一个人从老家温县回到郑州寻找父亲，在郑州先贤街（音）向东有个小街，在那里找到了父亲的战友李秀才，还找到在县政府当局长的马叔叔，他们只告诉我一些父亲过去的战斗情况，但是也没有父亲的消息。

蔡廷锴（图片来源：百度百科）

在郑州，“九一八”事变后，看到学生们躺到火车底下示威抗议，我也是个学生，也有爱国心，就想到当兵，当时19路军[①]正在招学兵，我就报了名，参加了19路军。我们军长是蔡廷锴，19路军有三个师：60师、61师、78师，我被分配到60师，师长名字记不清了，只记得刚去时我给阮如刚（音）营长当勤务兵，是上等兵。

19路军156旅旅长翁照恒鼓励部属坚守阵地，奋勇杀敌（图片来源：大公网）

当兵第二年就赶上上海“一·二八”抗战，我们部队从郑州开到苏州一个庙里驻有两个月，又开到上海昆山。上海会战时，这个阮如刚营长就不见了，我被工兵营的老营长要去，成了一名工兵。我们在嘉定县驻扎，开始挖地道和各种掩体，还要运麻袋、运道轨、运道方。麻袋里装土堆成小山一样，道轨和道方都是用来搭建工事用的。我们都是在夜里干活，白天敌机轰炸得厉害，一来就是四五十架，炸得不能露头。我们部队主要任务是阻拦日本的军舰，不让

19路军最经典的一战　“一·二八”淞沪抗战中，士兵手持瑞士启拉利KE轻机枪，穿的还是北伐时期的军装，戴大盖帽（图片来源：大公网）

他们登陆。后来日本人退走了，我们打了胜仗，部队还发给我一枚奖章。

后来，19路军在南宁坐轮船漂海几天到了厦门，当地乡亲们和大生意家都在路边摆着供桌香案，恭迎19路军蔡廷锴。在福建待了一年多，到1933年11月，部队开到一个叫龙源州（音）的开阔地方，没想到说政变就政变了，19路军成立了中华共和国人民革命政府，当兵的都把国民党的帽花领章摘掉

①19路军：指国民革命军19路军，前身是邓铿为师长的粤军1师4团。1926年粤军第1师改为国民革命军第4军，李济深为军长，陈铭枢及蒋光鼐为10师的师长及副师长，蔡廷锴为属下团长。北伐中，第4军屡有战果，被誉为“铁军”，1930年改为19路军，蒋光鼐为总指挥，蔡廷锴为军长。1931年“九一八”事变后，19路军调防上海。1932年1月28日，日本派陆战队登陆上海，19路军奋起迎战抵抗，因而成为在全中国声名大噪的抗日军队，日本增援上海，蒋介石亦复出主持局面，并派出中央军编成第5军，由张治中指挥，到上海增援，共同抗日。最后事变以外交谈判方式解决，19路军从上海撤下，被调到福建“剿共”，蒋光鼐兼任福建省省长。1933年11月，19路军将领发动闽变，蒋介石以大军镇压，19路军番号被取消。（据《国民革命军沿革实录》）

了。①这时候，国民党军队把我们包围了，蔡廷锴等主要人物坐飞机走了，也不知道到哪儿了，19路军营长以下的小官和当兵的都把枪缴了，又坐船绕道回到河南，驻扎在开封第八营房。行政主任顾祝同给我们开开会讲讲话，主要意思是让大家安心当兵，随后又把枪发下来，60师的番号还没变，师长换成了陈培（音），副师长换成了陈生（音），都是广东人，他们给士兵开会时带着一只大黑狗和两个保镖。在开封训练有一年时间，随后部队开到四川、甘肃“剿共”，把四川都跑遍了。

又过了一年多，部队从宝鸡下来翻过摸天岭（音），两天没吃上热饭，我只吃了两个玉饺饺蛋子。在青川县看到房子全被烧了，我们到那里什么吃的都找不到，也不知道是谁烧的。在四川江油县，有个大刀岭，有个南布河（音），红军在路西，我们在路东，都能看得见，可是师长也不下令打，两边当兵的都在大声吆喝：“抗日军不打抗日军！抗日军不打抗日军！”就这样，红军在前面走，我们就在后头跟着走，又转到了甘肃。后来遇上胡宗南的部队下来，我们打着标语：“欢迎胡宗南南下。”此后，又开到重庆的海棠溪，每天行军60里，又开到贵州。贵州这里遍地种着大烟，一眼看不到边，几百亩开花，看着真好看。我们在贵州修了一个机场，机场修好后又开往湖南长沙，再到湖北汉口，在黄鹤楼附近一条街上驻扎下来。这时候，“西安事变”发生了，张学良和杨虎城把蒋介石扣了起来，后来和平解决，开始抗日。

接着我们部队第二次开到上海参加战斗。我当时被派到南京工兵学校学习，没有到上海。

在工兵学校学习爆破、埋地雷。战事吃紧后，工兵学校要往云南迁，我正准备去云南，这时60师一个吴副官带了几船在上海用坏的枪械要到汉口去修，他要我帮他一起押送这批枪械，我也就没有随着工兵学校到云南。在九江，看到国军炸了很多轮船沉到长江里阻挡日本军舰，还听说南京城很乱，死了很多人。我和吴副官一起把枪交到汉阳兵工厂，吴副官就不知道到哪里去了。我碰见一个叫田富占的温县老乡，一起结伴回到了老家温县。

这期间日本人已到了黄河以北，焦作、温县也沦陷了，黄河封渡了，家乡又遭了蝗灾和水灾。涨水时黄河河面有四五十里那么宽，把温县都淹没了。老百姓的房子多是土墙，都泡塌了。我家的房子也倒了，没地方住，我只好住在别人家。到处都是饿死的

①福建事变：简称闽变。是1933年11月20日由李济深、陈铭枢、蒋光鼐、蔡廷锴等人以国民党19路军为主力，在福建福州发动的抗日反蒋事件。事变后在福建福州南校场召开大会，决定成立中华共和国人民革命政府，召开中国人民临时代表大会，发表《人民权利宣言》。1934年1月15日，蒋介石军队攻陷福州。人民革命政府和19路军总部分别迁往漳州和泉州。1月21日，泉州、漳州失守，“闽变”失败。李济深、陈铭枢、蒋光鼐、蔡廷锴逃往香港，19路军的番号被取消，军队被蒋介石改编，保留60、61、78师三个主力师番号，军官大多调整为黄埔系。（据《1933：福建事变始末》《喋血淞沪——蒋光鼐将军传》《福建事变资料选编》）

人，温县的人都往外逃荒去了。

我来到黄河边看情况，想找个活路。当时90军196师①在这里守河防，从汜水到洛阳都属于196师防区，师长是胡伯翰②。我因为家是温县的，周围情况熟，又当过多年的兵，就参加了196师师部谍报队。谍报队队长是山东人张瞎子（音），他属于青红帮，长官部专门负责谍报工作的是邓有力（音），师部是冯参谋负责，冯参谋就住在河沿附近，三间房子两部电话，我有什么情况就直接给他们汇报。一开始我在谍报组任副组长，组长叫李松山（音），后来他走了，我当了组长，带领四五个人在黄河南北两边搞谍报工作，黄河以北温县、博爱、焦作、武陟这个区域属于我们组负责的地盘。整天在日本人的眼皮子底下活动，啥消息都知道，平时做个小生意，队长过来了就找我了解情况，我有什么情况就打电话或者当面给冯参谋汇报。当时的情报工作很重要。记得有一次，我听见日本人有马队通过，就骑着自行车跟在后面观察，数了数大约有30匹，就马上给冯参谋汇报，游击队给他们汇报的却是1000匹马，太不准确了，事后冯参谋用枪指着游击队的人训斥了一顿。

广州19路军淞沪抗日阵亡将士陵园（图片来源：天河党建网）

在这期间，我尽可能地帮助家乡百姓渡过黄河到南边渡过灾荒。北平过来的学生，也求我想办法送他们过河，我都尽量帮助，还给他们弄吃的，从来没有花过他们一分钱。有的人到西安后还特地回来看望我，表示谢意。还有一次，县政府一个区长带了17个人，两三天了还过不去河，就求我想法子，在我的帮助下这批人才顺利到了河南边，所以在温县很多人都知道我这个人。

1942年，李兴忠的96军和196师换防，196师换防到西安，部队走到陕州时，有个团长不甘心，要和日本人打一仗再走，但他只是雄心大，准备工作没做好，没想到日本的战车那么多，我就亲眼看见日本来了十

①90军196师：指国民革命军90军196师。1938年2月，以驻豫绥靖公署直属保安团编组成该军，以彭进之任军长，6月27日彭进之他调，李文继任军长。该军辖195师、196师，各以河南保安4个团编成。该军编成后即担负第一战区河防任务，1938年年底转隶西安行营。1942年3月，该军开赴陕西驻防。（据《国民革命军沿革实录》）

②胡伯翰（1898—1973）：河北盐山人，国民党陆军中将，保定军官学校毕业，历任国民革命军营长、团长、中央军校武汉分校少将步兵科长。抗战时期，任国民党军196师师长，90军副军长，河南第五区保安司令，重庆卫戍司令部参谋长、防空副司令，39集团军副司令兼新8军军长等。抗战胜利后，任北平警备副司令兼北平防空司令部副总司令。1949年赴台湾，曾任台湾糖业公司董事。1973年在台北病逝。（据《国民党军政人物寻踪》）

几辆坦克。有个杨文志（音）陪着团长过的河，第一夜开始交战，杨文志就阵亡了，团长也受了重伤，被抬下来，部队也打散了。我躲进中条山里，把带的东西藏到一个破庙里，随后又脱离部队，回老家待了一段时间。

广州19路军淞沪抗日阵亡将士陵园内的先烈纪念碑及环形柱廊（图片来源：天河党建网）

为了养家，我在外跑行商，做个小生意。我带着十来包地黄到洛阳卖，暂时交给一个朋友帮忙保管，谁知这个年轻人把地黄贱卖了，人也跑得没影儿了。他真是个大趟家（招摇撞骗的人），说要给新乡的张专员买枪，钱花了，枪没买来，张专员把他枪毙了。

日本投降后，我又回到洛阳、郑州，靠做生意维持生活。我帮朋友陈海洲开了个运输公司，租美国运输队的汽车往西安运货，路遇水灾，生意赔了，公司也倒闭了。后来又经朋友介绍在洛阳刑警大队第一组任副组长。洛阳解放后，我回到郑州。郑州解放后，我又回了老家。登记国民党人员时我到温县县政府报到登记，主动说明我是19路军的人，过去在洛阳居住时，我的户口上写的就是19路军。

现在，我最高兴的，是志愿者们说我是抗战老兵，还来养老院为我过生日。

二、保卫华北

在安泽，与鬼子在雨水里打了三天三夜

李太，男，1922年生，河南洛阳嵩县大坪乡白圪塔村人，1938年参军到93军10师30团3营7连，1939年夏转入决死队、八路军，1944年被抓到阎锡山部队。1949年回乡务农。

1938年我在嵩县参军，开到山西安泽县，编进93军10师30团3营7连，军长是刘戡[①]，师长是王劲修，团长记不起来了，营长叫杜宝义（音）。我才去时是二等兵，后来是一等兵。跟日本人总共打了7年，主要在安泽、阳城、垣曲这些地方，在国军93军1年，在八路军5年，在阎锡山部队1年。我两次受伤都是在93军。

第一次在山西浮山县城外10里，我们守天坛山，挖一圈“之”字形的沟，有一丈多深，沟上架个木板，派5个哨兵站岗，我那时是班长，到沟外查岗，不住地提醒哨兵：日本人说来就来，可不敢睡呀。不多会儿就听到日本兵皮鞋踩在石子上呼啦啦的脚步声，日本人跑着过来了。我把枪膛里3发子弹打出去，又甩了两颗手榴弹，转身就往沟内跑，刚跑过沟，正要掀掉木板，敌人啪一枪打中了我的腿，我就势跳到沟里一转身跑了，日本兵也冲过了沟。上面高处窗台上我们好几挺轻、重机枪一齐开火，把他们打退了。

第二次受伤是在山西安泽县。打了三天三夜，雨也下了三天三夜，第四天不下了，敌人进攻前先用炮弹轰，阵地上到处是弹坑，坑里都是雨水，交通沟里也是半沟水，我们在沟里来回走，水都搅成了泥糊。

①刘戡（1906—1948）：字麟书，号三寿，追赠国民革命军二级上将，湖南省桃源县桃花源镇青田村人。幼时父母双亡，赖伯父、姑母抚养成人。曾就读于桃源县立第一高等小学和湖南省立第二中学。民国12年（1923），考入长沙陆军讲武堂；次年入广州黄埔军校第一期学习。参加长城抗战，1935年获得青天白日勋章，“七七”事变后抗击日本侵略军，忻口会战中率部毙敌万余人，被誉为“杰出的抗日将领”，晋升为93军军长。（据《国民党高级将领花名册》）

临县前青塘村晋绥边区民众医院旧址（图片来源：临县政府网）

这天一早起了大雾，什么也看不见，连里知道敌人要上来了，不住地派传令兵来交代：敌人上来了，不远了，抓紧时间把枪洗净擦干，把手榴弹后盖都打开，机枪架好，准备好战斗！活该日本人倒霉，我们刚准备好，突然刮过来一阵风，把大雾吹散了，敌人正趁着雾气往我们阵地上爬哩，雾一散全部暴露出来了。敌人穿着皮鞋，又是山坡，他们在稀泥里爬得很慢，我们打下去一批，又上来一批，再打下去一批，我们的轻、重机枪不停地打，最后他们没几个人了，尸体滚到山坡梯田上，一层摞一层。这一仗缴获的日军步枪堆成小房子一样，那时我们部队不缺枪，全烧了。日军的背包上有饭盒、饼干、糖块，我们成袋子地捡。这一仗我受伤重，右膀子上被子弹连肉带骨头打掉一块，受伤后有担架往阳城县送，半路上遇见八路军的人，他们看我伤重，领我先住进了八路军的一个前方医院，说治好了再送我回到原来的部队。当时正打着仗哩，他们把我寄在一个村子里，住在村长家，村长派个老头伺候着我。七八月间，天热，伤口长了蛆，痛得我躺下又起来，起来又躺下。有一天八路军大部队从村里过，我让老头快去找人。不一会儿就来了两个人，他们给我洗伤口，洗完上了药包扎好，又叫来担架把我抬走了，转到第二个医院，医生割掉了我伤口的烂肉，还是没有治好，最后又送到临县青塘镇一个八路军的大医院，这个医院技术好，能锯胳膊锯腿，到这儿总算把我的伤治好了。

中国文化出版社出版的《抗日决死队》书影

抗日决死队臂章（图片来源：红网）

过去不知道有八路军，到这里觉得八路军的人说话可客气。伤好后就留在这儿了，加入了抗日决死队①，抗日决死队也叫山西新军，当时搞国共合作，阎锡山是司令长官，薄一波是副司令长官，训练了几十个团的新兵。决死队对老百姓好，军纪好，会打仗。阎锡山视察队伍，呼口号：欢迎新军！向新军学习！

我在决死队又和日本人打了5年，记得营长叫孙赢（音），团长叫张之洞（音）。八路军的打法和国军不一样，不和日本人明着打，所以八路军打仗不容易受伤、不容易死人。八路军会做黄色炸药，会做手榴弹。日本占着山西很长时间，敌人驻地都围着一圈铁丝网，离县城近处的据点还有电网，外面挖一人多深的沟。八路军作战是专等夜里或下雨天，敌人放松警惕时再动手。我们先用绳子坠下沟，再踩肩膀搭人梯上来，在铁丝网下掏个洞，趁碉堡里的日本兵呼呼大睡时，悄悄拿走他们的枪，临走再扔手榴弹，炸得他们迷三倒四，又找不到枪，我们趁机就撤走了。

八路军在火车站都有自己人，暗地通风报信。有一次得到了日本人送军火的消息，我们弄好炸药，选最有利的地点炸了桥，火车一节连一节地翻到沟底了。咱们埋伏的人下沟里扛军火扛粮食。（凭借）这种打法，我们八路军很少牺牲。在山区打游击，夜里几次碰到狼。有一次我在山里睡着了，感觉一只狼在我头上闻来闻去，又用爪子抓我，看我是死人还是活人，我听说狼不吃死人，就先装死不动，暗里憋足劲，呼地一下站起来，那狼吓得蹿了一丈多远，跑了。

临汾抗日英雄纪念碑（图片来源：临汾政府网）

我后来参加百团大战②和日本人明打，打了三个月，打死不少日本兵，日本人恨透了八路军，不断地搜山，想把八路军斩尽杀绝。1944年，日军搜山、“扫荡”，我因为

①抗日决死队：指山西青年抗敌决死队。“七七”事变后，日寇疯狂进攻，山西危急。阎锡山迫于形势，接受共产党人薄一波等关于组建山西新军的建议，并委托薄一波负责。1937年8月1日，山西青年抗敌决死队在太原成立。这支决死抗日的队伍转战在太行山、吕梁山以及三晋平原，与日寇浴血奋战，不怕牺牲，涌现出众多可歌可泣的英雄人物和战斗事迹。1939年“十二月事变”后，决死第二纵队转移至晋西北，与第四纵队会合。第三纵队遭到阎军围攻，一部叛变，余部转至太岳区，与第一纵队会合。后来抗敌决死队各纵队分别编入所在地区八路军序列。（据《青年抗敌决死队第一纵队是怎样成长的》）

②百团大战：抗日战争中由中国共产党所率领的国民革命军第18集团军（八路军）在1940年8月至1941年1月间发动的以破坏华北日军占领的交通线、矿山为目的的破袭作战（又称晋南游击战）。参加作战的中国军队包括八路军120师、129师和晋察冀军区与当地民兵。这是八路军在平型关战役之后组织的较具规模的战役。战争初期战报统计八路军参战部队共达105个团，因此定名为百团大战。（据《中国人民解放军战役战斗总览》）

发高烧被送到医院，“扫荡”时随医院的伤员、病号、小看护员一起躲进了山沟里，和大部队失去了联系。我们从这山到那山，饿了吃点炒蜀黍，渴了到沟里喝点水，就这样在山里躲了6天，我的病也好了。这天听见石头乱响，知道敌人来了，我招呼身边几个十五六岁的孩子藏好。敌人后来发现了我，开了一枪，我跑过沟，又蹚过一个泥坑，鞋子也掉进泥坑里，又光着脚跑了一段，钻进麻地里，不一会儿，又看见5个日本人骑马向这边来了，我心想这下完了，幸运的是这5个鬼子只顾说话没往麻地里看，等他们过去，我就往回跑。赤着脚，走不快，翻过山下到沟里，看到一间草房，等到天黑时，一个老头回来了，我向他要了一碗小米干饭吃，又找一个烂鞋用破布烂麻缠缠将就穿上，接着又找了一户人家，讨了碗南瓜稀饭喝。刚喝完，就听见日本兵踢门声。老乡说：“这可咋办？日本人抓到你，我们全家就完了！”我说：你别怕，你先去开门，我从后门走。我从后门摸黑来到山顶，骑在半山坡一个树枝上过了一夜。第二天又到一户老乡家，老乡让我藏在他家放木炭的房子里，随后又给我换了衣服，备了干粮。我想日本人都搜山去了，走平川反而更安全，就走赵城（山西洪洞县赵城镇）、洪洞、临汾这条路。

那时候，山西这个地方，一个县三个政府，一个八路军的，一个阎锡山的，一个日本人的。日本人在县城里。三家都要征粮，三家谁碰上谁就打谁。我走到半路，遇到阎锡山便衣队的队长，拿手枪顶住我，把我抓走了，关进牢里过了一夜，第二天来个营长，问我家是哪儿的，我说是河南的。那时候部队里都欢迎河南人，因为河南兵不怕死，会打仗。这个营长就叫我跟着他当兵。

彭德怀在指挥百团大战（图片来源：新华网）

在阎锡山部队我也和日本人打过。那是征粮时碰上了，战友的机关枪卡壳，我拿过来几下就修好了，嗒嗒嗒地打起来。他们看我会打仗，不到一个月就让我当了副班长。日本投降时我还在阎锡山部队，后来提升到特务排当排长。

苦战太行山，副师长活活饿死

刘进祥，男，1920 年 10 月 19 日生，洛阳李村镇南寨村人。1937 年 3 月在洛阳考入江苏镇江通讯兵无线电学校，1938 年分别在邢台、郑州、兰州任通讯兵，1939 年考入中央军校七分校，1943 年在国民革命军 27 军 45 师 135 团 2 营 5 连 2 排任排长，1944 年编入新五军任通讯连中尉排长，后在后勤司令部通讯器材库任少校军官，1945 年在芷江任通讯器材转运站站长、后勤总司令部后勤补给站站长。1948 年退役回乡务农。

我在家乡李村高小毕业后于1937年3月在洛阳报名考入江苏镇江通讯兵学校。当时通讯兵团有通讯兵一团和通讯兵二团，直属军事委员会，里面开办有学兵队。我分配在35标，当时一标相当于一团。学习不到半年，日军在上海登陆，并轰炸南京、镇江，学习被迫中断。国家急于用人，我被调到河北邢台抗敌指挥部当通讯兵。指挥部司令是刘峙，我的任务是守总机，保持和各军部师部的通讯联系。几个月后，河北战事失败，我先转移至郑州，后又转至兰州第八战区长官司令部当通讯兵，时间有一年多。1939年我考上中央军校七分校，属于第十七期步科，编在第9总队第2大队第5中队第2区队，区队就相当于排。我们所在的总队起先在兰州，总队长叫李慎言。第9总队后期迁至西安附近的王曲，学习两年半毕业，第9、第10、第11总队是一起毕业的。

中央军校第七分校校长铜像及军校牌坊（图片来源：黄埔军校网）

毕业后分配到27军45师135团2营5连2排任见习官，期满后任少尉排长、中尉排长。27军军长是刘进，师长是胡长青，团长王永刚，是江西人。1942年11月我和战友一起赶赴部队，从郑州到荥阳，在枣树沟乘船渡过黄河到敌占区，我们躲在河堤后掩蔽到天黑再继续行军，到12月又渡过一条沁河，一条麻河（音），河里都结了冰，我们趁夜里破冰过河，腿被冰扎破，有一部分重伤兵过不去河，第二天天亮就被日本兵用刺刀戳死了。

过了河到太行山区陵川东边大小圪道郊、老油梯一带驻扎。从1943年3月间开始参加战斗，打了很多次仗。日军那个时候一年至少要“大扫荡”两次，春上扰乱春耕，秋里去抢粮食。日军东面从邯郸、林县沿邯城路向太行山“扫荡”，西部从高平、晋城、长治、壶关、黎城集结，准备联合“扫荡”太行山。我们得到敌人频繁调动的情报，要求各个部队严加警惕，吃饭睡觉都在阵地上，随时随地进入阵地战斗，给敌人以迎头痛击。在大山里行动困难，我们从大小圪道郊下来经火石山到八斗岭要走一夜，在八斗岭与日军打了一仗。日军发起进攻，我军南线只有45师135团和134团的一个营，46师在北线，还有预8师李伟宏（音）的部队也参战，日军有半个师团。当时士兵用步枪、轻机关枪、重机关枪，每个士兵发10排共50发子弹，战斗异常激烈，135团阵地差点失掉，后134团增援才打退了敌人。战斗过程中我召集班长开会研究改变战法，有个班长是太行通，也说这样死打不行，要想办法偷袭敌后，这个想法和我不谋而合，就要求他们快速行动，绕到敌后，截击敌援军。班长说：“你放心吧！”就带两挺机关枪出发了，半个钟头后听见枪响，果然正遇上日援军从晋城、四义较平坦地方向山上增援，突然一阵猛打，打死20多个敌人。这次战斗我们2营5连2排牺牲了一半。战后经我在师部的同学刘参谋统计，45师在南线打死210多名日军，北线46师打死100多人，日本人把尸体焚烧了。

抗战时期的太行山（图片来源：互动百科）

敌人在“扫荡”中要带狼狗，稍有动静就会扑上来。我要求当兵的早晚枪膛里要有一颗子弹，叫作救命弹，要比敌人快一秒开枪，再用刺刀戳死狼狗。打仗要动脑筋，听子弹声音判断远近，打游击战要真真假假虚虚实实，不会这一套你就要挨打。一个士兵，你没有两三个阵地目标就会被发现，打一下就得赶紧挪地方，而且几个士兵要互相联系着，他一打，目标就被发现了，咱随即就跟着打过去，得互相关照着点，你光打你个人的可不中。作战就是这样子打的，不能死搬硬套。有一次我把帽子用枪顶起来试探，敌人嘣一枪把帽子给打飞了，我就对士兵说，你们看到没，敌人就是比我们训练有素，你们一定要特别注意，他一露头你就打，那是个好机会。那时俺这个连队几十个人，新兵占了快一半，新兵不叫轻易去打仗，要把新兵都挑下来训练瞄准射击。

把部队放在太行山地区，目的就是牵制敌人不能过黄河。我们在太行山作战是敌后作战，供应太困难了。天暖换季时没有单衣，战士们就把棉衣里的棉花掏出来，另外保存在背包里冬天再用。子弹少，不敢乱放一枪。最大的困难是饥饿，当时太行山区还有新五军在辉县，还有阎锡山的十七支队一个师在雁门关，部队多，山上只种蜀黍和谷子，收成少，弄吃的太困难，好的时候粮食袋里是炒蜀黍，一袋蜀黍吃了3天，后来没粮食吃，断粮四五个月啊，我的命差点丢在山西，后来身体一直就没有恢复过来。饿着肚子还要坚持打仗，在山西高平、陵川、西河底（今陵川西河底镇）、夺火（今陵川夺火乡）等地多次与日军作战。周旋一个多月，直至弹尽粮绝，官兵们没有粮食吃，只能靠吃树叶和野草维持，副师长也活活饿死了。①

我因长期吃不上，喝不上，终于得了重病，和几个病号躺在一起，发高烧昏迷不醒。当地老百姓心疼我们，有人懂医，说我得的是劳损病叫“羊毛疔”，需要挑后背大筋治疗，让我趴地上，用针挑后背，流出黑血，又给我弄来一碗热汤喝，我才慢慢苏醒过来，会眨眼说话了。副团长王培伟收容病号，叫我跟上病号队一起向后方撤退。一路上隔不远就有民兵帮忙引路，他们头勒白毛巾，手拿红缨枪，熟悉当地情况，让我们夜里走，白天休息，就这样经过焦作渡过黄河到了后方，在荥阳油坊街休整了一段时间。随后我和原部队撤下来的人一起陆陆续续到达洛宁，在此收容后开到西安附近整补，接着又开到灵宝参加会战。

1944年冬，45师和96师合并，乘陈纳德的“飞虎队”飞机空运到云南昆明沾益军用机场，暂时编入杜聿明新五军，驻扎在昆明西边云山村。当时中缅公路已被切断，只有一个滇越铁路，外援物资运不进来，部队奉命保护滇越铁路，驻扎在蒙自、开元，我在通讯连任中尉排长。

---

①1943年春，日军纠集大批汪伪军进犯太行山区。当时固守太行山的部队，是24集团军所辖40军、27军、新编第五军。最后太行山区只剩27军所辖45师、46师两个师，被包围在太行核心，对外失去了联系。周旋一个多月，弹尽粮绝，官兵尽食野菜。在如此恶劣的环境下，46师和45师大部溃退瓦解，整个集团军最后仅剩45师师部和135团。师长胡长青因饿加病被送回洛阳。副师长凌冬青因身体衰弱无食，活活饿死。师部瘫痪，师肖参谋长率师部极少人员随135团行动（我当时在135团防毒排）。从5月至9月，135团由团长吴建新一人率领，没有副团长，没有营长，全团只有300多人。我们踏遍了太行山的重峰叠峦，到了衣架山这个较安全的宿营地。我们尽食野菜山果，两个月未见一粒粮，伤病员无医无药，呼天不应。在与敌周旋的四五个月里，我团分成若干小分队各自为战，见少就打，见多则避。官兵赤脚露体，好在夏天山果野菜较多，不致全饿死。汪伪多次诱降，均遭我严词拒绝。1943年9月30日下午，全团在马武寨附近山洞（王蟒岭背后）集合，团长吴建新清点人数，包括团长和肖参谋长在内共计官兵280人（我亦其中一员）。团长激昂地说，太行10万大军，而今只有我们280人了。我们与敌周旋四五个月，不为艰难险阻而屈服，不为汉奸诱降而动摇，宁死不投降，现在我们身上肉没有了，骨架仍挺立着，我们不愧是炎黄子孙。现在我们280人要举手宣誓：“宁死不投降，宁死不当伪军汉奸，誓死要做炎黄优秀子孙。如违诺言，群起而诛之。”宣誓毕，吴团长又说，上级指示，今晚由战区第一游击支队（支队长范龙章）掩护我们出山，路线是越过王蟒岭，沿老油梯到辉县游击队驻地。次日准备妥应付敌机侦察事宜。游击队500多人，加上我们280人，队伍不大，以百里不小休的急行军，一鼓作气赶到黄河边，登上事先准备妥的三只大木船渡过黄河。我们终得以休养生息，以便与日寇再战。（据《太行山第二次战役》）

1945年，我在昆明医院住过一段，因在太行山时期吃树叶落下疾病，出院后无法作战，经后勤总司令部的一位同学介绍，到后方勤务部通讯器材总库当管理员，编制是少校，后在芷江当通讯器材转运站站长。日本投降时我在后勤总司令部后勤补给站当站长，领导是何应钦。部队赴台湾时因我是家中独子，母亲又有病，所以我不愿意去台湾，调到四川重庆5分库当编外库员。1948年重庆解放后，我参加统一学习，曾编入通讯队，后因家里母亲病重，父亲年迈无依，遂回乡务农。

鼠疫蔓延，三户人家绝户

刘子明，男，1920年5月生，洛阳偃师城关人。1939年7月考入西安战干团，1940年至1942年秋任后勤部荣誉军人招待所第17大队第195所所长，1943年任河南省政府驿运管理处会计，1945年8月在偃师军运代办所工作，1950年在偃师城关镇任财粮员，1956年合作化后回到家乡，在大队当文书、务农。

我在老家偃师上完高小，又在县城当了3年学徒。1939年7月在偃师考上西安战干团①，属第三期第四团，在西安学了一年，毕业后分配到后勤部政治部所属的荣誉军人招待所第17大队第195所，见习期为准尉，后为中尉、上尉所长，地点在绥远与甘肃交界的补隆淖（今内蒙古磴口县补隆淖乡）。

我们第195所里连我有7个人，主要工作是招待照顾前线抗战伤兵。那时候对伤员的安置顺序是这样的：先由最前线的收容所接收，收容所一个大队有二三百人，有医生和护士，对伤员进行初步包扎治疗，再经过沿途招待所，送到兵站医院，最后将重伤员转送到后方医院。招待所是过渡性质的，

长沙会战后，中国红十字会的护士护送两名受伤的中国士兵前往基地医院（图片来源：新华网）

离前线只有100多里。伤员由收容所接收下来后由我们负责伙食、住宿等事项，经费由上级下发，此外还要组织人员、车马进行转运安置。平常伤员不多时招待所能够独立安置，大批伤员集中下来时，最多一次转过

①西安战干团：全名是“中国国民党中央委员会战时工作干部训练团”。团长蒋介石，副团长系第八战区司令长官胡宗南，教育长为葛武棨。西安战干团校址在西安小南门外，前身是东北大学旧址。（据《文史精华》2002年第5期《我所经历的西安战干团》）

来近百十个伤员，要组织群众义务招待员参加，老百姓有积极分子平时也自愿参加进来照顾、运送伤员。

日军细菌战孵育器（图片来源：环球网）

我任招待所所长期间，磴口受到日军发动的鼠疫细菌战攻击，我当机立断，控制了疫情，这件事我终生难忘。

1942年过罢春节，日军派奸细化装成百姓，潜入河套地区施放鼠疫病菌。最早是从前方得到日军投放鼠疫病菌的消息。[①]兰州长官部有个西北卫生处，负责部队和群众卫生工作，也下发了一个通知，要求各单位引起重视，想办法控制、隔离。当时春麦已经种上，正处于备耕时期，控制人员行动比较难，当地有乡政府，有驻军两个连，按规定他们的责任更大，但因为那个地方很落后，乡政府对鼠疫疫情观念淡薄，军队则认为他们的责任是作战，对疫情通知也没当回事。我们招待所紧邻补隆淖寨子，寨子里有天主教堂，人口比较多，我感到情况严重，觉得不能坐视不管，就主动出面组织起防疫工作。

日军细菌部队正在把细菌液投入水塘（图片来源：环球网）

补隆淖寨外有条渠，渠边住着十几户开荒的临时居民，疫情先从那里发生，人们得病后肺部感染，发烧、昏迷，有时候走着走着就一头栽倒死了，中医治疗不见效。有三户人家都是全家一个接一个得病死亡，加起来死了十几个人。我当即决定把其他没得病的居民叫回寨内，已经染病的两户留在寨外，随后即封闭寨门，不经我的同意任何人不得进出。

寨内有个姓唐的磨户（磨面的），是山西太原人，老唐和寨外村子里一个寡妇相好。寨子封闭之后，老唐挂念她，给我下跪

① 《战时防疫联合办事处疫情旬报》称，绥远、宁夏、陕西、山西四省发现鼠疫，自2月14日至3月2日，五原死亡205人，河西死亡82人，磴口第五乡死亡21人，陕西府谷县村民俞二安全家14口3日内死亡13口。从1941年起，日军连续在河套两岸东起河曲、西至磴口的13县进行大量以鼠疫为主的细菌散布，造成该地区大面积疫情，200多万人在黑死病下挣扎。随后疫情又向东南人口稠密的地区扩散，1942年仅山西、绥远边区染病人数达到1200万人。（据《抗日战争研究》2002年第1期《细菌战大屠杀》）

求情，死活非要出寨不可，我说要出去就不可能再进来了。老唐出去后两天，那家女人和孩子先后都死了，老唐又回到寨门外下跪磕头求我放他进来。为了全寨人的安全，我铁石心肠，坚决不同意放他进来。后来老唐也死在外面村里了。

浙江举行侵华日军细菌战遇难者纪念活动，在义乌市侵华日军细菌战展览馆，70年前从日军鼠疫战中死里逃生的王炳宏老人在倾听发言（图片来源：新华网）

坚持隔离一个多月后，外面死了20多个人，寨里一个人没有死。后来气温上升，疫情缓解。不久西北卫生处来官员视察，找我了解情况，对我严格执行上级命令的做法表示满意，回去汇报后长官部对我通令嘉奖。

但可气的是，当地驻军连长因为防疫不力，被乡公所反映上去，挨了批评，他们却怀疑是我告发的，事后把我叫到连部打了一顿。

1942年秋季，我请假返乡探亲，期满之后再与部队联系，得到的消息是五原战役结束，部队已经转移，我和部队失去了联系。

1943年我在偃师考上河南省政府驿运管理处，参加驿运人员训练班，学习三个月后分配到宝丰县驿运站当会计。驿运站的主要任务是从安徽界首、河南漯河一带运送军用物资。此后不久日军开始轰炸许昌，我亲眼看见炸弹落在驿运站场子里，炸死几匹骡子，炸坏几辆大车，随后听见日军攻击的炮声。我们从宝丰撤到伊川，我由伊川回到偃师老家。

1945年8月抗战胜利，我在偃师军运代办所工作，为赶赴郑州受降的军队组织麸料、柴草等物资。1950年我在偃师城关镇任财粮员，参加征兵征粮工作。1956年合作化后我回到大队务农。

我在阵地上向日军喊话，子弹从头顶飞过

梁玉林，1919年生，南阳卧龙区七里园乡达士营村人。1937年到1938年在武昌战干团受训，1938年秋任71军87师补充团2营5、6连指导员，后在国民党陆军后方第78医院、南阳地方法院及国军王凌云部任职，1949年在四川起义转入解放军第50军，后回乡务农。

我属羊，今年95岁，是老南阳城里头共和街的老住户。小时候上过3年私塾，后来改为小学，一直上到初中。因为我父亲是商人，要我到商店当学徒，学了不到3年，我觉得没有前途，想到外面跑跑，闯荡闯荡，开开眼界。

1937年，国民党中央派人到各地办训练班，国民党开封绥靖公署主任叫刘峙，在南阳办一个"军事干部训练班"，1937年年底招考，我就是那时候考上的。到1938年开始在南阳受训，训练两个月之后又送到武汉继续受训，当时国民党中央军事委员会在武汉成立了军事委员会战时工作干部训练团，地点在武昌，原定"战干团"训练时间为一年，可当时上海失守了，南京也吃紧，国民党中央准备往重庆迁都，我们不得已提前结束了训练。当时学员都没有统一分配工作，说是让我们先各自返回原籍等着，到时候会派人到当地按照通讯录进行联系，再分配工作。

民国27年（1938）的秋天，上面派一个叫江海东的来到南阳，联系到我们南阳受过训的十几个人。当时正赶上国军71军从大别山下来路过南阳，江海东就把我们安排到71军工作。71军军长叫宋希濂，当时71军有三个师，分别是36师、87师、88师，我们被

分配到87师，师长叫沈发藻，后来调为向凤武[1]。因为我们在“战干团”受的是政治训练，所以就被分配到87师政治部。

在南阳老河驻扎了一个多月，过了农历春节，第二年春上，部队接到命令向西安开拔。走到蓝田停止前进，改向东到华州待命，在华州驻有几个月，又被调遣到灵宝县，在灵宝整训有一年时间。

在灵宝期间驻扎在离城40里的郭峪，师部在镇上，5连和6连离师部有五六里地。我被分配到连里当指导员。平时整训除了出操外还有实弹射击。每天下午留出时间由我给弟兄们上政治课，宣传抗战。因为那时候当兵的大多数出身苦，没上过学，不懂得为啥抗战，为谁抗战，为谁打仗。还要宣传孙中山的三民主义及作战时怎样鼓起勇气不怕牺牲。此外，还负责在节气、纪念日组织大家开个会，一起欢乐欢乐，弟兄们谁会唱的出来唱唱。那时候国家资材缺乏，生活清苦，饭虽能吃饱，但伙食确实很差，政治部规定要与士兵同甘共苦，和弟兄们一起吃大伙。弟兄们平时称呼我指导员。当时团里有教导助理员，连里有指导员，营一级没有政治干部，营长只是战场上有指挥权，财务手续由连里直接到团里办理。记得中尉是14元军饷，上尉是15元。

后来命令下来让我们从灵宝过黄河到山西长治一带，那里有中条山，老日也在那里，我们就是去打他们哩。我们87师共有四个团，258团、259团、260团，再加一个补充团，我分配在补充团。我任2营5连、6连的指导员，2营被团里派到一个叫洪水镇（音）的地方。镇东北有个黑虎岭，是很高的一座山，据说日军就在那山里面。我们的阵地在一座高山上，过去是一座小山，再过去又是一座大山，敌人就在小山和大山之间，大概有一个连。那天我在团里有公事，不知道2营的位置，按团首长交代的大致方向，我只身一人走到天黑才回到2营。2营营长也姓梁，我问敌情如何，营长说今晚就有战斗，我问队伍布置得咋样，营长说你先吃点饭，咱们一起到前方阵地上看看，我说到阵地上和弟兄们一起吃吧。到了阵地，弟兄们都在工事里掩蔽，三个排连在一起，我和三排长在一起隐蔽。夜里不到二更天，敌人开始发起进攻，我们要求不到相当近的距离不开枪，等到能看清敌人的时候才开枪，我的任务是对敌人喊话，叫他们投降缴枪。日语是我在灵宝驻扎时学的，部队专门请了日语教官。教官有个奇怪的名字，叫马请

---

①向凤武（1900—1959）：字子章，土家族，湖南省龙山县坡脚乡多泥坪人。黄埔军校第4期步科毕业。抗战爆发后参加淞沪会战，战后升任71军87师260旅副旅长兼522团团长。1938年9月，向凤武升任（71军87师）261旅旅长。1939年5月，向凤武晋升为国军87师（辖三团）少将师长。8月，晋南战役期间，向部进入阳城被日军包围，鏖战17天，日军未能前进一步。但部队损失过半，最主要的是粮食没有了，部队决定把仅有的一些玉米粒炒熟分发给每个士兵，连夜突围，与日军展开肉搏战。向凤武腹部受伤，露出肠子，被警卫彭昌明拼力救出，并把外露的肠子塞回腹腔，撕掉衬衣用力勒住。1942年任71军副军长兼遂宁师管区司令，抗战胜利后赴东北参加内战，1948年任71军中将军长，1948年10月28日在辽宁黑山被俘。1959年在抚顺战犯管理所病逝。（据百度百科）

看，据说他父亲是中国人，母亲是日本人。原定学习一个月，后来学了不到10天命令下来叫过黄河，所以学得不多，我现在还能记住几句哩，当时喊的是“毛老鲁，唉拉可劳斯……”那意思是投降吧，缴枪不杀。正喊着，一颗子弹从头顶上飞过去，排长按住我的头，叫我不要抬得太高，只要两眼能看见就行。那天夜里敌人进攻两次，被我们打退两次，5连伤亡20个人。

第二天早上营里王秀桂指导员过来找我，说接到团部命令叫指导员回到师政治部另有任务。连长说下去路上随时能遇上老日，不安全，连里枪太少了，你们带几颗手榴弹，碰上老日还能对付一下。我说中！我们两个人一人拿两个手榴弹，辞别营长向师部赶去。路上老远看见两个日本骑兵，我们俩迅速趴到路边深沟里，没被发现，后经济源过黄河，这才安全回到师部。

回到师部后过了半个月，整个师又调回洛阳，回洛阳后我们几个文职军官被重新分配到其他部队，我新去的那个部队军纪不好，没待多久，我染上疟疾，就是打摆子，治不好，就请假回到南阳老家治疗。

一个月后我经人介绍到设在湖北的国民党陆军后方第78医院工作，在会计室任助理，工作了半年时间。只记得地址在湖北均州，院长是浙江人，名叫王树基，他贪污克扣士兵伙食，当兵的每天吃糙子米，米里还有谷子，菜是咸菜，没有炒过热菜，我觉得这里太黑暗，没干头，就又辞职回家了。

回南阳后我到南阳地方法院工作。当时是河南高等法院第五分院，属于二审法院，管南阳地区十几个县的司法审判。因为战乱，法院曾迁到内乡城南七里河姜园。我在法院任总务科出纳。当时法官职务有三种任命形式，下级职员，如书记员是委任制；推事、法官、检察官是荐任制；省高级法院院长为简任制。①

1948年，王凌云的15军驻南阳时我再次到部队工作，在243师师部人事科任职，国民党撤离南阳时带走了很多青年学生。我随部队经新野、襄阳撤退到湖南、四川，在四川郫县随部队起义归解放军，又乘船顺流到湖北天门，在天门改编到解放军第50军。在此期间，家里妻子生病，浑身黄肿。我得到消息，很不放心，请假返乡探亲，部队发有起义人员证明。回乡后因为家里困难，城市失业者很多，为了生活我母亲就把我的户口迁到达士营，我就在当地乡政府帮忙，搞财粮工作。1959年因为我在国民党部队干过事，被打成“历史反革命分子”，一直到1965年搞“四清”运动，上头派下来工作组，里面有个干部专管国军起义人员的调查工作，他问我有没有起义证，我说丢了。他说没物证有人证也行啊，我想起同部队一个原籍是滑县的战友，他随父在南阳

---

①民国时期地方法院设院长1人，由推事兼任，如果地方法院的推事在6人以上，便分设民事庭、刑事庭，各庭置庭长1人，除由兼任院长的推事充任外，余就其他推事中选任。同时各地方法院内都设置地方检察厅，其职官称为检察官，负责侦查、提起公诉、监督判决的执行等。（据《中华民国纪事》）

落了户，住南关，就由他出了书面证明，我“历史反革命分子”的帽子才摘掉了。

我现在身体没有大毛病，一顿能吃一碗饭半个馍，能骑自行车。我是个老腐儒，从小练毛笔字，还参加过南阳的书法协会，现在老了，写不成了。

在山西打游击那些事

孙钦堂，男，1925 年生，河南方城县广阳镇四棵树村人。1940 年在南阳加入阎锡山“铁军干部团”新兵队，编入阎锡山部游击第 1 总队第 3 支队，历任传令兵、班长、排长，抗战胜利后改编到 61 军 69 师 206 团 1 连任连长，1948 年在太原编入解放军，在华北太岳教导团培训，后返乡务农。

过去我们这个地方属于南阳县管，叫长岗乡。我小时候初小都没毕业，就去当兵了。

15岁那年，我和村里三个伙伴背着家里人去南阳参加学兵团。那时学兵团的学生生活国家全管，边上学边训练。我们走到白河边鲍庄，在脱鞋蹚水过河时，遇见阎锡山队伍招兵的人，他们买了很多过端午节的洋面、大米、鸡蛋、粽子，也准备过河，有个班长得知我们是准备去南阳参加学兵队的，就说：“你们可别去，石桥街那儿正在抓壮丁，看见就把你们几个抓走了。”听他这么一说，我们仨有些害怕了，可这时天也快黑了，再回家路也比较远了，正为难时，那个班长又说：“天也黑了，想当兵的话可以先跟我去我们驻地看看，我们是铁军干部团①的，正在南阳招新兵，来了就给你们个班长干。”我们仨就跟着他们去了。第二

①1939年3月25日至4月22日，阎锡山在秋林召集晋绥军政民高级干部会议，会议规定的五项中心工作之一为“建立现代化有基础三十万铁军”。铁军组织成立后，阎锡山在战区整训处下增设督训处，以王乾元为处长。督训处直接向王靖国负责，专办铁军组织的一切事宜。在阎锡山“所有军队均需成为铁军”的指示下，铁军组织首先以军队中的中上级军官为发展对象，然后通过这些中上级军官达到掌握整个晋军的目的。几年之中，铁军组织由初发起时的28人发展到近万人。到抗战结束时，晋军中原来的各军长、师长大部分调换为铁军骨干分子，所有军队的整编、训练等，都在铁军组织的掌握之中。1943年，阎锡山为加强其军队建设，命王靖国依据建军先建连，建连先建组织，建组织先建干部的思想，拟具建军训练方案。1940年2月17日阎锡山的日记中记录有铁军的条件：一、三有：有中心思想，有集体企图，有组织责任心。二、三不：不装懦，不欺哄，不偷巧。三、三能：能服从，能打仗，能进步。铁军的条件：优良的战斗技能、指挥技术、作战计划。（据《文史资料选辑合订本》第二卷第五辑《阎锡山的铁军内幕》《阎锡山日记》）

天过五月节，我们仨在这儿吃了大米白面和粽子，这些在家里都没吃过，觉得很不错，就留下了。第二天，家里人一路打听着找来了，团长刘永昌把我们仨叫到团部来见家里人，当着团长的面家里人也没好意思打我们。团长说："你们还都是学生，回家上学吧。"我们表示坚决不回去，团长就叫我们每人写几个字看看，确认我们都有些文化，就对家长们说："这样吧，这几个孩子到山西后我保证让他们上军官学校，将来出来就当军官。"家里人只好答应了。就这样，我当了兵。

吉县克难坡忠烈祠旧址（图片来源：临汾政府网）

到山西后我被分配到阎锡山的游击第1总队第3支队，进到山窝里出操训练、推磨打柴。过了一段时间，我水土不服，瘦了很多。一天早上出操，刘永昌团长看我成了这个样子，就把我调到团部当传令兵，后来刘团长调走，本想带我一起走，但新任团长不同意。不久我又被分到3营7连当步兵。那时候，一个总队相当于一个师，一个支队相当于一个团。部队的老根据地在吕梁山区。当兵一年后，还没上过前线，在吉县克难坡[①]参加了一个月的干部集中培训，要求我们插到敌人的心脏地带开展游击战和政权建设，还讲了游击战的方法和经验。阎锡山也来给我们讲过话，他说："来参加培训的都是又年轻又能干的人，培训后要派你们打到敌人心脏里，在敌占区开展我们的政权建设。"

吉县克难坡国民党第二战区长官司令部旧址（图片来源：临汾政府网）

当兵第二年我就随部队开到敌占区和日军打仗，使过65步枪、79步枪，开始时补了个下士班长，18岁时被提为少尉排长，20岁时我当了连长，大大小小的仗打了不下百十次。我们在敌人窝里钻着哩，在运城一带的十来个县活动。我们的任务，一是打

①吉县克难坡：位于吉县县城西北30公里处，西与壶口瀑布相邻，本名"南村坡"，阎锡山为避讳"难存"，改之。村东西长约1公里，南北宽约0.5公里，乃一面临沟河、一面通高原的葫芦状独立山梁，地势险要。1940年至1945年阎锡山的第二战区长官司令部、山西省政府、民族革命同志会等首脑机关曾驻扎在这里，人称"小太原"。现存建筑有阎公馆、实干堂、田步室、批评室、克难室、竞赛室、检讨室、真理室及望河亭、忠烈祠等。除满山遍野的土窑洞外，重要建筑均为石头干砌，堪称一绝。（据临汾政府网）

游击，保卫吕梁山区；二是协助开展政权建设，扩大地盘，协助地方政府运粮到后方。碰见敌人就打，有时分散有时集中，一个团为单位打过，一个排为单位也打过。队伍越集中，目标就越大，敌人就越重视，分散打比较灵活。才开到敌占区时，情况不熟，汉奸又多，到一个村子后，不大一会儿日本人就知道了，所以有些时候我们只能在村外山沟里露营，后来地理情况熟了，也有经验了，宿营时就把前哨放远一些，有情况哨兵就打枪，我们听见枪声就撤走了。

我参加抗战6年，记得比较清的战斗有这几次：

大约是当兵的第二年，有一次，两个团集中在河津县上市村一带活动，被敌人包围，打起了阵地战，打了四天四夜，后来子弹接济不上，到黑夜我们冲出去撤走了，这一仗双方伤亡都很大。

一次，我们两个团外带一个专署公所的政卫营在绛县的东、西李村一带活动，敌人得到情报后出动大量的部队进行“扫荡”，准备在方圆50里范围把我们包围。那个团得到情报早，他们撤走时才到我们团防区通报了情况，我们团当时都分散住在各村老百姓家里，团、营、连、排、班逐级传达命令，命令传达完天也快亮了，队伍集中起来后，团长张鹏飞又啰啰唆唆讲讲话，前前后后耽误了不少时间。部队开始沿那个团的路线撤退，这时敌人的包围圈已经形成了，突围时打了整整一天，死人太多。那时我们部队下山打游击都是轻装上阵，选的都是有战斗力的人，杂务人员都没有带，一个连不到100人，打着冲着跑着，到天黑，敌人因地形不熟，也不敢夜战，我们冲出了包围圈。

戰鬥導報

吕梁山《战斗导报》反“扫荡”报道（图片来源：集报网）

一次，在稷山县白池村，敌人在一个高地上建了一个据点，驻有一个分队的人马，我们一个营近300人潜伏在据点附近，放了一个排哨警戒着，等待机会。大清早，日本兵排着队大摇大摆地往村里走，他们进入伏击圈后，被我们全部收拾了，还俘虏了几个活的。有一个日本兵逃跑时被抓到，他死活都不跟我们走，因不能再耽误时间，只得把他枪毙了。没多久，县城里的日军出动了十几辆汽车前来救援，我们在敌人赶到前抓紧时间清理了战场，迅速转移了。敌人到村上一看，只剩下他们的尸体了，就向四个方向盲目开炮，我们打仗多了都明白这是火力侦察，所以一枪也不还。敌人打了一阵子，就拉上死尸走了。敌人吃了亏，就集中几个县的兵力四处寻找我们，后来我们撤到中条山大山中，和他们游击了半个月，他们也没办法。敌人撤走我们就出了山，当天夜里来到解州镇常平村。这是关爷的老家，有个关爷庙，关爷的像塑得很大，还有他祖宗老几辈的像。部队分派到各户吃饭，村里有汉奸给敌人报信，我们刚喝上汤，解州的日本人就得到消息，把炮架到城墙上对着村子开炮。我们知道夜里他们也不敢出来，就不理他们，他们打了一会儿就不打了。听说这个关爷庙灵验，副团长和营长带着我们几个到关爷庙抽签，抽完对着签谱看了看，上面说“罚油二斤”，副团长一看是个坏签，顺手一扔，说：“一两油也没有！”吃过饭连夜上路，走了一夜，到一个村庄，当兵的就地睡觉，司务长带人支锅做饭。刚吃完饭，碰上一股路过的敌人，打了起来，我们营4连、5连连长都牺牲了，营长谢德汉受了重伤，我也负了轻伤。敌人用电话联系，周围的日军都来增援，越打敌人越多，副团长说要冲出去！我当时当了排长，副团长对我和另一个排长郑修下了命令，要我们两个排掩护退却。副团长他们冲出去后，我和郑排长也准备撤，我命令士兵每人准备好一颗手榴弹一齐扔出去，一瞬间，炸得尘土和烟雾昏天黑地，我们趁机冲了出来。这一仗我们共伤亡30多个人。

一次，我们连里有个本地战友请假超期没有归队，连里执行任务时从他家村子附近经过，连长叫我带上一排人，到村里找他问问是咋回事，我觉得带人多了目标太大，就挑了4个精干的老兵，换上便衣，顺着公路200公尺（米）外围行走，半路看见一个人戴着礼帽，骑着自行车，吊儿郎当的，有个当兵的说，这个人像个汉奸，把他抓住带回去问问。我们就跟着这个人走，到

2012年吉县发现晋绥军抗战烈士墓碑（图片来源：《山西晚报》）

一个村子，他一拐就进村了。村口站着两个哨兵，也穿着便衣，他们问：“你们是哪一部分的？”我分不清他们的身份，就如实报了，他们一听拔腿就往村里跑。这时我们问了一个妇女，才知道这个村里住着100多个“皇协军”和日本兵。不大一会儿，村里乱成一团。敌人可能以为在他们占领的地盘上，国民党军大白天敢来，那一定人多，所以慌了，翻墙跳院地跑到村外，正好暴露在开阔地里。我们正在居高临下的好位置上，五支枪齐发，对着敌人就打开了，当场打倒几个。敌人撤到村边一个坟园里掩蔽起来，一个指挥官拿着望远镜朝我们这边观察，没有发现大部队的踪影。敌人这才醒过来劲，端着刺刀向我们冲来，我们5个都是能打善战的，头脑清醒，对这一带的地形也很熟，立即跑进村子，三转两转就跑没影了。我们一直转移到清河镇、长店街两个日军据点之间的位置，又和一队换防的伪军遭遇了，噼里啪啦又打死几个，然后快速转移。

人少撤得快呀，人多了扯扯拉拉跑不快就麻烦了。

一次，我们连驻在一个庄上，庄小户少，饭派不过来，我们排到五六里外的另一个村子联系伙食，发现有三股敌人正在周围活动，其中一股顺公路而来。我们抓住时机，打倒几个，其他的逃走。正要去捡他们丢弃的枪支，另外两股敌人听见枪声过来增援，双方对着打了起来。打了一阵，我们担心在公路沿线敌人有汽车增援，就主动向连队主力所在地撤退了。当时，连队主力在较远的村里吃过饭都睡了，哨兵没有经验，没有及时打探情况并向连长报告，失去了一次围歼敌人的机会，为这，连长还给了那个哨兵两个嘴巴。

进行“扫荡”的日军（图片来源：凤凰网）

和日本人打了五六年，遇到的危险事很多，几次险些送命。

有一次，我们和敌人遭遇，敌人顶不住后退，我带着一排人边打边追，追着追着，敌人钻进一个院子里。有个战友看见敌人的歪把机枪正从一个墙眼里伸出来，战友对我大叫：“排长，快卧倒!”我刚趴下，机枪就哒哒哒哒地响起来，打得我附近尘土飞扬。

还有一次，敌人“大扫荡”，我们部队化装成百姓分散到那些过去做过基础工作的村里。我们长期在这些地方活动，群众对我们很支持。根据村子大小，大的村放一个排，小的村放一个班进去，取下枪栓，把空枪交给村长藏起来，士兵分散到各户。我带着小兵马松林住在一个老汉家，老汉家的窑洞里面套着一个小窑洞，我们就睡在最里面的窑洞里。这天天还没亮时，几个日本兵突然进了村。有个日本兵踢开了院门，几步就到了窑洞门口，又几脚把窑洞门也踢开了，我们根本就没有时间起床，干脆一动也不动地钻在被窝里，窑洞里一片漆黑，日本兵擦了几次火柴都没擦着，又伸手在床上摸了摸，摸到我的头发，我那时候头发很长，这时老汉着急了，连忙上来拉住日本人说：“太君，太君，老婆的老婆的。”说着把他带到窑洞外，日本兵又向老汉问路，老汉趁机把他们领走了。我披上老汉的棉袍到门外一看，日军的大部队正好经过，我又回到窑洞里。

后来，我到另一个村子打听二排的情况，刚一进村就看见地上的血迹，心想，坏事了！进村后听老百姓说，这个排长太大意了，竟然十几个人挤在一个屋里睡觉，被日本兵发现后一个也没跑掉。后来听说，日本兵抓到二排排长后，要他交代其他人员隐藏情况，他先是不说，后来，日本人放出狼狗咬他，没办法他才招了。幸好，当时翻译官是本地人，知道如果如实翻译，不仅要抓到其他当兵的，连这一带的老百姓都要遭殃，就说他是在骂你哩，结果日本人就把排长刺死了。

日本投降时我们在运城接收。随后部队整编，我改编到61军69师206团1连当连长。

太原解放后连长以上的国民党军官统一集中到山西阳泉华北太岳教导团培训学习半年时间。学习结束后，首长动员我参加解放军，晚上找我谈心，说跟着共产党、毛主席怎么怎么好。我当时的想法是回家，因为打了八九年仗，几次差点死掉，确实不想再当兵了。当时部队政策是去留个人自愿，我就回去了。没想到后来搞运动，我吓得把所有证件手续都扔了，因为我劳动好，运动中也没受到太多的影响。

3个月里，全村144人死于疟疾

魏文蔚，男，1926年农历九月二十七日生，山西武乡县石北乡型庄村人，现居河南南阳。抗战期间由儿童团团员成长为民兵战斗队副班长，村武委会副主任、主任，区武委会副主任。1945年至1946年在中共太行三中干部学校学习，1947年到1949年随军南下在桐柏县开展工作，1949年起先后任南阳军分区文工团政委、团长，南阳地委统战部部长，南阳地区科委主任等职，1983年离休后创办南阳成人教育学校，其办校事迹被多家报刊报道。

我的老家在山西武乡县，小时候家里有父亲、母亲、奶奶和我4口人。我上了三年小学，当时已经不让读私塾了，但先生还是偷偷地教《三字经》《百家姓》《千字文》《论语》，此外还学一些白话文。全面抗战开始后，日本鬼子开始轰炸了，学就上不成了。

武乡县很早就有共产党组织，对外名义上叫“牺盟会”①，实际上是共产党领导的组织，这样阎锡山也能接受，还能给一些编制和待遇。抗战时期我们这里是八路军129师的根据地，当时政策放开了，国共合作，共产党可以公开活动，家乡当时成立了共产党领导的基层政权，叫作“编村”②政府，也是按阎锡山的编村规划的，我们型庄村归马牧编村政府管。

抗日战争的惨烈绝不是几句话、几段文字可以表现的，那个年代人们付出的代价是现代人无法理解、无法想象的。小时候，对于日寇的暴行只是在小学课本上了解一些，如日本人枪杀工人顾正红，引发了五卅运动，但是对日寇的凶残还不是真正了解。1938年春，日寇的飞机第一次轰炸段村镇（现在的武乡县县城），因为老百姓从来没

---

①牺盟会：全称为山西牺牲救国同盟会，于1936年9月18日在太原成立。牺盟会是山西地方国民党政权与共产党合作的产物，最终中国共产党取得了控制权，与阎锡山分道扬镳。牺盟会在国民师范举办各种抗日训练班，并成立了山西新军的第一支部队——山西青年抗敌决死队。牺盟会和山西新军迅速发展壮大，在山西以至华北的抗日斗争中创造了光荣的业绩。（据《山西新军概况》）

②编村：1917年10月，阎锡山着手实行“村制”，山西省署颁布《各县村制简章》，进行户口调查，编行村制，划定村界，在山西全省进行“编村”，从组织体系上完成了农村政权机构建设过程。（据《晋阳学刊》2001年第5期《民国早期山西村治的理论与实践》）

有见过飞机，更不知道它是日寇的飞机，好多人都跑出来看飞机，直到飞机把炸弹丢下来，炸死了人炸坏了房屋，老百姓才知道它的厉害。有一次，驻段村的国民党部队击落一架飞机，掉在了离我们村5里地的东黄亚村的山坡上，好多人蜂拥着去看，才知道飞机上有人，连炸弹的模样也看清楚了。

抗战时期的儿童团团员

1937年全面抗战开始时，我虚岁才12岁，就参加了本村的儿童团，拿着红缨枪，戴着柳条帽，在编村政府的组织下站岗放哨，盘查行人，为八路军、“决死队”传递消息。

1938年，日寇分9路出兵，围攻太行山八路军的驻地。一部分日军从沁县窜到武乡县城，一路上枪炮声不断，所到之处杀人放火，奸淫掳掠，无恶不作。4月间，八路军129师发起长乐战役[①]，对进攻武乡的一路日寇发起了进攻，消灭了两千名敌人，八路军也付出了很大代价，姓丁和姓叶的两个团长牺牲了。另外，陈锡联的部队在阳明堡烧了24架日寇的飞机，战斗中我们也牺牲了一个营长。[②]

在阳明堡战斗中牺牲的赵宗德营长（图片来源：《解放军画报》）

1939年日军占领沁县，1940年日军占领了武乡县。当时武乡县城很小，在现在的武乡县故县乡，破破烂烂，不像样子，人口不到1000人，附近有个段村是平原，人口多，日本人就驻在比较富裕的段村。我们型庄离段村只有15里地，我们这里就成了游击区，再往北走5里就是根据地，我们部队就经常

①长乐战役：1938年4月，八路军129师主力及115师一部于山西省武乡县长乐村对日军进行的战斗。此战，八路军共毙、伤日军2200余人，缴获轻机枪2挺、步马枪100余支和大批军用物资。八路军伤亡800余人，772团团长叶成焕阵亡。长乐战役是粉碎日军“九路围攻”中具有决定意义的一次战役。日军在这里遭到歼灭性打击后，其他各路纷纷撤退。（据人民网）

②这次战斗称为阳明堡大捷，是抗日战争时期八路军129师385旅769团在山西省代县以南袭击日军前线机场的战斗。最终歼灭日军100余人，毁伤飞机24架，有力地配合了国民党友军的忻口防御作战，在中国产生了巨大影响。此次战斗受到蒋介石现金奖励。（据中国共产党新闻网）

在那儿驻扎，再往南走就是敌占区。

敌人占领了武乡的县城后，环境发生了严重变化。我村离敌人占领的地区只有15里，敌人在1个小时之内就可以赶到。日军占领了段村后，强迫附近的村庄组织维持会。这是为日军办事的临时机构，哪个村庄不搞维持会，日军就去哪儿杀人放火抢东西。附近的几个村都被迫组织了维持会，只有我们型庄村在党组织的领导下坚持不组织维持会。敌人和汉奸不断地写信，派人进行威胁，我们不但不“维持”，还组织民兵破坏公路，破坏他们在段村修的城墙。1941年，我参加了破坏公路的行动，第二天，鬼子就派了汉奸和伪军到我们村里烧了三间房子。

1942年，抗日战争进入了最艰苦的时期，敌人一年四季不断地“大扫荡”，所到之处，实行“三光”政策，烧光、杀光、抢光，最残酷的要算5月“大扫荡”。八路军的副总参谋长左权将军在战斗中英勇牺牲，根据地遭到严重破坏。那时日寇和汉奸非常疯狂，三五个人就敢出来行凶作恶。段村的敌人也特别猖狂，派了二十几个伪军到马牧一个土堆上修筑碉堡、据点，到根据地捣乱，老百姓苦不堪言。当时武乡县曾分为武东和武西，由于敌人的“扫荡”，武西的县政府被迫转移到离敌人较远的榆社县回教沟。

敌人又来我们村大规模地烧杀了几次，几百间房子都被烧掉了，整个村庄都在烈火中燃烧，敌人抢走东西无数。组织上和老百姓商量还得暂时应付住敌人，当时由党支部书记兼着维持会会长。日寇、汉奸不断去催粮催款，强迫老百姓为他们修城墙、修公路，有的被日寇打死或累死。我的大姑父和周梅兰、周子修被日寇抓去当苦力后再也没有回来，死在了什么地方都不知道。

那时我们经常袭扰敌人，比如反复剪断敌人的电话线，所以日本人抓到民兵是非杀不可的。共产党员段福丁被他们抓住了，受尽酷刑，最后被杀害了；日寇杀死周金岭后，还把他的心挖走了。日寇对老百姓也不放过。我的一个本家爷爷为护自己一点儿破烂东西被他们打死了；周狗狗是一个小孩子，也被他们抓住杀死了；就连老太太、老头子也不放过，周海满、周玉文的妈都是70多岁的老人，也被杀害了。被敌人杀死、打死、累死的人数不胜数。亲眼看见日寇的暴行后，我们才真正知道了不抗日活不成的道理，从此我们这里不管男女老少都愿意抗日。又过了一年，咱地方政府决定不再“维持”了，任他们烧杀，就是不“维持”，房子烧了就在沟里挖窑洞住，平时放上流动哨，敌人一来就放枪，百姓听见枪声就跑到山里，他们也抓不住。

我十六七岁时由儿童团员转为民兵，当时从民兵里抽出能打仗的成立民兵战斗队，我十七八岁时当了战斗队的副班长。当时我们村有5个主要干部：党支部书记、村长、武委会主任、教导员、公安员。我后来当过村武委会副主任、主任和民兵教导员。当时民兵战斗队的武器很差，只有两支七九步枪，其他的都是八路军自己制造的折把手枪，上子弹时要把枪管折开。根据地在黄崖洞那里有个兵工厂①，离我们这儿有100多里，是个很大的天然石洞，修了300多级的石阶通上去，生产的步枪虽然很好看，也带着刺刀，但钢材都是用的扒铁路时扒下来的铁轨，最多连续打十发子弹枪口就松了。日本的三八式步枪打100发子弹也没事，是在沈阳造的，打出来是两声响。阎锡山也仿三八式造了一些步枪，叫“晋造六五步”。我们的兵工厂还生产手榴弹和地雷，火药配方是一硝二磺三木炭，硝是硝土，磺是硫黄，但威力没有磺石炸药大，有时手榴弹只能炸成两半。国民党造的手榴弹是方的，用的炸药好，炸开时劲大。说起那种折把手枪，还有个笑话。一次我找了一支试射，手举得高高的，枪响后一看，手里只剩个枪把了，枪膛不知道炸哪里去了。

黄崖洞兵工厂在生产手榴弹（图片来源：《装备制造》杂志）

后来决死队三纵队在我们村后面的五龙山上驻扎，那时候阎锡山为了拉拢共产党，让薄一波领导决死队三个纵队，阎锡山派的是军事干部，共产党这边派的是政工干部。1939年12月秋林会议后，阎锡山发动晋西事变，镇压牺盟会。决死三纵队首先发现情况，我们先下手，把阎锡山派的军事干部控制了，一纵、二纵下手晚了，阎锡山的人把共产党的政工干部都杀了，所以只有三纵队脱离了阎锡山的控制。

当时八路军的14团也在我家一带活动，这个团是由红军长征过来的，团长姓钟，是个大个子，他们对当地的情况不熟悉，打不开局面，日伪军并不怕他们。但决死三纵都是本地人，情况熟，战斗力强，打了几个胜仗，把伪军震住了，给他们送封信，叫他们三天以内出来给我们送多少子弹枪支，他们就得乖乖地送来。

决死队9团首先在石盘镇打了胜仗，打死打伤了突袭马牧的敌人，捣毁了敌据点，俘虏了20多个伪军，活捉了汉奸队长董丰年，不久将他判处了死刑。对段村的敌人也进行了袭击，许多伪军不敢出来，并且互相打赌：“谁不干好事，出来就直接碰上9团。”有一次，为了引诱敌人出来，民兵们拿着破枪，在敌人的西门口胡乱地放枪，并大声喊话说：“我们是9团的，你们有种的就出来较量。”敌人误以为是民兵，有几个胆大的，冒冒失失出来，结果被我们9团打

①抗日战争时期，八路军总部兵工部奉朱德总司令和左权副总参谋长的命令，将原先设立在榆社县韩庄村的兵工厂总部修械所转移到黄崖洞，并且扩建为当时华北敌后八路军最大的兵工厂，这就是著名的黄崖洞兵工厂。在这里，八路军将士依靠黄崖洞“一夫当关，万夫莫开”的险要雄关，进行了著名的黄崖洞保卫战，英勇抗击来犯的日本侵略者。（据中国青年网）

死打伤，从此不敢轻举妄动。9团有个7班长，是全团的神枪手，他的枪法很准，可以说是弹无虚发，百发百中。有一次，他带着3个民兵与12个伪军遭遇了，他第一枪打死了前头的敌人，第二枪打死了最后的敌人，第三枪打死了中间的敌人。其他的敌人乱作一团，经过喊话，他们知道遇到9团的人了，就放下武器，举手投降了。

1942年冬天，为了报复9团，敌人包围了我们村，当时我们还不知道。我和周二秃放流动哨回来，发现东山头上有不少人，我们喊话问是什么人，他们突然隐蔽了，周二秃说像是他二哥，我们就回到屋里取暖去了。突然听见房后有人在跑动，武委会主任周友增跑了出去，这时敌人已经把大门堵住了，周友增想把身上的文件掏出来毁掉，敌人却以为他在掏手榴弹，就一下子散开了。我跟着周友增趁机冲了出来，敌人马上开枪，但没有打中。因为熟悉地形，我们安全逃走。半路上，由于太紧张，我两条腿在短暂的时间内突然不会走了，过了一会儿才恢复正常，真是非常危险。那次，周二秃从后墙翻出去后被敌人抓住了，史五孩跳到厕所的茅坑里，弄了一身屎尿，所幸没有被敌人抓住。那次我们被敌人抓去的人大部分被杀害了。后来周二秃通过内线活动被营救出来。

1943年，根据地遭受百年一遇的大旱，老百姓生活非常困难，整个春季大部分人都靠吃树叶和野菜度日。到冬天，我们和敌人展开了抢粮斗争。我们民兵白天搞生产，夜晚去敌占区抢粮。有的维持会会长向敌人告密，我们就把这些汉奸除掉。经过3个月苦斗，完成了抢粮任务。1942年和1943年的困难时期，我们部队和党组织开展了节约和大生产运动，每人每天节省2两小米，每人每天向伙房交野菜2斤，彭德怀司令员也带头完成任务，我们靠吃糠吃野菜渡过了抗日战争最困难的时期。

1943年开展的反特务运动[①]冤枉了不少人，在高潮时，武西县政府除了一个县长外，所有的科长都被抓了起来。为了抓特务，调动了1000多名民兵把县政府包围起来，县政府被迫停止办公。区里、村里也跟着这样做，把不少老老实实的农民也打成了特务。我大舅周维新被打成特务后，又胡乱牵连出周根旺，周根旺为此要和他拼命。武西县的特务重点在涌泉镇，那里有国民党的县长和党组织。“特务”们不久就被杀了，武东县洪水镇、蟠龙镇一天杀了上百个

---

①反特务运动：1943年4月3日，中共中央发布《关于继续开展整风运动的决定》（以下简称《决定》），对国民党特务分子的渗入作了过于严重的估计，导致后来反特斗争的扩大化。《决定》认为：“自抗日民族统一战线成立与我党大量发展党员以来，日寇与国民党大规模地施行其特务政策，我党各地党政军民学机关中，已被他们打入大批内奸分子，其方法非常巧妙，其数量至足惊人。”《决定》规定：“整风的主要斗争目标，是纠正干部中的非无产阶级思想（封建阶级思想、资产阶级思想、小资产阶级思想）与肃清党内暗藏的反革命分子。”9日至12日，在延安召开有两万多人参加的中央直属单位工作人员大会，动员反特斗争。《决定》的发布和反特斗争大会的召开表明，原来在延安少数机关学校开展的审查干部工作，已转变成各个机关、学校、部队的群众性反特斗争。（据中国共产党新闻网）

“特务”。当时特务不能说没有，但绝没有那么多。中央很快就纠正了这个“左”的做法，不少人被释放了。到20世纪80年代我才知道这主要是康生搞的，他当时是中央社会部的负责人。这个血的教训，我们的后代应永记不忘。

1944年是我们村灾难沉重的一年，对我个人来说，是一生中最难忘的一年。这年春天的一个晚上，村支书周炳秀值班，我在之前听到村南面很远处一声枪响，就提醒他说：“今晚要格外注意！”他说：“我值班不会有问题的。”我说：“不敢麻痹大意，要加强流动哨。”天快亮时，我在睡梦中突然又听到一声枪响，我马上坐起来问：“哪里打枪？”大家都说没有打枪啊，这时，放流动哨的分队长段续文回来了，也说没有听见枪响。我说：“不对劲，快到外面看看！”他还有些不情愿地说：“你怎么了？明明没有枪声，你偏说有呢！”结果到了大门外就听见敌人过河蹚水的声音。我们二人同时开了枪，听到枪声，很多人及时逃脱了。那次我们只有一名党员和一名群众被敌人杀害，其他人成功逃脱。回想起来，当时真的没有什么枪声，主要是那天夜里我警惕性太高所造成的幻觉。也多亏了这个幻觉，不然损失是很大的。可想那个战争年代是个什么样的紧张情况，没有经过那场战争的人是很难体会的。

阎锡山的一个师长段炳昌投降了日本人，死心塌地地当了汉奸。他把我们村视为眼中钉、肉中刺，多次“扫荡”，把我们的房子扒掉。长期和日伪汉奸斗争，双方成了仇敌，有时隔着一个山梁还对着骂，我们骂他们：“狗汉奸，你们是日本种还是中国种？”他们骂我们：“抓到你们扒皮、点天灯！”后来，我们在房子上安放了地雷，炸死了几个敌人。为了报复我们，他们一部分人埋伏起来，其他人装着撤走了。由于我们麻痹大意，中了敌人的埋伏，我们死伤了3人，被俘了几个人。我的好友段续文也在这次战斗中负伤牺牲了。段续文和我同龄，我们一起参加劳动，一起加入共产党，一起参加战斗，当时遭到敌人伏击，他腿部负了重伤，肚子上还被刺了一刀。我发现他负了伤，放声大哭，可他却很安静，对我说：“我自己都不哭，你哭什么？”我去后方医院看他时，他非常乐观，还说：“我做梦还在和日本鬼子打仗，还梦见打死了一个日本鬼子哩。”可惜他的伤没有治好，牺牲了，当时他年仅18岁。1963年我回山西老家探亲时，专门凭吊老战友，在他的墓前痛哭了一场。

这次打击，使我对日寇和汉奸有了进一步的认识，更加深了我对敌人的仇恨，我认识到光有一股子热情是不够的，敌人不是傻瓜，自己应该好好地学习，不能简单地打打杀杀，应该有组织、有计划，讲究策略、注意方法。记得1943年春天，我们几个人拿着一支枪，枪里只有一发子弹，还有3个手榴弹，就敢在敌人的统治区大摇大摆地活动，就那一发子弹也把它放了，现在想起来，又害怕又觉得可笑。

1944年7月到8月，全村人80%都害上了疟疾病，因为我们那里历史上没有发生过这种病，开始时人们不知道是什么病，有的老百姓迷信，认为是什么神鬼在作怪，不少人到庙里烧香拜佛。由于没有药物治疗，加上经过7年的战争摧残，老百姓身体都很虚弱，特别是老年人更是抵抗不住疾病的折磨，不到两个月，村子里绝大多数的老人都死掉了。因为村里绝大多数的人走路都走不动，死的人几乎都没有人埋，有的老年人死在自己房里，被发现时已经成一堆白骨了。不光是老年人，年轻力壮的小伙子也有病死的。有个青年叫周保修，得了疟疾病口渴得很，他趴在水井口看着井里的水喝不上，就这样被活活地渴死了。那年我也得了疟疾病，被疾病折磨得拄着拐棍走路，上个台阶都非常吃力，差点要了我的命。3个月里，我们村死于疟疾的就有144人，约占全村人口的1/4。除了疾病，还有可怕的野狼，那年我们村边的野狼也特别多，有好几个小孩都被野狼吃了。这都是日寇侵略造成的，我们千万不要忘记这个血海深仇。

1944年冬，抗日战争已经进入了大反攻的前夜，解放区开展大练兵运动，记得当时的歌词是："希特勒，快垮台。小日本，要倒霉。全民参加大练兵，准备将来大反攻。"1945年春天，我的疟疾病又发作了，最后多亏找到一个偏方，用大蒜和针灸把病治住了。

不久，组织上调我到太行第三中学学习，这实际上是专门培养干部的学校，对外叫第三中学是为了不引起外界注意。在学校里要按时作息、按时开饭，和在家时不一样，刚开始很不适应，更困难的是学习理论，开始学的第一课是毛泽东的《论联合政府》，学了一个半月。战争年代，学校地处农村，一切都是靠白手起家，我们半天时间参加劳动盖房子、半天时间学习，还参加了3个月的土改工作。在武乡时每个星期还能吃一顿白馍，到了左权县，就吃不上馍了，因为那里不种小麦，只种玉米、小米。当地人过年是用白玉米面加上榆树皮面来包饺子，那里的妇女不会纺花织布，群众穿得也很差。我们在那里的生活也很苦，要吃馍得到武乡运麦子，来回120里，星期天早上5点出发，晚上9点才能回来。有了麦子，还要修水打磨，又修了一个月的水打磨，这才吃上了馍。第一次吃的是全麦面馍，后来就要掺上一半小米面了。左权县城冬天非常冷，我们有时在露天上课，一节课下来，腿冻得不知道是谁的了，遇到大风天，就更难受了。好在离城5里地就是煤矿，一个烧饼的钱就能买一挑煤，有100多斤，我们学员每人发的取暖费是两角钱，买煤取暖不成问题。

口述人在太原八路军太行纪念馆前留影（图片由口述人提供）

在太行三中学习期间，我印象最深的是我们的数学老师王老师。他很有数学才能，大学毕业后在太原大学任教，全面抗战爆发后，他从太原大学回到老家榆社县参加抗战，原来是几百元的工资，现在每月只有1元钱，和我们一样吃小米、土豆。他身为大学教授，还给我们上小学的课，而且讲得非常好。凡是他上课，我们就不觉得时间长，也不觉得冷。他在我们全校学生中是威信最高的老师，我们对他也很尊重。

记得在左权县的河滩里，我们观看了分区文工团演出的歌剧《白毛女》，一直看到晚上12点，腿都冻得失去了知觉，这是我有生以来第一次看文艺演出。

1945年8月日本投降了，我们解放段村时，城里就剩下十几个日本人了，大部分是段炳昌的汉奸部队。①

1946年6月内战爆发，中央决定在解放区实行土地改革运动，我被派到寿阳县参加土改工作，糊里糊涂地不知道怎么干，发现一些二流子、懒汉浑水摸鱼，真正的老实农民都不敢参加，你分给他东西，他又偷偷地送还给地主。工作中出现过“左”的现象，也遇到过打击，我们的一个同学就被地主的还乡团杀害了。

1947年1月，我从太行三中毕业，组织上让我搞工商工作，我坚持搞武委会工作，最后分配到武乡县第七分区任武委会主任。当时一个区的民兵相当于一个营，一个县的民兵相当于一个团，都是经过战斗考验的，战斗力很强。

随后，我随刘邓大军南下，在河南桐柏开展政权建设。1949年调到南阳军分区文工团任政委、团长，后又转到南阳地委任统战部部长。1983年，我在南阳地区科委主任的岗位上离休。

---

①关联资料：1945年8月，日本政府宣布无条件投降后，守城的日、伪军在蒋、阎方面的唆使下，不仅拒绝向我军缴械投降，而且还配合阎军袭击骚扰我解放区。太行军区第三军分区部队遵照朱德总司令8月10日发布的“限期解除当地日军武装，如遇拒绝投降缴械者坚决消灭之”的命令，于8月24日开始了围歼段村之敌的战斗，到26日歼灭伪绥靖2师2团大部、日军一个小队和伪警备队共800余人，其中击毙日军23人，缴获八二迫击炮4门，各种枪支600多支。（据《山西文史资料》第38辑《武乡段村围歼战》）

我用重机枪打中了一架敌机

燕书成，男，1920年生，河南南阳宛城区黄台岗镇项寨村燕庄人。1938年加入国民革命军71军，任机枪手，1944年回乡务农。

我家弟兄两个，我哥15岁得子，两个娃儿，走不开，我就参军了，被分到71军36师108团2营机枪2连当了机枪手。

当兵后先到灵宝驻扎训练了一年时间，学基本战术，学打机枪。后来部队开到山西阳城，那里有共产党，到处是共产党的标语，老百姓都和共产党一势（一心）。有一次，我们几个南阳的战友打平伙（凑钱吃喝），到百姓家借锅做饭，人家都不愿让我们用，说自家是“斋公”，不方便；再到另一家去借，也说是“斋公”。我们这才明白，他们是不欢迎我们。我那时年纪小，驻久了，当地老百姓心疼我，还给我打了一双鞋穿。有一次，我碰见个老头，他对我说，在国民党队伍干没出息，你不如出来干。他话没说明，我也不知道是啥意思，后来才明白他是想劝我加入共产党。我后来和几个南阳老乡说了说，老乡们劝我说：“谁也看不清这形势，管他国民党还是共产党，只要咱们几个老乡能在一起相互关照就好。”我也就打消了那个念头。

后来部队开到长治县，几个连轮流换便衣到日本人的地盘侦察虚实。侦察前，要提前一个月不戴帽子，把头皮晒黑，免得敌人认出是军人。一次，排长带着我们6个人化装侦察，我拿着一个姓崔的人的良民证进入长治县城内。这个县有条南北街，到街北头再往东拐，当时因为排长的脸白，不像个老百姓，走在街上人们都往他这边看，排长感觉事情不对头，决定先从东门走，让我们几个假装买点东西也分头撤出。我们出城后走了五六里，前面庙里有个日军哨所，出来3个日本兵，查验证件后，我们越走越快，日本兵也从后面跑着追过来了。关键时刻，接应部队开枪打了一阵，我们才安全返回。

过了几天，听说老日又增兵了，双方开战。7连是模范连，放在前头。这一次老日打得能，一边在正面放枪，大喊大叫，一边从旁边山沟里转过来，从后面袭击，7连牺牲了六七十人。天亮时，日军大部队跑步往这边来增援，我们三个连一齐开枪，我用的是马克沁重机枪，装4公斤水，一带子弹250发，5个人管一挺重机枪，从1到5排上号，轮流射击。1号要是负伤，2号就换上。那次我是1号，一口气打了11带子弹，把老日打乱、打散了，都趴那儿了，打死老日二三百人，打到后半晌，老日退了。第二天，我们听当地老百姓说，这一仗打得好啊，看到日本人把尸体抬到一个大院子里，夜里来汽车运走了。

后来在晋城的一次战斗中，我值班，刚走下交通壕口，日军的炮弹正好打到我们机枪阵地上，门板棚被打塌了，当时总共有一个排两个班的人，我们班死伤惨重，只剩下3个囫囵人了，连预备手也被埋阵地里了，我因为刚下到阵地口，只受点轻伤，流了血，没大事。

从阵地上撤下来，又跑了三天三夜。夜里到一个地方，不知道叫什么名字，营长跺着脚说："天老爷，死活就看今黑（今天夜里）了!"我们营分了20里的阵地，后半夜我值班，在机枪准星和标尺缺口上都插个点着的香，瞄准敌人的坦克车。我对营长说："报告营长，敌人进入火力网了。"营长看了看，判断敌人只是出来巡查，就没叫我开枪。天亮时，我们换防撤出了阵地。

最后一仗是在山西晋城、太原，我用重机枪打飞机。枪筒向上，下面有一个反射镜，我观察镜中的飞机，一出现在射击范围内就开枪。我打中了一架飞机，它歪着翅膀飞到87师的防区，最后被87师的重机枪打落了。上级重赏了87师，我们什么也没奖。这一仗我们吃了亏，河南人死得多啊，豫东的占大多数，坟头立个牌，写着：河南人某某某。军官死了用棺材放在梯田上，用石头块压一压，就放那儿了；当兵的没有棺材，用土埋了，有时候走路时脚下一软，踩在尸体上，看见土里还露着绑腿。

此后部队开回洛阳一带整训，预备向滇缅公路开。这时候，我生病了，想家，就请假回家，班长批准了，临走，还买了个猪耳朵炖炖喝酒送我。

我第二次参军在55军，干了两年。55军军长是曹福林，我在通信连。这个部队有些吊儿郎当，平时说话也不叫长官名字，所以我就没记住长官名字。那年日军进攻鲁山，用坦克车撞倒东面的寨门楼，55军埋伏在附近的山上，都看见了。据说参谋长不想让打，部队就没动。

后来我又回到老家，这时候，老日又来南阳，乡亲们跑到罗营附近躲避，我不怕他们，一个人留在村里东躲西藏，没离开过村子，那时候他们总来村上抢鸡蛋。

解放后，搞初级社，我当了七八年的队长，带头干活，手指头都累成弯的了，因为表现积极，我这个生产队上交的公粮一律免检。

一个战友和我表哥被鬼子活埋了

张忠义，1923年12月生，山西垣曲县人。1943年3月参加中共垣曲县独立营，1946年9月任太岳四分区独立三团一连排长，1951年5月任河南军区干部训练大队中队长，1960年5月任河南临汝县人武部部长，1969年10月任南阳军分区副参谋长。1955年被授予三级“独立自由勋章”。1976年9月离职休养。

我家弟兄三个，家住山西垣曲县长直乡上涧村。1942年，我在老家被日本人抓去当苦力，那时加上旱灾，很多人都饿死了。修炮楼、修公路时，我亲眼看到日本鬼子把老百姓当成八路军、国民党兵捆在铁丝网柱子上，用刺刀捅、放狼狗咬，非常残忍。

1943年3月，我看当苦力很难活下去，就和家里人商量，经过表哥介绍，到垣曲县参加了共产党领导的地方武装——县独立营。那时候县里有独立营，我们营长叫肖生龙（音），解放后他到了洛阳，在建八师当师长。当时一个独立营只有六七十个人，一个县分三个区，区里有区中队，营长兼县长，中队长兼区长，属地方武装，平时穿得和老百姓一样破破烂烂的，冬天我没穿过袜子，脚冻得发黑，棉裤短，护不住腿。伙食是到老百姓家吃派饭，那时非常艰苦，连山里的土匪都不如，而且战斗环境非常危险，一夜要换几个地方睡觉，怕被日本人包围。用的武器都是国民党部队扔掉不用的，有的人有枪，有的人没有枪，有的人只有两颗手榴弹或一个刺刀。武器大部分是从伪军手里夺来的，八路军兵工厂只给过一些手榴弹，部队平时也没有什么训练。

日本人在垣曲等地修了很多据点，我们活动范围主要在中条山和太行山区，靠老百姓送情报开展行动，抓住机会打一下就走。有时一天要打几次，都是偷着打，打死两个敌人就跑。敌人来追，我们就在半路上用绳子挂上手榴弹，敌人一绊上就炸响。有时候夜里派两三个人往敌人炮楼里扔几颗手榴弹，打几枪，呜哩哇啦地骂一阵，敌人出来打枪时我们已经跑得没影了，就是这样袭扰敌人。

记得在开辟第三分区的时候，在中条山区闻喜、绛县一带我们曾被敌人包围住了，拼命跑才冲出来，那次我差点被敌人抓到。

我印象最深的是1943年下半年的反“扫荡”斗争。敌人的“扫荡”很凶残，我们连里的一个士兵和我表哥都被敌人抓住活埋了。当时独立营的大部分人员都转移到了山区，上级派我和其他两个战友留在敌占区坚持战斗，让老百姓知道我们还没有走，还在坚持战斗，这样老百姓才放心。那时候采用的是游击战的战略战术，打地雷战、麻雀战，你打你的，我打我的，打得赢就打，打不赢就跑，有什么武器打什么仗，看什么地方打什么仗。

垣曲县抗日政府纪念碑（图片来源：运城新闻网）

我们三个人留下来骚扰敌人。我拿一支汉阳造步枪，夜里敌人的哨兵点火烤火，我们在暗处很容易击中他们，但是我们也不敢去拾那枪，打完就跑，夜里敌人也找不到我们。“扫荡”时，敌人白天出动数百人在山上搜索八路军和民兵，晚上在山下村子里过夜，我们三个人分开在不同位置朝鬼子的宿营地放枪、扔手榴弹，不让鬼子正常休息，第二天他们自然就没那么大劲搜山了。白天，我们隐蔽在离村子不远的地方休息，恢复体力。就这样鬼子在山上折腾了五六天，撤退时抓了200多个老百姓和大量牛、羊等牲口带走，我们三个人选择在险要地段隐蔽，鬼子押着百姓过来时，我们从三个不同位置开始射击，鬼子摸不清我们的位置，也不知道我们有多少人，被我们打死打伤几个，老百姓趁乱四散逃脱。

反“扫荡”结束后，县里举行英模表彰大会，我们三个人都受到了表彰，每人奖励30元钱，记得那钱还是油印机印刷的。

1945年，在垣曲县麻姑山发生一次战斗，我们营掩护部队转移，正在袭击敌人碉堡时，反被敌人包围了。那次牺牲了一二十个人，当时我们五班副班长许洪荣（音）拿一支三八式步枪和敌人作战，腿被子弹打断了，他一个人爬到一个石崖下，日本人大叫着“抓活的”围了上来，他开枪打死了5个敌人，最后敌人向石缝里投下手榴弹把他炸死了。这件事的经过是后来听一个伪军俘虏讲的。

1945年8月，听说日本人无条件投降了，一开始大家都不太相信，有人拿一个西瓜打赌，下午证实消息是真的，大家高兴得不得了。到晚上，部队接到命令马上出发去堵截日本人，叫他们缴枪，可是堵也堵不住，日本人要到运城去投降国民党，把垣曲县仓库里的部分物资也炸毁了。他们边打边走，我们一个副班长牺牲了。日本人走了，伪军占了县城，也不投降共产党，要投降国民党。1945年，我们打下几个县城，黄河以北很多地方都成了解放区。

1946年，太岳军区[1]第四分区管阳城、济源、垣曲三个县，各县的独立营编为独立团，阳城是第一团，济源是第二团，垣曲是第三团。我在第三团第一营当了排长，那时候成了正规部队，发了军装。

1947年，我随独立第三团渡过黄河到了陕州分区，改叫独立第五十团，在陕县、洛宁、宜阳、灵宝一带活动。

1950年，我到陕州才学的文化，学了几年文化后，调到陕县武装部当副部长，后来调到临汝县当武装部部长，1969年我又调到南阳军分区任副参谋长，参与修建焦枝铁路，后来又调到“平舞工程”当军代表，在那里，军分区司令下令把地委书记等一批干部“统统弄去劳动”，实际上是暗中保护这批老干部免受“文革”的冲击。

1976年我在南阳军分区离休。

①太岳军区：1940年1月，“晋西事变”后，为巩固太岳区，加强该地区的军事力量，八路军386旅及总部特务团进入太岳区，配合决死第1纵队给予进攻张家店之阎军以沉重打击，巩固了太岳区根据地。6月，根据北方局黎城会议决定，成立太岳军区，由八路军129师386旅兼军区领导机关，对外称太岳纵队。抗日战争时期的太岳军区由陈赓兼任司令员，王新亭兼任政治委员。1945年8月，晋冀鲁豫军区成立后，太岳军区隶属晋冀鲁豫军区建制。（据《中国人民解放军历史上的200个军区》）

我在晋察冀军区的抗战经历

许保和，男，1921 年生，原籍河北省阜平县。1942 年到 1945 年在晋察冀军区三分区 42 团历任战士、班长、排长，1946 年到 1949 年先后在晋察冀军区 4 纵及解放军第 19 兵团 64 军任连长、营长，1951 年参加抗美援朝战争，1952 年到 1955 年在石家庄第二高级步兵学校学习，1958 年到 1961 年在洛阳装甲兵文化学校学习，1964 年晋升中校军衔，1964 年到 1966 年转业到郑州国棉一厂任党委副书记，“文革”期间下放车间劳动，1971 年调郑州国棉五厂任党委办主任，1976 年调郑州纺织机电专科学校任纪委书记，1983 年离休。

我原籍河北阜平红峪村，从小家庭贫寒，13岁时去坑洼村黄玉珍、陈玉秀两家放牛，只管饭，没有工钱。我每天把牛赶到山上，晚上睡在牛棚里。后来父亲去世了，家里生活更加艰难。15岁时，我就跟大园村孟铁匠学打铁。17岁时，卖粽子、花生、盐，贴补家用。

全面抗战爆发后，聂荣臻带领115师一部分部队以我们家乡阜平为中心创建了晋察冀抗日根据地。阜平县是晋察冀军区司令部所在地，第一任县长叫王平，他后来是解放军上将。阜平周边7个县城和交通要道都被日军占领了，八路军只能在广大的农村活动。军区司令聂荣臻住在城南山区一个叫温塘的小山村里，八路军当时的军装是灰色的，臂章上有“八路”两个字。

日本鬼子经济上对根据地进行包围封锁，军事上进行疯狂“扫荡”。他们在主要据点修炮楼、挖交通壕、架铁丝网，实行“三光”政策。1941年的一天，日军对阜平进行“扫荡”，几百名日军突然来到我们村，还停留了五六天，地里的庄稼被马吃光了，粮食被抢光了，房子也被烧了，锅也被砸了，全村的人都逃到附近山上避难，只有一位六十多岁的康姓老人因双目失明，藏在家里没有走，结果被日军用刺刀杀死在家里。

聂荣臻在晋察冀军区司令部（图片来源：长城网）

1940年，晋察冀军区司令员聂荣臻与在百团大战中被救出的日本孤儿美穗子（图片来源：《解放日报》）

根据地的各级政府经常动员青年参军抗日，那时对军人家属实行优待政策，家里如果没饭吃，村里会进行救济。我家弟兄三个，在村干部劝说下我就报名参军了。

参军后在乡政府训练了几天就补充到连队，我分配到晋察冀军区三分区42团1连，刚参军时的连长叫刘凤珂，他后来曾任旅大警备区副司令员，1998年去世，分区司令是黄永胜。在我参军第三天，所在的部队被日军包围，当时我还没有发枪，只发了一床被子，我抱着被子跟着老兵冲出了包围圈，没跑出来的都被日军杀害了。

由于日军对根据地进行封锁，我们部队生活条件非常艰苦，一天只能吃两顿饭，早晨每人定量两碗小米稀饭，下午每人两碗小米稀饭。吃不饱，所以浑身无力，患夜盲症的人很多。我们班有一个叫康文祥的战士，饭量大，能吃八碗饭，定量不够，就喝涮米桶的水。有一次连队改善生活，每人吃了一碗汤面条，虽然没吃饱，但大家还是很高兴，因为那时吃上一次白面是非常困难的，直到1948年我当上营长后才算能吃上饱饭。战争年代行军打仗睡觉很少脱衣服，身上长满虱子。军装不能按季节发放，天气很冷时还穿着单衣，有时四五月份天热了还穿着冬装。那时的医疗条件也很差。同村的李凤仙和我同一天参军，又分在一个连，我在战斗班，他在炊事班。有一天我出去打仗，晚上回到驻地得知他得急病死了，我向连长请示，想到他的坟上看看，连长说：“人已经埋了，你去看看有什么用？”为这事，我闹了几天的情绪。解放后，我每次回乡探亲，他母亲都要拉着我的手伤心掉泪，后来，他哥哥按我说的地址把他迁葬到老家。

我参军后主要在阜平、曲阳、唐县、行唐等几个县和日军打游击，进行反“扫荡”作战。有时以排为单位深入到敌后围炮楼、除汉奸、破坏交通线。敌人的炮楼外面布有铁丝网和交通壕，也不容易攻下，有时就围住他们喊话做思想工作，瓦解敌人。我们经常对着里面的伪军喊话：“中国人不打中国人，你们要抗日救国！”他们则回答：“我们也是人在曹营心在汉，不得已啊！”

晋察冀边区抗战胜利纪念邮票（图片来源：搜艺搜收藏网）

我刚参军时用的是老套筒，打胜仗后用上了三八式步枪。后来我被选送参加了三分区“特等射手集训队”，在三分区司令部所在地唐县集中训练了半年时间。当时教官是我军俘虏的一个日本兵，主要练习射击，同时还进行刺杀、投弹训练。训练结束回到部队，我配备了带有瞄准镜和榴弹发射器的三八大盖，我每月的零花钱也从普通战士的一元标准提高到一元五角，和班长的标准一样。在一次反“扫荡”战斗中，我们连集中在一个山坡上，看到对面500米外的山头灌木丛中有一个日本兵只露出脑袋向我们这边观察，连长对我说：“干掉他。”我端起枪，瞄了一下，“啪”的一枪打过去，就再也不见那个日本兵了，战友们都拍手为我叫好。

抗战时期我参加的战斗很多，印象较深的有三次战斗。

1943年1月15日，晋察冀边区第一届参议会在阜平温塘隆重开幕（图片来源：中国延安精神研究会官网）

第一次是神仙山保卫战。大约在1943年6月，日军对根据地进行“大扫荡”，我们42团奉命掩护军区机关及部队转移。我团4连在一个叫金龙洞的地方阻击日军，我们1连的任务是保护军区副司令萧克转移，因为他当时发高烧，没能随机关突围。我们用担架抬着他在大山里与日军周旋了两个多月，直到反“扫荡”结束。这次战斗结束后，我们42团被晋察冀军区授予“神仙山保卫者”称号。

第二次是漫石道伏击战。我们团事先得到情报，得知日军将由曲阳县向灵山镇增援一个中队100多人。战斗开始前，我们全团埋伏在一个叫漫石道的山沟里，团长武少甫、政委高同鼓（音）、参谋长马卫华作了战前动员，强调了战场纪律。日军进入伏击圈后，我们全团火力齐发，公路两侧顿时响起密集的枪声、手榴弹爆炸声，几分钟后又吹响了冲锋号，我们端着刺刀，喊着“杀呀”，冲出和敌人展开白刃战，最后全歼了这100多敌人，最后只剩下一个日本军官拿着指挥刀乱舞，我们开枪将他打死了。

第三次是望都伏击战。这次战斗虽然规模不大，但是打得很惨烈。我们原来得到的情报是一个小队的日军要从望都县境内一条公路通过，我们连事先在公路两侧的庄稼地里埋伏。后来一辆汽车载着几十个日本人开了过来，连长一声令下，我们开始射击，敌人跳下汽车用机枪压制我们的冲锋，我们排一名参加过长征的老红军也阵亡了。战友李九林用手榴弹投向敌人机枪火力点，他怕投不到地方，就不顾危险，跃出掩体站起身子投掷，结果被敌人子弹击中阵亡在我的身边。战斗打到最激烈时，连长刘志刚为鼓舞士气，一再高喊：“坚持住，增援部队马上就赶到了！”大家心里都清楚，在敌占区，根本就不会有增援部队。最后，我们还是凭着顽强的战斗意志打垮了敌人，打死十几人，炸毁了敌人的汽车，剩下的敌人向定县方向逃跑了。这次战斗中我们连牺牲了很多骨干，这也是我们连在抗战中伤亡最大的一次战斗。战斗结束后，我们连长哭了，我也掉了泪。

口述人所获独立自由奖章证书（图片由口述人提供）

到20世纪70年代，64军编写军史时，还专门来郑州找我了解这两次伏击战的情况。

1946年到1949年，部队先后改编为晋察冀军区第4纵队和19兵团64军。1951年我入朝参加了第五次战役，1952年回国后进入石家庄第二高级步兵学校学习，1955年毕业。1956年我因参加抗战荣获了“独立自由奖章”，2005年获得国家颁发的“抗战胜利六十周年纪念章”。

1958年我当了团级干部，部队改为装甲兵部队。我没有文化，很想再学习文化，当时因为我年纪大，上级不让我去，我就给毛主席写了一封信，后来中央办公厅把信转到装甲兵政治部，政治部就同意我到洛阳装甲兵文化学校学习了3年。当时我的职级和校长一样，年纪是全校最大的，但我学习的愿望最迫切，学得最勤奋，当时的武汉军区还给我记了三等功，《解放军报》还采访了我。

在挺进一纵的战斗岁月

张长海，1922 年 8 月 11 日生，河南周口太康县板桥镇庞赵村人。1938 年至 1939 年先后在民国西华县政府保安队、新四军彭雪枫部当宣传员、文工团员，1939 年至 1944 年在第一战区挺进第一纵队历任上士文书、准尉司书、少尉排长，1945 年至 1947 年在阎锡山 33 军 9 师 2 团任排长、连长，1948 年在石家庄考入华北军政大学参谋科学习，1949 年至 1953 年先后在华北独立 205 师 614 团任作教参谋、3 营通信参谋、7 连技术副连长，后又调到军委探照灯室任参谋，1953 年在解放军军委汉口防空学校任探照灯教员，1954 年高饶事件中受牵连被捕入狱，因发表“统购统销人民不自由”等言论，被判刑 5 年，在湖北沙洋农场劳动改造，1959 年刑满后留场劳动，1980 年回乡务农。

我小时候上私塾，“四书”读了《论语》《孟子》，“五经”读了《诗经》《尚书》。

15岁的时候，日本发动全面侵华战争，村里有个名叫小安的青年在40军当兵，他们在豫东太康县常营、高寨、五里口一带和日本人打仗。他回村时，我常听他讲打仗的事情。他说，有一次他在常营街用手榴弹炸过敌人的坦克车，40军一个连同日军近战拼杀一昼夜。小安说他们一个连170人战斗过后仅剩1个排长、8个战士。日军在常营一带见人就杀，高寨有几家甚至被杀绝。我高寨有个表嫂也说过，她娘和两个老太太在家做针线活，日本兵来了以后把她们全部杀了，她娘抱的线蛋子上全是血。

那时，我家里有6口人，父母、哥嫂、妹妹和我。1938年的一天，我正在上学，听人们说花园口黄河堤被扒开了，黄河水下来了，我从学校往家跑，看到河里的水越涨越高，后来河水漫过了河堤，街上也进水了，院子里也进水了，从我们村往西到扶沟县45里地全成了河道。我们一家从水窝里逃到离家8里远的后齐村（音），后齐的保长敲着锣叫喊着人们打堤挡水。大辛集以东淹得最厉害，房倒屋塌，国民党派了很多木船来救人，但是人太多，船太少，根本救不过来，死了不知道有多少人。没有了家，哥嫂回到嫂子娘家住，我和父母、妹妹在后齐村租了一间房，我两个叔叔和爷爷奶奶都死了……

无奈呀！我跟着母亲一起出去讨饭，到地主家要饭，大黄狗一次次地往我身上扑咬。我对母亲说：“妈，我不想要饭了，我要当兵去打日本鬼子，这一切灾难都是日本鬼子造成的！”

当时西华县也被水淹了，西华县政府

成立了一个游击大队，大队长是行伍出身的轩鸿云，有三个中队。我和村上一个伙伴到这个大队报名参军，他们看我有文化就把我留下了，那个伙伴不识字没被选上。到这儿以后，连长叫我当了宣传员，派了个写标语的活儿，由指导员朱传贤带着写标语。那时候写得最多的是：拥护蒋委员长，抗战到底；胜利第一，军事第一；打倒日本帝国主义，还我河山；我们要战到最后一个人；等等。有一天，我一个人提着东西去附近写标语，我个子很小，就借了群众一个凳子用，刚下过雨，路面很滑，我踮着脚尖站在凳子上，伸长胳膊写起来，后来不小心凳子一晃，我跌倒在一个泥坑里，浑身泥水，棉衣也弄湿了，冻得我直打哆嗦。一位老大娘扶着我回到她家，她找来衣服让我换上，说：“孩子，你这么小就来当兵了，我的儿子和你差不多。”大娘说着说着就哭了，原来她儿子被日本鬼子抓走了，现在不知道是死是活。

抗战时期的标语（图片来源：千年历史网）

当时的西华县县长是共产党员，这个部队后来突然开到豫苏皖交界地方，归入共产党新四军彭雪枫①指挥。在新四军，我被调到文工团，这个文工团有50多个人，团长名叫汪洋，30岁左右。团长让我和张玉贤演一个东北学生南下流亡的节目，张玉贤演19岁的女学生，我演她弟弟。演到流亡学生饥饿劳累，走着哭着唱着：我的家在东北松花江上……那里有我的同胞，还有那衰老的爹娘。九一八，九一八……哪年哪月才能够回到我那可爱的家乡？官兵和群众都泣不成声，台上台下哭声一片！

彭雪枫（图片来源：中国人民抗日战争纪念馆官网）

有一次，部队开到山东台儿庄附近。据当地群众讲，台儿庄战役中，中国军队打了大胜仗，消灭日本鬼子好几万，但我们也牺牲了不少人，村西大河堤上埋了很多烈士。每逢节气，当地群众就给他们烧纸。我们文工团全体人员一致要求到烈士墓地看

①彭雪枫（1907—1944）：河南省南阳镇平县人，中国工农红军和新四军杰出指挥员、军事家。1941年任新四军第4师师长兼政委，是抗日战争中新四军牺牲的最高将领之一。（据亳州政府网）

一下，经领导批准，我们全团都去了。路上遇见一位老大娘，老大娘说："你们是咱中国的抗日军队吧？自从李将军（指李宗仁）部队走后，很长时间没见过咱们自己的部队了。"她拉住女同志的手问这问那，后来得知她大儿子在国军108师当兵，牺牲在武汉，二儿子被日本鬼子抓走快一年了。我们到墓地下跪祭奠，团长发言："尊敬的英雄们，你们安息吧！我们代表祖国所有的抗日军队和全国人民来看你们了！"

有一天，我被派到轩鸿云那个大队去教唱歌，这时他们接到命令去乌墙集打仗。听战友们说，乌墙集有城墙，有寨墙，里面驻着一个日本的骑兵连和一个保安中队。我们夜晚去进攻南门和北门，每个人手臂上缠个白毛巾，先抢了敌人的几十匹战马。马拉回来后，我也骑了骑，马一跑起来我就下不来了，震得我心乱跳，以后再也不敢骑马了。乌墙集的战斗还在继续，敌人的援兵到来后，我们这个大队伤亡很大，敌人把4个寨门堵住了，官兵们跳寨墙、蹚护城河突围出来。回来后，大队长轩鸿云就把这个大队带到亳州、鹿邑县，投靠了魏凤楼[①]。我因为在大队教唱歌，所以也一起过来了。

魏凤楼当时是鹿邑县县长，有3个团，原来叫游击第一纵队，后改为第一战区挺进第一纵队，是抗战的部队，和新四军也有联系。国民党派来了一个少将任政治部主任，主要是控制这支部队，防止他们投入新四军。到这里以后，我进了学兵队。当时鹿邑县周边都被日本人占领了，日本围攻了几次，也没把我们怎么样。在县城驻扎几个月后，日本人大举围攻，最后我们撤出了县城，在农村打游击。

有一次我们到五里口镇（音）停留，为了封锁消息，在寨门上了岗，人员只准进，不准出。县城有个汉奸正好在五里口镇他女儿家，他再三要求出寨回家，最后让他回去了，结果他给日本人报了信，日本人把寨子包围了，我们损失了七八十个人。魏凤楼后来派人把这个汉奸抓到，用铡刀铡了。临铡之前，他面向县城鞠了三个躬，说："父亲、母亲，儿做错了事，今天国军杀我也是应该的。"有一次，日本人8辆汽车往杞县运送物资，有一个排四五十人的兵力押车，魏凤楼得到消息后，派部队伏击，汽车打坏了，东西也抢完了，日本兵退到一个据点，躲在一家楼房内顽抗，一直没攻下来。魏凤

①魏凤楼（1896—1978）：字建亭，外号"魏瘸子"，河南省西华县人。曾参加北伐，1937年年底加入中国共产党，5月任西华人民抗敌自卫团副司令，6月任河南省扶沟县县长，8月改任河南省鹿邑县县长兼河南省第2区保安第4总队司令，1939年7月任第一战区游击第1纵队司令，1944年春在豫西陕州被日军俘获，后被遣返回乡。1945年1月，从张岚峰部获取番号，为伪淮、太、西绥靖司令。抗战胜利后所部被国民党收编，任新编3路军56师师长。1945年8月18日，在冀鲁豫军区第十二军分区协调下，经报请中央批准，应其要求，解决了其党员身份，于河南淮阳率部起义，加入八路军冀鲁豫军区序列。后任解放军冀鲁豫军区豫东纵队司令员，豫皖苏边区副司令员兼第二军分区司令员，军委军政物资接管部副部长，天津市芦台农场场长，华南垦殖局机务处处长，河南省政协常委。1978年2月3日在郑州病逝。（据《中州统战》1997年第11期《魏凤楼将军二三事》）

楼派自己的外甥张鸿元带一个团进攻，让他无论如何要攻下来，魏凤楼在用望远镜观察敌人时，大腿中弹受伤，送往洛阳治疗。张鸿元最后用火烧掉了那座楼房，把里面的日本人全烧死了。

在部队我先后当过上士文书、准尉司书。大约在1940年，第一战区要求每个师选一名18至25岁的军官到洛阳军事干部训练团培训，我们挺进一纵只有一个名额，魏司令最后选定我参加学习。干训团校长是卫立煌，学习地点在洛阳西工，学习时间有一年半，我们是第一期，主要学习游击战术及刺杀技术。

干训团毕业后回到部队，我升为少尉排长，接着开到中条山作战。

在抗战时第一战区为确保河南的安全，分别派驻中条山和太行山各两个军，太行山是40军和27军，中条山是云南曾万钟①总司令的部队。太行山的40军和27军失利后，1941年日军又开始攻打中条山。这时第一战区司令长官换成蒋鼎文，长官部派我们挺进第一纵队的三个团和34师一起增援中条山。

中条山位于山西南部、黄河北岸，方圆数百里，基本上是一座青石大山，不长庄稼，10到20里才有一个小村庄，只有三到五户人家。当地群众吃水要到50里外的山沟下去背，自然条件很艰苦，很少有人见过火车和汽车。

我们的部队到黄河渡口时，日军派数架飞机轰炸阻止我军北渡黄河，直到夜间飞机离去我军才渡过黄河，过河后我部派两个连300多人到黄河渡口背面粉。部队过去黄河后从山下走到山顶整整用了一天的时间，全是羊肠小道。

过了10来天，我们3团的副团长王郁周给部队做动员讲话。王团长说：弟兄们，我们今天来中条山的任务就是保卫河南和全国，日军企图攻下中条山后继续南进，侵占河南，我们为了保卫河南和全国而战！为了彻底打败日本帝国主义而战！为祖国和人民而战牺牲了也是值得的！我们四亿五千万同胞都想打日本，但很多人手中无枪，现在我们手中有了枪就能打日本人，这是我们的幸运！我们来到此地后，很多条件远不如大后方，但这些问题是暂时的，我们不是来享福的。为了消灭侵略者，什么苦什么难我们都可以克服，大家说对不对？官兵们大声回答道：对！对！对！接着部队开始唱歌：中条山高又高，飞机轰不动，大炮打不倒，它好似法国的马其诺，敌人永久攻不破……

副团长讲话的第二天，日本空军就对我军驻地进行了侦察和轰炸。次日日军向我军进犯，在空军和炮兵的掩护下，进攻南山一带阵地，连续5天交战，从第一线下来的伤员从几十到几百地增加，阵亡的人数无法统计。我们司令部驻在一个小村庄里，伤员有

①曾万钟（1894—1968）：云南大关人，字鼎铭，国民党陆军上将。云南陆军讲武堂第3期毕业。早年在滇军任职，1937年8月任第3军军长兼郑州警备司令，1938年7月任第35军团军团长，1939年2月任第5集团军总司令，1942年3月任第一战区副司令长官，1945年5月任国民党中央监察委员，同年退役回滇，参与创建云南省民革。后曾任云南省政协委员、民革中央团结委员会委员。（据昭通在线网）

好几百人，由于房子少，大多数伤员都露天躺着，大雨来了也没办法，这时重伤员有死去的，卫生队人员又要负责埋死去的战士。

我当时是3团2营6连的少尉排长，全排共47人，在北大山和敌人作战时，已经死伤9人。后来总司令指挥部的电线被日军和汉奸切断，电台也无法联系，指挥部的命令无法传达，这时部队非常被动。第6天上午，我们接到命令：各部队以团为单位和敌人作战。失去了统一指挥，部队各自为战，仗越打人员越少，子弹也少，吃的喝的不能及时供应。正在这时，我部又突然接到命令向南山转移，担架不够用，伤员能走的随部队走，不能走的只能留下。临走时，被留下的伤员放声大哭，官兵们都跟着流泪。

到南大山后我们休息了一天一夜。第二天，敌人就开始对我们进攻了，先用飞机和大炮猛烈轰炸我军阵地，接着敌人步兵也冲上来了，双方激战数小时，我营死守阵地和敌人拼杀，死伤虽重，但多次击退了敌人的进攻。随后几天中，运水运粮的道路也被敌人封锁，部队缺水缺粮情况严重。

最后我们和敌人进行肉搏战。我当时用的是带刺刀的湖北条步枪和敌人拼杀的，我在洛阳干部训练团专门学过刺杀动作，回部队后又担任第一纵队三个团的刺杀教官，刺杀技术没问题，再加上当时年轻，身体壮，不在乎，更因为有强烈的杀敌意志，自日本人打进中国后，我不能上学到处讨饭，早就恨死了日本人。一个日本兵上来对我就是一刀，我用枪一拦日本兵没刺到我身上，但刺破了我的手，我看准时机用枪托向日本兵的下腹部狠狠砸去，日本兵向天空大喊一声倒在地上，我又向他的胸部猛刺一刀。我拔出刺刀时，日本兵的血喷了我一脸。第二个日本兵一看，有些害怕，转身就跑，我大步追上，对着他背后就是一刀，日本兵当场死去。不到1个小时，越来越多的日本兵冲了上来，我看敌多我少，情况不妙，便带6名战士向山下撤退。那时，全团阵地失守，官兵各跑各的，我带的6名战士下山时又被敌人机枪打死4名，剩下我和李建、王立运三人，跑进了东大山，我们3团就这样被敌人打散了。

第二天王立运病了，我让他好好休息，他说："排长，我不行了，心里难受，头发晕，又渴又饿，你们走吧，不要管我了。"当时没有药可用，也没吃的，我只能安慰他好好休息。李建去村里找吃的，到天黑也没回来。第二天又下起了大雨，由于离村子远，我们两个只能在大树下避雨。王立运的病情加重，闭上眼睛不说话了，我喊他他也不答应，大约上午10点，王立运就不行了。进入中条山以来，我排47名战士，战死的战死，失踪的失踪，病死的病死！我不由得鼻子发酸，泪水夺眶而出。

我用树叶把王立运全身盖住，继续向东走。

在大山里将近一个月时间，我当时只有一个念头，就是向太阳升起的地方走，因为我老家太康在东边。饿了就吃生玉米、树叶、野菜，白天怕遇见日本人，夜里怕遇见野兽，想睡觉就爬到树上，用皮带把自己拴在树枝上睡一会儿，下雨时就到村子里，离村子远了就在大树下避避雨。

在这期间我多次遇险。有一天我正走着，突然被一股日本兵发现，我情急之中跳下几米高的悬崖，进到了一个山洞里，日本兵在悬崖上大喊大叫，我在山洞里不敢出声。过了一会儿，日本兵走了，这时我感到身后有些动静，回头一看，一条碗口粗的大蟒蛇正在对着我闻哩，我吓得全身是汗，拔腿就跑出了那个山洞。还有一次遇上日本骑兵“扫荡”，我钻进死尸堆里才没被发现。

有一天我去一个村子里找吃的，遇上十几个中国伤兵，他们都躲在一间破屋子里，他们对我很热情，想让我出去给他们弄水喝。我走后不到1个小时，他们就被搜山的日本兵发现了，最后全部遇难。

当时有些逃难的群众躲进山里，他们的处境也很艰难。有一天看到一个地方冒烟，走过去一看，原来是逃难的群众饿得实在没办法，把自己家的牛杀了煮着吃，一位好心的大爷听说我几天没吃东西了，就把一个牛腿给了我，我对他鞠了个躬。

后来我遇上几个没带枪的中国兵，相互介绍了情况后得知，他们被日军俘虏后缴了枪，被集中在一个村里，日本兵控制着武器和粮食。山里粮食紧张，日本人又不想分给战俘吃，就放出来一批让他们到各村找粮食，供应其他战俘，所以放出来的人一旦逃走，其他战俘只能饿死。他们劝我跟他们走，毕竟人多，找到粮食可以暂时维持，走一步说一步。当时我因长期饥饿身体已经非常虚弱，就跟他们一起走了。回到那个村子里，见这里关着一二百名战俘，军衔最高的是34师的一个中校副团长，其中还有母女两人，据说是某部电台台长的妻子和一个十七八岁的女儿，由日军一个班看管。

这天上午，来了两个日本兵，他们带着枪，拉着女孩就走，女孩大哭起来，喊着：“妈妈救救我！妈妈救救我！”妈妈上去抱住女儿，日本兵一脚就把妈妈踢倒在地。这时只听副团长蹦起来大吼一声：“和日本人拼了！”听到吼声，所有战俘一拥而上，用棍棒、石块、砖头把这两名日本兵打死了。接着，副团长又带着我们冲向日本兵的住处。当时日本兵正在吃饭，枪架在一边，我们抢了枪，把日本兵围起来用石头木棍打死，之后以最快的速度往百里外的黄河渡口转移。我们大约走了40里路，才有小股日军追来。副团长带着十几个人在后边掩护，边打边退，一直退到黄河边。黄河南岸85师听到枪声，用炮火掩护我们渡河。

在撤退的途中，我们被炸死打死一部分，到黄河岸边时大约只剩下100人。85师用三只木船从南岸接应我们，但三只木船只能容纳90个人，最后剩下副团长和我及其他6名战士一共8人没有上船。我们看到黄河滩附近有一个小屋，就把屋顶三根木料拆下，用绳子一捆，放入河里，我们8个人抱着木料顺水而下，用脚蹬水向南岸慢慢移动，在河中漂流时又被日军飞机炸死3人，最后只有我们5个人漂过了黄河。混乱之中，那母女两人是否上船安全过河，我现在已记不清了。

从中条山回来后，很多阵亡战友的家

人来信询问情况，为了不让他们过度伤心，我实在不忍心说出实情。有一位来自西华县的母亲在部队等了20多天也没有等到儿子的消息，最后老母亲无奈地哭着回去了，我们也是哭着送走了这位母亲。

中条山是我最不愿意讲的，也是最想讲的。

中条山战败的原因，对守军主力而言我不想多说。单对我们这支增援部队来说，敌人武器装备比我们好得多，有强大的炮兵和空军参加，弹粮供应也充足。我军的弹药供应不上，有很多战士有枪无弹，步枪多半是外国人淘汰的武器，如德国的老套筒、俄国的水连珠等步枪，有些根本就没有带刺刀，敌人用的步枪是三八式，枪身长刺刀也长，我们很多战士枪上没刺刀，是用步枪杆子和敌人搏斗的，在战场上打死一个日本兵我们就马上把他们的三八式步枪抢到手，又用日本人的枪接着和他们拼杀。另外日军步兵每个班都有一挺机枪，我们排一挺机枪也没有。

打仗就是打人的，也是打钱的。战争打到第6年的时候，中国严重缺油，有的汽车改成烧酒精、烧木炭。有的中国军队到了阴历十一月还没有发棉衣，有时靠跑步取暖。冯玉祥将军曾在重庆群众大会上哭着讲：“同胞们，我们的前方将士现在仍然穿着短裤头和敌人战斗，我们现在都穿着棉衣，他们能不冷吗？”我是一名下级军官，士兵的艰苦我都了解，每天只吃一顿饭是常有的事，我们就是在武器和后勤都不如日军的情况下，一直打到日本投降。

中条山战役后我因伤病在洛阳住院治疗一段时间，出院后我升为中尉，被调到第一纵队的修械所当会计，所长是张鸿臣，修械所有300多人。魏凤楼的部队不是蒋介石的嫡系部队，国民党只供应我们粮食、军饷、弹药，并不供应枪支，所以枪支要靠自己造，当时我们能造轻机枪。

1944年春，日军进攻洛阳时，魏凤楼下令我把修械所的机器、材料全部埋掉。当时挺进一纵归高树勋指挥，他的主力已向西撤走了，我们掉在后面，前后都有日军在进攻，蒋介石派汤恩伯的第13军增援河南，结果他们没打过来，退回去了。我们挺进一纵约8000人在洛宁山区被数万敌军包围，一个汉奸带着一个日本中佐来到我们司令部劝降。他们说若投降，也不用缴枪，部队驻原地不动；若不投降，3个小时把我们全部消灭。在极为不利的情况下，魏凤楼回复对方，召集团长开会商议后再说。魏司令随即召集副司令尹景湖和团长黄炳文、彭国政等人开会。这时前线官兵不断来电话询问：打不打？敌人围着了。回答说：暂时不打。会上，司令摆明情况，叫大家发言。大家都清楚，打是死路一条，可投降日本人，谁敢开口啊？几个团长都不开口。过了一会儿，尹景湖说：“留得青山在，还怕没柴烧？”2团团长彭国政说：“拿破仑说过，不打没有希望的战争。”3团团长说：“三军可夺其帅，匹夫不可夺其志。”三人一说，魏司令明白了，就决定不打了。这些经过我当时在窗外都听到了。[①]

我们三个团按要求开到一个镇上，武器暂时没有收。一天夜里，彭国政带领2团三个营跑了，日本人这才把剩余部队的枪也缴了。后来，他们把魏凤楼送到开封，排长以上的军官送到太原关押，当兵的以后怎么处理我就不知道了。

到太原关进小北门外的集中营[②]，集中营中间一条大路，路南是共产党的战俘，路北是国民党的战俘。我们睡觉的地方很小，一个挨一个，吃不饱也饿不死。战俘们白天到火车站装卸洋面、大米、盐包、武器。国民党飞机有时还来轰炸车站。有的战俘想趁乱逃跑，被日本人开枪打死了。集中营每天天一亮就要埋掉20多个因病、累而死掉的战俘。

到太原集中营的第二年，日本投降了，这时我们的生活才得到一些改善。

后来，阎锡山把我们接收以后，我被编入第33军，并提升为连长。某日，我奉命

①关联资料：1944年春，国民党将我调到离洛阳更近的陕县张茅一带守河防，改归39集团军总司令高树勋指挥。接防刚一个月，日本军队分两路攻打陕州，一路从洛阳西进，一路从山西突然袭击过黄河攻打。日本人从我和高树勋部队接合处突过黄河。高要我协助，我给守河防的2团团长彭国政4次电话，叫他守住，他没守住。这时胡宗南的一个团一见日本人来就跑了。我看我的队伍不行，就撤到东南40多里的山区。接着第二天高树勋也撤了，我遇见了他，他说：“各奔前程吧。”过了几天，彭国政的2团也撤回来了。我感到队伍再往西去，国民党一定要消灭我，因胡宗南的队伍把守潼关，他最反对我，我不能再跟着别的队伍往西走了。我将队伍撤到南山，准备东进。心想，只要过了洛阳，我就有办法，因那里群众基础好，可以站得住脚。在东进的第一天夜里，通过日本人的第一道封锁线到了夹子河，没有安置住，我就带人到山上查看队伍安置情况。还没有走上山坡，我部的参谋主任王以武带着两个日本人和一个翻译来找我。我向周围一看，日本兵已将我的部队四面包围了。日本人要我派人去谈判，我也不知要谈什么，为了拖延一下时间，以便待机突围，便和尹景湖商量，派个参谋长去了。当时我想，队伍行军一夜都累了，不能打，再说，我知道自造的武器火力不强，真是在走投无路的情况下，我想只有自杀，无论如何，我坚决不跟日本人干，能突出去还是突出去。张茅这个镇子虽不大，却是往东去的咽喉。我派人去张茅侦察，并没有发现敌人，我准备通过张茅向东逃。我亲自到了张茅，刚刚到达，敌人就将我逮捕了。这一下，一切想法都落空了。日本人要我缴械。我说：我现在成俘虏了，无任何权力。以后他们怎样收的枪，我就不知道了。我看日本人想叫我为他们工作，我就给他们谈：如果你们想收编我的部队，我归孙良诚如何？我想：等将部队归孙良诚后再往外拉就容易多了。日本人同意我去找孙良诚并派了一个日本人跟我到开封去，见到了孙良诚。孙同意我到他那里，不过他说，得同日本人商量。第二天他对我说，日本人不同意。我只好回张茅。临行前孙良诚给了我个翻译，后来才知道他是我们的地下党员。拉到孙部再拉出去的想法也落空了。日本人又把我弄到了太原，将我安置到旅馆，稍停又把我带到了特务机关。第二天又将我送回了旅馆。我对日本人说：我已残废了，没有用处了，愿意回家当老百姓。后来日本人同意我回家去，并给我5000元路费。这时尹景湖还在，我送给他2000元。我的伤复发了，又到开封治好后，回西华黄坟北三四里的一个村子，解甲为民。（据中华龙都网节录《魏凤楼：我的自述》）

②太原集中营是侵华日军于1938年6月建立的战俘集中营，位于太原旧城东北角小东门街北巷，占地面积300亩。7年间共收容、关押过10万至12万中央军、晋绥军和八路军战俘以及普通中国百姓。为掩盖战争罪行，它对外称“太原工程队”，对内为“太原俘虏收容所”，由驻守太原的日军驻华山西派遣军司令部直接管辖。（据《中国的奥斯威辛——日军太原集中营纪实》）

太原集中营牢房遗址（图片来源：《人民日报》（海外版））

带一排人员和一位少校接收员拿着文件去山西省京太线（北京到太原）上一个小火车站接受日军投降，这里驻有一个排的日本兵。当天下午有个保长带着两个村民来找我，其中一个妇女给我下跪，她的女儿被日本人杀害了，她求我杀了日本人为他们报仇，我觉得不能违反上级指示就没有答应他们。第二天，我派两个日本兵上山砍柴，保长得到消息后回去找了十几个身强力壮的年轻人，把两个日本鬼子抓回去吊在树上刺死了。后来上级追问了一下，这件事就不了了之了。

几个月后，全国部队大整编，军官们集中到西安学习，整编下来的大多是行伍出身的军人，军校毕业生和干训团毕业的都留了下来。结果我被留了下来，又降为排长使用，任团部特务排排长。

我这个排有5个班，约80个人。8年全面抗战，国民党官兵大都筋疲力尽，我和大多数人一样也不愿打内战，那时候国民党军队成建制起义的很多。1947年在山西太谷县，我临时兼管一个炮兵排，解放军进攻时我们在村里守着既不打也不动。到下午，解放军过来个排长谈判，我就叫大家放下武器。后来，我在俘虏军官团学习了6个月，学习结束后给了三条出路，我的副排长回到了南京，我决定参加共产党。随后，我被派到刘伯承部队当军事教官，后又到石家庄考入了解放军华北军政大学参谋科学习，毕业后分配到华北独立205师614团任作教参谋。614团编为探照灯团，全团赴上海学习后，抗美援朝开始了，我营奉命赴朝参战，调到3营任通信参谋和7连技术副连长，后来，又调到军委探照灯室任参谋。

1953年，军委成立防空学校，培养技术干部，我又被调到汉口防空学校任探照灯教员。

1954年高饶事件中，我无故受到牵连，被捕入狱，判了5年徒刑，被捕原因竟然是我在干部学习会上说过“统购统销人民不自由”等言论，他们说我攻击“三面红旗”。1959年在湖北沙洋农场刑满后又被迫留场劳动，发给生活费，一直到1980年才获得自由，回乡务农，但没有任何工资收入。

三、艰难相持

打通道清交通线

鲍养玉，男，1922年8月13日生，河南洛阳偃师县首阳山镇人。1938年在西安黄埔军校第七分校学习受训，1940年任国民党荥阳汜水黄河河口检查站站长，1942年任道清交通队队长，1947年编入解放军刘伯承部，同年返乡。1949年在偃师县协助公安机关工作，后务农。

我属狗。老家就是洛阳偃师首阳山镇的，过去叫南蔡庄镇。小时候上私塾，读了《论语》《孟子》，读到《诗经》时15岁，全面抗战爆发，学上不成了。我家弟兄两个，我是老二，哥不在家。人家让我去当兵，家里舍不得，那时候不想去可以掏钱买，就没去。16岁，考上开封的国立十中，当时国立十中由开封转移至甘肃清水。我乘火车经渭南、西安到宝鸡，在汉中遇上国民党军招兵，把我弄走了。那时打仗，国家正用人哩，我年轻时说话也利亮（干脆），身材好，人精神，眼明耳灵，人家看中了，挑走了。一共挑了140个人，送到“军政部汉中补充兵训练总处教导总队”，后来又从中挑选100人编入黄埔七分校特种兵训练班，入七分校后我又被挑选一次，选到特训班学习训练，前后大约3年时间。

我的总队长是东北讲武堂毕业的赵云飞（音），区队长是毛国英（音），教官是陕西人，叫张文渊（音）。张教官在美国受过训，很厉害，很严肃，对我们的一举一动都有要求，走如风，立如松，坐如钟，风纪扣要扣好，一点不对，上来就是一脚一拳，恨铁不成钢啊！所以我现在身体好，九十几岁看着像七十几岁，年轻时回村，三五个青年人都打不过我。

抗战时期中国军队的拼刺训练（图片来源：中国黄埔军校网）

回忆起来，我们特训班和普通学员学习内容和生活条件是不一样的，我们睡的是钢丝床。过去不懂ABC，几何代数都是进军校才学的，在家论尺，到校论米。突击、夜战这些战术都是像读《孟子》那样系统学习的。重点是学习敌后工作技能，如射击、爆破、拳击、劈刺、目测距离、观察天气、医疗救护等，比教十来个普通学生还费事哩。张教官常说，你们一个人如果抵不上十个敌人那就算白培养了。再细说射击，无论是捷克式、B国造（即比利时造，枪身上印有“B”字）、各种转盘枪，蒙上眼要能拆卸再装上，夜里瞄准打火香头。手枪练心思枪（即不瞄准，凭感觉），手臂手腕一条线，扭头甩手就要打中。练劈刺用木枪，枪头装上橡皮，头戴面罩，身上穿“卡”，可以直接往身上捅、扎、滑、拨、抐（nà，“打”的意思），上下身都有攻击技巧。

口述人保存的证章

我1940年毕业后分配到一战区第4集团军，没下连队，经张文渊教官介绍直接到了胡宗南的战干团，刚去时是中尉连长，在荥阳县汜水黄河河口检查站负责查禁鸦片，盘查登记往来人员。

执戈报国银徽

口述人保存的战干团徽章

大约在1942年阴历四月，我到汜水河口北岸打探情况，了解敌情，住在38军某营营部。这个营当时在此执行任务，结果意外被日军包围，和敌人拼了一夜，敌人用小炮不停地打，火力强，全营死了100多人。到次日下午两点多，情况越来越危险，敌人眼看要攻破防线了。这时候我在营部，心想不能这样等死，就动员营部的营长、副营长、副官、炊事员等17人，由副营长带两挺转盘机枪向敌人左侧冲击，我则带十几个人悄悄向敌右后侧包抄过去，突然袭击。我冲在最前面，挑死一个日本兵，活捉七八个，其中两个日本兵，一个叫村板，一个叫河迪，把这两个俘虏用铁丝穿住锁骨交到38军军部，其他的是蒙古、东北的伪军，当场教育后释放了。这一仗反败为胜，我也出了名，大家都知道小鲍打仗厉害，上面还发给我一张很大的奖状、一枚银质勋章，有斤把重，上面印有“英雄银奖”字样。这枚银质勋章“文革”中被村干部抄走了。

道清铁路蒸汽机车（图片来源：《新乡日报》）

打这一仗时，道清交通队队长胡阳庆（音）也参加了。他是湖南人，发现我能干，就问我是哪儿毕业的，我说是特训班的，他说怪不得这么厉害，加上我对河口这一带的地形、人员都比较熟悉，胡队长强烈向上级推荐，由我来当道清交通队队长，职级为少校营长，一直干到日本投降。

道清铁路[①]从新乡到沁阳，经过焦作、武陟等很多地方。道清交通队的任务：一是负责战干团与太行山区四个军的联络；二是搞敌后破坏；三是收容北平等难区的知识青年通过道清铁路，过黄河。主要是做敌后工作，由战干团发饷。当时我年纪不大，但是担子重。交通队共有不到40个队员，都是军官，由我负总责。

道清铁路焦作停车场（图片来源：《新乡日报》）

打通交通线第一个任务是争取“皇协军”头子李段章。早前老队长胡阳庆就和李段章有过联系，我和李段章都是年轻人，好说话，对脾气，就和他交朋友，喝酒打牌，三扯两扯建立了关系。李段章表示他也有爱国心，跟日本人干也是迫不得已，只要和国军说好，他愿意当内应，“明保曹操，暗助刘备”，保证帮我们打通交通线。第一战区第4集团军长官蒋鼎文暗中给李段章下了委任状，承诺他为师长待遇。在李段章的帮助下我就像接竹子一样，一个一个买通当地的士绅、保长、无赖，打通关节，开辟交通线。李段章还为我提供伪军领章、少校副

①道清铁路：河南境内的首条铁路。从道口至清化镇（属今博爱县），全长150公里。日军为解决修筑新（乡）开（封）线铁轨急需，即用拆东墙补西墙之法，将道清铁路道口一段拆除，所拆路料大部用于新开线。之后，日本人为加强掠夺，整修了设备，每年通过道清铁路掠夺的铁矿、煤炭等达104万吨。此间，道清铁路屡遭抗日力量的破坏，常陷半瘫痪状态。（据《河南理工大学学报》第8卷第2期《道清铁路始末》）

官证件等，方便出入敌后开展地下工作。那时候我的衣服、帽子都是特制的，可以翻过来穿，翻过来就变了身份。

抗战时期的道清铁路货运（图片来源：《新乡日报》）

当时日本兵和“皇协军”是交替布岗设卡，要害地段有日军的炮楼，炮楼外挖有4米宽、4米深的壕沟，四周布有地雷，前半夜炮楼上的探照灯一直照着，我们工作队员在后半夜2点才开始行动，因为衣服颜色容易被发现，队员们都是光着身子上，光身子和土地颜色接近，不易被发现。爬过壕沟，安放美国造的烈性炸药，铺好线返回，用“电打”引爆。炸“皇协军”的炮楼时提前暗地通知他们，只炸炮楼不伤人，这样前后炸掉5个炮楼，日本兵最后把这段地方的炮楼撤销了。我们又把壕沟炸平一段，总算在敌封锁线上开了一个3里宽的口子，彻底打通了交通线，从这里八路军和国军都输送过大量的物资，接送了数不清的青年学生。

炸炮楼我们也有失误的时候。有一次两个湖南籍的队员不小心踩上地雷，人都炸没了，想起这些心里就难受。

交通队在焦作、新乡、沁阳、武陟分别设有工作点。重点在车站，掌握敌运输军火和粮饷情况，能劫的就劫，不能劫的就炸。有一次敌人从新乡往沁阳运送大米、弹药，供给中条山的部队。我们通过沁阳的细作弄清了具体物资、发车时间等情况，决定在沁阳车站外1公里处安置炸药，最终用普通引信点燃引爆，成功炸毁了列车。

1942年夏，我们得知日军3辆汽车、37个鬼子要从怀庆府（即沁阳）往北向济源“扫荡”，就和第4集团军在当地打游击的何队长取得联系，设计伏击这股敌人。事先埋好炸弹，等最后一辆车进入伏击点后引爆炸弹，堵住了敌人退路，37个鬼子最终呜呼哀哉了，还缴获了大量物资。还有后话，就是这位姓何的队长后来被蒋鼎文下令枪毙了，原因是随便透露我的名字和驻地，说明当时道清交通队对于太行山区军队的联络是多么重要。

1944年5月，洛阳失守后，我奉命留守洛阳，在西大街开了一家金店做掩护，和西安方面保持联络，当时各县都留有地下工作队员。八路军的电台就在我金店后面李家房里放着。

1946年我在汤阴县孙殿英部队军事学校任助教，1947年向刘伯承部队投诚，在林县军官收容所登记并参加学习。随后，我死活不愿再打内战，就返乡务农。

1949年家乡解放后我在县公安局进行登记，协助公安机关侦破多起大案要案。

“文革”中我受到迫害，村干部要我上交手表，我说手表是公安局发的，有编号，不能交。他们到公安局一查才知道我是内部人，这才罢休。但后来砸烂公检法，老局长们也保不了我了，大年初一，别人家都在吃饺子，我一个人到大街上扫雪，清理茅厕，一干就是20多年。

在唐河阻击日本骑兵

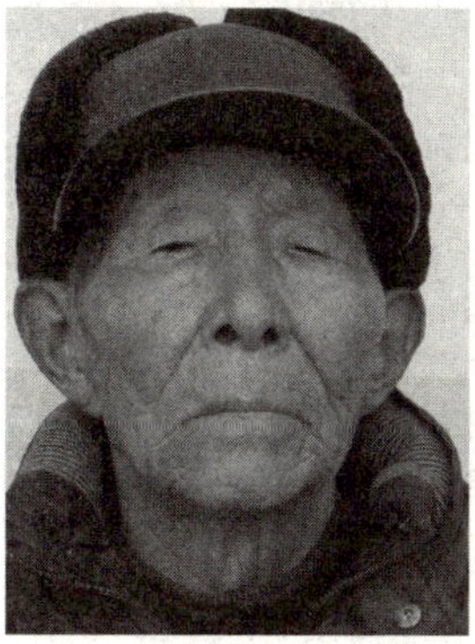

李献林，男，1921年生，河南漯河舞阳县文峰人。1938年到1944年先后在国民革命军第30军30师、第12军服役，在随枣会战中负伤。1944年回乡务农。

小时候家里穷，上了一年学，第二年开学，家里没钱交学费，上不成了。

17岁那年冬天，我出壮丁当了兵，分到国民革命军第30军30师88团3营9连，记得军长叫田镇南①，师长叫张金照②，团长叫孟庆三（音），连长叫张海涵（音）。我们新兵驻在郏县训练了3个月，成天演习打仗。后来连里发了新枪，一个连发了6挺轻机关枪，都是捷克式的，打起来声音可脆了，每个人还发了满满一带子弹，有250发，每人还发了两颗手榴弹。

第二年（1939）4月间，部队开到唐县（今河南唐河县），驻扎在唐县城北边三四里地的一个地方。4天后的一个下午，连长通知大家抓紧时间擦枪、擦子弹、磨刺刀，我们把武器都擦得干干净净的。这时就听见百里外的枣阳方向传来轰隆隆的炮声，那边正在打着哩。我刚当兵，什么也不懂，就问老兵："咱们这是要干啥哩？"老兵们笑话我，说："干啥哩？你想想，枪都擦好

①田镇南（1889—1974）：字柱峰，号位午，国民党陆军中将。河南项城王明口镇田老家村人。保定陆军速成学堂毕业。抗战期间任国民革命军第2集团军第30军军长，曾率部参加徐州、武汉会战，曾任第2集团军副总司令兼豫南挺进军总指挥。1949年赴台湾，任"立法委员"。1974年12月2日在台湾病逝。（据黄埔军校同学会官网）

②张金照（1902—1970）：字辉亭，河南省郾城县人，国民党中将。全面抗战爆发后，任第30师师长，参加了著名的台儿庄会战，因功获得青天白日勋章。1939年3月，调任第五战区司令部少将高参。1941年年初，担任冀察战区游击总指挥部特务旅旅长。抗战胜利后，赴北平任傅作义部少将高参。1949年后回到河南在郑州第五木器厂当工人。1955年被推选为郑州市民革委员、郑州市政协委员。1970年在郑州去世。（据百度百科）

了，刺刀都磨利了，还能弄啥？”

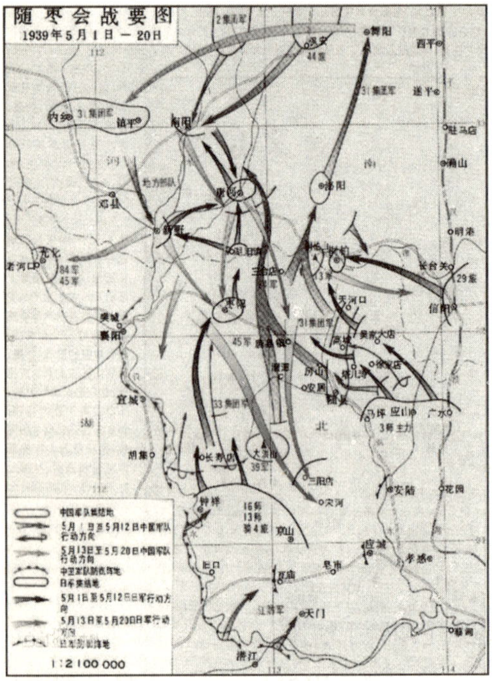

随枣会战要图（图片来源：中国青年网）

第二天早上，炊事班又蒸了两笼白馍，做了一行军锅的稀饭、一行军锅的菜，那菜里有一多半的肉，看来是要打仗了，做的尽是好饭。到上午8点多，当兵的催着连长快开饭，连长说：“别慌，营长还没下命令哩，不能开饭。”快9点时，营长命令部队开到唐县西门外再开饭。炊事班就抬着行军锅和部队一起来到唐县西门外，这儿有条河，名叫唐河，我们从一个木板桥上来到唐河西岸，在一个村子里停了下来，当兵的又催着开饭，连长还是说：“开饭？营长还没下命令哩。”

过了一会儿，营长突然传下命令，已经发现了敌人，马上就到这里了！叫大家刀出鞘，弓上弦，准备投入战斗！这时，连长拔出腰里的手枪，指挥着大家集中在村子西头，面朝正西方向进入阵地。连长说：“我打枪，你们再打枪，我要是不打枪，你们谁敢开枪我先崩了谁！”

随枣会战资料图（图片来源：网易历史）

南阳新唐抗战胜利碑（编者摄）

这时，我们所有机枪、步枪都把子弹顶上了膛，只等着连长开枪。后来看见日本的骑兵部队从西面高岗上过来了。等敌人越来越近时，只听连长一声令下，所有的机枪、步枪一齐开火，敌人一片一片地倒下，就像用手抿的一样，也不知道打死多少敌人。遭到阻击后，敌人的骑兵队开始往两边撤退，想迂回包围我们。正打着哩，敌人的大炮对着我们阵地这边咣嗵咣嗵地打了起来，连长阵亡了，排长也受伤了，敌人的炮弹不住点地落在人群里。弟兄们看着事不对头，开始往村东头这边退却。大家蹚水渡过唐河退到河东。当时唐河水有胸口那么深，这里原有战备工事，部队进入工事，又顶着敌人的炮弹打了起来，这一打就是3天，日军最后还是退走了。日军在唐河死伤惨重，撤退时尸体还没有烧完。我们后来进攻时，看到不少尸体黑黢黢地架在路边。日军撤退过程中又遭到我们30军29师、31师的阻击。①

这次战斗后，我们一个连算算只剩下37个人了。在战斗中，一块炮弹皮击中了我的左胳膊，从前边进去，后面出来，我把绑腿解下来缠住伤口，蹚水时还得举着胳膊怕弄湿了，后来胳膊肿得像碗口一样粗，送到南阳的军医院治疗。在医院，刚开始医生要锯掉这只胳膊，我坚决不同意，住了3个月零6天后，基本治好了。回到部队，新任连长给我开了个路条叫我回家再休养3个月。伤彻底治好之后，我又回到唐河找部队，这时部队已开到枣阳，我和部队失去了联系。

后来我经舞阳北一个李营长介绍，又加入了国民革命军第12军，这也是正规的国军部队。我随部队渡过黄河，编成游击队，换上便衣，在敌人占领的太康、杞县、周口、吕潭（扶沟县吕潭乡）一带进行袭扰作战，今天在这儿，明天又开那儿，来回运动，扰乱敌人。

1944年，我得知家里儿口人都得了伤寒病，就脱离部队回到家里。到家后，我每天给家里人抓药、熬药，后来一家8口人死了4口，因家中困难，我就没有再回到部队。一年后，日本人就投降了。

---

①随枣会战之唐河战斗：1939年随枣会战中，日军骑兵第4旅团于5月9日晚徒涉渡过唐河，10日拂晓徒涉渡过白河，中午攻占新野，随即放弃，继续东进，12日与第2集团军第30军激战后，占领唐县。最后日军不敌守军反击，又放弃唐县，迅速南返至太平、湖河地区，与第16师团会合。（据中国军网专题频道：纪念抗日战争胜利60周年　重大战役）

收复郑州，围攻敌少将指挥官

刘永清，男，1922年生，河南漯河召陵区后谢乡后谢村人。1939年到1947年先后在国民革命军12军81师、22师任看护兵、军需文书、防毒兵、陆军步兵少尉。1947年6月退役返乡务农。

我14岁才上学，学了4年。民国28年（1939）我出壮丁，分到第3集团军第12军81师243团，在团部卫生队当看护兵。当时集团军总司令是孙桐萱①，他还兼任12军军长，师长是贺粹之，团长是张全忠。部队防地在郑州、新郑、许昌、鄢陵、扶沟一带。

刚参军时穿的是灰军装，后来又换成草绿军装。当看护兵每天的任务就是背一个医药包给伤员包扎、治疗。民国30年（1941），我调到12军22师66团，师长是张测民，团长是王成章。我被派到军需处帮助写算，在军需处学会了使算盘，又识了很多字。

这年农历八月十五，日本兵从花园口渡黄河向南岸进攻，敌人从黄河北岸向南岸打炮，当时这里的黄河上没有桥，日本人是坐汽划子、帆布船渡过来的。12军抵挡不住，退到新郑，郑州失守了。此后蒋介石要把12军一部分调走，第3集团军总司令孙桐萱表态说："我们把郑州丢失了，还要再夺回来。"

我们在新郑又把部队整治整治，到10月份，开始反攻郑州，打得日本人跑都跑不及，又把郑州收复了。日本人退到郑州北边北大庙里，也不知道这个庙敬的是什么神，只知道叫北大庙。部队得知北大庙里还有个日本少将指挥官，马上向长官部汇报，上面下令要活捉这个指挥官。部队把北大庙围住，敌人的机关枪嘟嘟嘟不停地打，进攻时死得人摞人啊！后来敌人派来几架飞机

①孙桐萱（1895—1978）：河北交河人。早年在冯玉祥部队第16混成旅当学兵，1925年升任团长，历任15师、20师师长，12军军长。抗战时期任第3集团军总司令，率部参加台儿庄战役。1946年退出军界前往北平，1978年病逝。（据《河北抗日战争简志》）

空投伞兵，把那个少将指挥官接走了。北大庙攻破之后，没有见到这个指挥官。①

把日本人撵到黄河北岸后，我们又调到洛阳。当时，第一战区司令长官是卫立煌，副司令长官是汤恩伯，他还兼任31集团军总司令。第3集团军番号被取消了，孙桐萱不知道调哪儿了，贺粹之升任第12军军长，归汤恩伯管，部队驻扎在襄县、郏县、宝丰、鲁山。

到31集团军后，部队成立防毒排，一个团设一个防毒排，平时在团部，战时分到营、连执行防毒任务。我被调去当了一名防毒兵，在第31集团军总司令部培训了两三个月，学习怎样辨别毒气的类型、性质、气味。那时候日本人有五种毒气，仗打不赢就放毒气。记得我们防毒排排长叫王洪山，当时防毒排没有配备武器，只发了防毒衣、防毒面具以及各种消毒药品，有漂白粉、各种酸等。

我当兵时经历过几次危险。一次日本人的飞机在头上盘旋扫射，一颗子弹从我帽檐穿过打在地上。还有一次在襄县洗澡时，日本飞机扔炸弹，整个澡堂炸死很多人，我侥幸没有负伤。

①关联资料：1941年10月中旬，我命242、243两团选拔近百名敢死队员，分两队游击郑州方向之敌，迟滞敌人行动。阴历九月十七日午后，日寇开始向我炮击，掩护其步骑部队行动。敌数千人向我攻击前进，但在我强大火力网前，敌前进迟缓，直至黄昏才接近我阵地前沿。约百名敌人强攻进寨，与我241团第1营发生巷战，展开肉搏。我除令该团团长刘本传加强信心坚守外，即率师部手枪连赴前线督战，并命242团前来黄岗寺增援，以便调整寨内的战斗力量，继命手枪一排绕敌后方侦察敌后虚实。待翌日刚刚拂晓，知寨内顽敌尽歼，寨外敌部亦受重创，当时，虽知寨内我营长董万选受伤，以下官兵亦伤亡数十人也在所不计。我又命243团急赴大岗寺，乘势对敌大举出击反攻，在黄岗寺西门外当场击毙日寇大佐小林联队长及其以下官兵百余名。我从小林图囊中的文件和地图的标志上确知敌总指挥官为鲤登少将，其指挥所设在花园口以南之独立大庙内，故溃败之敌向柳林、西黄刘一带撤退，且战且走，大部以独立大庙指挥所为逃窜目标，另一部残敌逃向邙山头。我迅速跟踪追击北窜之残敌，于当日午后4时将其尽歼于大庙附近各村庄内，包围鲤登于大庙中。当日午后，我抢获敌机投下的掷信筒一件，内装鲤登指挥部的少将参谋给鲤登战斗要报简略要图一纸，汇报其竭尽所能抢救鲤登少将脱险，并指明逃窜的方向与目标。因此，我按其逃窜的方向，沿途埋设伏兵，待机猛袭鲤登及其护卫之残敌。正值此时，战区司令长官卫立煌令我活捉鲤登，因此只得马上停止枪炮射击，尽量缩小包围圈。集团军总司令孙桐萱也由20师抽调一团兵力弥补包围圈之空隙。直至黄昏，敌因抢救鲤登空投伞兵数十名，加强其护卫队，同时对岸十数门重炮齐发，并以数架飞机投掷各色照明弹指明逃脱方向和登潜艇之目标，掩护其逃窜。在逃窜途中，被我沿途伏兵阻击，鲤登再次受伤，至新乡一命呜呼，就地开了追悼会，后日寇报刊登载，又在开封开了追悼会。当我先头官兵攻入大庙内，只见留有电话机一部、血迹斑斑的军装数件、字纸灰一堆，墙上挂有黄呢斗篷一件，即鲤登之物。此次战役，我81师由黄岗寺出击到顺利完成反攻任务，共两天一夜，战果是：1.伤亡日寇总指挥官少将鲤登。2.击毙敌小林大佐联队长。3.经清扫战场，掘出敌人尸体300多具，其中黄岗寺寨内外200余具，独立大庙内外约100具。4.战利品：步枪、马枪、手枪共百数十支，掷信筒及通信犬各一只，战马数匹，迫击炮3门，电话机4部，电话线若干米，帆布舟、降落伞、帆布筒各十余件，鲤登黄呢斗篷一件，小林联队长图囊一件，内有郑州军用地图、作战文件和八倍望远镜一架。总司令孙桐萱让把战利品集合在一起照了相片，即全部转交一战区长官部。（据《中原抗战》第125页，本文作者贺粹之时任第12军81师师长）

民国33年，日本人又从郑州打过来一次，这时的防务归汤恩伯负责，郑州再次失守，日本人一直进攻到西峡口。我们部队退到南阳、新野一带，到民国34年（1945）8月日本投降时，我的军衔是陆军步兵少尉，后来部队缩编，把我们12军裁减了，把当兵的拨到别的部队，干部都编进军官队。到民国36年（1947）6月，我退役回老家务农。

在睢宁大李集，我们俘虏100多个鬼子

张全忠，男，1921年2月16日生，漯河舞阳县吴城镇楼疙瘩村人。1938年加入南阳抗敌自卫军，1940年加入段海洲领导的游击部队，1944年编入国军第33师，1948年归入解放军，1950年退役返乡务农。

我小时候上过一年零17天学。1937年日本全面侵略中国，南阳有个别廷芳[①]拉起队伍，成立抗敌自卫军，老别是司令。南阳当时有13个县：内乡、镇平、淅川、南阳、邓县、新野、唐县、桐柏、泌阳、方城、舞阳、叶县、南召，一个县成立一个营，内、镇、淅是第1团，南、邓、新是第2团，唐、桐、泌是第3团，方、舞、叶是第4团，南召另有一个特务营。[②]我十五六岁时就去当兵了，那年麦罢，南阳统一登记有枪壮丁，我

别廷芳（图片来源：《别廷芳传》）

①别廷芳（1883—1940）：字香斋，西峡县阳城乡张堂村人。宛西自治首领，自治业绩斐然，历任内乡县民团第2团团长、宛属十三县联防司令、河南省第六区抗战自卫团司令等职。（据《别廷芳传》）

②1937年10月，河南省政府正式委任别廷芳担任南阳专区十三县联防主任，别廷芳在南阳设立了联防司令部，从宛西抽调兵力，组建了4个常备团，驻守宛东，维持治安，推行地方自治。上任伊始，别廷芳就抓了整顿各县民团组织、清剿匪患、取缔红绿枪社3件大事。联防武装4个团共13个营，经费由各县平均负担，每县包干1个营，按月供给，别廷芳的势力由宛西4县扩大到南阳专区所辖13县，拥兵20万。1938年，别廷芳同朱玖莹一起在叶县县城成立指挥部，张贴告示，宣布红绿枪会非法，明令取缔，限定7日登记自首，暗藏的枪支上缴，过期一律正法。（据《别廷芳传》）

们3个人一起，背着地主家的枪到南阳登记码号，登记完后下午不让走了，说是根据码号抽中签了，把我编到第4团第1营机枪连。我们团长叫许功超（音），当时谁背去的枪还归谁使，我使的是“湖北条”步枪，装5发子弹，回到舞阳霍岗训练了3个月，驻舞阳县城内，老别曾来正式验收。别的营是3个连，我们这个营是4个连，因为当时国军28师的一个机枪连在罗山与日本作战时被打垮后跑到舞阳，编进了我们营，我就在这个连学习打机枪，又在城西薛店训练了2个月，开始清乡剿匪，当时的目标是剿匪清霸，达到路不拾遗、夜不闭户、鸡犬不丢。

两个月后，鬼子打到信阳，我们开到桐柏固县（固县镇）、毛集（毛集镇），协助配合26路军和30军等国军与日军作战。民团不经打，伤亡大。后来鬼子退了，我们也下来了，接着到第二年春上，鬼子又从信阳出来，打到唐县源潭（唐河县源潭镇），我们被打散了，队伍呼啦（打散的意思）了，我回到家休息两天又回到部队。①

这期间，汤恩伯13军在叶县驻扎，出了一些事，弄得民不聊生，老百姓恼恨他们，说：宁叫日军烧杀，不愿13军驻扎。有一次，13军派人到淅川接兵，走到内乡吃饭时，捉人家老百姓的鸡，杀人家的羊，不守规矩，群众报告给了别司令。别司令说：“把他们的枪缴了，人逮了，送回13军去。”第1团的人就把那几个接兵的围住，老百姓上去把他们的枪缴了，用绑腿把他们一个一个绑住，送回13军去了，汤恩伯就把那个接兵的军官枪毙了。因为这件事，对老别怀恨在心。后来汤恩伯请别司令来叶县的九里岗开会，想收编这4个团，老别又气又病，不久就死了。②后来别司令的侄儿别光汉带着部队跑步到南阳东关教堂集合，又开到邓县投奔了26路军孙连仲。

我在那个时候脱离了南阳自卫军回到老家，没过多久，见到一个在29军当兵的老乡，我就跟着他去了，到山东曹县补上名字，编入了冀豫鲁苏皖边区挺进总队，这个部队是国民党的游击部队，在五省边区和日本人打游击。我被分在第3团1营机枪1连。

---

①《别香斋先生事略》节录：（民国）28年夏，敌由随枣分道北犯，5月11日窜陷新野、唐河，先生布防唐桐泌间，并调民团设伏于豫鄂界边，越日返宛，督饬内镇邓团队，协助新野收复县城。敌复窜唐河，先生电调各县团队数万人，设伏待敌，步步为营，敌入唐河，如坠雾中，团队到处袭击，顽敌节节中伏，混战二日，孙连仲部赶到，一战破之，残敌南窜，沿途被歼甚众。（据《别廷芳传》）

②《别香斋先生事略》节录：（民国）29年1月奉召赴洛，受命为河南第六区自卫军司令，返宛与鲍专员及各县副司令妥商地方大计后，以积劳致疾，扶病回内，医药无效，呕血逝世。

当时总队长叫段海洲[①]，副总队长叫张相林（音），支队长叫李志安（音），支队相当于团，第1营营长叫肖亚川（音），连长叫王鹏（音）。我在这儿一直干到日本投降。

我们这个部队素质好，打游击有组织有训练，敌人人多就不打，敌人人少，情况摸准确后就把他们消灭掉，鬼子怕得很。记得在刘口（在郓城）、南乐、清丰、成武、单县都驻扎过。部队白天不走路，天一明就宿营了，到夜里再走，一夜能走百十里，驻进一个村子就封锁一个村子，防止走漏消息，村外面人进来就不让他走了，部队驻两天就封锁两天，我们离开后再放他走。

1943年，我已经是机枪连的一个班长了，我们部队在徐州南面的南宿县（今宿州市），我们准备向东穿过津浦路，但在十里长山（在淮北市）遇到敌人，打上了，第1团第1营上去和敌人拼了刺刀，下来剩17个人了，第2营又上去拼，下来剩30多个人。我们机枪连保护着师部。我看见1营和2营在河滩上和敌人肉搏，听见一片喊杀声，拼到最后，双方分开了，2营剩那些人向西退，鬼子向东退，我带着8个人和一挺重机枪守在高处一个坟园里，地势像个小山坡一样，目标看得清清楚楚，乒乒乒，我试射了一下，看见弹着点到了敌人那里，我就使劲打开了，哗……打得敌人倒的倒，趴的趴。打了一阵，我盘算着敌人的炮火很快就会发现我们这个火力点，就决定转移阵地，我命令道："抬枪！"这时，副连长于国重（音）不让我们转移，大声说："不要跑，再跑我枪毙你！"这个时候我只能说："机枪出故障了。"我们抬着枪跑了40多公尺（米）那么远，躲在一个小水沟里，我大声对于副连长说："快点过来，快点过来！"说着说着，敌人的炮弹咕咚咕咚地就打了过来，于副连长大叫："卧倒！卧倒！"敌人一口气打了30多炮，全落在坟园里，坟园里的8个石碑被炸得一个也不剩。这时督战队过来了，叫我们快点修理。我在河沟里把机头机芯拉下来，擦了擦，上上油。副连长这时下来了，一脸灰土，和地皮一样，督战队的人用枪抵着他问："谁叫你下来的？谁叫你下来的？"我连忙帮他解释说："他是下来排除机枪故障的。"于副连长也说："排除故障，排除故障。"督战队这才把他松开了。过了一会儿，督战队走了，传来命令叫撤退，当时团部、营部都撤走了，后面只剩我们这一个排和我这一挺机枪了。走着走着，面前一条东西流向的河，东高西低，我们在河南沿，远远看见敌人坐着6辆汽车从山口处过来了，车上打个白旗，上面

①段海洲：1909年出生于河北省安平县一户地主家庭。全面抗战爆发后组织抗日义勇团，曾光复武强县。到了1938年年初，段海洲的部队一跃成为河北地区几支游击部队中实力最强的团体，抗日义勇团在南宫县正式改编为129师青年抗日游击纵队，由段海洲当司令员，八路军派遣的李聚奎当政委。后又任国民党第69军教导师第2团团长、冀察战区第1游击纵队司令。1944年2月，段海洲的游击纵队被改编为第33师，段海洲为少将师长。1949年在重庆起义，50年代初段海洲转业到万县，先后当过县政协副主席、省政协委员和县民革副主任。1990年去世。（据《民国奇人段海洲》）

有块红的，我们把机枪架好，我叫士兵趴下别动，排长说："走吧。"我当时机枪都架好了，一带250发子弹也展开了，不能走。敌人汽车开到离我们有800公尺（米）时，在一座桥上停了下来，卫兵掂着枪上到桥上警戒，其他鬼子都把枪架在汽车上，空手跳下汽车，有的喝水，有的捋袖子，看样子是要休息，我嗒嗒打了两下，看见子弹打到车上了，接着就嗒嗒嗒嗒不松手地打开了，打了半带子弹。我把子弹带一取，一个弟兄和副连长抓起枪架就跑了，我把几十斤重的枪身扛到肩上向河边跑去，一个鬼子不知什么时候从侧翼迂回过来了。他追上我，在后面抓住枪管往下拉，我没松手，扭脸一看是鬼子，我顺手把枪身放在地上，上去就抓住这个鬼子和他搏斗起来。他抓着我使劲把我往后推，推到一个小水坑边，我使劲用膝盖往他裆里一顶，他痛得弯下了腰，我一下就把他按倒在水坑里了。他挣扎着往前拱，我死不松手，他咕嘟咕嘟了几声腿就软了，我起身用他的枪扎了他一刺刀，然后拉起我的机枪管就跑，跑到河里，水越蹚越深，一直没到脖子了，最后脚就挨不到河底了。我用双脚拼命蹬，一只手用力划，另一只手抓着枪管，快到河对岸时，一个水浪又把我打回来，我正在水里挣扎时，岸上的副连长看见了，跑过来大叫："你要坚持住！沉住气！"我划呀划呀，快没劲了，副连长折断一根树枝递过来叫我抓住，我一把抓住树枝，副连长说："你那只手哩？"这时又跑过来两个弟兄，一起把我拉出水。出来时，我另一只手还抓着枪管。副连长见了连声感叹："咦，我的好兄弟呀，快淹死了你还拿着枪哩！中中中！"

抗战时期29军大刀队（图片来源：凤凰网）

我被拉上岸时腿已经不会动了，他们两个人架着我往前走，我的脚就在地上拖着。副连长又拍我的腿又摇我的脚，拖了200公尺（米）远，我的腿才会慢慢往后蹬了。副连长又折了根树枝让我拄着，对我说："你先慢慢拄着走，我到前面整理队伍去。"我走到前面，见到连里的人，又吃了些饭，战友们帮我背着背包，开始过津浦路。铁路两边挖有深沟，我们一挺机枪和3000发子弹由三匹骡子驮着，过水沟时，一头骡子受惊，把驮架子撂下来跑了。我们班有个叫薛延龄的陕西兵，个子大，有劲，他躬身到驮架子下用力往上一顶，我再帮着他一抬，硬是把驮架子扛了上来。安全通过津浦路后又走了10来里，天快亮了，部队集合，团长表扬我说："张全忠管着机枪，人在枪就在，与枪共存亡，快淹死了也没松手。他要不这样，我们现在就没有这挺机枪了，弟兄们要向他学习。"还奖给我一条手巾、一个日记本、一支铅笔、一双鞋。

后来部队到了灵璧、泗州一带，驻扎

在荒里，叫胡老荒。这荒里没人家，长的全是编筐用的柳条，下雨时扯个雨布睡在下面，吃饭由荒外的老百姓在大清早或天黑后送馍、锅饼过来。在荒里驻了两个月，终于摸清了敌人的底子，在睢宁有个大镇叫大李集（今李集镇），驻着800多个鬼子，我们准备收拾这伙鬼子。那一带习惯高粱和玉米套种豆子或套种倭瓜，当时高粱已扬花了，豆子也长得很深了，我们就藏在张家湾附近大路边的庄稼地里。敌人打炮把张家湾村的房子打着火了。我们团长张克修，是河南巩县（今巩义）人，打仗不要命，外号张大傻，他命令我们不到时候谁都不准露头。敌人的汽车开到离我们只有20多公尺（米）时，张大傻叫喊起来：“准备好，冲锋！”我们手榴弹一齐扔出去，炸起老大的烟雾。我们一人掂一把大刀往前冲，扒上汽车，缴了敌人的枪，鬼子最怕大刀，有的跪在地上投降。我们用他们自己的绑腿把他们捆起来，枪栓取掉，5支枪捆成一捆儿，让他们扛上，这一仗总共俘虏了100多个鬼子，逃掉的鬼子回到大李集，收拾收拾撤出去了。

大李集北边有个高家楼（今睢宁高楼镇），寨子修得很好，布有铁丝网，四周是水沟，水里布置有削尖的竹子，寨门口有个吊桥，根本过不去。高家楼寨里驻扎着一个维持会的民团，团长叫雷杰三，雷司令。早先我们曾想驻进这个寨，但维持会不让驻，这次，我们的人马押着日本俘虏来到寨门外，营长对寨里的人说：“给你们雷司令传个话，就说我们要进寨子里休息休息。”雷司令听说外面的部队押着一大串子鬼子，还扛着空枪，害怕了，放下了吊桥。我们进寨后，把原来的警卫全换下来，布上自己的岗，又把整个纵队都拉过来，在寨子里驻了几天。这个寨子里有三座大院，住着三个财主，有4000顷地，挂着千顷牌。后来鬼子让淮海司令郝鹏举①派人来说和，要用武器交换战俘。我们开的条件是要100挺轻机枪、800支步枪、50个掷弹筒，限时送到双沟（今宿迁市泗洪县双沟镇），否则俘虏全部杀掉。日本人同意了，送来了100挺轻机枪、800支步枪、6汽车子弹，我们就把俘虏放了。得了这批武器，我们就抖起精神了，把原有的3个团补充起来，还把附近的几个维持会保安队收编了，任命了一个卓司令、一个唐司令、一个雷司令。

我们在大路（灵璧县大路乡）、岚山（睢宁县岚山镇）这一带驻扎过。有个汉奸区长叫卓少全，我们曾要占他的围子驻扎，他心里不服，不愿意让驻扎，为这个事，我

①郝鹏举（1903—1947）：河南阌乡（今灵宝市）人。全面抗战爆发后，郝鹏举在胡宗南麾下任参谋，在其安排下出任中央军校西安七分校少将总队长一职，后投奔在汪精卫政权任职的缪斌，在其推荐下得到重用。郝鹏举先是策反了苏北的地方实力派人物、国民政府鲁苏游击纵队副总指挥李长江，后又于1941年出任“中央陆军将校训练团”教育长。1944年，郝鹏举被任命为“淮海省”省长，被封为汪精卫政权第八方面军总司令。抗战胜利后，郝部被国民政府收编，郝鹏举被任命为新编第六路军总司令、42集团军中将总司令，但是其部队旋即在白塔埠战役中被解放军彻底消灭，郝鹏举也被俘。（据《钟山风雨》2011年第6期《郝鹏举投靠汪伪的结局》及百度百科有关材料）

们计划了一年，最后想了一计，先买了很多布，做成日本兵和伪军的服装，化装成日本兵和伪军，坐着一个胶皮轱辘的马车来到他寨子前，说皇军要进去开会，叫他们打开寨门，放下吊桥。我们进寨后到区长住处把卓少全抓住了。当时我和几个弟兄又到卓少全的家里，进了大门，刚过二门要进房间时，卓少全的小老婆在里面打了一枪，打中我身后一个战友，我冲进去把她的枪夺过来，又把她拴住。这时卓少全同意让出寨子，我们团长私下说："卓少全是一大害，不能放他。"当天夜里12点，我们用马车把他拉到寨外2里地的一个坡上，四周是蜀黍地，车停下来，卓少全问："咋回事？"我们对他说："送你回家哩。"拉下车给了他一枪。

时间长了，我们把高家楼变成根据地，在这一带我们和新四军曾合作打仗。新四军武器不如我们，有时候驻得很近，我们在这个庄，他们在那个庄，开饭时，当兵的就端着饭碗跑到我们这边，尝尝我们的菜好吃不好吃。

日本投降前一年，我们被改编为陆军33师。我机枪打得熟练，所以上级一直叫我当机枪手，时间长了，上级答应给我个排长待遇，名义是班长，实际按排长的标准发饷。后来我以战勇的身份提拔到师部，平时给师长站岗，一直到鬼子投降。

抗战胜利后，我们被调到济南，走到滕县南沙沟、临城，因接收武器和新四军又起了摩擦，我们驻在临城不动了，后协助26军马励武的机械化部队作战，队伍被打垮了，起义后编入解放军，我当了机枪排排长，一直干到1950年，在国民党部队干过的人员又重新集中，在重庆整训3个月，我因生病尿血，退役回到家乡。

说起来俺家爷儿7个都当兵打过日本，我亲弟兄5个都当过兵，还有我伯我叔，我叔在河北冀州和日军作战时阵亡，三哥在岳阳和日军作战时阵亡。

朱鸿勋[1]将军遇轰炸当场牺牲

高尚志，男，1916 年生，南阳宛城区黄台岗镇高房庄村人。早年毕业于南阳师范学校，1938 年考入黄埔军校第二分校第十五期步科，毕业后分配到国民革命军第 53 军任少尉排长，参加过益阳会战等战斗。1942 年到陆军步兵学校西南分校学习，毕业后先后在军训部第六、第一督训处任少校督训官。1946 年 5 月回乡教书务农。

小时候家里贫寒，上不起中学，就去南阳上师范，17岁去上的，上了4年，毕业之后教小学语文。到21岁，全面抗战爆发，南阳的中小学校都在搞抗日救亡运动，很多同学都报考了军校，没有文化的报名参军当兵，我也决心从军报国。我对父亲说："国难当头，我只好去当兵，别的没有出路。"父亲是个读书人，也是抗战的积极分子，他支持我参军，母亲不同意，但也没办法。我告别了母亲和新婚妻子，到南阳报名参军。当时，流亡到南阳的河北、山东及豫北青年学生很多，国民党黄埔军校正好到南阳招生，这一批就招了200多人，我也考上了，被带到湖南武冈的黄埔军校第二分校[2]，属于第十五期步科。抗战期间，学制缩短为一年半，当时的主任是李明灏。到校后我们先学操场动作，再学野外动作，还学习文化课，有政治、有军事，学到"连长"阶段，功课就完成了。

白崇禧曾来学校视察，当时他有五十

---

①朱鸿勋（1899—1941）：字伯廷，吉林农安县人。53军副军长兼130师师长、陆军中将。毕业于东北讲武堂第六期步科。1937年卢沟桥事变后，53军与日军搏战于黄河南北、晋鄂等省，朱鸿勋一马当先，奋勇杀敌，1938年，53军奉命驻守三溪口，保卫湖北通往湘、粤的要道——阳新（今湖北东南部），日军新锐部队来犯，朱鸿勋率军与之殊死作战，连续指挥作战六天六夜。1940年，宜昌、沙市相继沦陷，朱鸿勋率军进驻湖北境内藕池口，使日军前进的计划不能得逞。1941年除夕前两天，朱鸿勋率军偷袭日军，日军利用空军反袭，朱鸿勋中弹牺牲，年仅42岁。（据《沈阳晚报》）

②1938年春，第二分校校址由武昌南湖迁往湖南邵阳，于完成第十四期学生入伍教育后迁往武冈。日军进犯湘西时，为避免损失，再迁往湖南会同。

多岁，身材魁梧，赤红脸，过去夜间作战视察时把腿摔坏了，稍有点瘸。他讲的是广西话，教育我们说："学校培养你们是为了国家和民族，你们不要为了升官发财，也不可能升官发财。"

黄埔军校武冈分校内的中山堂（图片来源：黄埔军校网）

毕业后我被分配到国民革命军53军130师当少尉排长。军长周福成，师长朱鸿勋，参谋长赵荣涛（音）。当时部队在湖南津市一带驻扎。

朱鸿勋师长是一个很英俊的将军，东北人，是个爱国将领，经常给我们上课，那时候开口就是讲国家、讲民族，他给我们讲过很多抗战救国的思想。

1941年春节前后，我在军部军事训练团当教官。一天早上，日本飞机来石首轰炸。吃罢早饭，朱师长和副师长、参谋长等人刚走出屋子的时候，日本飞机已飞到上空了，当时师长、副师长、参谋长都穿着大衣，敌人从飞机上看得很清楚，认出来是指挥官，就开始投弹了，刚开始警卫员带着朱师长想躲进一个重机枪堡垒里面去，可是进了堡垒之后，看见里面有几个女职员，他觉得不妥，就又出来了，走到院子里，一颗炸弹正好落下，在他面前爆炸，把他埋进土里，就这样朱师长当场牺牲了，副师长和参谋长都没事。后来国民政府把他的遗体送到重庆安葬，真是太可惜了。

我曾在益阳参加过一些战斗，后来任中尉排长。益阳会战之后，陈诚到部队视察慰问，各部队挑选有文化的军官到沅陵听陈诚讲话，陈诚主要是鼓励和表扬，还讲了以后要如何全力以赴地投身抗战，为国家民族献身。

53军随后被调到云南参加腾冲大会战，当时我接到团长命令，叫我到军部参谋长那里报到，我去后才知道是要我去广西全县（今广西全州县）高级步兵学校①学习。这样，我就没有能同部队一起到云南和缅甸参战。

我在全县的步兵学校学习了一年半，学校地点在全县咸水镇，是个很荒凉的地方，从总校迁到这里，条件很艰苦。这个步兵学校有几个分校，一个在贵州，一个在广西，一个在兰州，在学校学习的是更高级的军事指挥知识，如如何带兵、如何指挥，是

①高级步兵学校：1937年11月，陆军步兵学校成立了干部训练班。第一至第三期，主要对中央军校分发至该校的毕业生进行训练。第四、五期，则对各军分校和第33集团军干部进行训练。第六期对中央军校分发步兵分校的毕业生进行教育。1940年3月，增设西南、西北两分校，西南分校设于广西全县咸水镇，以吴锡淇为主任；西北分校设于甘肃临洮县，以刘致远为主任。（据《国民革命军沿革实录（1925—1949）》）

按团级干部进行训练的。在这里上学期间，学校经常给我们讲抗日救国的思想，整天讲将来回去后如何把部队训练好、组织好。蒋介石曾到校视察，给我们讲过话，他一口浙江话，主要讲的是“军事第一，民族第一，国家第一”等等。我觉得他讲得很对。

学习一年半毕业后，本应回到原部队，但当时我们部队经过腾冲会战之后进行了改编，原部队联系不上了，我被步兵学校分配到设在恩施的中央军训部第六督训处工作，任上尉督训官，后来第六督训处和重庆的第一督训处合并后，我在重庆第一督训处任少校督训官，处长是冯毅（音），是中将。我的任务是按照上级的指令，到各部队去视察兵员人数、武器装备、日常训练等情况，下去督察至少是两个人一起去，总之是个文差，其间没有出过什么大事。

日本投降那一天，我正和几个同学在重庆的山顶上聚会，我看到山下面很多人乱跑，就觉得肯定是日本投降了。一开始大家都不太相信。我们下山后，看到市民们敲锣打鼓、大喊大叫地庆祝。到晚上8点，中华新闻（指《中华日报》新闻报）正式公布了日本投降的消息。我曾收藏了一份当时的“号外”，大字印着“日本无条件投降”，小字是“遵守《波茨坦条约》，依天皇命令，放下武器，停止战争，向同盟国无条件投降”。这份“号外”我觉得有历史价值，一直保存到“文化大革命”，运动中怕惹事，后来就不敢再保存了，烧了。

抗日战争结束后，国内形势暂时平稳了。我这个人很单纯，觉得抗战的使命完成了，也不想升官发财，当时督训处改归国防部，还都南京时经过武汉，离河南老家很近，我没有请假，放弃了官职和待遇，直接回到南阳老家。当初参军是为了报国，现在胜利了，我就回家重操旧业，当时也并不觉得有多可惜。

不打败日本我决不回家

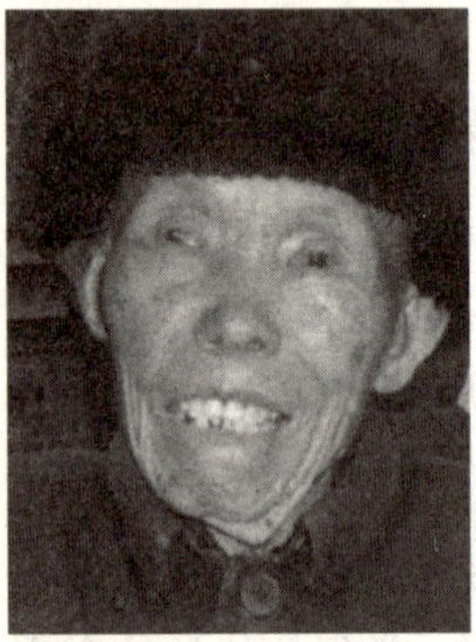

何保富，男，1917年生，河南新野县新甸铺镇石桥村人。1937年参军，先后在国民革命军第1军补充旅、78师468团、80军当士兵、排长，参加过上海淞沪会战、豫东兰封会战、信阳战役，1946年退役后在家乡传教、务农。2013年12月去世。

我生于1917年，读过私塾，读到《书经》。1937年，我被拉壮丁，新兵开到驻马店，先在胡宗南的第1军补充旅第2团，以后又编入第78师243旅468团3营8连当步兵，师长是李文①，在驻马店训练两个月后就开到上海和日本人打仗。

在上海打了三个月，那时候刚当兵，什么也不懂，有些地名现在记不住了，只记得那时候是白天打，黑夜也打，我们一般趁天黑摸营（偷袭）好几次。白天敌人的飞机低得几乎擦着房顶，不住地丢炸弹，我们白天都不敢做饭。敌人有空军支援，武器也比我们的好，炮火数量多，发射速度快，我们做了一天的工事，一阵炮打过就没有了。第10师进攻时上去的人都打光了，只剩一个排长下来。我们当时用的是79步枪和轻迫击炮，武器虽然不好，但官兵们非常勇敢，我们师死伤官兵流的血把一条河都染红了。

上海作战后，部队回到西安，在咸阳补充了新兵，在西安守城防两个月。1938

①李文（1905—1977）：湖南新化人，黄埔军校第一期毕业，参加过东征和北伐战争。全面抗战爆发后，任第78师师长、第90军军长。1939年6月授陆军少将，任第34集团军副总司令兼90军军长、中央军官训练团第一大队大队长。1945年6月授陆军中将，任第34集团军总司令。先后参加淞沪会战、豫东兰封会战、武汉会战。1977年4月20日在台北逝世，出版有《黄埔一期李文中将纪念集》等。（据中国黄埔军校网）

年，第1军的几个师又开到豫东兰封、罗王一带和日军土肥原贤二的部队作战①。我们从西安坐车过来，一下车就开始攻击罗王车站，在这一带打了几个月。我们攻占罗王车站后看到一个老太婆和一个年轻女性被日本人残害，肚子被破开。当时老百姓的粮食被日本人抢走，锅被砸碎。有一次我们的伤兵乘火车撤离，途中遭日军袭击，敌人炸坏了铁路，并用刺刀把几百个伤兵都戳死了。

我本来是被拉壮丁当的兵，但当兵以后在上海和兰封看到日本人的残暴，我就恨透了日本兵，下决心坚决和他们打，打死算了，人死了，精神还在！我母亲托人写信叫我回家，我回信说：救国就是救家，没国就没家。家里的事你们操心，不消灭日本兵我坚决不回家！那时候部队有政策，抓到一个日军俘虏交上去可得奖金200元，部队的目的是想用政治手段教育他们，但我那时心想，就算奖1000元也不稀罕，非要敌人的命不可！

从兰封下来后部队进行了整训、补充，两个月后又开到豫南的信阳参加战斗，还和日伪刘贵堂的部队作过战。

在豫南信阳打了三个多月，日军施放了毒气。毒气有五种：中毒性、糜烂性、窒息性、催泪性、喷嚏性。其中的糜烂性毒气只要皮肤接触到的地方就会溃烂。我们营在信阳贤山进攻敌人，打到山上，与敌人隔了一条沟，上面命令叫死守阵地，我们两个连打得只剩下二三十个人了，两个连长都牺牲了。我们一个连的阵地上几乎没啥人了，我一个人管100多米的阵地。当时一边打，暴雨还在哗哗地下着。这时，我的右臂中弹负伤，我顺手抓了一块泥巴，往伤口上一糊，就接着打起来。我当时下了决心要与阵地共存亡，所以当时只留了一个手榴弹准备和敌人同归于尽。敌人又冲上来了，我把手榴弹保险盖都打开，来回跑着扔，一直坚持到第7连上来增援。7连连长刚上来就中弹牺牲了，一个排长对我说："你的任务完成了，又负了伤，下去住医院吧。"我说："我不下去，我还能坚持。"排长向营长汇报后又对我说："营长也叫你下去！"我当时打红了眼，心想：坚守阵地总不算犯军法，我就是不下去！就这样，我一直坚持到和7连一起完成了任务才下阵地。

78师是能打硬仗的部队，再强的日本部队我们都不怕。

信阳战斗后部队经过整训，又调到陕西大荔县朝邑镇及合阳县一带守黄河河防。我们在黄河边上做了工事，日夜驻守。冬天，黄河封冻，我们就用大炮把冰面炸开，阻止敌人车辆通过。黄河滩上的淤泥也很厉害，很容易陷进去，敌人渡河很困难。这期间日本人对我们使用了细菌武器。他们

①兰封是清朝和民国时期的地名，即现在的兰考县仪封乡周边地区。1938年5月爆发的兰封会战，是抗日战争中徐州会战中的一场战斗。由12个师组成的豫东兵团在薛岳指挥下在河南省兰封地区对日军孤军深入的第14师团土肥原贤二部的进攻作战，最终以88师师长龙慕韩及第27军军长桂永清弃守兰封、日军占领兰封而告终。（据《血祭：中日武汉大会战》等资料）

把带有病菌的跳蚤投放到我们阵地，有时跳蚤多得遍地都是，大量官兵生病死亡。我也被感染了，发高烧昏迷过去，被抬到医院我什么也不知道了，几乎死掉。当时后方医院一天抬进去六七十个被感染的战友，都是发高烧昏迷不醒，需要注射606针才行，但当时前线缺少这种针。我后来被转到师部151医院，在渭南蒲城县住了几个月，这里每天都要抬出去几十个死掉的人。我经过治疗后病情好转，正好参谋长来医院看望战友，我主动提出要返回部队继续参加战斗。

日军研制的细菌弹（图片来源：东方图片网）

1944年，我的团长洪守慈被调入80军。因为和他一起打过仗，他知道我打仗勇敢，就把我一起带到了80军，任命为排长，驻在陕北洛川、三原一带。

日本投降时我在洛川，听到消息后部队一片欢腾。随后部队进行整编，国民党几百个师改编为70个师，剩下的军官集中到军官队受训。在军官队上级让自报志愿，可退役回家也可转到企业工作，我当时因为家里困难，选择了退役。我在部队当排长时一个月军饷100元，退役后是半薪，一个月50元，半年领一次，我退役后在南阳师管区只领过一次薪金。

抗日战争信阳战场旧址碑（图片来源：信阳信息港）

1944年，我曾受派到四川巴东接新兵，在那里接触到基督教，从此开始信教。退役后开封保安团曾请我去当官，我坚决不去，不再参与任何政事，一心传教。1950年老家成立合作社，上面来人请我去当主任，后来又因我的历史问题被清退了。老家附近原有一个教堂，后来迁到我们这个村，教堂的房子都是我一手操办盖起来的，我一直在主持教堂事务。现在我老了，教堂的事交给了姚德志负责。

回到家，母亲不敢认我了

滕文山，男，1925年生，河南新野县歪子镇歪子街人。1938年到1945年先后在国民革命军第30军30师、第55军29师任机枪手和炮手。抗战胜利后回乡务农。

民国27年（1938），我虚岁14岁，在邓县穰东参军，分配在第30军①30师88团3营机枪1连，干了4年，干烦了，又转到同在一个战区的第55军29师炮兵连，一直干到日本投降。抗战我总共打了7年，洛阳的志愿者说我是河南抗战老兵中参军年龄最小的。

先使的是汉阳造的重机枪，后来换成马克沁重机枪，一带250发子弹，6个人管一挺重机枪，行军时用牲口驮着，重机枪射击目标一般相距三四百公尺（米），机枪阵地工事上面用杠子棚起来，枪口是扇形的，外面宽，里面窄，便于来回摆动，因为机枪直着打杀伤力小，一般要扫射。机枪阵地布置也有技巧，主要是要用交叉火力，这样封口子效果好。转移阵地时，铜弹壳遍地都是，能装几箩头。我们属于第五战区，从河南舞阳到湖北武汉都属于第五战区。

打仗地方多了，名字都记不清了。在咱这儿东南方向有个高粱店②，挨着湖北，在那儿打过一仗。我们攻，敌人守。我们一个师三个团，先让两个团上去，留一个预备队，我们团被派上去了，几进几出打了几个来回，还是攻不下来，最后师长把预备队也派上去了，这才攻了下来。敌人在高粱店西南角有个炮楼，我们架两挺重机枪把炮楼打倒了，我们攻上去一次被打下来一次，因

①1939年2月，国民革命军第30军隶属国民党军事委员会直辖，在河南南阳地区整训，下辖第27师，黄樵松任师长；第30师，张华棠任师长；第31师，乜子彬任师长。同年4月至12月，该军参加了随枣会战和冬季攻势作战。1940年5月，该军隶属第2集团军，参加了5月初至6月下旬的枣宜会战。1941年，该军隶属第五战区时，先后参加了豫南会战和第2次长沙会战。（据《国民党历史上的158个军》）

②信阳平桥区高粱店乡，有申阳台等多处抗战时期战斗遗址。

为我们在明处，敌人在暗处，这一仗双方伤亡都很大。打进阵地后都是用刺刀戳的，危险得很，一点把握不好被戳着可不得了。这一仗我们的连排长牺牲得很多，我受了重伤，一颗子弹打进了大腿根上，不能动了，血流得很多，我的脸都成白的了。担架队把我抬下来送到离阵地十几里远的前方医院，简单冲洗上药之后又抬到舞阳附近的后方医院，医生说要把我的腿锯掉，我说啥都不让他锯。最后医生用钳子把子弹夹了出来，缝住，还留了个孔眼冲洗换药。这一住就是七八个月，出院后又回到原来的部队。

河南商城县李集乡豫皖公路旁的抗战忠烈墓（图片来源：信阳政府网）

在武汉以西、钟祥以东有个泸川铺，在这儿打仗回数也多。

在信阳十字坡打过一仗，信阳地方团队上去六七百人参战，五天过去人就打完了。民团不懂得打仗，刚开始打得怪热闹，打枪不知道掩蔽，就好像专门要告诉敌人一样。现在电视上播的抗战片有的都是胡编的，跟打着玩儿似的，成堆的人大喊大叫往前冲，照这样打法一仗下来就打完了。真正的战场上都很注意掩蔽，能听见枪响，看不见人，一看见子弹就打过来了。

湖北老河口第五战区李宗仁司令长官部旧址（图片来源：鄂之旅网）

后来在信阳的敌人向西北撤到桐柏县平氏镇东南面的山上，又到镇平、老河口。在老河口，我们的重机枪和大炮都架在老鸹山上，日本人到老河口没找到我们主力，就进了我们的伏击圈，我们打了起来，当时敌人军队已经不多了，支撑不住，就投降了。

那时当兵的吃苦大。我抗战7年，原来是小孩，后来当了排长，有时连长不在，还要替他指挥一个连。那时只有团部才有电话，营以下都是靠传令兵跑步通知的。指挥时要来回跑着招呼，一边跑一边注意掩蔽，弓着身子，有时还得爬着走。

打仗时受过日本人的毒气攻击。那时候日军有五种毒气弹，即中毒性、窒息性、糜烂性、催泪性、喷嚏性。经常受到后两种毒气的攻击。打毒气弹也要凑风向，打到阵地上呼呼冒烟，闻到后光流泪，无法瞄准。一般敌人打过毒气弹不久就会发动进攻。

日本兵很坏，往老百姓的面缸里解大

便。东北的伪军随了日本人也学得很坏，裆里系块骑马布，装着说日本话，哼哼哈哈地，故意让人听不懂，他们也害怕中国人知道他们的身份。

我当兵后一连4年没回过家，连封信也没写过。后来才知道，老娘整天给我算命打卦，算了几次都说我已经死了，算命先生连我死时头朝哪个方向都说得清清楚楚，老娘就信了。有一次部队从家乡路过，离家只有几里地，我向连长请假回去看看。我一大清早就往家里赶，到村上时，娘正在村东边地里看庄稼。我叫了声娘，娘看了看，不理我，我就直接往家里走，娘就在后面跟着我，回到家，娘还是不吭声，盯着我看了半天，才认定是我。娘一把抱住我的腿，哭倒在地上。我说，我回来了，你应该高兴才是啊！娘这是喜极而泣，她是信了算命先生的话，没想到世上还有我这个人啊。

在大洪山，7天死了两个师的人

王学义，男，1918年生，河南邓州市桑庄镇孔庄村人。16岁参加河南邓州戴焕章的地方团队，抗战期间跟随戴焕章转战在湖北大洪山地区，1945年回乡务农。

我兄弟五个，两个哥哥在山西太原当兵打仗，一直没有回来，两个弟弟在家得病死了。我16岁主动参军，属戴焕章①的独立团。戴焕章是我们邓县人，早年是民团出身，后来在大洪山抗战，属于李宗仁管，但戴焕章和共产党陈大脚（陈少敏②）关系也处得好。日本投降后，戴焕章在樊城（湖北襄阳）被土匪崔老黑打黑枪打死了。

全面抗战开始，我是学生兵，跟着戴焕章在陕西白河县的军校学习了一年，练操、劈刀、打拳、刺枪、骑木马、跳高、翻杠子，啥都学。劈刀是西北军一个吴教官教的，他武艺好。

后来部队在湖北南漳停了三天就开到大洪山。大洪山南北三四百里，东西三百多里。这一带有国军、新四军、土匪、工农民团，都打老日，29集团军、33集团军的180师、30师、74师、150师都在这里聚着。

---

①戴焕章（1906—1947）：河南邓州白落堰（现龙堰乡）牛营人。20世纪20年代中后期，就读于南阳城内的宛南中学。全面抗战初期，戴焕章得到第五战区司令长官李宗仁的赏识，任右路游击司令兼独立支队司令，驻防鄂中京、安、应、随和大洪山边缘地带。（据《戴焕章：一个邓州不应忽略的文化旅游资源》）

②陈少敏（1902—1977）：女，山东寿光孙家集镇范于村人，1928年加入中国共产党。1938年5月调任中共河南省洛阳特委书记，7月任中共河南省委组织部部长。1939年同李先念率领小部队先后到达鄂中地区创建抗日根据地，任中共鄂中区委书记兼新四军鄂豫挺进支队政治委员。1940年1月改任中共豫鄂边区党委书记。1941年1月皖南事变发生后，部队改编为新四军第5师，她任副政治委员。1943年1月任中共豫鄂边区党委副书记，为建立豫鄂边区敌后党的组织、创建革命根据地、发展中原敌后游击斗争，做出了很大成绩。（据《中国档案报》）

我先分配在司令部特务连，在要紧的时候听见吹号才上火线，后来调到33集团军59军180师，发了美国的捷克式步枪，后来又使机关枪。机关枪枪手一天发给津贴一元钱。在杨家集、洋梓、安陆府（钟祥）都打过仗。在钟祥住了一年多，10天打过，8天也打过；在洋梓打了4个月，这里是个长岗，靠着大山边，有个15里长的沟，7天没下火线，挖个战沟，顶上盖上稻草，阵地1里长，打来打去，打了几个来回，7天死有两个师的人，180师、38师、150师三个师几乎打完了。我们3连只剩下8个人了，几个连长都死了，132师死了一个营长。我当时使的是捷克式轻机枪，跪地上用肩膀顶着打，一个机枪4个人管，一梭子子弹25发，打出的子弹壳盖了一地，我肚皮被子弹打中，子弹斜着出去了。负伤后下了阵地，养了几个月伤才好。

抗战时期国军的大刀队（图片来源：tom.com）

我打过肉搏战。那时候我使的是大刀，大刀二尺半长，刀把长六寸，齐头，有的叫“鬼头刀”。茶碗粗细的树一刀就能砍断，刀把后面带着五缕布缨。这可不是为了好看，拼刀时要缠在手腕上，防止刀溜手。当时敌人用的是三八式步枪上的刺刀。一次战斗中，一个日本兵刺中了我的腿，这时，一个许昌的二等兵从后面冲上来，一刀就把他的膀子砍掉了，救了我一命。我腿上流的血把绑腿都湿透了，一个当地的老太太告诉我用一种草药嚼嚼糊在伤口上，血止住了，半个月没上火线。第16天我就又回到火线上了，团长还多次表扬过我。

整天在大山里和敌人转着打着，离敌人5里地就算远的。我在大洪山4年后，又被调到老河口押运粮食。刚开始时我觉得这个任务责任大，不愿去，长官说看我是个好娃，靠得住，我就接受了任务。长官给我拨了一个班16个人，枪随我挑，人随我挑。我要了两挺轻机枪，挑了16个兵，从老河口第五粮仓购买粮食，顺襄河从老河口运到大洪山，几百里路程，经过宜城、沙阳等地运到部队。我们16个人管360只船，当时“一绑船”是120只，拨5个人押运，船是夜里走，每只船装两万斤粮食。有一次，有百姓来报信，说谷城仙人洞有一千多个土匪要来抢粮，当地河边紧靠着山。我们听到消息后就提前上岸布置，把船泊好，叫船老大们都上岸掩蔽。天黑后，土匪下来抢船，我们用两挺轻机枪开火射击，打死一个，抓了两个，其他的都吓跑了。这一打打出了名，土匪们都知道这船是第五战区长官部的，以后再也没有人敢来抢粮了。

1945年我开了个公事条子请假回家，回村后住在北乡我同学家里。当时日本人还在南阳，我们村的人转着圈地躲老日。日本人给村里派草料，别人都不敢去送，我当过兵，胆大，保长就叫我去送。那时候还有伪军，有武汉的和东北的伪军，他们学着老日说话，比较坏。日本人后来到西峡口就不行了，真是日落西山呀。

上云梯夜袭日军

严德山，1926年生，河南南阳淅川县大石桥乡东湾村人。1942年在家乡师管区加入国军，后在第38军张耀明部历任班长、排长。1945年转入新四军李先念、陈少敏部，1948年回乡务农。

民国31年（1942），我16岁，在淅川师管区当兵，属国民党第38军，记得有个师长张耀明[①]。

新兵驻扎在陕西安康兴安州（音）。刚去时让我挑子弹，因年纪太小，挑不动，又叫我到南大山拾柴。一天两顿饭，吃不饱。那时候国民党军官吃空饷，上面来检查时，找几个当地老百姓穿上军装充个数，事后管他们吃顿饭就完事了。

我在太行山、中条山都和老日打过仗，用的是巩县造的“汉阳造”步枪，刺刀有两个血槽。

记得在韩城，我还是个班长，我们偷偷过黄河去河津和老日打游击，连长死了，我们把他尸体拉回来，交给他家属，他家属事先并不知道这次行动，哭得死去活来。我也打过地方团队。一仗打三两天，打不赢就退，在怀庆府（古地名，明清民间有“怀府八县”之称，1913年废府存县。地理范围大致相当于现在的河南省焦作市、济源市和新乡市的原阳县所辖地域）连打几次。一年12个月，11个月都在打仗。

民国32年（1943），班长介绍我入了国民党。他是湖北十堰人，叫徐守洁（音）。民国33年（1944）我当了上士班长，民国34年（1945）我当了少尉排长。

---

①张耀明（1905—1972）：陕西临潼张家庄人，国民革命军陆军中将，黄埔军校第一期毕业，历经东征、北伐及国民党新军阀混战。抗战期间参加过台儿庄大战、湘北大战。1942年6月，张耀明升任第9集团军副总司令，1943年接替黄维任第54军军长，后调任第4集团军副总司令兼陆军第38军军长。在豫中会战中张耀明获四等云麾勋章。日军投降后，张耀明率第38军由豫西挺进开封附近，负责开封、郑州间的接收与警备，参加在郑州举行的接受日军投降仪式。（据百度百科）

记得民国34年（1945），我们由2营营长吴敬业带着，从灵宝经官道口（今官道口镇）下来，夜里偷袭卢氏县城，抓到8个老日。那时候年轻，能上云梯。云梯是用杉木杆做的，上面安两个小轮子，用麻绳一拉，云梯就能靠到城墙上。六七个弟兄爬了上去，我是排长，也跟着爬上去了。日本兵都在呼呼大睡，养的大狼狗发现了，乱叫，日本兵跟着也起来了，我们人多，把这8个日本兵全抓住了。这8个日本兵是看管物资的，仓库里炮、轻重机枪、步枪啥东西都有。不久，老日就投降了。

夜攻武强城（图片来源：《合肥晚报》）

日本投降后我上了半年军校。我在家不识字，是在部队上民校识的字。

那时候当地也驻扎有共产党的新四军。有个新四军的班长常劝我加入新四军，我就到了新四军。我在新四军当过连长，首长是李先念和陈少敏，陈少敏外号“陈大脚”，整天骑个大骡子，又胖个子又高，喜欢和人开玩笑。

在新四军部队开荒种地，老百姓也要开荒，发生矛盾，老百姓告到“陈大脚”那里，她说你们只管开。后来百姓又告到李先念那里，他不让我们开了。那时候我们吃老百姓的粮，用老百姓的布，穿老百姓做的土布鞋，帽子也是土布做的，下雨一淋，帽檐就耷拉到脸上，遮住了眼。每到一个地方就让老百姓去富户家扛粮食，吃大户。

解放洛阳时我在便衣队，当时下着大雪。我在荆门胡家集战斗中受过伤，打伏击时新兵身上都贴个名，死了知道是哪州哪县的。我还见过陈毅。有一次在山里看到一棵好大的皂角树，有两抱粗。陈毅说：“树活千年不算多，不信你去问问柏大哥。柏树说，你去问问柿大哥。”原来柿子树活得更长，小时候真的见过好大的柿子树，可惜解放后“大炼钢铁”时都砍完了。

1948年我被国民党部队俘虏。他们得知我是连长，就骂我。一次，我假装拉肚子，翻墙逃跑回了家。回到家时，脸上带有伤，耳朵也震聋了，爹妈都认不得我了。嫂子说：“这是德山呀。”爹妈哭得不行。爹比妈大十几岁，年纪大了，死活不让我再离开家，从那时候起我就再也没离开过，在山沟里当了一辈子农民。

我家三弟兄参加了抗战

余春华，男，1920 年农历二月初四生，河南省镇平县杨营镇黄营村人。1937 年考入河南战时军事政治训练班，1938 年 7 月考入黄埔军校第七分校第十五期，毕业后留校任区队长、助教、教导总队连长等职，1944 年到 1946 年先后在 31 师、36 军任连长、副营长、营长，1949 年在西安搬运站当工人，“文革”中被遣返原籍，1979 年平反。

小时候家境贫寒。我家弟兄四个，我哥余春生是老大，我是老二，还有两个弟弟，大弟叫余春轩。1936年，我们三个人商量，决定在南阳参军，大哥参加了国民党第40军，弟弟到了国民党37军。

我哥余春生比我大两岁，他1937年秋加入国民革命军第40军，军长是庞炳勋，属第五战区，随部队在河北沧州、德州阻击日军，后来转战到台儿庄参加会战，在战斗中阵亡了。我当时给他们部队写了两封信询问我哥的情况，部队给我回信说他已经在台儿庄大战中牺牲了。

先说说我自己的经历。1937年冬天，我在南阳考上了河南省战时军事政治训练班，训练班由当时的河南省教育厅厅长萧洒负责。1938年春，日寇轰炸南阳，训练班提前结束，学员有三个去向：一是到武汉战干一团学习；二是回乡参加地方工作，和日本人打游击；三是到西安报考黄埔军校七分校。我和训练班的200多名同学一起，经内乡、西峡、商南、商州、蓝田，于1938年6月到达西安火车站，之后来到陕西凤翔县，住在凤翔县陈村，在凤翔师范学校参加考试，于7月份考入第七分校，该校全称是中央陆军军官学校西安第七分校。我们是第七分校的第一期学员，也是黄埔军校的第十五期。学校设在西安王曲皇甫村（后改名“黄埔”），校主任是胡宗南。我入学后编入步科2总队4大队第8区队。学习内容分为政治和军事，其中政治课程有总理遗教、校长言行等，军事科目有筑城防务、射击投弹、步兵典范、野战训练等。学习时间原定为两年半，由于抗日前线的形势需要，提前于1939年秋季毕业，毕业仪式在西安终南山的五台山山顶举行。毕业仪式后，各战区派员来学校要人，七分校主任胡宗南亲自点名分配，并在每班名单中用红笔勾出确定留校任教的人员。我因为年纪小，个子也小，被留在了学校工作，其余大部分学员分配到了前线部队。

我留校后担任黄埔军校第十六期15总队8区队少尉副区队长，后又调到2区队任区队长，平时负责训练学生，带学生出操、射击、野外演习。第十六期学生毕业后，我又调到第七分校战术研究班接受培训，进一步提高军事技能。1941年，由绥远保送来40名蒙古族学生加入到第七分校边（外）语班[①]受训，他们属于黄埔军校第十七期。我被调到边（外）语班任上尉区队长，训练科目和实施都由我负责安排。边（外）语班学生毕业后我又调任黄埔军校第十八期22总队5区队任区队长。第十八期毕业后，我被调到第七分校教导总队任连长，1944年被调到31师91团当连长，在风陵渡守黄河，1945年又被调到36军84团1营历任连长、副营长、营长，当时军长是钟松。

日本投降那年，我在部队当连长，驻在西安城钟楼上，负责维持治安。那天晚上，西安京剧院有演出，我们连在现场维持秩序。正在演出时，突然有人跑到戏台上大声喊：“日本投降了！”大家一听都愣住了，戏也不唱了，都出来打听消息，我来到大街上，看见西安机场方向有美国军人开着吉普车大叫着，噼噼啪啪地往天上打信号弹庆祝，街上商铺的老板们都跑出来放鞭炮。

1946年，36军被解放军打散后我脱离了部队。西安解放时，解放军贴布告让国民党军官兵登记。我主动去报名登记。当时解放军缺少军事人才，有个军官问我还想不想干，要是想干，留下来，看看和国民党的部队一样不一样。我说不想干了。

第三次长沙会战中缴获的日军武器（图片来源：株洲新闻网）

再说说我弟弟余春轩。

我大弟弟余春轩比我小3岁。1937年秋

①边（外）语班：于1941年开办，隶属黄埔军校第七分校。开办目的是培训几种主要外语和边语人才。英、日、德、俄四种外语，每种一至两个班，学员20至40人不等。水平从高中开始达到大学专业，学期为一年半至两年。边语有蒙、藏、回三种。学员为军校毕业的青年军官，由所在部队或单位报送，经考试合格者录取。考试内容为当时的高中课程，惟偏重外语。录取后，均带职学习。该班初开办时设在王曲皇甫村，后迁到王曲以南终南山下的留侯村。各班分驻村内，班部驻在村南门的新营房。学员编制：班分外语、边语两个中队，每队设高年级军校毕业生一人为队长，专管学员们的生活事宜。另外还有伊克昭盟沙王保送的40名蒙古青年到军校受训，也编入外语班边语队代管。（据《黄埔军校第七分校边（外）语班拾零》）

他参加了国民革命军第37军，最早是在一个补充旅，他所在的2团全是河南兵。部队从湖北过长江到湖南，到湖南后他被分配到37军95师569团团部当传令兵，师长叫罗奇①，后任军长。后来他所在的部队参加了著名的长沙会战②，春轩也由一个传令兵成长为一名机枪手、重炮手，后来在迫击炮营3连任排长。长沙会战共打了四大战役，历时5年多，战争打得很惨烈。

春轩参加长沙会战的情况是他后来给我们讲的，情况大概是这样的：他所在的部队主要是坚守汨罗江南岸阵地，第一仗是在汨罗江南岸的营田村打响的。这一仗他们的团长唐天伟和团副都受了伤，3个营长有2个身负重伤、1个被俘。原本13个连1400多人，一夜之间只剩下400来人了，13个连长阵亡了11个。第二次会战时日本人使用了毒气弹，未曾交战中国军队便失去了战斗力，死伤异常惨重。第三次会战时他们虽然有了防毒面具，但是中日军队之间武器装备相差悬殊，敌人一次就出动几十架飞机对他们的阵地进行狂轰滥炸。国军虽然武器落后，但在薛岳司令的指挥下打得很顽强，经过浴血奋战最后打败了敌人，取得了抗战中最令人自豪的大胜仗，受到各界赞扬，部队后来的补给有了很大改善。由于打的都是大仗，战斗一打起来就是几天几夜与敌人反复争夺阵地，能吃上一口凉米团、喝一口浑泥水就不错了，经常是几天吃不上一顿正经饭。南方雨水多，部队又经常长途奔袭，露宿在山谷里，衣服被雨水、汗水和血水浸湿，穿在身上十天半月脱不下来，由此春轩得了严重的皮肤病和寒腿病。第二次长沙会战中日本人使用了毒气弹，战场环境更加恶劣，春轩的双脚严重溃烂，部队转移时他只好拄着用树杈做的拐杖跟着跑。长时间得不到治疗，脚跟两侧的骨头都露了出来。为了能保住双脚，在没有麻药的情况下由随队医生用一个类似饭勺把的东西把脚上溃烂的部分挖去，露出鲜肉，这样处理后他的脚竟然慢慢好了，只是留下个伤疤。春轩说，他曾满脸是血地从战场上撤下来，当

---

①罗奇（1904—1975）：国民党高级将领，黄埔军校第一期毕业，广西容县人。1937年全面抗战爆发后，罗奇升任陆军95师师长，驻防郑州，旋即参加徐州会战。同年7月，参加武汉会战。1939年9月，参加第一次长沙会战。1941年，升任37军副军长，并仍兼95师师长，先后率部参加第二、三次长沙会战。1943年，升任陆军37军中将军长。1944年5月，罗奇率部参加长衡会战，因战败被撤销37军军长职，后任陆军第二集训处副处长、陆军总部特科参谋等职。1945年日本投降后，罗奇任设在南宁的军政部第十军官总队总队长，负责安置广西地区的国民党军队编余军官。1949年赴台，1975年病逝于台北。（据《容县文史资料》《容县名人传记》等资料）

②长沙会战：1939年9月到1944年6月期间，国民党军队与侵华日军在长沙进行了4次大规模的激烈攻防战，史称“长沙会战”，或称“长沙保卫战”。国民党特别重视长沙地区的防御，由第九战区集结重兵与日军对峙。前两次长沙会战，双方都自称获得了胜利。从战术上看，双方并未分出胜败，国民党军队的损失更大；但从战略上，阻止了日军的战略目的，可以认为是抗战中的胜利。第三次长沙保卫战则是一场典型的胜仗，国民党军队与日军展开殊死搏斗，终将日军击退。第四次长沙会战日军以优势兵力发动猛攻，国民党军队被迫撤退。（据《长沙会战：血洒汨罗江》）

时没有感觉，下来后一摸脸才知道自己挂彩了。长沙会战期间，很多战友头一天刚刚认识，到第二天就不见人影了。他们都非常年轻，春轩能活下来真是命大，几十年来每次讲到这些春轩都会掉眼泪。

1945年，春轩所在的部队经过整训后开赴广西南宁，作为滇缅战场的补充力量。日本投降后，部队经过广西镇南关到达越南河内，在那里驻守了40多天。后因斯大林同意越南独立，部队又被调往台湾，从越南海丰口岸出发经过六天六夜航行到达台湾的高雄，从高雄上岸经过台南、台中、嘉义到达苏澳，在苏澳驻守了一年多。1947年他们又奉命从台湾调往华北，从基隆上船直接航行到达秦皇岛，下船后炮兵被拉往南苑机场，在南苑机场驻了两天后被派到天津、保定，最后在天津塘沽口岸驻守。

春轩后来不想打内战，决心逃离国民党军队。1949年1月，天津解放的第二天他所在的炮兵部队奉命撤离塘沽。他趁部队登船的机会跑了出来，换上便装连夜逃离了塘沽，后来几经辗转来到北京，在好心人的帮助下春轩在崇文区磁器口附近的一个小巷里租了一间小房子安顿下来，和在保定时房东的女儿史桂花结了婚。两人靠从朋友那里赊布头在天坛北门的东小市摆地摊为生，后来他们又在夜校学会了裁缝手艺，生活渐渐有了好转。1956年他们带着自己的缝纫机加入了合作社，1959年被分配到北京被服厂，1969年合并到北京衬衫厂，1983年春轩从北京衬衫厂退休，2012年去世。

在广西南丹拼刺刀

刘绪孔，曾用名刘四应，男，1927年生，河南省巩义市北山口镇白窑村人。1940年参加国民革命军第9军，历任文书上士、军械上士、少尉司书等职，1949年退役务农。

1940年，我初中毕业，家乡遭年馑，生活极为困难。我有个表兄叫李志强，他是黄埔军校第十六期的学生，在国民党第9军54师162团1营1连任连长。表兄探家时，我父亲就托他想办法把我带出去，免得在家里饿死。就这样，我在14岁的时候就跟着表兄参军了。

那时候年龄太小，也背不了枪，军部当时在洛阳谷水街办了一个教导总队，有三个大队，大队相当于营，中队相当于连，区队相当于排，当时教导队有个中队长叫马汝俊，是巩义老乡，也是黄埔军校第十六期的毕业生。表兄给马汝俊写了封信，经他介绍，我到中队部当了帮写，同时参加军事训练，练习瞄准、射击、拼刺刀、跳障碍、爬墙、沿独木桥等。要不是学了这些军事技术，在后来的战斗中我早就没命了。

训练结束后，我回到2营营部当帮写。当时54师162团在陕州会兴镇槐树洼村把守黄河。2营营长原有一个勤务兵，一次营长让他到镇上买鸡子，结果他却去逛了窑子。钱也花了，鸡也没买来，营长把他打了一顿，撵走了。营长太太说："让刘绪孔跟着咱们吧。"我就当了营长的勤务兵，平时营长身上带个左轮，还有一支二十响手枪由我背着。

我们驻守在王官村瑶岭一带，这里是个渡口。大约在1943年，团部便衣队获得情报，黄河对岸一个日军独立中队300余人驻在平陆县张店街（今张店镇）岭后村，离日军大部队有200余里。162团团部下达命令，要2营渡河到对岸歼灭这300多个敌人。我们在营长带领下于天黑前悄悄赶到了目的地，先割断了敌人的电话线，防止他们打电话联络增援，然后用绳子把敌人哨兵勒死，全营分成三股将敌人包围起来。到深夜12

点，3个号兵同时向夜空中打亮了信号弹，看到信号弹，全营官兵一齐开火，用机枪向敌营扫射，这300多个鬼子基本被全歼。我们得胜后马上返回黄河北岸乘船渡河，一部分船划到河中心时，日军其他部队闻讯赶来，在对岸山上用大炮向河中轰击。因为那段黄河比较狭窄，两岸相距并不远，我们第4连任兴华排长不幸被炸殉国，当时伤亡有一百多人。正在危急关头，黄河南岸我军炮兵发现了河上的情况，他们及时开炮轰击对岸日军，鬼子不敢再往河边追。在炮火掩护下，我们才安全撤回黄河南岸。如果当时没有炮兵掩护，我们的伤亡要大得多。当时我们这边是大口径火炮，用18匹骡马拉到山上，射程60里，呈扇形覆盖黄河对岸东北部一大片区域。

1942年，部队在会兴期间，百姓因饥荒饿得皮包骨头，我们每个士兵每天要节约二两粮食救济群众；在群众家住，杠子馍要留1/3给群众吃。1943年部队往陕西开拔时，老乡们跪在地上不让走。团长说："老乡们，我们是国家的部队，国家需要的时候，谁也留不住啊。"

表兄曾写信让我回1营任文书上士，营长对我说："不去！别说文书上士，就是司务长我也能让你当上。"有一次战斗中敌人轰炸，营长趴在地上掩蔽，我当时想，炸到营长事关重大，就趴在营长的身上保护他，炮弹在我们附近爆炸，弹片斜着向上炸开，我们两个都没事。经过这事以后，营长对我可好了，像对小弟弟一样，不久我就被提为文书上士。

1944年4月，我们奉命从宝鸡南下抗日，部队走到褒城（在汉中市勉县），接近四川省边界时，河南战事吃紧，我们又奉命返回，一路急行军赶到登封大金店、北高庄一带与日军作战10余天，我们伤亡很大。

这次战役后部队又调回宝鸡张家沟驻防休整。有一天，我到街上买东西，被韩锡侯的部队抓到了，把我分到126团1营1连3排7班当兵，连长叫孔保田，排长叫徐国军，平时看管很严，也不能通信。部队后来向南方调动，军长韩锡侯动员讲话："我叫韩锡侯，韩锡侯就是我。"

过秦岭时看到张良庙修得很好，当地有句顺口溜：秦岭雾气腾腾，庙台子赛过北京。部队有几个河南人看向南越走越远了，商量着逃跑，后来抓到一个逃兵枪毙了，以后就没人再敢跑了。从宝鸡经四川广元到重庆璧山县，很多人腿肿疼，走不动了，只好在这里休整，官兵们用民间偏方治疗了一段时间，过完中秋节继续行军，到达贵州的桐梓、遵义、贵阳，在麻江县休整3天，临走时当地苗族人欢送部队。我们又经过都匀、独山等地到达广西。

1944年农历十一月初六我们到达广西南丹县大石桥，3连负责守铁路，我们1连在太阳落山时上了阵地，连夜挖散兵坑、掩体、交通沟。第二天一早，日本人派一个老百姓给我们送信，让我们投降，说投降后到伪军这边，原来啥职务还是啥职务。我们把送信的交到团部，团里说替日本人送信的都是汉奸，就把送信人就地枪毙了。中午过后，日本人看送信的没回去就开始向阵地打炮，我右侧落了两发炮弹，震坏了耳朵。连长孔保田是黄埔军校第十四期的毕业生，河北保定人。孔连长命令全连暂时撤退到半山腰上，等日军炮火停止后我们又进入阵地。敌人开始向阵地进攻，孔连长说："大家都听我指挥，等敌人靠近时再开枪。"在敌人离阵地只有20米时，我们所有武器一齐开火，敌人四五百人被打死打伤过半，败退了下去。第二天又用同样的办法进攻，又被我们打退下去。这样的战斗一直持续了7天，打死日军至少上千人，我也不知道自己打死了多少敌人。到农历十三这一天，我们子弹打完了，敌人也没子弹了。连长说："我们不能死等在这里让日本人活捉，上刺刀冲锋！"我们上了刺刀往山下冲锋，和日军展开肉搏战。我凭借在教导队学到的拼刺技术，刺死了两个鬼子。后来3个鬼子撵我一个人，当时我穿的是胶底帆布鞋，敌人穿的是皮鞋，跑了五六十米，一个鬼子追上来了，我又转身把他戳死了。这时候，天黑了，另外两个鬼子也不再追我了，我跑到一条河岸边。过了一会儿，陆续跑过来11个战友。当时这里南面被日本人占领着，东西两边都是大山，只能往北去，从公路走到大石桥只有2里远，顺河流走有4里远。我们11个人决定顺河往下游，我游到桥下停了下来，看看再往下水很深，还有漩涡。我们在此上岸，数了数11个人只剩下7个人了，其他人可能是水性不好，没坚持下来。上岸后脱了棉衣，拧干水再穿上。这时，发现营长趴在桥下直哼哼，一问才知道他在战斗时被日军刺成重伤，一个人爬到这里。我们搭人梯爬上桥，把营长拉了上去。把他送到团部医院后，我们7个人继续向北部后方撤退。

1944年11月，桂柳会战后期，日军对柳州狂轰滥炸（图片来源：桂系网）

一路上看到很多逃难的百姓，有的饿死在路边，我们也是3天没吃东西了。到都匀县时，看到好好的房子被烧得一塌糊涂，县城里的百姓都跑光了，只剩下残垣断壁，那光景真的是令人寒心。我们在一个烧毁的粮库角落里，发现了残留的糙米。我们7个人每人背了几十斤糙米，继续向贵定县方向走。贵定县城虽没有受到破坏，但是百姓已经逃光了。我们在北门外老百姓家里找到一口锅，就用这口锅煮糙米、煮空心菜吃，在贵定县北门外驻了五六天。一次，我到马路上察看情况，发现有部队开拔过来，真没想到这支部队正是我原来所在的第9军54师，他们也从陕西调过来了，我又打听到162团3天后就能到。3天后，我带了一个愿意跟我一起走的许昌老乡，把我们剩下的米留给那5个战友，就早早地到路边等着162团过来。后来终于等到我表哥和几个巩县老乡，我真是太激动了。表哥说："在宝鸡怎么也找不到你，以为你回巩县老家了，没想到在贵定见到你。"我就把在宝鸡被126团抓兵，以及在南丹同日军打仗的情况说了一遍。机枪1连连长姜克伦是巩县老乡，他说："回来吧，连里还有个军械上士空缺，你来干吧。"当时连里有文书上士、军需上士、军械上士。军械上士负责枪支管理，登记上报那些需要更改的零件编号。文书上士管全连士兵"三册"，即箕斗册、移动册、花名册。箕斗册登记每个士兵手指指纹是"箕"还是"斗"，还记录着每个人的籍贯、父母爷奶姓名、血型，相当于现在的身份证；移动册记录的是每个人在本部队升迁调动的变化情况；花名册是实际编制和现有人员情况。军需上士负责登记每个人军装、鞋的大小号码。就这样，我又回到了老部队，当上了军械上士。

桂柳会战中的战场（图片来源：中工网）

54师在贵定驻扎，日军没有再向北进攻，双方对峙了两个多月。之后，部队又奉命调回贵阳，并划归13军，部队番号改为第13军54师162团，军长是石觉。此后，部队换上了美式装备。在此之前，我用的是汉阳造步枪和巩县兵工厂的中正式步枪，汉阳造步枪打十几枪就拉不开栓了；穿的是自己打的草鞋，每天行军120余里，草鞋就穿坏3双；当时第9军行军时士兵们都反穿着棉袄，里子本来是白布，都染成了土黄色，为的是趴在地上敌机不容易发现。新装备更换后，我们又训练了3个月，然后继续向南同日军作战，一直打到广西柳州。在柳州期间，日本无条件投降了。

广西江河多，一艘火轮能带五只大木船，一只木船能乘坐一个连的兵力。我们乘船到了广州荔枝湾，在这里接受日军投降，清点接收了军用物资，两个月后进驻九龙。当时从缅甸回来的新1军也在此驻扎，准备接收香港。后来中英谈判失败，我们乘美国第七舰队的军舰走了八天九夜，于农历腊八到达秦皇岛登陆，13军经过葫芦岛到辽宁、吉林，最后又进驻热河承德市。在承德，我遇见了在南丹县作战时的排长徐国军，他当时在13军人事科当科长。在他的帮助下，我调到人事科当帮写，随后又调到汽车连当少尉司书。

4年后，13军调到北平归傅作义指挥，和谈成功后部队改编。1949年2月和6月我两次接到父亲的来信，说哥哥已在登封战役中阵亡了，要我尽快复员回家，我就办理了退役手续，回到巩县家乡务农。

负伤后我从死人堆里爬回家

朱恪信，男，1922年3月3日生，郑州市郑东新区龙湖办事处小郭村人。1939年加入国民革命军12军81师23旅1团，随部队在兰封、太康敌占区打游击，1941年郑州阻击战中负重伤后脱离部队，回乡务农。

小时候家里穷，俺娘守寡，带着我和弟弟朱恪谦。我们村地势低，老被南面的滚山水淹。16岁那年，中央军在花园口扒开黄河挡日本人。黄河水下来后，各县百姓连夜把运粮河堤打起来拦水，人们把这一带的树都锯完了。运粮河有几个地方决开后又堵上了。我们这里总算没被淹，再往下游，淹死了好多人。

我在家乡的骆庄学校读到高小毕业。县常备队在老家一带守河防，正招新兵。听说当兵可以打老日，我就去了。那年17岁，分配到12军81师23旅1团，当时这个部队从山东打日军下来休整，军长名叫孙桐萱，师长原来是展书堂，后改为贺粹之，旅长姓赵，开始时的团长是魏成德，连长是黄耀生、段明堂。

那时候当兵真苦啊！新兵训练了几个月，两场雪过后当兵的还穿着单布衫，冻得窝在草窝里。后来棉裤发下来了，可是短得只到膝盖，我想办法找了两个，拆开重新接一接，学着班长的样子，多打上些绑腿，这样保暖多了。当兵的夜里站岗连个大衣都没有。

国民革命军第12军徽章

我识得字，常帮着班长、排长抄抄写写。

后来部队渡过黄河来到东部日占区打

游击，我们发有铁锹、洋镐、锯，专门破坏铁路。在兰封（今河南兰考）车站附近，用钢锯把铁轨锯开，再用棍子撬，把铁轨错开。

记得在一个名叫豆腐营的地方驻久了，被日本人发现，他们突然过来袭击，敌人一边追一边用机枪超越射击①，子弹打得哗哗响。团部在一个寨子里，我们在寨墙上和敌人打了一天。子弹不多了，团长下令不叫打了，上刺刀。这时候雨下得特别大，天也黑下来，寨壕里水很深，我们就用这个机会，在寨壕上摆上木棍，手拉手走过去，钻进了高粱地里。地里水也很深，我们手拉着手走了一夜。天还没亮，发现日军丢的东西，一问老百姓，说日军还在这儿，他们到夜里就归拢到一团了。我们就又接着走，后来进了一个叫张马寨（音）的地方。几天几夜没睡了，部队传令叫歇息，我们浑身还是湿的，抱着枪坐地上就睡着了。不一会儿，又被惊醒，听见担架队的人哇哇乱叫，说日本人过来了！说话间，子弹就打过来了，比下雨都稠，打死很多人。部队最后突围出来时被打散了，我跟着担架排排长跑了出来。我们这一股人不多，有个姓段的连长，还有个团副。团副说：“段连长，这可怎么办呢？”连长说：“没事，还有8个人哩。”到天黑，日本人不打了。我们走了十来天，打听到部队的消息，失散的人都逐渐集结到黄河滩附近一个村庄里。有个张有顺，是俺这儿豆腐寨人。他当时蹲在水里睡着了，一睁开眼，天明了，出寨子时没一个人了，他想了想就去了当地的维持会。那时，维持会给日本人办事，也给国民党办事，他在维持会交上枪换个便衣打听着回到部队，随后我们又派人回去把他的枪要了回来。后来人们说81师打呼啦了，就是说的这一次作战，乱得很，但总算跑出来了。

后来我们又到黄河新河道东岸的太康，在杨丘营（扶沟县）驻了很多天，还经常打仗。这里有个寨子，有寨沟，我们把寨沟盖上板子做成工事。一次日本人对我们打炮，嗵——嗖嗖——咣，营长命令我们看不见人一枪也不要打。又过一会儿，听见“嗵”的一声，炮弹下来光冒烟没爆炸，营长说：“不好，毒瓦斯！大家快把毛巾、衣服弄湿捂住鼻子。”有的人找不到水就用尿代替。日本人那时候常使用瓦斯弹，有喷嚏瓦斯、催泪瓦斯好几种，敌人打完瓦斯弹就退了。

在敌占区打了不少仗。当年开封被日军占领，我们团组织了骚扰战，就是佯攻开封城。部队换上便衣，夜里行军到开封外面的白马屯（音），在南门、北门佯攻。我和另一个战友在朱仙镇马路口放哨监视。南门那边，日本的仓库被点着了。我们用迫击炮打了一阵，日本人用探照灯照来照去，也不敢出来。不久，朱仙镇这边发现日本的增援部队过来了，团长一摆手叫撤，我们就开始悄悄撤退。当兵的把身上的东西弄好，不让发出声音，部队退到一个大树林里掩蔽。

①超越射击：军事术语，重机枪曲射，子弹可以飞过前边己方士兵的头上打到敌方阵地。

直到撤到黄河沿上，日本人还在咣咣地打炮哩。

还有一次，81师全师开到归德府（河南省商丘市），在那里抓了七八百个维持会保安队的人，杀了几个头目，其他的人都编进部队带回来了。在豫东转战6个月，整天下雨，官兵们受了寒，回到新郑以后，很多人得了“血伤寒”，死了几百人。我也病了，幸亏战友照顾得好，没有死掉。

后来听说81师准备去苏联受训，还没去就赶上一场恶仗①。记得那是1941年农历八月左右，一次，饭刚做好，还没顾上吃，部队就叫紧急集合，发子弹发手榴弹，我们就知道要打仗了。我们部队从新郑向郑州跑步前进，路上还看到师长和苏联人坐在汽车上。一路上敌人的飞机太多了，部队在路两边的沟里躲起来，飞机过去后，师长命令继续向郑州跑步前进！我们每人背着几十斤重的东西，跑步撵汽车，一口气跑到城东十里铺弄了点东西吃，这时才知道要去琵琶陈打日本人，据说那里过来了200个日本人，到那里把他们消灭了就算完成任务。到了才知道日本人当时过来已经很多了。到了磨李村一带，就开始上刺刀冲锋，黑地里和日本人打了两个来回。到第二天天亮，情况不好了，敌人派来飞机顺着运粮河河堤低空扫射。上面命令下来，叫我们与阵地共存亡！打到快中午时，在磨李炮台重机枪工事里指挥的3营营长阵亡了，还有两个连长阵亡了。我们正在和正面的敌人打，没防备

①第12军郑州之战关联资料：1941年10月1日夜，日军一个步兵混成旅，内附骑兵队及机械化联队万余人，配属空军数个联队，由开封方向进犯郑州，从琵琶陈强渡黄河，以枪炮猛烈轰击，我少数驻防部队伤亡殆尽，未及两小时，守军溃退。此时营、团、师部均已闻枪炮声，知敌已过河，开始向枪声紧密处调集队伍阻击。当时日军以主力来犯，而我以薄弱之步兵在正面防守，敌人犹如以尖刀突薄纸，当然一突即破。孙桐萱得到消息后，当即命周遵时的第20师与第22师竭尽全力阻止敌人扩张前进，同时把总部直属部队和预备队都派上一线。又以电话命令第81师师长贺粹之迅速由新郑沿新郑—郑州大道急来郑州以东地区增援。10月2日白天，第22师及第20师一面沿黄泛区集结兵力，一面竭力阻止日军西犯。在日军步、炮兵猛烈的火力下，我守军在每个据点的争夺中，都能不顾伤亡，以短兵相接。在肉搏时，一些未撤走的村民也持劈刀、斧头参加对敌搏斗，士气振奋。这样苦战了一天，敌人无所进展。当天晚上，日军已有6000多人渡过黄河，郑州城郊已经有日军骑兵出现，孙桐萱的总指挥部也撤出郑州。第81师接防后，在沿贾鲁新堤一线，利用有利地形阻止敌主力。81师某团第3营吴营长，奉命到河边大花庄桥头接防，毙敌逾百人，白刃相接，该营长负伤，腹破肠拖，仍与其连长夺回机枪一挺，毙敌二三人，最后战死于桥下。后该营大部壮烈牺牲，附近民众在激战中亦大力相助。10月4日拂晓，日军在猛烈炮火与飞机的掩护下，向我军阵地发起进攻。我部队经过调整，以猛烈的火力阻止日军前进，但来犯之敌在步、炮、飞机协同下，向装备极其简陋的第20师及22师不断猛烈进攻，致我军感到坚守困难，迫使我第20师向京水镇方向、第22师向郑庵附近转移阵地。20师撤出郑州到西十八里河附近，面向郑州方向占领阵地。22师撤至郑州南郊十八里河以东以南地区，形成护卫总司令部与敌人对峙的局面。81师奉命转进到郑州西南黄岗寺。此后20多天，第3集团军在坚守阵地杀伤日军有生力量的同时，不断派部队袭击郑州日军部队。10月31日至11月1日夜间，第3集团军全线发动反击，日军溃退，20师60团当夜收复郑州。经过一个月的鏖战，第3集团军毙、伤日军6000多人，击伤日军指挥官鲤登少将，使之伤重不治而亡。（据《中华齐鲁人物》及中华网有关内容综合整理）

一股敌人不知什么时候从西边顺着河堤转过来了。一看敌人上来了，我们赶紧扔手榴弹，又打了冲锋，拼了刺刀……有人问我打死几个老日，那咋知道啊，只顾着打哩，谁算！后来，我只觉得背上像是被砖头砸了一下，一颗子弹从身上穿过去了，扑通一下就一头栽倒在地上，什么也不知道了。

到日头落时，我苏醒过来了。醒过来后这才知道身上被刺刀扎了几刀，也不知流了多少血。睁眼看看阵地上只剩死尸了，咱们的人和敌人的尸体都有，有的还扭抱在一起，弟兄们的尸体有200多个，我也没力气埋他们了。日本人的尸体是到后来才拉到一起点火烧了。

我看到附近有个老百姓用木棍架的车屋棚，平时放架子车，我就爬过去，爬到架子车上，撕开衣服把伤口包扎了一下。当时渴得要命，也找不来一点水，听见西边还在打着哩。这时碰见一个老头牵着牛从这里过，一问才知道这里离我们家很近，枣园东边是李家庄，往西是磨李。我又看到不远处有个亮光，我爬过去，是跑反[①]的百姓夜里回来，正在煮豆子吃，我说我是小郭村的。他们给了我一碗豆子吃，我又爬到一户院子外面过了一夜。天亮时，院里出来个老头，给了我一个窝窝头，对我说，现在谁也救不了谁了，我们也要去逃难。我找了个看庄稼的草庵躲起来，把那个窝窝头吃了。快中午时，我坚持着往我们村子的方向爬，爬爬、走走、歇歇。当时我像个血人，遇见几个老乡，他们也只顾逃难，管不了我了。到磨李，看到日本人的电话线，知道他们还在村里，我又爬到麦田里，饿了就挖个红薯吃，爬爬走走到了小花庄、庙东庄，又过了几个有岗哨的路口，到磨寨岗，看见那一片的死尸也很多，看样子这里也拼过刺刀。这时突然看见有两个人跑过来，我赶紧躺进死尸堆里藏起来。那两个人走近时，我看清他们是一老一少两个老乡，我就坐起来问他们："这个村里有没有日本人？"他们说："我们村里人叫他们杀死完了！"说完，他们又向南跑了。我心想：不能跟着他们往南去，往南是祭（zhà）城，离家越来越远了，不管前面有没有日本人，我还是决定向家的方向爬，就算死在了路上，有熟人看见也好给我娘说一声，让娘知道我的下落。就这样，我又顺着河沟向我们村爬爬走走，到河西一个麦场上，看见跑反的人们不敢回村，都在场里睡觉，我一直沿小路和麦地走，最后到了马皮靴，离我们村只有半里地了，这里有一个大坟岗，百十个人都在这里躲着。看见我他们吃了一惊，赶紧给我舀来一碗饭汤，我一口气喝完饭汤，接着就死过去了。乡亲们把俺娘叫来，俺娘过来又把我叫醒，娘架着我回到自己家里，我躺在床上，时昏时醒。天黑了，又听见打打杀杀的声音，村里人都往外跑，我让娘快跑，不要管我，娘说什么也不走，娘最后背着我往村外跑……到半夜，听听没什么动静了，娘又摸黑回到村里，杀了个鸡，弄个锅，用荆条筐

①跑反：旧时指为躲避兵乱或匪患而逃往别处。

扤着回到藏身的地方，给我煮煮吃。后来回到村里，娘又去找老八爷寻药。老八爷说："哪有药啊，跑反时东西都丢完了！"娘急得哭了起来，村里一个大娘听见了，过来询问。娘说："俺孩子叫日本人扎了一身窟窿，没药治。"这个大娘就把她家保存多年的一块猪板油拿来给我娘，那时候穷人家用这东西治疮。娘回来后，用布在滚水里煮煮给我擦洗了伤口，再用猪板油擦擦。过了两天，俺媳妇和俺弟才回来，他们为了躲避日本兵，跑到很远很远的地方。在娘和俺媳妇的照顾下，过了一段时间，我的伤口竟然长好了。

一个战士尿到营长身上，营长才醒过来

孔祥武，男，1922年2月10日生，河南省周口市太康县芝麻洼乡孔大庄人。1938年参加国民革命军第12军81师，1949年随第60师赴台湾，2002年回故乡定居，2013年去世。

我出身贫苦农家，小时候有一天正在学校上课，老师说，日本鬼子就要打过来了，同学们还是赶紧逃生吧。我想：学上不成了，还是当兵去打日本吧。那时候，我已经订了婚，就瞒着父母、弟弟、未过门的媳妇，自己跑出去在第12军81师当了兵①。记得军长名叫孙桐萱，师长名叫贺粹之，团长名叫李延年（音），营长名叫王春发（音），连长名叫段明堂（音），后来打游击时的大队长名叫张明道（音），小队长名叫耿列（音）。

我当兵后参加的第一次战斗是在江西九江口。那里有座山，山上到处都有日本人。为了不被敌人发现，我们白天不敢做饭，只能在晚上吃上一顿饭。吃过晚饭，连长布置完，各排各班扛上枪就出发了，夜里就好像猎人找野兽，只要发现敌人就是一场疯狂的拼杀。有一次我们班和几个地方团队的队员一起共十几个人和20多个敌人遭遇了。敌人一直往上攻。班长说："这次看来要完了！"我对班长说："能不能派几个人绕到敌人后面去打？"班长同意后，我带着几个地方团队队员从山顶上滚到敌人后面，趁敌人不防，猛投手榴弹。等敌人掉

①1938年夏，第3集团军调归第九战区指挥管辖，集团军总司令为孙桐萱，但因第56军番号撤销（其第22师编入第12军，第74师编入第55军），而第55军加入第2集团军，第51军加入第31集团军，仅辖第12军，后该集团军在江西参加武汉会战。1939年年初，第3集团军调归第一战区指挥管辖，自此长期驻守河南。由于国民党政府对韩复榘旧部采取极不信任和限制、分化的政策，至1943年夏，第3集团军只辖有第12军的第20师、第22师、第81师。不久，孙桐萱被国民党政府借故撤职扣压，第12军被编入中央嫡系汤恩伯的第31集团军，至此，原由韩复榘部队为主组成的第3集团军消失。（据凤凰网历史频道《抗战时期中国陆军的40个集团军》）

转枪口向我们开枪时，班长在那边又噼里啪啦地打了起来。最后剩下敌人不多时，我们一起冲锋，和敌人拼起了刺刀，最后全部消灭了敌人，但我们自己也牺牲了好几个战友。回到连队时，我身上真是五颜六色，一脸的黑泥，只露着几颗白牙，衣服被树枝挂得像破布条，身上有自己伤口流的血，还有敌人的血，鞋上好几个破洞，脚趾也是血淋淋的。

九江口的战斗打了20多天，最后我们连只剩下21个人了。战斗结束后，部队进行整编，又开回河南尉氏县守河道，为防日本人过河，我们几天几夜都没合眼。

后来，部队开到河东打游击①。有一次得知太康县城内有30多个敌人，我们4个班各把一个城门，我分配在西门，交火后快把敌人消灭差不多了，敌人增援部队开着车赶来。为了不让周围村子里的老百姓遭殃，部队打了不到一天就撤到远离村庄的地方和敌人对峙。

时隔一年，在太康西黑庄，第3营被敌人包围，伤亡惨重。危急关头，上级命我所在的第3连去增援。在黑庄附近有个连庄村，村里有一片老坟园，长着很多老柏树，我和另外几个战友爬到树上，各抱一挺轻机枪猛打，压住了敌人的火力点，打开一个口子，救出了第3营剩余的人。部队会合后，接着攻打常营寨，这一仗打得痛快，雪地上到处都是敌人的尸体和血迹，算是为弟兄们报了仇。

在商丘西边的张马寨村，我们连曾被敌人包围了，子弹像雨点一样稠，连长段明堂命令分散撤离到村外芦苇帐里集合。这次战斗中，连部传令班的传令兵全部牺牲，连长到天亮前才安全撤离。

在开封打过一仗，当时得到情报，说有一批日军从山西换防下来到开封休整，上级命令81师1团提前隐藏在开封城内，夜里趁敌人不备发动进攻，但没想到敌人乘汽车跑得快，我们团刚进开封大南门，敌人的车队就从开封西南方向开过来了。敌人的兵力比预计的要多，团长决定不和敌人硬拼，部队从大南门迅速撤离。这时，敌人已经发现了我们，开车紧追不放，一直追到朱仙镇，团长决定把敌人引到高粱地和一大片白蜡条地里。这样，他们的汽车就开不动了，敌人又不敢贸然下车进攻，双方拉开了距离，做好战斗准备。由于敌人一直在明处，我们在高粱地里，敌人没有占到便宜。这一仗一直打了几天几夜，谁都没合眼。营长王春发累得倒在地上站不起来，大家都是一身泥土，根本看不清脸面。后来一个战士迷迷糊糊地尿到营长身上，营长这才醒过来。

那时候连长叫我小鬼，打起仗来我胆子大，又狠又猛又准，而且点子多，所以连长总叫我抱着一挺轻机枪。那时候一个连才有9挺轻机枪，谁有挺轻机枪该有多高

①从1939年4月开始，第3集团军多次袭击开封的日军，同时也击退了小股日军的进袭。1939年第12军81师在豫东游击战中每战皆捷，迭受嘉奖，该年终总评为全国正规军游击战第一名。（据《泊头市文史资料》第一辑《孙桐萱将军生平事略》）

兴，但抱机枪的人必须冲在最前面。

战争年代就是那么艰苦和危险，遇到敌人就是你死我活，你不杀他他就杀你，所以也不知道怕。那时候在兰封（今兰考）一带的铁路沿线，到处都驻着日本人。有一天夜里，我和同班战友、沈丘人纪连方一起摸到一个日本人住的屋子外，看见门外站岗的是一个伪军，我向他投了一颗小石子，把他引出来，问他屋里有几个敌人，伪军说：“有两个日本人。”我说：“好，没你的事了，赶快回家吧，不许向敌人报告！”我和纪连方摸进屋内，趁敌人还在熟睡，一个对一个，把他们刺死在床上。

抗战7年，不知道自己走过多少路，经过多少村寨，打过多少仗，打死过多少敌人，说不清了，也从来没有算过，只觉得能从死人堆里一次次走出来，我算是幸运的。

日本投降后，我们从豫东回到郑州师部，正赶上元旦节，天上飘着雪，过河时在船上被浪打湿了衣服，身上全部结成冰。走到中牟县，老百姓迎上来慰问，有的说：“你们也是娘生的人，为了打日本人你们遭了多大的罪！”

抗战胜利了，部队又接到堵黄河决口的任务。当时我们和老百姓一起运沙子、运树枝。我亲眼看见，一个浪打上来，连人带树枝都被冲进河里，又上来一批人接着堵。为了堵住黄河口，不知道死了多少人，死在河里的还有外国人。

那年月真是没过上一天好生活。日本人走了，国民党和共产党又打上了。作为一名军人，只有服从命令，后来实在不想打内战，就调到分监部干些杂活。

1949年，国民党战败，我随部队去了台湾。随着年龄的增长，对家乡的思念越来越重，每逢过节，我都要朝大陆的方向跪着痛哭流泪。

1987年，国民党当局终于开放民众赴大陆探亲，我给河南太康老家邮了一封信，终于取得联系，可是父母、弟弟都已经去世了。回来后我跪在父母坟前，号啕大哭了一场。

后来我才知道，母亲为了找我，眼睛哭瞎了，每年都去找算命的。算命的说，你儿子活着呢，只是太远了，你们恐怕这辈子再也见不了面。算命先生的话，是母亲唯一的寄托。

我又辗转几个省去找当年订婚的姑娘，但都没有消息。我想如果她没嫁人，我就娶她；如果她嫁人了，我就跟她说对不起。

2002年，我在台湾被查出患晚期癌症，我想死就死在老家，就坐着轮椅，被空姐送下飞机，回到河南太康老家，总算是叶落归根。没想到，家乡的水土又把我救活了，又活了这么多年。如今，我再也不想离开家乡了。

四、挥师远征

我们徒步行军近一年到达云南

杨乃寒，男，1916 年 2 月生，河南淇县人，河南文史馆馆员。1933 年到 1937 年分别在开封东岳高级艺术师范学校、杭州国立美术专科学校学习，1938 年到 1945 年在国民革命军第 53 军军部、第 20 集团军司令部历任中尉干事、上尉干事、少校干事、中校副科长、上校科长、京剧团团长，1946 年在重庆交通部总务司任总务主任，后在河南省保安司令部任上校科长，1952 年到 1979 年在新疆生产建设兵团劳动、搞美术设计，现定居开封。

小时候家里百十亩地，父亲有时还做个小生意，生活条件还可以。1933年我考入开封的东岳高级艺术师范学校，在校学习美术三年。1936年，我毕业后又以全国第一名的成绩考入杭州国立美术专科学校。当时校长是林风眠先生，我的老师是潘天寿先生。潘先生为人很好，对我特别器重，也下了功夫教我，我的每一幅画他都要亲自批改。

我还没有毕业的时候，全面抗战就爆发了，华北失守，当时国民党军事委员会政治部在全国招收文化艺术宣传员，全国统一考试，我顺利考上了。录取后我们100多人集中到南京明瓦廊湘宁大旅馆学习培训了三个月。培训结束后，我被分配到国民革命军第53军军部政治部宣传处任中尉军官。当时53军有两个师——130师、116师，军长是万福麟，当时驻军在河南的辉县。我那时刚出学校门，工作热情很高，除了参加军事训练以外，我边学习边工作，搞写生，搞铅笔画、油炭画练基本功，工作任务是组织画抗日宣传画、写抗战标语、演街头抗日剧等。写标语用的是粉笔和石灰，主要写的是“打倒日本帝国主义”“抗战必胜”等，每天要写很多，累得够呛，躺下就睡着了。

随后几年，我又从宣传处调回到军政治部，先后任上尉干事、少校干事、中校副科长、上校科长。这期间，130师师长周福成接替万福麟任军长，部队也由河南开到湖北、湖南。第一次参加战斗是在湖北阳新，日军把我们部队包围了，因为我以前没打过仗，所以很害怕，吃不下饭。科长是个老军人，对我说：“打仗还有不吃饭的？再不吃饿死你！”阳新一战打得很激烈，53军在撤退时派一个连掩护，我们退到一个山口时，敌人的机枪火力很猛，子弹看得清清楚楚的，好多人都牺牲了。我算是跑出来了，一直跑到长沙，几天没有洗澡没有吃饭，真是狼狈不堪。长沙的老百姓对我们军人很好，到小饭馆吃饭、澡堂洗澡他们都不要钱。当兵的很多，但澡堂的老板说："你们只管洗，为抗战我们有多大力就出多大力。"

廖冰兄抗战时期创作的漫画（图片来源：中安在线）

到武汉又经历了几次战斗，那时候我就不害怕了。后来部队开到湖南常德，又到南、华、澧、安、石，即南县、华容、澧县、安乡、石首这几个县整训了一年时间，部队逐渐恢复了战斗力，后被编入远征军，沿着西南公路徒步行军近一年，到达云南，转战在滇缅边境腾冲、大理一带。

1943年冬，远征军再次整编，我被调到20集团军司令部宣传处工作。那时，部队远离家乡，作战之余生活单调枯燥。为了让官兵搞好娱乐，部队成立了京剧团，因为我懂京剧和乐器，就以上校科长身份兼任京剧团团长，全身心投入到剧团组建上，从各部队抽调文艺骨干，加紧排练了很多节目。剧团曾驻在云南楚雄，任务是宣传抗日，慰劳前线作战下来的官兵。当时剧团没有行头，就请部队谍报人员到长沙购买湘绣回来加工；剧团没有经费，上级要求我们自供自给，所以除了下部队劳军演出是全免费的以外，剧团还要进行营业演出，大家都分配了卖戏票的任务，完不成任务不行。当时因为我能拉会唱、能写会画，部队官兵都认识我。当时的集团军总司令霍揆彰、参谋长刘召东等长官都很欣赏我，因我爱画虾，他们就给我起了个外号叫"杨大虾子"。

国民党军委会抗宣二队在江西广丰演出（图片来源：小老头网）

部队后来参加了腾冲战役。我们的士兵很能打，把城里的日军包围了。攻下腾冲后，不少日军战败剖腹自杀了。我当时随后续部队刚从山上下来，看到腾冲城内的日本军妓成群跑出来，我们的机枪集中火力向城内射击，打死打伤很多敌人。收复腾冲以后，我们剧团在这里安顿下来，驻扎了很长时间。

日本投降那一天，我们剧团正在演出。我当时正坐在前排，部队一个搞情报工作的军官和一个搞宣传的军官走过来对我说：“日本无条件投降了，上级决定让你上台对大家宣布，要注意别出现混乱。”我控制住自己激动的情绪走到戏台上，让锣鼓家伙都停下来，对台下观众说：“我有一个重要的消息要对大家公布，希望大家要安静，保持好秩序，配合政府做好工作。日本已经无条件投降了！以后我们可以回家了！”我的话刚说完，下面全乱了，外面大街上响起了鞭炮声，所有人都拥到大街上欢庆胜利。

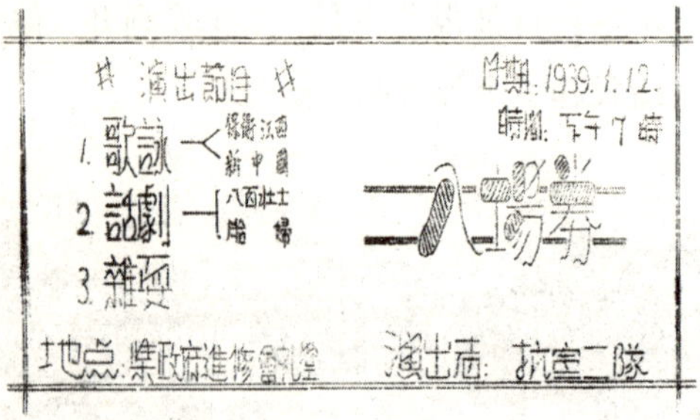

国民党军委会抗宣二队 1939 年的演出入场券（图片来源：小老头网）

抗战胜利后，20集团军撤销了，我们搭车加步行辗转几个月回到重庆。来视察的官员都认识我，我被调到重庆交通部总务司任总务主任，但因为我是搞艺术的，对数字、计算这一套不懂，对总务司的工作很不适应，我向司长请假多次才获批准，最后我被调回河南开封，在省政府保安司令部当上校科长。

口述人的美术作品

解放后我被省政府留用，1952年到新疆生产建设兵团农七师劳动改造，因为我会画画，被调到农七师展板办公室专职搞美术设计和宣传工作。

1979年，我因病退职，带着家人回到开封定居。

晚年，我又拿起了画笔，办了画展，出了画集，一直画到现在。

我参加入缅援英作战的经历

李松海，男，1922年2月4日生，原籍河南驻马店遂平，现居河南洛阳。1938年参加国民党陆军装甲兵团学兵队，后在国民革命军第5军军部辎重汽车团任司机，参加过昆仑关战役和第一次入缅援英作战。1949年编入解放军，1956年转业到洛阳运输公司工作，1989年离休。

1938年1月，我在洛阳报名参加了国民党陆军装甲兵团的学兵队，随后在湖南湘潭参加培训。当时有汽车和战车，大家都想学开战车，长官就叫大家按1、2、1、2的顺序报数，轮到谁是1，就学习开战车；谁是2，就学习开汽车。我是2，就学习开汽车。

1939年12月，我随部队运送第5军200师600团参加昆仑关战役。部队以强急行军的速度连夜向南宁逼近，刚到南宁市郊，就和敌人遭遇了。由于日军已抢先占领南宁，并在市郊埋下了伏兵，我方仓促迎战，600团士兵伤亡大半，团长邵一志和副团长吴茅生都牺牲了。但600团始终顽强战斗，后来其他部队全速赶到，最终占领了阵地，取得昆仑关大捷。

1940年，我随国民革命军第5军军部辎重汽车团进驻昆明。1942年，我们到中缅边境后的第一个任务就是接车。到仰光海岸后看到到处都是汽车和各种武器装备。当时采取分段运输，500公里为一段，先从仰光把车拉出来走500公里，到中转站后，我们120个司机再坐车返回仰光开出第二批车。500公里要用一天半时间。这样跑了两个月，把车集中到离中缅边境100多公里的腊戍。在腊戍我们领到一个新的任务，就是收集从仰光开过来的车辆。当时我们名义上是归远征军后勤总部管的，总共收集小车、大车、装甲车500多部。我主动带了几个人把车归置停放到一起。一天早上，我发现一个穿着破军装的小孩躺在地上昏迷不醒，我们给他灌了些米汤，过了一会儿他醒过来了，一问才知道他是河南陕州人，叫车娃儿，抓壮丁当兵到了这里，掉队了。我们收留了他，我还给他换了个名字叫车复生，先送他到附近的西南运输处中心医院治疗，又教他学开车。

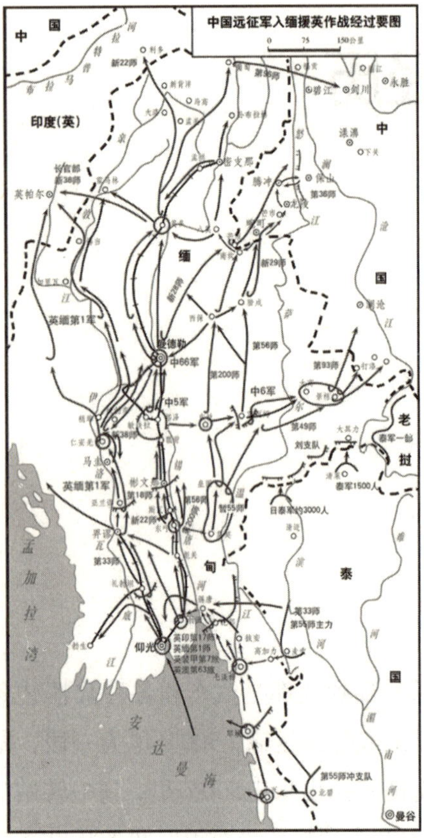

中国远征军入缅援英作战要图（图片来源：抗战名将网）

1942年2月，第5军200师进入缅甸，我和战友们负责运送200师先遣营到最前线。这个营的营长是留德学生，他指挥部队在同古附近一个桥头防守，当时英国部队已开始向这边撤退了，先遣营占领了桥北有利地形，在桥下绑好了炸药，等英国人撤过了桥，先遣营引爆了炸药，桥炸断了，桥上的日本人也被炸到河里了。

当时杜聿明就在附近一个山上的大佛寺山洞里指挥。我运送200师到同古后，按杜聿明的警卫营营长的要求留下来为指挥部服务。当时，进入同古的日军还不多，后续的22师和荣誉1师如果能和200师一起在同古和敌人会战一下，敌人肯定吃不消，但当时200师虽已到达同古，但重型装备还没有运送过来。杜聿明向史迪威反映了这个情况，史迪威就把负责运送装备的一个美军军官撤了职，但后来大炮和战车仍然没有运来，200师的战车兵只好拿起步枪参战，在缺少弹药、食物、重武器的情况下，坚持了12天才在22师、荣誉1师的接应下撤退出来。当时英国人本来在同古的右翼，他们撤退时也不通知我们，日本人发现英国人撤退后就把全部兵力调来打同古。

1940年摄于柳州的戴安澜将军（图片来源：黄埔军校网）

1942年4月，缅甸仁安羌油田的英缅军被日军围困，其中还有一个英国的公爵，听说在第一次世界大战时就是个有名的撤退司令，我奉命运送第66军新38师113团赶去解围。深夜，我们把113团运到仁安羌油田北面的一条河边，按计划把他们送到后就返回军部再运送另一批部队到棠吉，但师长孙立人命令我们先在河边等一夜再走，还有任务。当夜，113团涉水偷渡到河南岸，天快亮时发起了攻击。日军没想到后方竟来了中国军队，措手不及，在两面夹击下撤退了，为英国人解了围。第二天，我们又拉上被解救出来的各国记者几百人返回。

后来，我送96师一个营去棠吉，路上得知营长是山东人，曾在洛阳上过军校，我是洛阳人，就算和他认识了。棠吉这个地方是个兵站，存放着远征军的大量物资，我们的车队刚上山就遭到日军的阻击。我当时没有经验跳下车藏在树丛中，营长看见了，就对我说："树能接住子弹吗？你要绕开公路斜着下去。"我就按他说的往下跑，跑到一个十几米深的山崖边上，一时不敢往下跳，后来过来的人多了，把我挤了下去。我抱着头掉落下来，伤到了腰，半天起不来。过了一段时间，我缓过劲来。拐过这个弯后看到我的车被车复生开下来了，我就忍着疼把车又开到山下。后来部队冲进棠吉才发现这是座空城，敌人在半路阻击我们也只是个假象，他们的主力在棠吉吃饱喝足后已经从原始森林抄近路占领了腊戌。

最后第5军撤退时，杜聿明率军部向西进了原始森林。为掩护军部，200师戴安澜①师长在密支那拐头向东移动，牵制敌人，最后中弹牺牲了。

撤退时我开着车跟着96师服务，师长是余韶②，他们奉命殿后掩护，是最后一批撤退的部队。杜聿明的命令是让他们3天以后才能撤退。后来3天期满后，我们拉着96

①戴安澜（1904—1942）：字衍功，号海鸥，安徽无为县人，国民革命军高级将领，黄埔军校第三期毕业，曾参加北伐战争及保定、漕河、台儿庄、中条山诸役以及昆仑关战役。1942年，戴安澜奉命率200师作为中国远征军的先头部队赴缅甸参战。1942年3月19日，同古保卫战中，200师全体官兵坚守阵地，勇猛还击，虽孤军作战，后援困难，但师长戴安澜决心誓死抵御到底。他在致夫人王荷馨的信中写道："余此次奉命固守同古，因上面大计未定，后方联络过远，敌人行动又快，现孤军奋斗，决心全部牺牲，以报国家养育。为国战死，事极光荣。"他带头立下遗嘱：只要还有一兵一卒，亦需坚守到底。如本师长战死，以副师长代之，副师长战死以参谋长代之，参谋长战死以某某团长代之。全师各级指挥官纷纷效仿，誓与同古共存亡。敌人的猛烈进攻，造成伤亡猛增，掩体被毁。戴安澜指挥将士利用残垣断壁、弹坑继续抵抗。他还采取百米决斗术，等攻击的敌人到达50米处时，才从战壕里一跃而出，或用手榴弹集中投掷，或用刺刀进行肉搏。同古保卫战历时12天，200师以高昂的斗志与敌鏖战，以牺牲800人的代价，打退了日军20多次冲锋，歼灭敌军4000多人，俘敌400多人，予敌重创，打出了国威。1942年5月18日，戴将军在郎科地区指挥突围战斗中负重伤，26日在缅甸北部茅邦村殉国。（据《戴安澜》）

②余韶（1891—1962）：原名斐生，号述虞，湖南平江三市乡人。1908年入湖南新军49标当兵，参加辛亥起义及护国、护法诸役，1926年参加北伐。全面抗战爆发，任96师师长，参加广西昆仑关及缅甸密支那之战，远征缅甸失利后率领所部走出野人山，返回祖国。后来96师编入第5军杜聿明部。1942年，杜聿明任集团军司令，余韶升任中将副军长。1945年2月，余韶被免职闲居，后任新兵第二集训处第四总队总队长等职，1948年弃职，旋即被任命为国防部部员。中华人民共和国成立后，参加民革，任湖南省人民政府参事室参事，精通古琴。（据湖南省博物馆官网）

师官兵开始撤退。半路上，遇见一个搭车的华侨，他说他知道有一条路，刚好能走汽车，可以不经过野人山原始森林。师长一听就把身上所有的缅甸盾都给了这位华侨。在他的带领下，我们走了一夜，来到一条河边，当时是雨季，河水一眼望不到边。等到天明，派侦察连侦察，发现水太大，这条路过不去了，那位华侨向导表示愿意继续领着我们穿过剩下的一段原始森林。记得这一天是5月18日，我们烧掉了100多辆汽车，和96师幸存的5000多名官兵一起走进了原始森林。当时我们一个单位的13个汽车兵跟着洛阳军校的那个营长一起走。营长对我们很关照，上路前分粮食，别人按11天的标准分配，给我们13个人额外多分了些粮食。一路上由工兵开路，每天只能走3公里，路上看到干柴就拾起来，到晚上点火做饭用。路上的蚂蟥很多，从树上直往下掉，吸住人不松口，很难弄下来，蚂蟥咬的伤口还不停地流血。森林里还有瘴气，看着黑乎乎的，吸进肺里会发胀，吐黄水。后来回到昆明问了医生才知道那瘴气其实就是成群的小飞虫。因为瘴气死了不少人。按向导的经验原来预计要走11天，最后走了14天才走出原始森林。走出野人山时发现很多英国人、印度人，原来他们侵占了我们不少领土，孙布拉蚌就有英国的军营，大家都很气愤。我们又向北到了葡萄（缅甸克钦邦所属的一个县），从葡萄向东过了三条江，9月20日，我们终于到了保山。后来得知军部向西进入野人山原始森林后走了几个月才到达印度。

我在滇西战役中奋勇插旗

刘松亭，男，1925年生，洛阳伊川葛寨乡葛寨村人。1942年至1945年在第2军第9师25团3营7连3排炮3班任班长，1946年至1948年在预备第二师当排长、连长，1949年返乡务农。

我小时候家里穷，父亲去世，母亲改嫁，我成了孤子，住在舅家。

我记性好，戏文听过两遍就能背出来。全面抗战开始后河南有一出戏，记得戏文是这样的：

俺本是宛平县逃难百姓
提起来日本鬼胆战心惊
狗日本黑夜里他把兵动
用飞机丢炸弹任意轰炸
母亲娘你已死了把命丧
倒教俺为儿女哭断肝肠
母亲娘现丘到草堂之上
听孩儿表一表日本鬼狼心狗脏
昔日里有一个秦始皇上
他要想求长生做个神仙
命徐福去到那东海岸上
东海岸去求那仙药妙汤
随着去童男女三百余双
东海岸发现了日本鬼他建了祖邦
东海岸四大岛有他家乡
七月七卢沟桥发动事变
张家口察哈尔一炮轰光
狗日本占台湾管琉球暂且不讲
一心心又派人进我边疆
韩复榘当汉奸他不抵抗
一不杀二不战退到信阳
……

民国31年（1942），我卖壮丁①当了兵，卖了1860元纸洋，这笔钱能买1000斤麦子。钱给了我姨家，我没用上一分钱。

①据史料记载，国民党军队在全面抗战前的“抽丁”和全面抗战开始后的“抓壮丁”过程中，允许有钱人家以赎买的方式获得免役证，从而合法地逃避兵役。同时，有钱人家也可以花钱购买贫困人家的壮丁顶替自家人服兵役。（据《山西青年报》）

当新兵在汝州的临嵩师管区，分在3团3营12连，训练7个月。到第二年3月份交兵，我们经湖北步行一个多月，过影屏山（音）到巴东，又改乘船到重庆，驻扎在江北县黄古崖丁家坡，编到四川的老部队第8军166师497团2营5连。在这里驻扎到9月间，开始挑选远征军，我被挑选出来编到一个独立营，坐汽车到云南后被编入第2军第9师25团3营7连3排炮3班。我们军长是王凌云①，师长叫陈克非。刚去时驻扎在弥渡县李家村，到云南的第二年开始和日军作战。

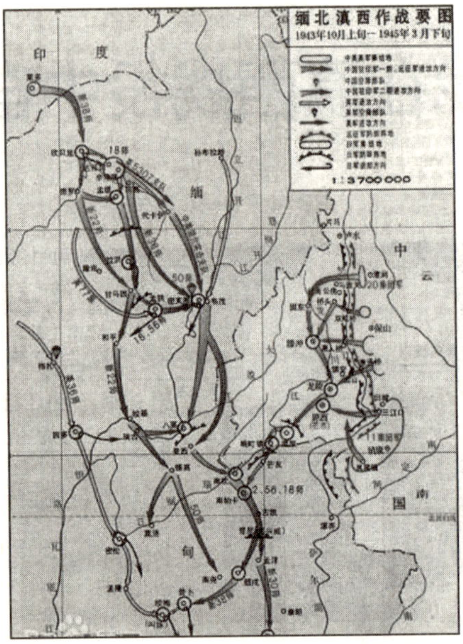

缅北滇西作战要图（图片来源：东方军事网）

这个时期，我们部队都是进攻敌人，昼夜不停地追，敌人只有防守之力了。打过五六个地方，先打的保山，第二个是芒市，还有施甸、龙陵、腾冲、松山，最后一战是松山。②我们老家一个村出去十几个人，只有我一个人回来了，尚福娃、陈夏彦、康来延等都牺牲了。在保山一带前前后后有一年多时间，我也由三线转到一线。还有一个新5军200师，出力很大，牺牲的官兵成堆成堆运送，“营长一坑仨，连长论坑挖”。不过那时遇上阴雨，日军穿的是大头皮鞋，跑不快，我们穿草鞋，跑得快。为消耗敌人，我们从各连抽人成立突击队，专门挑那些

①王凌云：1899年9月27日生，字仙峰，河南洛阳蟒庄村人，国民党陆军中将，中央军校高等教育班第三期毕业，陆军大学将官讲习班第二期、陆军大学将官班甲级第三期毕业。1937年参加淞沪会战，同年9月擢升为76师中将师长，之后率部转战于江苏、浙江、安徽、江西、湖南、广东、广西等地，参加昆仑关战役、武汉大会战、长沙大会战、南昌会战、岳阳会战、进攻宜昌、桂南会战。1942年晋升为第2军军长。1943年率部参加滇缅战役，隶属于中国远征军序列。1946年3月任整编第9师师长。1947年11月为胶东兵团中将副司令，12月升任十三绥靖区司令兼行政长官。抗战期间获得青天白日勋章、美国银质自由勋章。1961年12月25日特赦释放后定居北京，任全国政协文史资料委员会专员。1963年任河南政协秘书处专员。1968年夏从郑州家中出走，下落不明。（据《洛阳晚报》《王家老宅里的风云变幻》）

②滇西缅北会战为抗日战争的大型战役之一，地点是在中国云南省与缅甸北部交界地区，起始时间为1943年12月初，战役目的是打通中印公路。1945年3月底，中国远征军、英军及麦瑞尔突击队于芒友会师，日军则失缅北要塞。此次会战打通了中国西南国际交通线——滇缅公路，并收复滇西怒江西岸全部失地。中国驻印军主要战役：于邦战役（1943年10—12月）、胡康河谷战役（1943年10月）、孟关战役（1944年3月）、瓦鲁班战役（1944年3月3日）、密支那战役（1944年4—8月）。云南远征军主要战役：松山战役（1944年6月1日—9月7日）、腾冲战役（1944年5月11日—9月14日）、龙陵战役（1944年6—11月）。（据《日军侵华八年抗战史》）

脑瓜灵活、鬼点子多的组成小分队，半夜到敌方阵地骚扰袭击，消耗敌人的子弹。

中国远征军进攻腾冲（图片来源：《云南民族》2012年第6期）

我最自豪的是被抽到连里扛旗。那时候一个连有一杆旗，我年轻，身体老棒，被挑出来扛旗。攻保山城[①]时，我是头一杆旗，第一个上去的，营部的是第二杆旗，第8连的是第三杆旗，另外两杆没上去。

中国远征军进攻龙陵（图片来源：《云南民族》2012年第6期）

当时不知道东西南北，团长交代只死记住哪是左侧就行，因为左侧城墙被炸塌一个口子。我身上只带4颗手榴弹，旗一插上城，不管看清看不清敌人，只管把手榴弹扔进去就行，这样一来，敌人就知道我们攻进来了，就沉不住气了，乱喊乱叫，有的机枪一扔就跑了。

1944年8月20日上午9时，远征军以120箱TNT炸药引爆松山主峰日军巨堡（图片来源：中国远征军网）

攻进保山后团里开会，奖给我一个一钱七分重的金镏子和一双皮鞋。这个金镏子忘记后来什么时候卖了。

从打腾冲的时候开始，因炮班班长负伤，我又调回到炮班。一个连3门炮，除了机关枪连没有炮，一个营合起来9门炮，打一个地方都是把炮集中起来打的。团长说看谁指挥得好，谁有胆量就叫谁指挥。我向团长保证：如果三发炮弹打不到目标上情愿把头砍了。

我们用的是60迫击炮，脚架1.46公斤，炮筒和炮盘都是5.81公斤，总重19.08公斤，黄色炮弹加药4包打1985米，绿色炮弹打2140米。迫击炮弹有“瞬发信管”和“延期信管”两种，瞬发信管碰上就炸，延期信管钻进掩体内部才爆炸，瞬发信管炮弹从炮

①口述人记忆中插旗的地方是不是保山待考。

口装填。测距离有两种方法，一种是直接瞄准，一种是间接瞄准。间接瞄准要借助标杆，有瞄准具可以参考，还有射表和瞄准具对照，学会不难。

1944年9月14日，中国远征军经过浴血奋战，光复腾冲。图为远征军士兵打扫战场（图片来源：《云南民族》2012年第6期）

打松山打得时间老长，激烈着哩！激烈时候一直打，二三百炮打过去，天昏地暗，敌人阵地上啥都看不见了，步兵再上。

在松山战役中我们是后来增援部队，牺牲不大，但前期主攻部队牺牲太大。敌人在两个山头上修了碉堡，8挺重机枪用交叉火力封锁一条公路，连只鸟也飞不过去。

我在云南三次负伤。背上被扎过一刺刀，左手、右脚踝骨在腾冲被炮弹皮击中，卡在骨头上，取掉后发炎，但还是不让下火线，继续指挥打炮。被扎这一刺刀是在松山战斗结束后搜索战场时，不小心被一个东北伪军刺的。

腾冲国殇墓园一景（图片来源：《大河报》）

回想刚当上兵时嘴上不说心里有点怯，后来一打仗什么都不怕了，上火线该咋打咋打，下了火线该唱就唱，我演节目活跃着哩。

我有个表姐夫叫王觉朝，也叫少卿（音），也在这个部队当大官，但刚去时根本不知道。日本投降后，河南剧团到部队演出，老乡多，一谈论才知道。联系上表姐夫后，他把我提拔到军部当副官，又到预备第二师当排长、连长。内战时在徐州战役后我就不想再干了，想办法脱离了部队回到家乡。表姐夫死不投降，最后被枪毙了。

庆祝胜利的信号弹升上了南宁的天空

杨宝山，男，1925 年生，洛阳市伊川县人。1942 年起分别在第一战区司令部直属独立第 4 旅、国民党 46 师 136 团 206 连、张发奎部老 8 师任文职。1946 年脱离部队回乡务农，后任小学教师、校长至退休。

小时候，我家里条件不好，上不掏钱的私塾，后改为洋学堂，读过鲁迅的文章，如《一件小事》《故乡》等，学过几何、代数，读到完小毕业。

1942年春，我17岁，正值全国上下掀起抗击日本侵略战争的高潮时期，在伊川观看东北南下的学生宣传队化装演出，唱《松花江上》，边唱边哭。作为一个青年学生，我同样热血沸腾，决定走出校门参加抗战。当时我哥哥已经在部队服役了，是当传令班班长。家里老人哭着不让我再去当兵，哥哥回来说服了两位老人，把我带到洛阳李家楼部队营地介绍参军。首长见我写一手好字，非常高兴，就让我留在连部做“帮缮”工作，也就是搞文职工作。

这个部队是第一战区司令长官部直属独立第4旅1团1营2连，司令长官是卫立煌，独立第4旅后来改编为暂编第4师。

1944年春，日本军队从临汝往洛阳开过来，当晚龙门中正桥被我军炸掉，部队开往龙门以西，后勤人员驻在丰李镇（今洛阳洛龙区丰李镇）。部队早晨起来就在丰李西坡与日军交火，战斗打得很激烈，战场上尸体遍野，担架队把伤员塞满了丰李镇的大街小巷。临近傍晚，上级命令部队继续与日军战斗，连里文书、司务长等后勤人员先拉着行李、文件往西撤退，我随后勤人员经过宜阳、洛宁、卢氏再往西去，到了陕西第八战区。路上遭到日军飞机不断扫射。

第八战区长官是胡宗南。到了陕西商南县，过去的这些人都被第八战区收编了，我被收编到国民党第46师136团206连，因为有文化，被留在连部当了文书。部队在商南、商州、洛南一带驻扎训练，一直到1944年冬天，部队接到命令再向西迁，路过华阴庙，上火车到西安市城西丰镐村驻防。

没过多久，部队到西安市飞机场边的大营房驻扎，由美国医生在营房里检查身体，从上到下全身检查一遍，身体不好的不要，身体好的发张飞机票，洗洗澡，晚饭时上了美国人的运输机，一架飞机坐37个人，在西安上空转了一圈往南飞去，飞过长江，又飞过一个电灯通明的城市，4个小时后降落在云南沾益。

下飞机后我们在稻草堆上睡了一夜，天亮后一看，那山上到处是青青的橘子树和黄黄的油菜花，在西安还是冰天雪地，到这地方真是暖和啊。

在重庆的盟军人员驾车加入庆祝抗战胜利的游行队伍（图片来源：新华网）

部队到南方后，与张发奎的部队合并，番号不记得了，只记得是老8师，我仍担任连里文职工作。这支部队除了衣服没换，其他装备都跟远征军一样，用上了钢盔、03式步枪、卡宾冲锋枪、小钢炮、火箭筒、枪榴弹，穿上了皮鞋。

部队本来要去缅甸增援，后来听说滇缅公路已经打通了，又说要去打独山，后来独山的日本人也退了。部队开到贵州南部兴仁县、安龙县驻扎训练了几个月。营里的顾问尽是美国人，勤杂人员也必须参加实弹射击训练。大概离日本人投降还有两三个月的时间，部队步行到了广西百色、南宁，在南宁守卫飞机场，从印度加尔各答和缅甸密支那回来的大批部队在这里降落。

欢庆抗战胜利（图片来源：光明网）

记得在南宁飞机场西北一个开阔地上接受过检阅。当时有20多辆小车，国民政府军政部部长何应钦和司令长官张发奎等都到了。何应钦个子不高，戴着上将军衔，讲话的内容主要是：德国已经投降，同盟国的军队将要全面胜利，日本鬼子将要垮台了！真是鼓舞人心，士兵们听了高兴得鼓起掌。

等待遣返的日本兵（图片来源：《大连日报》）

1945年8月15日晚上，五光十色的信号弹升上了天空，接着，鞭炮声、欢呼声响成一片，日本投降了！日本帝国主义被打败了！整个南宁城沸腾起来，大家高兴得一个晚上连觉也睡不着。

中国遣返日本战俘实景（图片来源：网络时代社区）

日本人投降后大概两三天，部队步行往东到达珠江北岸，在广东和广西交界的苍梧接防，这里过去是1/3在水里，2/3在陆上，有很多日本人建的工厂，有昭和兵工厂、昭和酒精厂等。然后部队在梧州乘民船前往广州接受日本投降，走了三天三夜才到广州码头。部队一部分守佛山城防，一部分到广州接收日本人的枪支弹药，遣送日军回国。1946年春天换防往北去，沿粤汉铁路步行到韶关、乐昌驻防。乐昌县铁路沿线搭有成片的草棚子。日本兵等着回家，但因铁路遭破坏，只能乘汽车，挤上去的很高兴，挤不上去的大哭大叫，狼狈极了。

我当时在团部，团长叫杨楚材。当时听说部队将被调往山东和东北去打内战，中国人打中国人，我不想参加，就和连长卓政高商量，从团部弄来一个“到洛阳执行公务”的公文，偷偷加盖了公章。就这样，我和卓连长及勤务兵孙万幸、戴长春一行四人，脱离部队一路来到了湖南卓连长的老家，之后我独自继续经湖南、湖北回到老家洛阳。

我返乡后在家务农，还在农会当过会计，1948年后经历了为解放军南下借胜利粮、土改、划分阶级成分这些事。随后到了小学当教师，教语文、历史、地理，后来就一直在伊川县鸣皋乡中心小学当老师长达39年，直到退休。

我在驻印军①军邮局②任职

王林森，男，1923 年生，漯河市源汇区空冢郭乡姬于村人。1943 年秋先后在中国驻印军工兵团和军邮局任工兵、局员、局长，1948 年辞职回乡务农。

我小时候读了4年私塾，因名字与当时国民党元老林森重名，老师把我改名叫王致和。1943年秋季，我出壮丁被送到保里，集中到郾城县衙门口东边一个空院检查身体，挑选出国兵。检查得很严，身上有疤的不要，有痔疮的也不要。我们这一批37个壮丁中合格的只有6个，我被选上了。新兵队从许郾师管区出发，经过南阳卧龙岗时，新兵炸了群，跑了8个人，抓回来两个，这两个抓回来后挨顿打，第二天就再也没看见他们了。从南阳到湖北老河口石化街，一路步行，上山下山，天下着雨，衣服淋湿透也不停。湿了暖干，暖干又淋湿。从湖北到四川，夜里关在小木楼里，白天集中到长江边的沙滩上。这样等了一二十天，又乘船到达重庆，我们在江上抬头看着山城重庆夜里的灯光就像天上的星星一样。

在泸州一个大集镇的师管区里，四川兵和河南兵合在一起，再坐汽车经贵州到云南曲靖，又转乘火车到达昆明，在昆明交兵时由美国人再次体检，一个连246个人，检验合格的只有30个。我也通过了，他们在我胳膊上盖个“合格”的印章，第二天就送上飞机，一直飞到印度的汀江机场。

①驻印军：1942年中国远征军第一次进入缅甸作战失利后，在进入印度的新22师和新38师的基础上成立的，是当时中国最为精锐的作战部队，为反攻缅北、协同中国远征军打通中印公路、歼灭日军第18师团立下了赫赫战功。因为当时印度没有战场，中国军队不能称作远征军，故改称驻印军。（据环球网）

②军邮局：抗日战争中，国民党军队曾在全国战区及远征军驻地普遍设军邮机构，由交通部邮政总局负责管理，后方勤务部专司监察。（据中国军网）

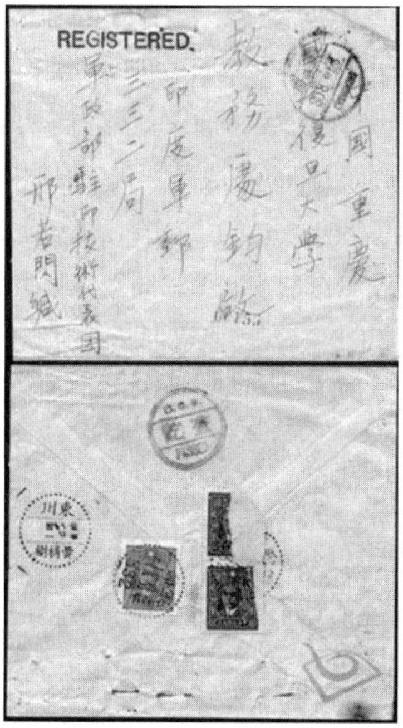

发自驻印军军邮 332 局的一封信件

（图片来源：收藏网）

到印度后我们在野人山里的一个新兵训练基地训练了4个月。这里的营房都是用油布和竹子搭成的，床也是竹子做的。训练结束后我被补充到新1军工兵团，这个部队原来在缅甸和日本人作战，失利后撤退到印度休整。在工兵团的工作是修路，先由中国工兵在森林里砍树、锯树，然后由美国兵开着推土机、挖掘机进行作业。部队进攻密支那时，我们在后面修路，能听见前面传来的炮声、枪声。雨季到来后，森林里道路不通，给养运不进去，工兵部队暂时撤出森林，驻扎在一个机场附近。有一次，我们正在搭建竹棚，听见有日本飞机的声音，就赶快往树林里躲。日本飞机到来后像刮风一样轰炸和扫射了一阵。我趴在一棵大树下面，只受了点小伤，住院治疗时听说这次轰炸中我们被炸死了16个人，炸伤了30多人，我们连长也被炸死了。

出院后，我因有些文化经推荐被调到驻印军总指挥部军邮局当邮递兵，刚去时是在总指挥部501局。当时在总指挥部、军部和师部都设有军邮局，负责军队邮政工作。后来，我又被派到战车第一指挥组2002军邮派出所工作。这个指挥组相当于一个团，有三个营。在这里工作直到缅甸的战斗全部结束，我又调回军邮501局，在新1军军部军邮345局任少尉局员，后来345局局长回国，我接替他当了局长。

一枚民国时期的军邮邮票（图片来源：收藏网）

战争年代，尤其是驻印度的远征军官兵们，都盼望着能和家里通信。新1军军部的处长们对自己的信件都特别挂记，见我就交代有信要留好，专门来拿。新1军贾副军长见到我总是说：“兄弟呀，有我的信没有啊？有了留好啊，我亲自来拿。”我总是对他们说：“放心吧，有信我就专门给送过去。”军邮局的日常工作是接收和分发投递信件。那时一封信八分钱，谁来寄信，先买个邮票贴上，我再打上邮戳，装上袋子，第二天送到机场。这个机场每天有一趟班机回国，上午去，下午回，邮件都随这架飞机走。那时信件分为单挂号和双挂号两种。双挂号要登记收信和寄信双方的地址、姓名，用复写纸一式复写三份，信上贴一份，给寄信人一份，留做存根一份，以便查询。在印度期间，军邮局还管寄包裹和汇款。为了保密，部队的番号和地址都用代码代替。军邮局平时没有武器，由部队派卫兵站岗。

1945年，我随新1军军部乘飞机回国。在广西南宁驻扎期间，日本宣布无条件投降，我们从广西开到广州接受日本人投降，把日方人员集中起来，让他们上街扫马路。日本人被遣返后，新1军乘美国的登陆艇由广州出发在海上行驶了十天到秦皇岛，一直开到东北，驻扎在奉天（沈阳）火车站。

内战爆发后，新1军官兵们私下里议论纷纷，大家的想法是，我们在外国打日本，回了国还要自己人打自己人，干脆不干了。还没到东北时，军邮局很多局员都不辞而别，我担任军邮局局长的职责，无法擅离职守，所以一直拖着。那时军邮局的领导是军邮总视察，我请示军邮总视察陈光照（音），要求回家，他也同意了，要我等着，只要接任的一来我就可以走了。后来从地方上挑了几个人，他们来一看情况，得知军邮局也和部队一样穿着军装，还要随部队打内战，都不想干。直到1948年9月我总算辞职离开了部队，回到老家。

71军的神炮手

邹荣盛，男，1920年生，河南省新野县歪子镇棉花庄村人。1938年加入国民革命军71军88师523团炮兵营，历任炮手、炮兵班长、中尉排长，参加过兰封、滇西等战役。1949年退役返乡务农。

民国27年（1938），我在家里拾柴、割草、做短工。正月间，国民党71军[①]88师驻扎在洛阳，我们村里有个叫程玉山的在这个部队当副排长。他回家乡探亲，站在村头的石碾子上，向全村老少宣传讲话："日本人打进来了，咱们不当亡国奴，都当兵打日本去！"在程玉山的影响下，我和同村几个年轻人一起报了名，跟着程玉山到渑池县参加了71军。我分配在88师523团炮兵营第3连，记得军长是宋希濂[②]，师长是钟彬，营长名叫陈廷贵，是河北人。

随后开始了紧张的训练，训练主要内容是炮兵技术。我分在观测班，一个星期学习3天，用过81勃朗德式迫击炮，后来换成82金陵式迫击炮，炮管不带滚轮25公斤重，支架20公斤，底盘23公斤，瞄准具1.5公斤。

①国民革命军71军：该军前身是国民政府中央陆军教导队，参加过"一·二八"淞沪抗战。全面抗战爆发后，整编为71军，先后参加了淞沪会战、南京保卫战、豫鲁皖边地区作战和武汉会战。1942年5月，该军由四川开赴滇西，掩护入缅作战的中国远征军撤回怒江东岸。在中国远征军第一次入缅作战失利后，国民党军事委员会对远征军进行了重建和整编，该军编入远征军编制序列，参加了滇西反攻作战和中国远征军第二次入缅作战。（据《国民党历史上的158个军》）

②宋希濂（1907—1993）：抗战名将，字荫国，湖南省湘乡市杏子铺村人，中央陆军军官学校第一期步科、日本千叶陆军步兵学校中国将校班、陆军大学将官讲习班第一期、陆军大学将官班甲级第一期毕业。1926年参加北伐，历任国民革命军71军军长、第11集团军总司令、新疆警备总司令、华中"剿匪"副总司令兼第14兵团司令。1949年后作为战犯接受改造。1959年12月特赦。1980年宋希濂赴美探亲，后定居美国。1982年8月任纽约"中国和平统一促进会"首席顾问。1984年参与发起成立黄埔军校同学会，任副会长。1993年，因患严重肾衰竭在纽约逝世，享年86岁。（据中国网新闻）

一个炮6个人管，3个炮手，3个运弹药的。我是第一炮手，负责测距离定方向。第二炮手负责装填炮弹，第三炮手管递炮弹。我眼神好，在多年的战斗中又练成了好技术，一分钟能打18发，在滇西战斗中我一分钟打过21发炮弹，团长说："你们要命不要命了？"在2000公尺（米）以内的目标，只要我能看见，保证一炮击毁。后来有一次全军比武，我打靶成绩好，引起了军长宋希濂的注意。宋军长对我说："我给你指个地方，你能不能打着？"我说："能。"他就指了个目标，让人在那儿竖杆蓝旗，我两炮就把旗打倒了。宋军长拍着我的肩膀，当着视察团大小军官的面说："像这样的兵，一个连有十个八个，这个连就充满了战斗力，这样的兵就应该重用。"

新兵训练结束就参加战斗，从渑池开到河南兰封，在那里和日本人打了一个月零三天。又在湖北孝感一带打了一个多月。民国28年（1939）我们休息一年，第一战区司令长官卫立煌曾说，现在的情况容不得休息。我们军长说，现在新兵太多，到明年，我包打三个月。

到民国29年（1940），部队开到黄河以北晋东南高平、长治一带，从3月20日过黄河、过济源，到6月20日又回到河南，和敌人打了3个月，在纵横4天路程的地盘上打得日本人不见踪影，但同时，我们71军88师、36师、87师的伤亡也很大。36师106团全团剩80多人，264团的伤亡也很大，一个连平均牺牲80人。我们88师523团团长是吴涛（音），当时几个连都打光了，我临时被调到督战队，吴团长说："没有我的手令，伤兵也不准退！"

我所在的炮兵班配属在88师熊新民[①]的263团同敌人作战。阵地上，白天是激烈的枪炮声，夜里只听见刺刀碰击的声音，一晚上7次肉搏战，许多战友赤膊上阵，和敌人同归于尽。第二天早上，营长带着我们清理战场，发现有些战友临死还紧紧地和敌人扭打在一起，怒目圆睁，我们要用力才能把他们分开。营长说："同志们啊，这些弟兄是为国家死的，死得有功啊！"那天晚上死了70多个兄弟，打死了100多个日军，后来这几十个兄弟都被埋进一个大坑里，现在连坟恐怕也没有了。我们是炮兵，相对安全一点儿，但危险时刻存在。阵地一旦被敌人发现，一炮打来，连尸体的碎块都很难找到，所以我们炮兵打一阵就要转移阵地，不让敌人发现目标，但伤亡也是难免的。一次，我们旁边的炮兵转移得慢了一点儿，日军的炮火打来后，原来的阵地上竟然什么

①熊新民（1904—1992）：湖南桃源人，字云程，中央陆军军官学校第六期步科毕业，国民党中将。1938年3月调任88师264旅528团上校团长。1939年5月88师缩编为三团制，改任263团上校团长。1946年获颁忠勤勋章，8月调升87师少将师长，获颁胜利勋章。1948年9月任71军副军长，10月任23军中将军长，12月任71军中将军长。1949年8月任第1兵团中将副司令，12月被解放军俘虏。1953年12月转移至内蒙古中滩农场接受劳动改造。1985年3月当选武汉黄埔军校同学会理事。1988年5月出任湖北省黄埔军校同学会顾问。1992年4月16日在北京病逝。（据湖南省参事室、湖南省文史研究馆官方网站）

都没有了，远处的树上挂着断肢和裹腿布片。炮兵第一连遭敌机轰炸，迫击炮被炸毁，班长也被炸死了。

炮兵必须反应快。有一次，我们炮排正在阵地上吃饭，我看见远处的树林里有尘土扬起，定睛一看，发现日军的三辆马车拖着山炮疾驰而来，此时与我们大约有2000公尺（米）距离，我立即命令："投入战斗!"大家扔了碗筷就去抓炮弹，几炮过去，就摧毁了敌人的马车和山炮，十几名日军也被消灭了。

民国30年（1941），我当了班长，部队调进四川。

民国32年（1943）2月，我当了炮兵排长，部队改为远征军，各部队"鸟枪换炮"，更换了美式装备，71军成立了一个榴弹炮营，配榴弹炮12门；每个师成立一个山炮营，配山炮12门；每个步兵团成立一个反坦克炮连，配反坦克炮4门；每个步兵营成立一个火箭排，配火箭筒2支；重机枪连配备重机枪6挺，步兵连配轻机枪9挺、"汤姆森"式手提机枪18支、迫击炮6门、火焰喷射器1个；每个营、连都配有完整的通讯设备，其他工兵器材和运输工具都很齐全；每个军部和师部都配备有一所设备完善的野战医院。我们远征军的司令长官是卫立煌，宋希濂是第11集团军总司令，第71军军长是陈明仁①，第88师师长是胡家骥②。

从1943年到1945年的滇西抗战中，我跟随部队参加了滇西抗战的几乎所有重要战役，记忆最深刻的是三次战役：

第一次是高黎贡山战役。高黎贡山地势险要，日军工事坚固，他们据险顽抗，我们打了三进三出，那时候炮兵有充足的炮弹，我们排打出了大量炮弹，杀伤大量日军，最终将负隅顽抗的日军消灭。

第二次是龙陵战役。龙陵县的日军据守城内据点，顽强抵抗，战斗打得十分艰难，双方陷入苦战，都死伤惨重。我们炮兵主要任务是压制日军机枪火力，掩护步兵进攻。官兵们前仆后继，英勇牺牲，用了整整一个多月的时间将龙陵城内的日军彻底消灭干净。

第三次是腾冲战役。8月份，我们炮兵营被紧急调往腾冲，配合友军攻城。当时，天上有美国飞机不间断地轰炸，地面上有我们炮兵地毯式轰击，步兵自南向北，逐巷逐屋进攻，反复争夺阵地，一直打到9月

---

①陈明仁（1903—1974）：抗战名将，湖南醴陵人，黄埔军校第一期毕业，在国民党军队中南征北战25年，官至兵团司令，参加过武汉会战、桂南会战、滇西反攻作战等战役，授中将军衔，曾获青天白日勋章。1949年他与国民党长沙绥靖公署主任程潜和平起义，被授予中国人民解放军上将军衔。（据人民网）

②胡家骥（1906—1996）：字德丞，湖南湘乡人。毕业于黄埔军校第五期工兵科。1937年淞沪会战的时候，胡家骥率一个营打起了冲锋，结果身中五弹，伤愈后在荣誉第1师任旅长。1944年任71军88师师长，奉命担负龙陵的主攻任务，亲自带一个加强团打起冲锋，经过4个小时的激战，占领了东老坡主峰，为后续部队的前进打开了道路，但他再次负伤。龙陵收复后，胡家骥被记为首功，并被授予四等云麾勋章。1949年避居香港，1996年去世。（据《国民党一百位末代军长》）

14日，城内日军全部被歼灭，日军指挥官弹尽粮绝后绝望自杀。大战中的腾冲，墙倒屋塌，群众都跑出去躲避，他们有的连个吃饭的碗都没有。我们开饭时看见逃难的百姓，就给他们一些米饭，他们就用衣服包着带走了。

在滇西，我们整整打了两年半，取得了彻底的胜利。

日本投降后，部队整编，军校学生留下，行伍军官都不要了。我回到重庆第一军官总队，队长是黄埔学生潘永强（音），他后来在重庆退役转业到地方。

1946年，我认识了四川遂宁县的一位姑娘，就在当地结了婚。

1949年8月，听说家乡解放了，我带着妻子、女儿星夜赶路，回到了阔别12年的家乡。

从难童到驻印军运输兵

刘彦飞，男，1927年生，河南许昌县桂村乡人。1938年进入难童教养院，1940年加入交通警备司令部军乐队，1943年考入驾教二团，年底参加中国驻印度远征军，1945年回国后编入辎汽18团，1949年起义，后归解放军炮31师403团参加抗美援朝，1955年转业到地方，先后在许昌、平顶山等地运输部门工作至退休。

小时候，家里弟兄多，生活困难。1937年全面抗战爆发，宋庆龄和宋美龄发起救济儿童行动，当时有个中国战时儿童救济协会[①]，在河南搞宣传，收容沦陷区和可能沦陷的地区家庭困难的儿童，送到后方去，管吃管住管上学。许昌这边刚开始是依靠天主教福音堂进行的，愿意走的可以到福音堂报名。许昌那次一共去了7个孩子，我是其中之一。

我们先被送到湖南长沙，又到凤凰，这里设立有几个儿童教养院。印象中当时湘西一共有1000多名儿童，每个教养院有几百人，我被分在凤凰古城那个教养院，地点在靠近沱江的一个大院子里，有300多个同学，年纪小，生活苦，其中年龄最小的只有五六岁，弟兄三个同行，大哥抱着小弟。教养院前期生活和学习还可以，平时分班上课，下课分队活动。

后来随着战火蔓延，国家经济越来越紧张，教养院的生活越来越困难了，再加上

①中国战时儿童救济协会：1938年3月10日，战时儿童保育会在汉口成立，会议选出了包括国共两党和无党派人士在内的56名妇女界人士为理事。在以当时妇女界几乎所有名流为首的保育总会领导和号召下，全国各战区和大后方各省纷纷响应，相继成立了24个保育会、61所保育院。另有中央赈济委员会、保卫中国同盟、中国战时儿童救济协会、中华慈幼协会等机构，以及其他公私慈善团体或教会开办的教养院、慈幼院、育幼院、育婴院、救济院近160所。这些机构在国内、国际各界及爱国华侨募捐、资助下，展开伟大的“母亲行动”，8年中共保育难童10万余人。1938年，宋庆龄牵头在香港组织了保卫中国同盟，她通过保卫中国同盟向同情中国抗日战争的国外友好人士和侨胞发出了“救救战灾儿童”的呼吁。在国内，她积极促进我国各阶层、各党派妇女团结合作，发起为战灾儿童服务的运动，建立了中国战时儿童保育会，收容难童。（据《民国春秋》1996年第2期《战时儿童保育会与难童救济》）

也存在贪污截留经费的情况，人员多，经费少，管理人员想管也顾不过来了。同学们开始半工半读，学着打草鞋，做些手工艺，有门路的也可以选择离开。

同学们吃大锅饭，睡稻草窝，盖稻草被，再加上儿童们不会自己照顾自己，卫生习惯差，不少人身上长疥疮，流脓，得不到治疗，身体抵抗能力差的死了不少。湘西人叫我们难童为“烂童”，真是可怜啊！

儿童们正在编织草鞋（图片来源：《信息时报》）

我在凤凰教养院住了两年，到十二三岁时，国民政府交通警备司令部在湘西招生，我和同学一起去报名。这个部队有个“学生队”，专门收学生，那次一共招了几十个同学，我们被编入学生军乐队学习音乐。1940年我随部队迁移到贵州附近的清镇，司令部在此驻扎，我继续在军乐队学习到16岁。

1943年，我报考国民政府直属的驾教二团，考试了总理遗训，我能完整背诵，通过了考试，在驾教二团学习开汽车。1943年年底我们奉命到昆明检查身体，通过后在昆明吴家坝机场乘飞机到印度汀江机场降落，成了一名驻印军汽车兵。

在印度，我们训练地点在兰姆伽，那里有个军事训练基地。我属于汽车驾驶兵团1团1营3连，主教官是美国人，教练是中国的老司机，整天进行汽车驾驶和相关军事技能的训练，毕业后发的是洋执照。1945年年初，我们由印度兰姆伽沿新开通的史迪威公路回国。我开着美国的道奇卡车，装载着汽油、弹药等物资。这期间日本人可安生了，没能力轰炸了。回国后我随部队被整编分配到辎汽18团，仍然是驾驶员。不久日本就投降了。

1949年我随部队起义，后归解放军炮31师403团，参加了抗美援朝战争，还是当汽车兵，拉大炮搞运输。

1955年我转业回到许昌，在许昌运输公司工作。

1956年我开始到平顶山跑运输，那时候平顶山才刚刚开始建设，我们刚来这儿的时候这里只有一台钻探机。

在印度，我不忘维护中国人的自尊

贾全生，男，1920 年生，河南长葛市董村镇高车家村人。1938 年至 1940 年在独立炮兵第 10 团任看护兵，1940 年至 1942 年在中国运输公司学习汽车驾驶和维修，1942 年起在辎汽 6 团服役，任驻印军上士班长，1946 年回乡，1950 年起在许昌运输公司工作直到退休。

我读过三年私塾。家里穷，父亲叫我学种地，我不愿务农，还想上学。13岁那年，我一气之下就离家出走了，跑到一个豫剧团跟师傅学戏。老父亲找了三个月才找到我，但我死活不回去，他也没办法。

我学的是小武生，演了5年，在许昌城的大戏院里演。剧团很有名，叫豫戏社，听说戏社的后台老板是许昌的专员徐亚平（音），他热戏（喜欢戏），给地方上摊派戏票，一张3块钱，不看也得看，生意好。后来，戏社里有很多人得了伤寒病，我也得了伤寒，父亲把我叫回去治病休息，三个月过后病好了，附近长葛县一个剧团又登门邀请，我又在长葛剧团演了一段时间。到18岁时，老父亲还是不想让我唱戏，说唱戏是下九流，丢人，名声不好。

1938年，我见到一个在国民革命军独立炮兵第10团当司机的表兄，他从台儿庄作战后下来，去老河口的路上顺道回家探亲。表兄鼓动我跟他一起去炮10团，父亲正好不想让我唱戏，也同意了。这样，我就到了炮10团当了兵，本来要去学开汽车的，可去了以后被他们分配做了医务工作，当了一名看护兵。

为了学开车，1940年，我离开炮10团到了昆明，在中国运输公司工作，学习开车、修车。中国运输公司是国民政府特许的一个部门，从云南往贵州、四川等地运送物资。我在中国运输公司期间先后在昆明、贵阳待过一段时间，学会了开车、修车。

1942年8月15日，中央交通部辎汽6团招录中国驻印军驾驶员，我报了名，因为会开车又会修车，经过口试、机械常识、实际操作几项考试后，我被录上了。一个副营长看我技术不错，问我是哪个单位的，我说是中国运输公司的。他又问我在公司拿多少工资，我说300块，他说到我们这儿可没那么多了，一个月只有140元。工资虽然少了，但可以出国当远征军，我还是很开心的。

1942年年底我们在昆明上飞机，飞到印度的兰姆伽，一下飞机就换上了崭新的美式军装。在印度还有一个师，是第一次远征作战失利后从缅甸退到印度的，他们就地整训补充。我们到达印度后，这个师有些伤员还在医院治疗。

抗战时期的重型轰炸机（图片来源：黄埔军校网）

那时候中美合作作战，中美军队都驻扎在一个基地，史迪威是美方总指挥，郑洞国是中国的总指挥。中国所属部队除了我们辎汽6团外，还有新38师和新22师。新38师师长是孙立人，新22师师长是廖耀湘，有第10、第12两个工兵团，有个骡马团，有一个飞行大队，有20多架重型轰炸机，还有一个野战医院。美国所属部队有两个"飞虎队"，有50多架战斗机，还有两个野战医院。

辎汽6团团长曹艺[①]，他是少将。一个营长叫孙精武，是山东曹县人，还有个营长叫王伯照，班长是惠迪庆（音）。我当时是中士，后升为上士班长。班长管6部车。普通司机有上等兵、中等兵。1943年上半年，我们在兰姆伽受训，每天出操，由美国教官教军事，学习使用冲锋枪等武器。半年后部队接来新车，我们终于开上了美国的十轮卡。

我们和美国兵住在一个基地，我很注意维护中国人的形象和尊严。和美国兵经常接触，本来不懂英文，后来慢慢学会说一些常用口语。比如，经常有人问你是哪个部队的，我就回答："I am in the 6th regiment of China supplies and gear army."意思是中国辎汽6团的。美军有个习惯，车辆归谁开，车挡风玻璃上就写上谁的名字，一般情况下别人是不能随便开的。记得有一次我们班往仓库送迫击炮，有个过道很窄，倒车时美军管理员信不过我们，要求我们下车，由他亲自倒车进库。我觉得他们美国人有点瞧不起我们中国人，轮到我的车进库，我对他说："You can' t drive my car."意思是你不能开我的车。他不高兴了，说不让开你就走。我说走就走，我是班长，要走都走。这样我们又把车开回去了。回到住处，和联络官说明情况，联络官说你们先吃饭，把那个管理

①曹艺（1909—2000）：浙江省浦江县蒋畈村（今属兰溪）人，1927年加入中国共产党，黄埔军校第六期毕业。1942年8月任中国驻印军汽车兵团（辎汽6团）上校团长，参加缅北滇西抗战；1944年晋少将军衔。1947年10月任联勤总司令部陆运司副司长。1948年4月，联勤总司令部改称南京军运指挥部，任副指挥官。1949年3月受中共委派赴浙江从事策反工作，5月在浙江金华起义，后任第二野战军后勤部参议、西南军区后勤部参议。1950年后任交通部运输局局长、教育司司长，北京公路学院教务长，南京航务工程学校图书馆主任，南京市政协委员。（据《民国人物大辞典》《中国国民党九千将领》）

员换了你们再去。再到仓库时，管理员真的换了，这个新管理员边招手边说："Come on!"我们一个一个把车安全开到车库里。

还有一次，我生病发烧，住进了美军的大医院，里面住的都是中国人。病房是筒子房，一溜很多病床，有个美军男护士负责送药。他送药时把一截没吸完的香烟扔在地上。有个四川来的远征军士兵，没知识，不懂事，伸手想捡起来吸。这个美国护士态度傲慢地把那个烟头用脚踩碎了。当时，我和一个姓高的中国兵都看到了，觉得这个四川兵没素质，失国体，更觉得那个美国护士太傲慢，侮辱了中国人。我就和老高商量，想教训教训他。这个美国护士又来送药，我二话没说就按住他，老高上来就打。美国护士的帽子也被打掉了，他爬起来跑了出去。事后，中美两国宪兵和医院院长带着翻译官来了一大群人了解这个事的经过。中国当兵的按照事先商量好的，一致说那个护士吃药不给开水喝，护士连说：NO，NO，NO！但我们坚持这么说，院长也问不明白，转身走了。大家走后，我们又对那个四川兵骂道："你个四川娃子，没烟吸了咋的，丢中国人！"后来换了个新护士，这个护士送药时连声说："Water，water！（喝水，喝水！）"

在印度期间训练虽然紧张，但文化娱乐搞得很好，电影队到处流动放映电影，晚上在树林里拉起银幕就可以看电影，主要是放一些印度影片和盟军对德国法西斯作战的影片。

1943年，辎汽6团在曹艺团长的支持下创办了一个"征轮"剧团①。那个年月，司

①中国驻印军的条件比国内任何一支军队都优越，从头到脚都是现代化的美式武装，又经过了较科学的军事训练，顿时有了一种兵强马壮的感觉。但是，曹艺总觉得还应该从"文化"和"武比"两个方面再充实一些，在精神上把抗日士气再鼓舞一些，才能把精力过剩、脑子灵活的驾驶兵的聪明才智全部引导到抗日的正路上去。为了鼓舞远征士兵的抗日士气，曹艺发挥了他戎马书生的本色，又拿起笔办起了《征轮》报，发行了《笔远征》综合期刊和诗刊，并与印度华文报社印度日报社联系在该报定期出版《征轮》副刊。辎汽6团的官兵们有了自己的抗日宣传阵地后，思想觉悟更高了，爱国之心更强了。不少官兵在缅北反攻战中的戎马倥偬中，一笔笔认真写下战地的通讯及充满激情的诗篇、对联，为全军和海外华侨所传诵。他还深入营连，物色爱好文艺、体育的官兵，组织了"征轮"球队和剧团。"征轮"篮、排球队打败了所有中、英、美友军和盟军球队，他们的球随着车轮滚滚，一路凯歌打回国内，后来又打进了第14届奥运会（"征轮"球队的三剑客于瑞章、屠文龙、蔡忠强为1948年参加奥运会的中国篮球队骨干）。"征轮"剧团的京戏誉满驻印军，连国内慰劳团来印也受他们剧团反慰劳，剧团的生、旦、净、末、丑都来自本团官兵。唱老生的是营长侯俊元、驾驶兵李岐、技术员牛靖，花脸是营长杨志贤，老旦是蔡乐沛，周祖铭的青衣被称为"印度的梅兰芳"，迷疯了成千上万的驻印军。在战前战后的演出中，曹艺要求在剧中编一些有关战前动员、战后总结英雄事迹、做好运输工作等寓教于戏的台词，常常博得满堂彩，比官长呆板的说教效力更大。1943年，"征轮"剧团在演《穆桂英挂帅》，忽报空袭，郑洞国镇定地指挥疏散，孙立人站在条桌上帮助关灯。全场秩序乱了，台上角色即兴编词："……众将士莫心急！待孙将军关好灯，桂英俺也随你们上前杀日寇！杀他个人仰马翻……"顿时台上台下一片欢腾，团结抗战的气氛也达到最高潮。由于文化体育活动取得佳绩，辎汽6团声名鹊起，得到友军普遍尊重。新38师师长孙立人将军曾为分配到他所属部队的驾驶士兵调皮活泼大伤脑筋，对曹艺感慨地说："我管得了千军万马，就管不好几个汽车驾驶兵。"曹艺说："驾驶兵一般比较聪明伶俐，一个个多是红鬃烈马，不宜激怒他们，只要把几根拗毛理顺了，他们会比谁都可爱。"孙立人将军若有所悟，不久重金礼聘国内一个京剧团，把前后台全部人员装具全套空运到该师，成立了"鹰扬剧团"。师里的京戏票友大部分是汽车驾驶员，在战争间隙时也一一派上角色客串一把，从此令行禁止，孙立人不再为"司机老爷"怄气。新22师廖耀湘将军也不甘落后，如法炮制了一个"二二剧团"。辎重骡马团则以团内选拔人才为主，搞了个"铁马剧团"。中国驻印军不论前方后方，文娱生活皆丰富多彩，锣鼓弦歌之声相闻，连台好戏不绝，海报交流，军中生活有张有弛。远征健儿思乡之愁顿减，打回祖国的信心倍增。（据《万古长青英魂在——追忆曹艺将军十四年的抗日历程》）

机们属于有文化有技术的高素质人员，多才多艺，有的会唱戏，有的会拉弦子。团部有个张杰，懂戏也爱唱，带有锣鼓家伙，凑到一起，剧团就办起来了。刚开始时简单，把两辆汽车一并，拉块布当舞台，光清唱不穿行头不化妆，后来团里重视了，行头、刀枪把式都置办了，剧团越办越好。

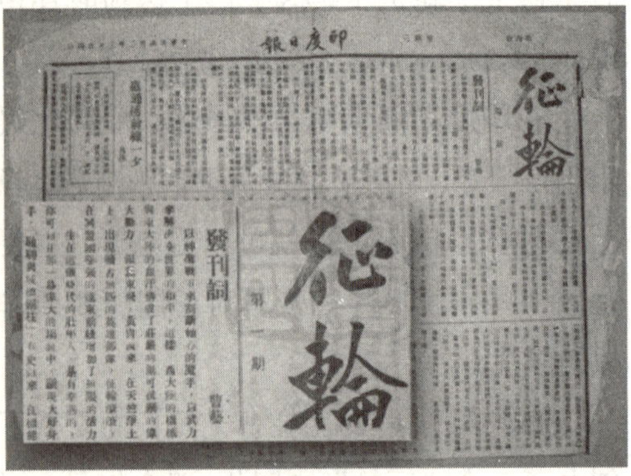
印度日報

征輪

發刊詞

第一期

创办于1943年的《征轮》周刊（图片来源：孔夫子旧书网）

那天，我正在工兵12团服务，排里来人要接我的车，说是团长曹艺叫我回去，要调我到剧团唱戏，我一时弄不明白是怎么回事。而且，当初为了不唱戏出来当兵，现在再唱算咋说哩？心想：就说不会唱戏，能推就推掉吧。不久，连长又找到我说：“你赶快去团部报到吧，团长狠熊了我一顿，说我保守，因为你驾驶技术好，舍不得放你走。”没办法，我只好到团部找张杰报个到，但还是一百个不情愿，坚持说自己根本不会唱戏，排戏我也不参加，坐在柠檬树下乘凉。最后团长找到我说：“听说你在河南演过豫剧，还是唱武生的。”我说：“那只是在家乡野地里胡乱吼过几嗓子。”团长一时没了主意。这时，张杰给团长暗地出了个主意，叫他们递给我一个道具马鞭，我接住马鞭，不由自主地把扣子挂在了中指上，张杰一看，笑着说：“装洋哩。”就这样，我又演上了。“征轮”剧团的演员都是业余的，平时当司机，每人都有一辆车，前方紧张就上前线运输，空闲时，哪个部队需要，我们就开上车去给部队官兵演出。打了胜仗，我们还办庆贺演出，常唱的剧目有《凤还朝》《珠帘寨》《辕门斩子》，武戏我是主角，那时二十多岁，边翻跟头边耍枪，下面满堂喝彩。我们剧团还在新38师演过，孙立人师长给我们讲话，陪我们吃饭，给我们

中国军队在兰姆伽训练（图片来源：中国远征军网）

史迪威公路上的车队（图片来源：中国远征军网）

很大鼓励。

“征轮”剧团回国后在贵阳又演了一次，后来，曹团长调走了，就没有再演过。

辎汽6团还成立了一个“征轮”球队，是个篮球队，打得非常好，驻印期间和印度、美国的士兵打比赛，我们总是赢，新38师、新22师和两个工兵团的球队也打不过我们“征轮”球队。这个球队出了名，回国后团长曹艺调到军政部，他把球队也带走了。“征轮”球队后来还代表军政部参加了很多国内国际比赛，在菲律宾参加比赛也取得了好成绩。

1945 年 2 月 4 日史迪威公路首次通车，行进中的车队经过金马碧鸡坊（图片来源：中国远征军网）

有一次日本出动9架飞机来轰炸基地的油田，刚接近印度边境，美国的几十架黑寡妇飞机①就起飞迎战，两架飞机围住一架日本飞机拉黑烟转圈子，下面的高射炮对着圆圈一齐射击，击落很多日本飞机，日本后来就失去了制空权。缅北作战胜利后，从印度这个大油田铺设了输油管道直通中国境内。

1943年下半年反攻战斗开始了。印缅边境有一个原始森林叫野人山，方圆200多公里，有野兽也有原始土著。工兵团在野人山里把公路从印度修到缅甸和中国，名叫史迪威公路，也叫中印公路。新38师和新22师开始通过野人山对日军进攻作战，一路向东反攻，节节胜利，打了两三个月，攻克了孟拱、密支那、八莫等地。我们辎汽6团负责往前方运送给养物资、弹药。1944年8月，我们远征军消灭了缅甸的所有日军，营地也推进到缅甸境内。最后，我们把部队送到机场，他们回国后上了贵州战场，又打了胜仗。

滇缅公路上的汽车维修站（图片来源：中国远征军网）

送完部队，我们车队沿中印公路回国，第一辆车上挂着“凯旋回国”的大标语。到昆明后，日本无条件投降了，老百姓放鞭炮

①黑寡妇飞机：二战时期美国制造的著名战斗机P-61因与黑寡妇蜘蛛有诸多相似之处，所以人们给它起了“黑寡妇”这样一个绰号。现仅存2架，一架在中国，另外一架在美国。P-61是最先使用红外线搜索技术（机载雷达）的第一代带有隐身色彩的夜间战斗机，与中国空军并肩作战，有效遏制了日本空军对我东南沿海及西南后方的袭击和轰炸，击落日军飞机多架。（据百度百科）

插国旗庆祝胜利。

1945年11月，辎汽6团奉命开到河南，运道轨、道木修复陇海铁路，历时半年。1946年辎汽6团又开到新乡，这时内战开始，我们在平汉路沿线搞运输。在湖南，我所在的辎汽6团1营1连并入辎汽9团第8连，在广西南宁归入解放军编制，我按规定复员回到许昌。

回许昌后，父母对我说：我们都70多岁了，你再也不要出去了。我在家住了两年，到1950年，我考入了许昌运输公司，因为技术好，长期当教练，管修理，一直到退休。

在印缅原始森林架桥筑路

王月亭，男，1925 年生，许昌县邓庄乡马庄村人。1943 年至 1945 年在独立工兵第 12 团驻印度修筑中印公路，1946 年到 1948 年在沈阳兵工厂当保卫，1948 年年底回乡务农。2014 年 2 月 3 日去世。

我小时候跟祖父读私塾，读到12岁，因为家里穷，读不下去了，就给四爷家割草喂牲口维持生活。十三四岁时我到许昌城一家毛笔店里当学徒。17岁那年，闹年馑，笔店的师傅都饿死了，我又回到家里。

到18岁，我被拉了壮丁，拉到许郾（许昌、郾城）师管区，又步行几个月到了云南一个补充单位，后被转送到昆明，体检后于农历九月间乘飞机4个半小时到了印度的汀江，分配到独立工兵12团2营6连，是一等兵。我们团长叫梁可法，是黄埔军校第四期的学生，腿有点瘸。连长叫李伟，也是黄埔军校的毕业生。

我们这个团是后方工兵团，主要是修桥铺路，离前线还有一定的距离，相对安全。在印度还有一个野战工兵团，是独立工兵第10团，他们在第一线随着部队参加作战。部队撤退时他们负责在后面搞破坏作业，部队前进时他们在前面开路。

驻印军工兵修筑中印公路（图片来源：中国远征军网）

驻印军管理比国内严格，在国内，当兵的跑到哪个部队都收留，在这里不行，跑到哪里都会被送到原部队。当时在印度是中、英、美联合作战，装备是英国、美国提供。我们工兵的装备主要是斧头、锯子，还有1支步枪，一个连有3挺重机枪，武器很简单。

驻印军士兵与大象合影（图片来源：中国远征军网）

在原始森林里修路，遇到河就架桥。原始森林里木材很多，我们把原木加工成50公分（厘米）见方的原料，用架筑的方法建桥，叫架筑桥，就是用四根原料木交叉在一起，上面放木梁，木梁上再铺木板，要求架成后能通过15吨重的坦克车。有时架舟桥，有个六七百米宽的河，水流也急，架木桥不方便，就架舟桥。驻印军的物资有保障，不知从哪里调来大量的橡皮舟，用汽车泵往里面充气，一个挨一个放入河中，两头用钢丝绳系好，橡皮舟上面纵横铺上10公分（厘米）厚的木板，也可以过坦克。我们接受任务一般是以连为单位，任务下达后，必须按时完成。那时候，小头直径10公分（厘米）、5米长的木料都是一个人扛的，活重，当兵的年纪小，木头扛不动，压得直哭，我就哭过好多次。在原始森林里到处是蚂蟥，一坐下蚂蟥就往身上爬，爬到身上咬得到处流血。这里也有成群的野象。有一次我在森林里修路，生了病需要住院，河里水大，车船都过不去，就用当地老百姓家养的大象送我。当地人用大象很方便，有个十来岁的小孩会使唤大象，他让我蹬着大象的鼻子，大象一使劲就把我送到象背上了，小孩骑着大象把我送到后方医院。医院里的护士都是美国人，我人很勤快，常帮护士干这干那，所以护士总说我病没好，不想让我出院，多住了几个月。

驻印度的前期，还有日本飞机轰炸。敌机一来，我们的几十架飞机就起飞，围着它嘟嘟嘟地打，后来他们就不敢来了。有时候我们修路困在山里没吃的，就用飞机空投。我们先用手纸或是降落伞布在地面上摆个圆圈和箭头，标明空投的方向，飞机就按箭头方向投东西。

在印度近两年时间，从印度向缅甸、云南，一截一截修公路，驻过兰姆伽、南坎、八莫这些地方，公路一直修到云南的惠通桥。在那里我们驻印部队和中国的青年军会师。1945年农历五月初四我们在云南沾益县下飞机回到国内。两年间我参与架的桥连起来有几十里长，那时候也没想到还能平安回国，能活到现在我觉得也值了。

抗战胜利后，我们在九龙乘船经过七天七夜到达河北的秦皇岛，登陆后部队开到东北。我看形势是要打内战，就开小差脱离了部队，在沈阳兵工厂找了个保卫的差事，干到辽沈战役结束后我回到了老家。

在滇西，我掉进日军的陷阱

陈明玉，字孟铭，男，1922年6月21日生，河南新密老城西关人，现住河南省新密市青屏街道办事处新庄居委会。1939年参加国民革命军第53军，在116师师部历任传令兵、上士班长、少尉副官、搜索排排长、辎重连副连长。辽沈战役中编入解放军，1948年在吉林退役回乡务农。

我家是密县（今新密市）老城西关的，住在关爷庙后面，现在关爷庙已改成学校了。上学堂上到三年级，又改在瓦窑沟读了两年的“四书”。读完上《孟子》，县党部一个叫段百泉（音）的人不叫读了，说这是老封建，他还把“圣师爷”的牌位摔了。辍学后，我到开封书店街杏花园胡同六合亭毛笔店当学徒。刚去时身材又瘦又小，掌柜的不喜欢，但因我的介绍人关系硬，他也不便说什么，也不给我派活儿。我自己心里有数，什么活一看就会，干活不等你叫，又扫地又擦板凳，还用一个特制的小木桶到井上挑水给作坊换水。后来，老板娘看我怪懂事，很喜欢我，让我叫她姑妈，平时她总带着我到潘杨湖去洗衣服，还顺便到龙亭上玩。我头戴瓜皮帽，留着小辫子，身穿蓝布大衫，打扮得像个小相公一样。

1938年，为了拦日本人，中央军开始炸花园口，从8点炸到12点，黄河决口后改了道。洪水泛滥后，开封毛笔店的生意停了，我又回到家，把带回来的毛笔拿到学校去卖。过了两个月，东北军到密县驻扎，要招新兵。我和哥哥弟兄两个，哥哥体检后验上了，集中在县书院住了3天。他不想当兵，又跑了。甲长说：“跑了算了，他弟弟在这儿，怕什么。”那时我才17岁，不该当壮丁，当时正在西关城门口茶水站当义工，为当兵的烧茶水。新兵团走的那天，保长、甲长让我顶替我哥当了兵。

新兵团团长是53军116师38旅副旅长陈玉坤（音），他带着我们开到陕西眉县槐芽镇训练了十个月。新兵团解散后，陈玉坤当了师部参谋处处长，后来又到陆军大学上学。我们军长是周福成，师长是赵绍宗①，我被分配到师部当传令兵。

1940年，部队开到湖南长江沿岸，三个团分别驻扎在南县、华容、安乡。这里到处都是河湖，草很深。一次，我出去解手，看到几条红头蛇在草丛上飞一样地移动，吓得我一头钻进蚊帐里，得了蛇惊病，发高烧，打了针才治好。那时候我就像个刚出窝的小鸡，什么都不懂，样样都得从头学。我陪着军需官去送过军饷，骑过马，在洞庭湖上乘船打过游击，看着水面上的太阳火红火红的，渴了就喝湖里的水，闷了看看水上的风景，夜里破席一摊睡在船中。

为了学本事，我被选送到师部军士队上学，学了半年。又进了射击训练班学习射击和游泳，学了三个月，学完后又当助教三个月，共在训练班待了六个月，学会了游泳，能游几百米横渡长江。有了本事，同志们也看得起了，首长也喜欢。

在这一带与日军作战，陈诚②是总指挥，攻打藕池口，师长（朱鸿勋）阵亡，是被飞机炸死的。我那个时期还在军士队当上士班长，也赶上参加了几次战斗。记得有一次，我们的任务是火烧日军军火库。当时军士队有123个人，很早就开始准备，每人发个砍刀，到江边山上砍树，截成四五尺长，劈好晒干，事先用军用水壶灌满了汽油藏在柴火里，捆好。可能是特务排事先就知道日本人做饭需要柴火，行动时，我们在师部特务排排长韩中信（音）带领下，担上干柴往日军军营卖柴火。我们穿着便衣，枪都埋在沙滩里。日军军火库就在长江边上，轮船运来的枪支弹药可以就近装卸，仓库四周是铁丝网，到处设有岗哨。说是卖柴，送去后就被日军没收了，日本人不叫我们进仓库，叫把柴火堆放在仓库大门外面，120多挑柴火，垛得整整齐齐的。我们离开后，事先准备好的榴弹炮就往柴火堆上打，大火就烧起来了。

洞庭湖战事结束后，河南豫剧团马金凤来慰问演出，我们跟随东北军的东北学生队参加戏票义卖活动。之后，部队接到命令要开始向云南远征作战。远征之前，很多家属不想走，有的还闹情绪。东北军开到昆明后，换成美式装备，家属们做的被服堆在那里没有人要了，没活干了，也不能随军，加上远征军伤亡惨重，很多家属生活无依，整天烧香，求神灵保佑丈夫平安。

往云南整整走了11个月。从湖南出发，到贵州镇远，说话当地人听不懂，一问三不知。当地有一部分北方人是当年吴三桂

①赵绍宗：1907年生，河北省保定人，东北陆军讲武堂六期步科毕业，曾任第53军116师师长，1940年4月16日病逝于湖南岳阳。（据华强军网）

②陈诚（1898—1965）：浙江省丽水市青田县高市乡外村人，字辞修，毕业于保定军校第八期炮科。1938年任湖北省政府主席、武汉卫戍总司令、第九战区司令长官。1946年任国防部参谋总长兼海军总司令。1948年任台湾省政府主席，后历任“行政院长”、“副总统”、国民党副总裁。（据《国民党高级将领花名册》）

带去的士兵后代，还有苗人。这里天无三日晴，地无三里平，气候潮湿，不下雨衣裳也是湿的。气候不适应，部队官兵生病人数过半，军营成了医院，河南的慰问团坐飞机来唱《铡美案》，看戏的人很少，慰问团到医院一看才明白，当兵的有的发高烧，有的脚磨烂发炎，哪有心思看戏！看到家乡的慰问团，当兵的想家流泪。后来上面派了医疗队，又成立了灭虱站，控制疾病。当地群众爱吃狗肉，他们叫“地羊”肉，是热性，能排湿气，吃了不生病，老百姓就送来了很多狗肉改善生活。有一次，当地群众送来几只娃娃鱼，炊事员不知道怎么做，长官叫我临时保管好，请当地厨师来做。我用大木盆把鱼倒扣在地上，等厨师到来时，鱼全没影了，长官埋怨说：“连个鱼也看不住！”我急得满头大汗，心想：这是个四合院，四面都是砖墙，难道它会飞？我把院子里东西全搬出去，仔细找，发现天井中间有个下水道，我顺着下水道挖了一丈多远终于把娃娃鱼全抓了回来。

部队到达云南后，在弥渡、大理休整了三个月。大理半山腰上有温泉，用硫黄水洗澡，把当兵的皮肤病都治好了。身体复原了，又更换了美式武器装备，用的是卡宾步枪，穿的是罗斯福尼的衣服，戴的是土耳其式军帽。春节期间，部队组织宣传队，表演竹马、旱船，唱东北流亡歌曲。

我在师部经常见到云南的大人物。云南省主席叫龙云。龙云有个三公子，小名叫龙三，23岁，穿着皮鞋洋装，留个大背头，手里掂个拐棍，他女人嘴唇抹得像吃血精，手里拎着绣花篮，胳膊弯上搭着风衣，看上去可踋了，宪兵们见了他们也立正敬礼，龙三还客气地对大家说：“有啥事只管说。”师部附近住着几个流亡的商人，他们和部队当官的相互都有联系，表面上装作穷光蛋，其实可有钱了，深山中的仓库有十来间，光大烟土就有十来缸，回到住处有人伺候，屋里收拾得很排场，摆着花盆，养着会说话的鸟。后来滇缅公路通车，他们贱卖了货物，都跑得无影无踪了。

远征军利用橡皮筏渡过怒江（图片来源：中国远征军网）

过罢年不久就开始打仗。

先到保山县，我们把重东西都甩掉不要，身上带了7斤半炒米，还有两种罐头，折合5天的给养，轻装上阵。大理县的县长给我们派了一个白彝人当向导。从保山向怒江边行军，正赶上下雨，道路难走。渡怒江坐的是美国的橡皮舟，小的坐6个人，大的能坐12个人。渡河时，有些当兵的看到对岸巍巍高黎贡山，想到这一去十之八九是难再回来，不免心里难过。过了怒江开始翻越高黎贡山，这里荒山野岭，100多里没人家，山上尽是大树，树叶又厚又密，垂到地上。这个山有个斋公房[①]，那条路上有日军把守，我们想走没有日军把守的路。路上树丛稠密，我们边走边用砍刀砍出来一条路。到雪山上进入晃滩沼泽地，水里长着竹子，工兵用竹子铺成路，人可以过，但炮兵过时就麻烦了。炮兵营的美式炮事先都拆零散，用张家口的大骡子往山上驮，骡子一上来就把竹子铺的路踩坏了，骡子陷进晃滩坑里就出不来了，整个就陷下去没影了。又命令步兵撤回来，改道走斋公房那条路。斋公房据说是纪念孔子、子路、子贡这三个古人的。这里还有个子路庙，庙里有很多大石碑。我当年在此抄记了很多碑文，后来在沈阳被共产党的政委梁广玉（音）没收了，那个日记本上还记录了我从湖南到云南11个月行军的详细情况，太可惜了。

斋公房在高黎贡山上，小山名叫锅底山，那里有日军把守。我们往山上攻，打得很惨烈，两次白刃战，老家密县去的兵，共编有三个连，那一天死了大约两个连，150多个人。因为地势太高，伤兵都救不下来，尸体堆在山上，也运不下来。夜里寒风吼叫，像鬼门关一般。我当时在师部副官处当少尉副官，我们换过帖的24个弟兄一天就阵亡了8个，其中有个门广瑞，是陕西人，他是我们师长太太的干儿子。这天夜里，我和副官董焕臣奉命从师部往山上阵地去找门广瑞的尸首。我们俩摸着电话线往山上爬，摸索到前线营部阵地上，营长吃惊地说："你们怎么来了？赶紧走，这里连树上都有敌人，再往前50米就是敌人的机枪阵地，很危险。明天早上我派人把门广瑞的尸首给你们送下去就是了。"我们俩一听他这么说，就赶紧往回撤，路上什么也看不见，走得太快，我一头掉进了日本人挖的陷阱里。这个陷阱口小肚大，有一间房子那么大，有一丈深，里面有二尺深的水，躺着四个死人，胀得很大，到处是蛆，我掉进去后，浑身都是蛆。董副官解开绑腿把自己拴在树上，又用两根皮带相扣连接起来，从陷阱口放下皮带，我把四具尸体摞起来站在上面，勉强够住皮带，董副官把我拉了上来。下了山，脱掉粘满蛆的脏衣服，从阵亡战友身上换下带七个枪眼的血衣穿上。第二天，门广瑞的尸首被送下山，就地埋在一个大石缝里。事后，我和董副官跪地盟誓结为兄弟。

打了几天，最后上面决定派飞机投燃烧弹。接到通知后，我们部队跑步下山，下山后飞机投下大量燃烧弹，把整个山头都烧着了。锅底山攻下后，我们连夜下山，下

①斋公房：南、北斋公房在云南高黎贡山，是古代南方陆上丝绸之路的必经之地。古代西南丝绸之路保山至腾冲段有三条线路，由保山渡怒江，翻越高黎贡山，经马面关（有的书上写为马回关，意思是此地太险，马不能过，到此而回，但现在基本通称为马面关）和北斋公房到桥头这一条是公认的最古老的。滇西抗战时，腾冲抗日县政府曾三次在此设立。从朝阳殿往北行约半小时到铁匠房，从此沿九渡河而上约2小时行程到马面关，从马面关沿五尺道往上约3小时就到斋公房了，因南面还有一个斋公房，为方便记载，便将此处称为北斋公房，而南面的自然就叫南斋公房了。（据百度百科）

山时有很多驮弹药的骡马失蹄掉下山崖摔死了，我们就把重武器用大绳拉着从山上往下滑。天亮时，我们又渡过龙川江，到了腾冲县外围。

突入腾冲城（图片来源：中国远征军网）

腾冲县有26万人，是滇西大县，有两个财东，叫大东和二东，掌握着腾冲的经济。大东养牛羊，牛角号一吹，牛羊遍山坡；二东用马帮从密支那走私汽油，一个马帮二十多匹马，日夜不停地走私。腾冲周围的百姓看到我们到来，非常高兴，抬着香案欢迎，烧香祷告，像看到天兵下凡一样。他们说日本人逼着保长把村子里18到25岁的女子按户籍都编成班，轮流送到城内和日军"联欢"，实际就是当慰安妇。

腾冲是日本人的重要据点。包围腾冲后，部队向城内发传单，动员城内百姓三天内撤出，便于我们开展歼灭战，但日本人把城门封锁了，百姓出不来，大规模的轰炸无法进行，战斗拖延了十几天。最后美国飞机开始对城墙进行猛烈轰炸，终于炸开几个口子，部队冲进了城内，接着展开巷战，我们伤亡老大，有的营旗手都没有，营长亲自背着旗冲锋。

云南腾冲，中国士兵正在使用火焰喷射器攻击日军火力点（图片来源：中国远征军网）

腾冲战斗的前期，我还在师部当副官，负责到腾冲南关火神庙督战。火神庙里有一个日军的医院，我们有一个团，接到死命令，限期攻下南关火神庙，我和董副官一起带着命令下到前线督战。为了早点完成任务，我找了个钢盔戴上，带头进攻。我冲出掩体，跳进前面一个弹坑里，弹坑不够深，头还在外面露着，敌人发现后向我射击，第一枪打到钢盔上，把我头上震了个大包，第二枪擦着钢盔飞过，第三枪擦着肩膀。董副官正在重机枪掩体里指挥，机枪对着敌人咚咚咚打了一阵，我趁机把弹坑又挖深一些，这时，董副官对我喊道："我一打你就往回跑。"机枪又响起来，我马上往回跑，跳过一个半截墙头，和董副官掩蔽在一起。我知道敌人的枪口一直在跟踪着我们，就拉着董副官不让他起身观察，可他一时忍不住，刚一起身就被一颗子弹打中胸部。我用小刀割开他的衣服，找到了子弹进口，没找到出口，感觉情况不好，就先给师部打电话报告，然后我带着3个担架兵把董副官送到5里外的美国手术队。在手术队看到老乡高折桂也在做手术，原来腾冲飞机空战时高折桂好奇，出来观战，腿被子弹打骨折了。

我在手术队办完董副官的手续就带着3个担架兵回南关，在南门外被一群年轻妇女拦住了，她们是被日军抢来搞"联欢"的，刚跑出来。她们说，前面一个空院子里有3个日本兵，他们虽然有枪，但是没有子弹了。我带着3个担架兵马上过去，把担架靠在墙上，爬上墙头，用冲锋枪瞄准好敌人。我走进院子，见有3个敌兵，其中有两个会说中国话的伪军。伪军把衣服解开，露出里面的金银宝石，叫我放过他们。我发现他腰带里藏有一把软刀，见他正要拔刀，我一抬手，担架兵们一齐开火，把他们击毙了。妇女们见报了仇，又把敌人身上的金银宝石一抢而光，我缴获了一把软刀、十双象牙筷子。回到师部，大家正在吃饭，我把软刀上交到军械处，十双象牙筷子放在桌子上，处长们一人一双，我也留了一双，师部还给我发了奖章和奖金。

腾冲战役后期我从副官处调到师部搜索连当排长。我这个搜索排里有工兵、骑兵、炮兵，共五个班，其中一个班专门负责排雷布雷，带着测雷器，发现地雷就会报警，再用专用的工具把地雷起出来，进攻时搜索排要在前面起地雷，撤退时在各路口埋地雷。

攻克芒市后，中国远征军第11集团军举行隆重的阵亡将士追悼大会（图片来源：中国远征军网）

在腾冲城内有个文庙，墙上留有枪眼，里面只剩一个敌人，还在不停地射击。我们用炮把文庙的厚墙都打透了，可是房顶还不倒，不知道啥原因。师长让我们搜索排派人上去看是啥情况，我带着两个兵过去，扒着墙搭人梯上去察看，原来敌人把装盐的大麻袋从地上一直摞到房顶支着楼板，二层也是这样摞到房顶。我看见一个戴眼镜的日本兵正在一枪一枪地瞄准射击，我们用冲锋枪把他打死了，文庙的战斗才算结束了。

1945年1月27日，中国驻印军新1军新38师113团与中国远征军53军116师在缅甸芒友会师，一同升起一面青天白日旗（图片来源：中国远征军网）

腾冲战役之后，我们又在勐孜（地名待考）打了一个歼灭战。这期间，空运过来一批江西新兵补充进部队。他们个个膀大腰圆，大家都很喜欢，但是后来打起仗来发现他们不会使用火箭筒，说话又听不懂，真是干着急。

腾冲国殇墓园（图片来源：腾冲政府网）

最后部队一直打到芒友，在那里和从印度打过来的新1军会师，国旗在芒友升起，西南公路全线打通了。

滇西反攻结束后，我们部队又调回昆明。龙云主席在昆明大戏院安排唱《西游记》，慰劳远征军，各部队轮流看戏，放假3天，好好休养。一天晚上10点，我们正在戏院看戏，正唱到“三打白骨精”这一出，舞台上挂出黑板，写着：“日本无条件投降！”消息传开后，昆明城到处燃放鞭炮，一夜都不停。我们部队全部出动站岗警戒，到第二天早上8点才收兵，上午又接到命令，要我们立即出征，开往越南接受日本人投降。

去越南的路上，小火车没煤烧，烧的是柴火，有时还要推着走。叫日本人修复被毁的滇越铁路大桥，20多天后大桥修好通车。过去河口到了越南老街，116师驻河内，130师驻海防。130师师长叫王理寰①，东北抗战开始时还是个小兵，后来打瞎一只眼，一直提到少将师长。海防是越南的港口，当时法国人看日本人退了，带着4艘军舰回来，想接管越南。当时130师没接到上面的正式命令，不允许他们登陆，法国人就往岸上打了一炮，130师猛烈还击，打沉一艘法国军舰，其他的挂白旗投降了，最后他们被迫后退40海里待命。为这个事盟军总部给王理寰师长记过一次，但回国后蒋介石把他提拔为中将。②

我们在越南驻扎约半年时间，当时他们国内很乱，帮他们治理内政，取消了一些小党派，只保留了两个大党。

回国后到广州湾，在沙面驻扎整顿，

---

①王理寰（1894—1985）：辽宁辽阳人，国军将领，东北讲武堂北京分校第7期步科、东北陆军高等军事研究班第3期毕业。1937年任53军116师696团团长，1940年任53军130师副师长，1941年5月任53军130师副师长兼53军干训团教育长，1944年升任53军130师少将师长，入缅甸参加对日作战，抗战胜利后赴东北参加内战，1948年11月2日在沈阳投诚。后任辽宁省政协常委、民革辽宁省委常委、民革中央团结委员会委员。1985年11月15日在北京病逝。（据华强军网）

②中法海防“3·6”事件：1946年3月4日，在中法双方未达成协议的情况下，法军决定用武力接防北越。3月6日上午8时，法国9艘军舰冲入海防内河，横冲直撞，准备强行登陆，中国守军摇旗阻止，法国军舰置之不理，遂发生冲突。中国军队击沉法国军舰1艘，击伤3艘。法军见不能得逞，只得逃遁。（据《文史月刊》2009年第5期《抗战胜利后，中国军队的首次跨国受降》）

然后又乘军舰开往秦皇岛，登陆后对石家庄、京汉路、南满路进行接收，在营口遣送日本人回国，接着开到东北参加内战。其间我改任师部辎重营第1连副连长，具体负责接收日本在沈阳的第五兵站医院。由于工作繁重，压力大，我得了吐血病和涤虫病。

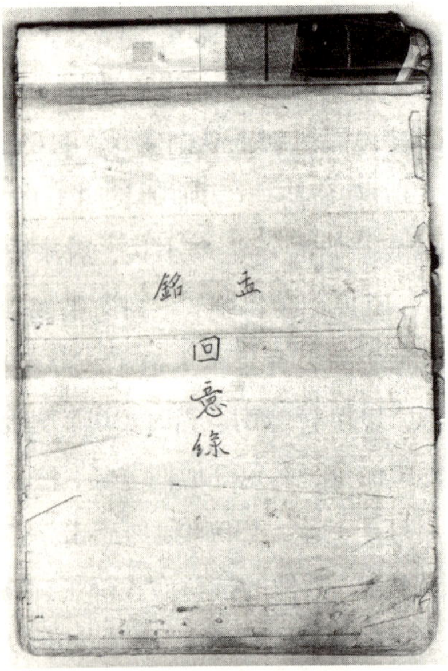

口述人所写的回忆录

辽沈战役期间，53军和解放军四野和谈成功，卫立煌乘飞机跑到南京。部队在北大营进行改编，士兵随解放军南下参加淮海战役。军官们在吉林火车站集中学习7个月，学习结束后部队首长动员我报名上哈尔滨青年大学，但我经历了抗战的艰难岁月，身体也不好，当时再也不想当兵了。我写自传，写汇报，写墙报，表明自己要“弃官为百姓，回乡看家园”的决心，最后部队领导同意了我的申请，我顺利回到家乡。在家乡当过宣传员，当过民兵，一直务农。

译员生活七百天①

华人伩，男，1923年生。毕业于西南联大化学系，1943年至1945年任国民革命军20集团军美军联络组译员。原河南省石油化工厅离休干部，2014年3月去世。

在抗日战争后期，即1943年秋至1945年日本投降，我国有约4000名大学生应招或应征从事随军英语译员工作，为来中国战区参加对日作战的美军做翻译。我是第一批志愿参加者，曾随军参加滇西反攻作战，至今虽已相隔半个世纪（此文写于2002年），但有些情景仍历历在目。

1943年冬，我国全民族的抗日战争已进行六年多，因日本偷袭美国珍珠港而爆发的太平洋战争，也已进行将近两年。在全球反法西斯战争中，欧洲战场已取得决定性胜利，美国在太平洋地区也已转入战略反攻并取得节节胜利。但在中国战场，半壁以上的河山仍陷于日寇占领中，所有出口港也为日军占领。此时随着全球反法西斯军事同盟和中缅印战区的建立，大量美军自印度飞越驼峰，来华支援中国抗日战争，这是一件十分有利于我国抗日的事，但美军来华后，因缺乏译员无法分配工作，滞留在昆明的有数千人之多。因此国民政府教育部作出决定，所有1944年应届大学毕业生必须先应征担任译员，服务完毕后才能取得文凭。昆明西南联大则是第一个号召大学生志愿参加译员工作的学校。

1943年11月上旬，我正在西南联大就读大学二年级，主持校务的梅贻琦校长在学校新校舍（文、理、法、商等学院）和工学院分别召开大会，号召大学生参加译员工作，报名的以二年级学生为多，我也是其中之一，当时是望眼欲穿地盼望抗日战争胜利，想为抗战尽自己的一份力量。

①本篇根据口述人同名回忆文章整理而成。

昆明译员训练班

报名后不久，即进入昆明译员训练班[①]受训，这个班位于昆明西郊一个被称为美军总部的院内，是军委会外事局主办的，班主任名义上是黄仁霖[②]，班内的实际工作由分别担任教务长、训导长、总务长的西南联大社会学教授吴景超、会计学教授戴世光、地质系教授鲍觉明和政治学教授樊际昌等人负责，并有联大的一些名教授如闻一多、潘光旦、华罗庚等来班授课。一些美军军官和军佐来讲授军用术语（兵种、兵器、战术）、美国历史地理和口语等。由于昆明当时为出国的唯一通道，来往过境的一些达官贵人，也有被邀来做报告的，如国民党宣传部副部长董显光、外交部次长沈昌焕均来做过报告，宣传抗日战争的大好形势，实际上两人都是在展现其英语演讲水平。英语大师林语堂也来做过报告，当时林在美国的著名报纸、杂志上发表过多篇文章，抨击美国重欧轻亚的战略方针并鼓吹美国援华，因此我对他是有好感的。林个子不高，戴金丝眼镜，头发整洁，风度翩翩，一副洋博士的样子。他演讲声音不高，但对英语的轻重音和节律掌握得很好，字字清晰，流畅悦耳，使人听后有一种美的享受。班主任黄仁霖也来做过一次参加开罗会议的报告，足足讲了三个多小时。1943年11月23日，在埃及开罗召开了由中、美、英三国首脑参加的开罗会议，这是反法西斯军事同盟成立以后第一次邀请中国以平等的成员地位参加的会议。黄仁霖刚参加会议回来，十分兴奋。一开讲，黄自称是做侍从工作的，所讲内容也是会议的一些花絮故事。他演讲中比较投入的，是他与外交部部长王宠惠如何品尝雪茄烟和威士忌，在开罗如何重温绅士生活；他也讲了不少英国首相丘吉尔如何歧视中国、宋美龄如何开展夫人外交的故事等。

训练班学习期限为三个月，但因工作需要，一个多月后就陆续进行分配。我是在

①抗日战争期间，为配合援华美军，国民政府军事委员会征调、招考了4000名左右的英语译员。译员主要来自大学及专科学校学生、在职编译人员和英文较好的知识分子。经过英文听写、中文英文对译、英语四十课等通译业务课程和国内政治、国际情报、情报学、抗建纲要等政治课程的数周培训，考核合格毕业后，由国民政府军事委员会外事局和中国战区美军总部依据培训成绩商议分配。但分配也受译员的政治倾向影响。培训和服务期间，译员享受一定的待遇。抗战胜利后，译员复员回到原学校或机关。译员为抗日战争的胜利作出了巨大贡献，一些译员在战争中付出了宝贵的生命，也有部分译员后因从译经历而备受艰辛。（据《社会科学研究》2013年第1期《抗战时期盟军中的中国译员》）

②黄仁霖（1901—1983）：字顺龙，江西安义人，国民党高级将领。曾任新生活运动促进总会总干事、联勤司令等职。全面抗战爆发后，他又先后担任了国民政府军事委员会伤兵慰问组组长和战地服务团主任之职。军委会战地服务团在1941年陈纳德组织飞虎队来华助战后，主要以盟军为服务对象。该团先后在全国各地创办了许多招待所，招待盟军。据统计，抗战期间该团招待的美军，“最多时曾达4.8万人，招待所达156处”。黄因此被人称作“招待将军”。1945年美国政府因此授予他“司令级功勋章”。（据《黄仁霖回忆录》）

12月下旬被分配的，先到美军总部一个挂A（人事）牌子的地方，一个美军军官一看名单，告诉我什么时候到什么地方上车，前后不到两分钟就分配完毕了。1944年1月1日上午8时，我按时到美军总部一个楼前上了一辆中型吉普车，行驶了200余公里，到了滇西大理附近的弥渡，开始了我长达700天的译员生活。

巡回训练组和130师

我在弥渡温泉旁一个帐篷内报到后，才知道我被分配的单位是美军第二巡回训练组（TIG），这是一个流动性的训练机构，当时在中国远征军20集团军负责训练。

珍珠港事件后，日寇侵入香港、新加坡、缅甸、泰国等地。1942年春，中国组成十万人的远征军，进入缅甸，支援英军抗击日军。因战争失利，部分军队由美国史迪威将军率领，穿越原始森林撤到印度，其余军队历经艰难攀越高黎贡山，回到滇西。去印度的中国军队，经国内空运补给兵员和获得美援武器装备后组成驻印军。国内又第二次组成远征军，由11和20两个集团军组成。11集团军司令宋希濂，下辖三个军驻扎保山地区怒江以东，是参与缅甸战役回来的队伍；20集团军司令霍揆彰，下辖53和54两个军，54军驻扎在中缅边境城市镇康，53军驻扎在大理地区，集团军总部在弥渡，远征军司令为卫立煌将军。当时驻印军和远征军的共同任务是歼灭缅北、滇西之敌，重新打通中缅公路，以取得急需的美援物资供应。

巡回训练组的对象是集团军营级以上军官，训练内容主要是美式武器的应用和战术训练。美式武器主要是M型半自动步枪、汤姆式冲锋枪、61迫击炮、勃朗宁水冷式重机枪、火焰喷射器和火箭筒等，除最后两种外，其他都是国内的常规武器；战术训练为班至连的进攻和防御，此外还有对空联络课程，铺设空投标志。上课都在野外小山坡上进行，每班三四十人，由团级军官带队，席地而坐听课。讲课的美国军官都是参战后被征调的美国老百姓，只经过两三个月的军事训练，没有任何作战经验，而听课的都是久经战场的老兵，为了接受美援礼貌性听课。

我到弥渡时，训练计划已执行过半，到2月中旬进行了一次各兵种协同作战演习，枪炮齐鸣，打了两天多；又举行一次分列式检阅，训练就结束了，巡回训练组也立即宣布解散。所有人员被分配到部队，我被分配到53军130师的美军联络组，驻地在祥云，没有公路，步行了六七十里才到达，当晚报到，第二天清晨就到一个乡村，与一个过去没有译员的美军军官一起工作，在一个迫击炮连进行训练。这个连所用的迫击炮还是国产的60炮，并没有美援61炮，训练内容是反反复复的基础动作，因为弹药奇缺，实弹射击时只发射了几发炮弹，也谈不上距离校准和命中率了，工作了二十多天，训练结束，我被分配到师部为美军少校军医波斯丁做翻译。

回到师联络组，才陆续知道53军是东北军，军长周福成，绰号周大麻子，据说是绿林出身。全军有130和116两个师，加上直属部队，编制有两万余人。我逐渐认识了一些师、团军官。他们看来都是久经战争磨炼的老兵，如副师长王理寰左眼是假眼，398团魏团长脸上有很长的刀疤，很多军官都腰杆笔挺，身材高大，很有军人风度。他们讲话时东北口音很重，偶尔谈到张学良时，都尊称其为少帅，态度十分尊敬。队伍中老兵多，看来是能打仗的，但53军不是中央嫡系部队，在杂牌军中又属于东北军，其中酸甜苦辣就非外人所能得知了。

我和那个少校军医一起工作了约三个月，每天的任务是骑马去各团检查营房卫生和急救训练，并去师野战医院检查病号。那时部队士兵都睡在砖地或泥地上，铺的盖的都是稻草，因此很多士兵生了疥疮，有的浑身溃烂流脓水。为了应付美国人的检查，团里就在稻草上铺上洁白的床单，床单上摆了一床床叠得方方正正的干净薄棉被，门窗和地上都洒上白石灰水和消毒药水，并给士兵洗澡、发硫黄制剂的疥疮药膏，美国人看了也深信不疑。在急救训练时，美国军医发现没有一个卫生队长知道在战地就地取材做急救器械的，就拿出随身带的简易工具进行示范表演，但要卫生队长模仿操作时却没有一个做得像样。受到批评后，那些军医惶惶不安，有人叹气说："看来这碗饭是吃不成了。"但美国人说完就算了，从未向上告状。

师野战医院设在一个大庙内，那时没有伤员，病号患的都是疟疾、痢疾、疥疮等，是营养不良和卫生条件太差引起的。美国军医每次都逐床检查病号，并给补充处方，但因药品奇缺，病人能否获药就不得而知了。那个美国军医曾为一个病人进行盲肠炎手术，野战医院没有开刀房和消毒器械，是用流动的沸水喷洒手术器械进行消毒的；照明是用一个煤油充气灯，并加上手电筒；麻醉用克罗仿滴注。切开腹部后发现盲肠已完全溃烂形成腹膜炎，于是就用磺胺药品反复擦洗和清理，开刀时间长达两个多小时。手术以后美国军医去看病人，拿出自己的牛奶和水果罐头，一口口地喂病人吃，总算平安无事，救了一条人命。

滇西作战

1944年5月上旬，11和20集团军分别自怒江南段和北段渡口渡江，开始目标分别为歼灭龙陵和腾冲两地敌军的滇西作战，同时驻印军已突袭缅北重镇密支那机场，开展了著名的"密支那战役"。20集团军的攻击第一梯队54军于5月10日渡江，第二梯队53军于5月12日渡江。130师在渡江前，先在大理附近的云南驿集结。这是一个大运输机场所在地，美军联络组在此将所有成员重新分配，大部分人员被分配到战斗团，我仍分配在师部与美国军医一起工作，但波斯丁少校不去前线，由一个年轻少校军医代替，两人仅匆匆见了一次面，相互都没有什么印象。

5月11日部队分乘100多辆军用卡车出发，所有译员都是跟着部队乘卡车走的，途经澜沧江看到滚滚急流，听到汹涌的奔流声觉得很是壮观。傍晚到达保山以东约20里的板桥镇。这是渡江前的集合点，以后没有公路就是徒步行军了。板桥镇很小，大家只好在野地露宿。第二天清晨，我正在集合点等待出发，师联络组中尉、兽医阿道夫找到我，说他奉命留在板桥看守汽车办移交，经联络组长和少校军医同意，要我留下来一起工作，并再三说其他译员都分配到团里，实在无法调剂了。我虽然万分不愿意，但也无可奈何，只好眼睁睁看着大部队出发。

美军飞机为远征军空投物资（图片来源：中国远征军网）

我跟着阿道夫来到一个很大的停车场，有六七十辆吉普车丢在那里，都是美军乘坐来的，车上都有钥匙。我花了五分钟知道了开车的基本动作，就随心所欲地将两种吉普车都试开一番。在板桥停了两天，办完移交，第三天清晨出发去赶队伍。这支队伍只有五人：美军一个中尉、一个中士，两个民夫和我，并有马匹驮运路上吃的给养。我临时要了一支步枪兴致勃勃地走上征程。自板桥向西北方行走，走的都是上下起伏而且很窄的山路，有的地方两个人对走都要擦肩而过，但驮运给养的马匹是走惯滇西山路的，行走自如。一路上只遇到几个徒步的军人在崇山峻岭和一片寂静中行军，我感到既兴奋又新奇。大约走了十个小时，就到了怒江北段突击渡口的瓦窑。下山前在高处就眺望到回转曲折犹如白色练带的怒江及在怒江对岸绵延迤逦、高耸于云雾缥缈之间的高黎贡山了。

走到渡口，看到江上有座铁索桥，铁索很粗，桥面很宽，上铺厚木板，可平行三四匹马；桥下水面不宽但水流湍急，名为怒江可能就是形容其急流奔腾吧！我缓步过桥，一路仔细观察，桥身完整无恙，无任何弹痕。过桥后就往山上爬，天已经黑下来，我们只好在离渡口不太远的山坡上就地露宿。因正值雨季，当晚大雨，在泥泞中泡了一晚上。第二天仍然下雨，道路泥泞不堪，无法行走，我们只好就地等待，发现昨晚住在我们周围的有七八个不同单位走散的美国兵。第三天天气晴朗，这次队伍出发时有七八个人，还有两匹驮马。一路往山上爬，路上经常遇到一些从山上下来换防的队伍。中午在一个小山坡支锅用少量大米做稀汤（因大军云集，依靠人力和畜力难以保障供给）。

我们走了一整天，在一个小山麓上找到部队集合地，并找到了54军的一个美军联络组。在帐篷里我们听到联络组上校组长正在大声叫嚷："我一直坚持要迂回，为什么不迂回作战？迂回!迂回!"帐篷内几个下级军官都屏息倾听，没有一个敢答话。上校的翻译是我认识的西南联大同学马维周，他轻轻地告诉我，这个地区的日军总兵力约5000人，在我军渡江时未作任何抵抗就撤退到山腰，依靠地形和坚固的工事，组织交叉火力封锁上山通道，我军正面仰攻损失很大，所以上校大发脾气。他又告诉我这个上校是美国的职业军人。因他们不知道53军在何处，我们就告辞出来继续寻找。

在一个坡地上，见到很多士兵围在一起推牌九和玩骰子，战场变成了赌场。我问了一个看热闹的士兵，他告诉我因为弹尽粮绝，停止进攻几天了，正在等待空投。

当晚，我们找到130师上尉副官弗特立克，并就地宿营。第二天清晨，天气晴朗，一早就听到空中的飞机声和空投物资的落地声。山上没有合适的空投场地，只好向部队集结地附近的密林里投；一有空投很多士兵就争先恐后地抢物资，据说有的大米包降落时伞未打开将士兵压死，弹药箱落地就爆炸。

第三天上午阿道夫中尉告诉我说，要到飞机场运物资，是临时任务。我就将步枪换成卡宾枪，随着他和三四匹马、五六个民夫一起出发。那个机场在铁索桥以北，下山时走的是另一条路，走了五六个小时到达那个很小的简易机场，在那里将马匹装满东西准备回程。这时，那个机场的一个美军少校从帐篷里奔出来，与阿道夫中尉谈了很久。原来这个少校是从西南太平洋战场来的，在那里吃足了日本狙击手冷枪的苦头，现在机场周围时有枪声，他感到害怕，虽然机场已有一个译员，但仍要我留下，阿道夫中尉十分不愿意，但对方官大，他只好答应。这样我被留下，他一个人带着马匹和民夫回去了。我当时感到很突然也很不愿意，但无可奈何，未曾想到就此失去了与130师的联系，并改变了爬高黎贡山、行军作战的初衷。

那个机场在怒江上游，只有一个400米的未加整修的草地作为跑道，飞机是只有一个座舱的小飞机，自保山飞来后在跑道东端垂直下降，落地后东摇西晃地滑行，有时飞机翻身驾驶员爬出座舱也满不在乎。所运物资是邮件、包裹、香烟、口粮等。机场有四个帐篷，分别为电台安放处、伙房、仓库和办公室，除少校外还有一个中尉通讯军官和几个士兵，是电台通讯员和伙夫，还有一个译员，名字我已忘了。所有人都住在悬吊在两棵树之间的吊床上，那里是亚热带气候，蚊子和各种昆虫比较多，使人无法承受。开始每晚有美国士兵值班放哨，大家睡在吊床上，武器放在床上，如遇袭击可在吊床上开枪反击，不致因蚊帐拉链拉不开而束手待毙。其实所谓冷枪是过境后续部队乱放空枪，有一次枪响，那个少校从帐篷里跑出来，拿起铁锹就挖起散兵坑来，结果是

美国军人和中国远征军并肩作战（图片来源：中国远征军网）

一场虚惊。

飞机两三天来一次，大家都去搬运货物，一个军用口粮箱20公斤，烈日下扛在肩上很沉重。每次从山上下来搬运货物，都由我陪着美军到附近村庄去雇用牲口，当时马匹早已征用一空，只好雇牦牛代替，牦牛走得慢但能负重。美军与村民讲好价钱付钱。最后一次来时带来了130师弗特立克上尉给我的信，说部队已经越过高黎贡山，路途遥远，要我就留在机场，不必返回师里了。我很失望。

我在机场停留了近两个月，因战线前移机场撤销，又奉命去保山20集团军报到。机场的生活条件是战场最好的，有飞机带来的新鲜食品，但远离硝烟，消息封闭，我感到十分寂寞和孤独。机场附近20里内没有村庄，我每天常坐在怒江边，观看对岸山上成群结队跳跃的猴群，一群有几百只之多。机场的美军通信中尉唐纳逊是个电气工程师，美国名牌大学普陀大学毕业，苏格兰裔。此人文质彬彬态度和蔼，与我很谈得来，开始我们谈谈中美的大学学制、课程等，以后就话题广泛起来。苏格兰人一般政治上是保守派，他曾说“该死的共产党”，我问他为什么该死，他说共产党人经常闹罢工，社会就不安宁了。大约是因为美国中产阶级怕罢工，要守住饭碗吧！

我们从机场向南方步行两天，来到保山西北部的一个村庄。20集团军的总部驻在一个土司的大庄园里，有好多进深的瓦房，每天有二三十名农民蹲在大门口等待头人无偿劳役；集团军后勤机关驻在一个气势雄壮的大庙里，美军联络组单独占有一个二层楼房。这个村庄是保山盆地的产粮区，土地肥沃，农村比较富裕，在偏僻的保山地区有这么好的房子也出乎意料。美军联络组组长是一个中校，任命后未来就职，由一位姓陶的少校代替，此人原是服装店的老板，组内有军官和军士十多人，分管通讯、训练、后勤等；译员原来就有四五人，机场的人一来就更多了。

我被分配翻译每天由20集团军总部送来的战报，战报十分简略，只有三四百字，内容是我军到了哪里、作战伤亡情况等，对敌军番号和伤亡情况很少报道，最后一句常是要求美国空军支援，甚至在腾冲城内进行巷战时，敌我双方犬牙交错也要求空军轰炸。这项工作每天只要半个多小时就完成了，我将译文送给美国军官，也从无回复。我工作了一个阶段后，逐渐觉得这里不是一个指挥机构，而像一个留守处。20集团军所属部队均在腾冲前线，与保山总部相距二百多里地，中间夹着怒江和高黎贡山。我随美国军官去总部联系工作时，见到的是副参谋长、参谋处长和官阶很高的高参（据说是监控军队的高级特务军官），从未见过霍揆彰司令、参谋长等高级将领，而在集团军的机关大庙里和大街上都能看到盛装的随军家属，所以猜想在前线另有一套真正的作战指挥机构。

10月初，我随唐纳逊去龙陵前线。唐纳逊自机场来保山后任联络组副官，由中尉升为上尉。去龙陵是因11集团军在前线缺粮，要去中方粮站了解情况。我们从驻地驾车先进入中缅公路，走了二十多里到达怒江上的惠通桥。过去日寇深入到怒江西岸，与我军在惠通桥夹江对峙，这次战役发动后，11集团军渡江作战，很快收复了惠通桥，并将桥全部修复。过桥后不断盘旋上坡，走了四五十公里就到了滇西战役中最为激烈和规模最大的松山战场。

在松山战役中，因日寇构筑了十分坚固和复杂的碉堡群，集团军在攻击时受到顽强抵抗，付出了很大的牺牲，后来紧急调援第8军，经过艰苦战斗才全歼了敌人。我们经过松山战场时，战场已清扫干净，只看到公路旁有山炮和卡车的残骸，日寇的碉堡群在公路远处的松林中未曾见到。经过一个空投场，有一架美国运输机正在空投弹药。晚上我们住在山上一个小村子里的原日本军官宿舍。这间长方形的宿舍里整整齐齐放了五六个床铺，墙上挂了一些日本书画和纸制饰品，家具和杂物排放得整齐清洁，据说那些日本军官出去作战就再也没有回来。当地驻军告诉我们，松山少数被打散的日寇现躲藏在附近乡村，村民发现有晚上到农田挖东西吃的，还放冷枪，告诫我们晚上不要外出。

第二天又走了半天，到达离龙陵县城十多公里的一个叫温泉的地方，那里集结了11集团军和第8军的几支部队。我们在山坡上找到了我们要去的兵站，并住了下来。我们每天向兵站了解存粮和来粮的情况，并通过附近的美军联络组发报回去。当时由于前线粮食短缺，部队已停止攻击。缺粮的原因是泥石流破坏了澜沧江的桥梁和附近公路，引起交通阻断。

那个地方有一个很大的温泉，可同时供二三百人洗澡，水温很高，水质也好，在那里可以遇到各部队的官兵。我遇到不少部队的译员，很多是西南联大的同学。那个兵站主任自我介绍是广西人，黄埔五期的，在中央军和广西部队都做过事，但均未取得信任，也当过税警发过财，对现在只当了个中校兵站主任很有牢骚。在他的办公室常有一个穿军装但没戴领章帽徽的人找他，一来就窃窃私语，我也无处可回避，所以听到他们说的是一笔几十个军用轮胎和几十桶汽油的生意，都是松山战役缴获的战利品，如果倒运到昆明就发大财了。这种往来战场的特殊商人和特殊交易是我难以想象的。

在温泉住了二十几天，公路修复军粮运输畅通后，我们就返回保山。回到保山不久就知道20集团军的腾冲战役已经结束，全歼了敌人。这个战役敌我兵力之比为1∶5，日军无制空权，我们打了四个多月，付出了极大的代价，在喜悦之余我也感到一些惆怅。1945年1月下旬，驻印军和远征军完全肃清缅北和滇西的残敌，并在中缅边境城市畹町附近的芒友会师，随战随修的中缅公路（又叫史迪威公路）也正式开通，每天都有大型车队满载物资经过保山运往昆明。我在保山的街上看到过车队的雄姿，一批有四五十辆十轮卡车和中型吉普，车轮滚滚，不断驶过，开车的大多都是黑人，司机在车上不断欢呼并用手指做成V字形，大家都充满了胜利的喜悦。

滇西战役一结束，远征军部队就立刻东移，20集团军美军联络组随即解散，所有人员重新分配，我和唐纳逊上尉、徐永强译员同被分配到36师。这个师是所谓“中央嫡系部队”，宋希濂曾任该师师长，滇西作战时属54军，现在是一个独立师，未来驻地在贵州贞丰。

贵州整训

1945年2月，我和徐永强及去贵州的其他译员六七人，一起自保山乘飞机去昆明。机上没有降落伞和氧呼吸器，飞近云南西康交界时遇稀薄气流，飞机失控下坠500米，我们从座位上翻落于地，并被行李架上掉下来的行李压住，正惊慌之时险境已过，飞机又正常飞行了。在昆明休息了三四天，我与徐永强二人乘火车至曲靖再到沾益，与36师美军联络组的美国人会合以后，乘车经贵州盘县、兴仁等地到达贞丰（这条路与现在的南昆铁路线十分接近）。36师美军联络组组长波特立克少校是美国马里兰大学法律系在校学生，被征入伍后升官之快是少见的；美国军官有五六人，大多是训练军官，译员有五六人。联络组住在一幢新楼房中，据说是盐商所有（贵州缺盐，最大富商是盐商）。贞丰是个小县城，苗族聚居处，当地耕作方法还很原始和落后，生产杂粮多，居民生活很贫困。

部队到贵州是为了整训。当时德日两国已面临崩溃，但中国的战场形势仍无决定性改变，湘桂地区日寇仍呈进攻姿态。部队东移是为了参加未来的湘桂战役。我们先分散到各团参加训练，以后集中到师部，办了重机枪和通讯训练班，然后就开始正规部队训练。我每周随波特立克少校找师参谋长递交一份美军草拟的训练计划，实际是一张表格，上列每日训练课程，是从班至排、连的制式训练。每次都获得师参谋长的欣然同意，于是美国人就以营为单位，分工至各连训练场所观察训练情况。因各团都通汽车，每人一天可以跑三四个连队，每处停留二十多分钟，看到中国部队按计划训练，美国人就心满意足地走了。我感到当事双方都是应付差事，都是形式上执行所规定的义务、权利。

关于美国军事装备，除了驻印军队是全套美械配备外，国内部队看不到美国装备，部队用的还是汉阳、巩县造的步枪和国产的机枪、迫击炮等。36师是嫡系部队，与53军不同，但配备也是如此。我在贞丰时美方曾要求中方填写一张所需美援物资的表格，中方报来的是布匹、蚊帐、武器等，其中布匹数量很大。填表后一直没有下文。一天，一个美国军官告诉我美援武器到了，我就随他去了一个小屋，地上有几个长木箱，有一个已打开盖子，从形状看来是步枪。不一会儿，36师师长李志鹏披着一件风衣，步履轻快地来了。李师长拿出一支步枪拆开包装油纸，用煤油洗净保护油脂，就看出是一支M1型步枪，但金属零件有锈痕，枪托上有凹痕，显然是旧枪，李师长骂了一声“真不像话”，扭头就走了。

1945年7月，经过6个多月的整训，部队奉命开拔到广西。我看到各团都忙忙碌碌地派遣武装小组，下乡去抓逃兵。原来一些下级军官到贞丰后有与当地妇女结婚的，被抓壮丁中的苗族士兵的家乡就在附近，他们中的有些人乘机逃亡。这些人如果被抓回来，后果不堪设想。

部队从贞丰到兴仁，又乘卡车到兴义，然后再步行去广西。美军乘机在兴义休息了一个多星期，住在法国天主教堂里。这个教堂很大，大厅有五彩缤纷的玻璃窗和灯饰，有一个几十间客房的招待所，供应的伙食是地窖下存满的葡萄酒、奶酪和香肠等。教堂里常来一些穿绸缎衣服的华人教徒，看来都是依附教会势力的“假洋鬼子”。贵州是一个偏僻而贫困的地方，我在贞丰、兴义等地都看到教堂、医院等，可见教会势力渗透之广。

我们从兴义乘车，不久就赶上了正在步行的队伍。8月初到达黔桂交界的南盘江，无意中听到美国向日本投放原子弹的广播消息，大家都拍手叫好。渡江以后，又听到苏联红军打垮关东军和日本无条件投降的消息。胜利来得如此之快，实在出人意料。在广西乐里（现为田林），联络组休息了一个星期等候消息，最后宣布联络组解散，美国军官和译员分别去百色，美军人员到百色以后就乘飞机回国了。在乐里去百色的路上，我们与正在行军中的36师告别。我们从百色经南宁到柳州，住在机场附近的帐篷内等飞机去昆明。飞机是凌晨4点多钟起飞的，我们看到很多部队集合在机场，排着队走上一架架美国运输机准备去上海，因为胜利来得太快了，国民党只好依靠美国人运兵去接收。

我在9月中旬回到昆明，学校已经开学。我不敢怠慢，第二天就回学校上课。10月下旬在翠湖西路外事局昆明办事处的一幢房子里，为在昆明的译员办了离职手续，发了两个月工资的遣散费和一张证书，这样就结束了我近700天的译员生活。

感　慨

译员生活中，我的最大收获是第一次深入社会，经历了前所未有的生活。我强烈感受到国民党政权的极端腐败和人民生活的极端贫困。

在贞丰时，两个美国军官找了两个师部军医和我，去看被虐待的士兵。他领着我们到了一个很偏僻的地方，在两间房间里看到躺在砖地上的十多个衣衫褴褛、两眼深凹、皮包骨头、浑身是疮、犹如活僵尸一样的士兵。我问他们，他们回答每天吃不饱，有病也不给药。这个景象使我十分震惊，久久难以忘却。以后有师部军官到我处聊天，我就问起此事，他也实言相告，政府抓壮丁补充兵源，到了师管区，为防逃跑都关在不见阳光的屋子里，也不让吃饱。部队去领新兵时，很多新兵已奄奄一息，领新兵的军官为了谋利，要新兵挑运自城市购买的百货，一路又是打骂，所以倒毙在路上的就不少，到了驻地很多新兵身体虚弱得不像样子。

我在贞丰也问过吃空额情况。据一位团长讲，一个连定员是200多人，吃空额的有三四十人，自连、营、团集中到师部，空额总数就十分可观了。在贞丰时也遇到部队点验兵员，听说师部采用重复点验方法去应付，即凑足一团士兵，点验完毕用汽车运送部分已受验过的士兵到另一团去凑数，如此倒腾，各团就都足额了。这种应付方法上级点验官也是熟知的，双方都是应付公事而已。平时兵员不足，上前线时嫌兵少，就派武装小组到乡间路上公开拦截，将老百姓强行劫持到部队。在云南驿待命上前线时，我就见过这种挂着驳壳枪在路上等待行人的劫持小组。后来在昆明听说第8军被紧急调往前线时，路过昆明就公然在大街上进行武装劫持，将一些店员、理发员、居民等都掠走了，到兵营将头发一剃就拉上前线，弄得昆明一时人心惶惶。

除了克扣军饷，还倒卖军用物资。云南疟疾（俗称瘴气）多，美援物资有奎宁丸，我在130师看到患疟疾的士兵，从未得到过奎宁丸治疗，在一个团部却看到成箱的奎宁放在地上，显然是准备倒卖的。在昆明西南联大附近有一个36师驻昆明办事处，我复员后有一天正在实验室做化学实验，一个士兵拿着师长李志鹏的名片来找我，说李师长请我吃饭。我看到那个办事处就是一个汽车运输行，堆满了汽车轮胎、汽油等。这些都是军用物资，这种官商现象在当时是很普遍的，部队经商更是无本生意。国民党军队战斗力低，最重要的原因是其腐败，在滇西战场上很多战士都是英勇作战流血牺牲，在平时却饱受虐待，部队指挥又常失误，常常使士兵蒙受无谓的牺牲。

译员生活使我深入偏远地区，所以强烈感到人民的极度贫困。在祥云时曾看到老百姓从山区背着一担柴火或蔬菜，走一两天山路到县城赶集，在集市上将柴火等卖出，换回来一些大米，一家人就在地上挖个洞，用随身携带的铁锅煮饭，炒一盘辣椒加少量盐做菜，蹲在地上就吃饭。这种极端原始和贫困的生活使我很震惊。在怒江机场时，我曾数次去附近农村雇用牲口，到村后都要先找保长（当地为少数民族地区，但保长均为汉族人），跑了几个房子全是门户洞开，空无一人。据保长讲，军队过境几次老百姓也弃家上山几次，来不及带走的粮食和牲口都被国民党军队抢走了，耕马也被全部征用，明年春耕还不知道怎么办。这使我想起小时候读书时读到的“兵过如篦”，深感中国人民真是苦难重重。

因此，译员的工作经历，使我实实在在地了解到国民党政权的腐败和黑暗、人民的深重苦难，也就促进了自己的政治觉醒，孕育了以后投向革命的思想基础。

回忆这段经历，距今已57年了，联系到当前日本统治集团日益右倾化和军国主义幽灵的复现，我觉得我们应该牢牢记住日本侵略中国的罪行，十分警惕日本军国主义的复活。

另外，我哥哥华人杰，是一位在抗日战争中192次飞越驼峰的抗战老飞行员，在中美航空界有很高声誉，逝于2001年7月7日。妹夫亦是同时期的译员。

回忆滇西龙陵之战

康定国，男，1924年生，河南巩义市康店镇康南村人。1940年参加国民革命军71军，参加过龙陵之战等战役，1947年脱离部队回乡务农。

我是民国29年（1940）被抓丁当的兵，到陕西汉中后，在吴家坝飞机场附近训练了三个星期，分配到71军87师259团3连，这是个机枪连。训练结束后部队开到甘肃保护国立中学，那时候有回民常到学校抢东西，我们去打了两次就安定了。部队又开到四川重庆，之后又调往云南，据说当时云南的龙云和中央政府有矛盾。我们一个集团军挂着一样的臂章坐汽车往南调动，走了三天，到昆明城外，守着山头做了些工事，部队再进入城内。

民国30年开始，中国部队到缅甸保卫交通线，还救援了英国人。我们71军后来坐汽车开到保山县，下车就和日本人交上火，当时有个顺口溜：87、88，36师顶呱呱。71军的这三个师战斗力强，一直把敌人打过了怒江，我们就在怒江东岸驻扎下来守江防，一守就是三年。

远征军进攻龙陵（图片来源：保山新闻网）

到1944年，部队开始进攻，我们先渡过怒江，其他部队直接翻越高黎贡山进攻腾冲，我们这一部分是从松山、火石地这边绕道通过的，准备攻龙陵。到龙陵黄草坝后又分成两路，一路去腾冲路口守桥，防止敌人从腾冲过来增援，一路攻龙陵。我所在的259团任务是攻龙陵。战斗非常激烈，有时我们半夜去摸营，手榴弹两个一捆，几个人同时往敌人碉堡里扔。其他敌人赶来时，我们藏在附近的草丛里，那草有半人高。回来的时候发现两个鬼子正在观望我们阵地，就直接用苗刀把他们脑袋切下来了，还带回来两支枪。我们每人得了100元奖金。

当时我在机枪连，用的是马克沁重机枪。有时机枪掩体被炸塌，我们就把枪抬到炮弹坑里继续打，打一阵换一个弹坑。阵地上尸体太多，有的生了蛆，爬得到处都是。一天吃两顿饭，有时打得紧张时，一天不吃饭也不觉得饿。有时下雨，饭挑过来时，水把饭桶都灌满了。

在龙陵，一个连下来只剩几个人了，连长向营长要人，营长反而骂道："难道你不是人？"又让他们拿着手榴弹往上冲。

再有一天就可以攻下龙陵了，可是守桥打援部队失利，敌人增援部队又打了过来，龙陵暂时没有攻下来，接到命令后我们只能先撤下来。龙陵的敌人得到增援后反攻过一次。后来我们的增援部队也上来了，又把敌人打回到龙陵城里头。这中间我参加了多次战斗。龙陵附近公路两边的山上都设有铁丝网，双方在此伤亡都很大。我和战友把机枪架在弹坑里对着敌人的战车射击，子弹打到战车上像炒豆一样飞走了，打不透。后来调来了平射炮，定700米距离，一炮把战车打一个大窟窿，车内的敌人出来一次我们扫射一次，打得他们只剩下两个人，最后丢下战车跑了。敌人在进入龙陵的各个路口都埋有地雷，我们就先攻占城外高地，把山炮也运过来了。在老东坡，战友们向上仰攻，我和另一个战友看见山上日军军官的指挥刀被太阳照得一闪一闪的，就瞄准那个方向猛烈射击，一口气打了50发，把指挥官打死后又打起扫射。战友们投出一批手榴弹，喊着"冲啊！杀呀"向山上冲去，一口气攻上去了。5连上去后缴获了敌人指挥官的手枪和指挥刀，我对5连连长说："手枪算你们的，指挥刀归我们吧。"连长说："我再要两天。"

龙陵抗日战争胜利纪念碑（图片来源：新浪网）

我们把龙陵外围高地和路口占领后，城内残余的敌人在夜里撤走了。我们听见黑暗中有备马的声音，对着白天瞄准的方向打了一阵，一点动静也没有。第二天天亮后派人下去搜索，发现敌人撤走了。

后来我们71军一直打到中缅边界的畹町，和新1军、新6军会合。在这里，我们抓到一个缅甸逃过来的嘎拉人，是被日本人抓来的民工，他向我们报告了一个情况：缅甸境内有个日军的仓库，东西多得一年也用不完。我们就把这个情况向上级做了汇报，后来空军对这个仓库进行了轰炸，投掷了燃烧弹，大火烧了三天三夜。

在滇西过完年，我们坐飞机回到昆明，又调到贵阳。当时贵州吃紧，我们调到麻江布防，不久，日本就投降了。

日本投降后，我又干了一年多。内战爆发后，我在东北四平，看到双方死伤太多，想到死的都是中国人，我就不想再干了，和几个战友一起脱离了部队，回到老家。

缅北一场战斗，一排牺牲40人

张天生，男，1923 年生，河南唐河县黑龙镇人。1938 年参加国民革命军，先后在中央化学兵团学兵总队、中国驻印军独立炮兵 1 团、独立步兵 1 团、驻日占领军任少尉排长、中尉连长、上尉连长，参加过印缅反攻作战，屡次立功。1947 年脱离部队辗转返乡。

我属猪，老家在河南唐河县南50里黑龙镇张官岭村。小时候家里是佃户。我有个哥，他15岁时就能扛200斤的麻袋，是个壮劳力，家里全靠我哥，我只能干放牛、割草这些杂活。

1938年，我哥被派了壮丁，他要是一走，我们家就不能给地主家扛活了，所以我决心替我哥当壮丁。农历五月二十三这一天，要壮丁的来了，我跑到地里对我哥说："哥，快跑！"我哥走后，我回到家里，要壮丁的找不到我哥就要打我父亲，我从小什么都不怕，上去一下子把那人推开，对他们说："是我让我哥跑的！"甲长说："你哥跑了，谁去抗日救国？"我说："我去！"他们说："你太小了。"我说："我还会长，明年就长大了，后年更大了。"围观的人听了哈哈大笑。拉壮丁的说："你要是不怕死就跟我们走。"我说："我还没吃饭哩，带两个馒头再走。"临走时，家里母亲和八十多岁的奶奶抱着我哭得难舍难分。

我跟着新兵队驻在唐河县城的塔院（唐河泗洲塔）里，这时候豫南师管区学兵大队到塔院挑选学兵，长官看我聪明干净就把我挑到学兵大队。在家因为太穷读不起书，当了兵还能读书，我心里真高兴。

豫南师管区学兵大队驻扎在南阳卧龙岗西边董营，司令部设在冯营。在学兵队学习训练了6个月，进行野外、队列等军事训练，学习枪支武器的使用，学文化，学习条例和如何带兵，学员毕业后要编入暂编团当班长，随时补充到野战部队开往前线作战。1938年底毕业时，因为我年纪太小，带不了兵，当班长不合适，就被留在队部当了军械上士，管弹药枪支，也相当于班长。

1939年8月，中央化学兵团学兵总队从

四川来南阳接壮丁，来的都是排级以上的军官，没有班长，要从豫南师管区学兵大队挑选200名班长，配备给两个入川的暂编团。那时我虚岁17，身高有一米七，被军官邓之端选中，成为化学兵团学兵总队的一名班长，一同被选中的还有泌阳人孙临山和遂平人朱克全。

因为壮丁不足，我们就跟着邓之端留下等壮丁，驻扎在南阳北关叶庄、小王庄。当时连长邓之端25岁，是河南巩县人，黄埔军校十四期毕业，将近一米八的大个子，有文化、有能力、有激情。他兼任教官，重新对我们这一批班长进行了比师管区学兵队更严格的军事训练，还进行国情、人生、理想、文化教育，每天三操两讲，外带教授英语。入冬后，军款迟迟不到，官兵只有单衣。我们每天早晨天不亮就集合，官兵一律打赤膊、打赤脚，只穿一条短裤、带一条毛巾，跑步到15里外的南阳机场，用毛巾使劲搓身子，再跑步回驻地。有时还进行冬泳训练，天上下着大雪，雪花飘落到官兵身上热气腾腾的。进入腊月军款才到，我们立即购买布匹、棉花，找来裁缝裁剪，官兵们自己动手做冬装。这半年的训练，得到邓教官的言传身教，我在体能和军事素质方面都有很大提升，眼界也开阔了，从一个农村的调皮娃，成长为一名合格的军人。

1940年3月，暂编团从南阳开拔步行入川，我在1营1连2排6班任班长。经过湖北谷城县进入山区，士兵因留恋家乡，发生“炸营”，我协助邓之端连长果断处置，迅速平息了事件。随后一路步行到巴东，在这里上船经万县、重庆，于1940年6月初平安到达泸州，暂编团人员分配到化学兵各团。邓连长看我是个人才，又把我保送到化学兵军官学校受训，驻在泸州南天坝，分配在1连2排5班。连长姓冯，山东人。排长施树范，云南人。在军官学校，学员每周轮流担任班长、排长，学习指挥，学习机枪、迫击炮拆装和维修，学习各种毒气和防化知识，进行实弹射击训练和劈刺训练。

一年半后毕了业，我被分配到化学兵总队独立炮兵第4团警卫排任少尉排长。炮4团团长叫杨林，云南人。警卫排是一个加强排，共五个班，以新兵为主，四川人居多，只有王小毛等几个南阳人。这个时候，邓之端也从“学兵队”[①]队部被分配到炮4团直属高射炮连任连长，我们经常在团部见面。在炮4团期间，我曾随团驻守宜宾，保卫飞机场。

第二次世界大战爆发以后，蒋介石成立三个军准备出国作战。当时学兵总队总队

---

①1944年初，被重庆统帅部当作特种炮兵使用的特科学兵总队的两个团，被从云南昆明空运到印度北方邦兰姆伽，接受美援装备。特一团支援中国驻印军主力新1军和新6军，在挺进胡康、孟拱河谷，围攻密支那，收复八莫等城的战斗中，连挫敌军凶焰，立下战功。他们原本是化学兵部队，受过良好的专业训练，故能够有效地阻遏日军化学兵部队发起的突击，重创了敌人。特二团与美英炮兵各一团合编为中美英联合炮兵旅，在进攻曼德勒、牵制日军支援密支那的激战中打得也很出色。在国内期间化学兵总队因保密需要简称“学兵队”。（据《化学兵名将李忍涛之死》）

长叫李忍涛[①]，各部队的防毒教官都是由学兵总队培养出来的。学兵总队号召化学兵组团出国参战。1943年6月的一个晚上，邓之端连长让勤务兵专程到警卫排，把我叫到独立高射炮连连部住处喝酒。邓连长谈国际国内形势，讲国家危亡、民族大义，说出国兵武器装备好，能够更好地杀敌抗日，问我怕不怕死在国外，愿不愿一起报名参加，我说："不怕。愿意。"第二天我们就一起报了名。当时挑选出国兵的条件是：官兵年龄都必须在18至30周岁，文化程度初中以上，身高一米七以上，体重120斤以上，身体任何部位都没有问题，五官端正，军官不许带家属。我和邓连长都顺利通过了。

李忍涛将军（图片来源：《华西都市报》）

由化学兵总队八个团挑选出一个团的人员，当月从泸州出发，经贵州毕节到云南，在昆明更换服装，进行将近一个月的风俗文化、礼仪、法律、纪律学习培训，还学习如何吃西餐，免得出国后损军威、丢国格。当时出国兵待遇很高，军官双薪水，国内薪水要求自己指定专人代领。原来炮兵第4团有一个少尉排长叫葛红林，和我关系好，他是砀山县大周寨人，家乡被日寇占领，其妻带着老父辗转入川找他，刚刚住下，经济比较困难，我就让葛红林代领我的国内薪水。

1945年3月30日，缅甸乔梅，驻印军独立炮兵第1团林冠雄团长与联络官特拉瓦少校商议战况（图片来源：中国远征军网）

1943年7月，我们从昆明乘飞机到印度汀江中国驻印军新兵营，每人除笔记本、手表、钱物外，出国前新换的军服全部扔到沟里烧掉，官兵排队到澡堂彻底清洗消毒，在澡堂出口由两个医生给每人两个胳膊各打一针，口服两丸药，重新体检后领取全套服装，有休闲装、西装礼服、衬衫、秋衣等六套，还发有一顶礼帽、一顶钢盔、一顶

[①]李忍涛（1904—1944）：国民党将领、化学兵创始人，云南鹤庆人。早年入清华大学，后留学欧美。1933年奉命在南京组建国民党军化学兵总队，任总队长。全面抗战爆发后，率部对日作战。1944年秋，赴印度视察化学兵第1团，在回国途中被四架日本零式战机袭击，不幸殉国。

便帽，还有背包、饭包、水壶、军毯、蚊帐等，军官还发两双皮鞋。每天分三包食品，包里有像扑克牌那样大小的压缩饼干、一磅牛奶、一包骆驼牌香烟、一包火柴、16颗各种味道的疙瘩糖、两片巧克力、两片枣糕、一包茶叶、一包味精、一包醋精，配的纸能把水烧开，野外取的水用两片消毒片消毒，此外，各种牛、羊、猪、鱼肉的罐头随便吃，给养十分充足。

我们在汀江新兵营进行简单训练，停留不足一个月，就乘火车到印度加尔各答兵营，在那里配备美式武器，由美国教官指导训练了半年，学习使用地图、指南针、通讯器材。士兵配备自动步枪，军官配备冲锋枪和手枪，官兵每个人配备一把丛林刀。针对丛林战进行“三角战术”训练：三个人一组，背靠背呈三角形，人与人相隔两米，身体呈微曲姿势，进退、转向自如，攻守兼备。

记得当时团长是林冠雄，1营营长王久一，山东人，2营营长名字记不住了，只记得他是湖南人，3营营长张振英，邓之端任3营9连连长。每个营配一个美国联络官，负责对空联络。我在9连3排任排长，副排长是云南人周天华，下辖4个班，1班班长河南洛阳人董真，2班班长河南信阳人潘其云，3班班长四川人孙作宾，4班班长是一个贵州人，勤务兵是湖北陈河人周进显，全排共51人。

印度是英国的殖民地，印度人见到英国人，不管男女老少都要行45度鞠躬礼，英国人打死一个印度人赔偿50卢比，但打死一头牛要赔100卢比，所以我们当兵的都知道亡国奴连畜牲都不如。我们编的军歌里也唱道：

> 同志们细听我来讲，我们东邻有个小东洋。几十年来练兵马，一心要把我中国亡。抢占了东三省，又占我扬子江。炸了多少城，又烧了我村庄，可怜我千万同胞遭了殃。不打倒野心狼，印度做榜样！我们不愿做亡国奴，要做中国的主人翁。举起我们的刺刀，对准敌人——杀！

1943年秋，我们从加尔各答乘火车，中途乘船经过黑海（音），据说是当年唐僧取经乘老鳖精过河的地方，又经过一个地方好像叫潘度（音），在潘度休息一天，由英国人请客，然后又坐火车到丽都（音）休整三天。之后改乘汽车，走不过三天就到了喜马拉雅山脉，没有路了，山越来越高，林越来越密。原始森林里豺狼虎豹乱吼，虫蛇乱飞乱爬，猿猴在树丛里上蹿下跳、吱吱怪叫，旱蚂蟥到处都是，蚊子很大，能叮透两层衣服，部队专门发了防蚊头罩和蚊子油。森林里还有野人。我们曾发现一个山洞，洞口用树枝封住防野兽，洞很深，住着七个野人，三个男的，四个女的。他们都吃生肉，我们给他们饼干和衣服，这几个野人跟我们走了没几天就被运到了美国做研究。

部队呈箭头形状交替领头开路前进，大家既兴奋又紧张，遇到林密处，先用森林刀砍出一条缝隙，爬进去一个人仔细向四周听一听有没有动静，辨别声音和方向，确认没有危险再把路往前延伸，后面有两个美国工兵师紧跟着筑路。

在丛林中的第四天，飞机从空中侦察到已经和日军很接近了。我们3排在前开路，树林太密，随时都可能与敌人遭遇。凌晨4点，我们突然和大队日军冲到一起，双方几乎同时开火，大家拼命往前冲。离得太近，步枪使不开就用冲锋枪扫射，用手枪射击。当时我带有将近600发子弹，很快子弹就打完了，我捡起一支日军带刺刀的三八大盖儿，开始肉搏。上面的飞机无法轰炸和扫射，我大声喊着指挥全排迅速靠拢，注意分组，保持三角阵形，全排非常缓慢地向日军杀过去。双方倒下的人越来越多，我的勤务兵周进显也一个闪失被日军刺倒牺牲。战斗队形在不断缩小、变换，一直杀到8点左右，后面大部队冲上来把日本人杀退了。这时一看森林里东一个西一个、横一个竖一个，到处都是尸体，有日本人的也有中国人的。打扫战场，发现我们排51个人只剩我、1班班长董真、2班班长潘其云三个人还有战斗力，有8个重伤员躺倒在阵地上，其余40人全部壮烈牺牲。我们三个人衣服里面是汗水，外面是血水，都成血人了。后来，我孙子张子凯曾问我到底杀了多少个日本鬼子，我说："肯定不下30个。那天晚上，我们三个紧紧摽在一起，杀了这个砍那个，砍了那个刺这个，眼看着战友倒下牺牲，早都杀红了眼。敢上来的，都要挨我们三刺刀，还活得了？"

这一仗之后，独立炮兵第1团被迅速调到30里外的后方休整，从印度空运来新兵补充，跟随总指挥部行进。我因指挥得力、作战勇敢荣立一等功，连长邓之端被调往2营，接替牺牲的2营长，我接替邓之端升任9连连长，铁三角中的另外两位董真、潘其云分别升任9连1排、2排排长。邓之端是我的好战友和生死弟兄，后来他又从营长升为指挥部的人事科科长，内战期间他留在上海，从上海到了台湾。2014年12月13日，邓之端的儿子邓宗涛从美国来看我。

这次战斗独立炮兵第1团出了名，总指挥部把我们改为中国驻印军独立步兵第1团，平时保卫着总指挥部前进，也经常被紧急调出去配属兄弟部队作战。这期间，部队因为常和日本人遭遇，伤亡太重，推进太慢，总指挥部决定采取火力搜索方法，就是战斗机在前面侦察，不管有没有敌人，在林深树密地段，先用轰炸机炸，大炮轰，火焰喷射器烧，纵横打出50米宽的通道，使中间没有整形的大树，视野开阔，后续部队再进行警戒和两侧护卫肃清，保护筑路大军安全施工，不断向前推进。

1944年初，飞机从空中侦察到丛林中有一个日军的弹药库，弄清了位置、兵力、哨兵等情况，决定先成立敢死队趁夜间摸营。第1团很多人自告奋勇报了名。早在出国前，战友们为我送行，敬酒时祝我步步高升，我说："我这一百多斤看来是要留在国外了，不打算回来了。只要我还有一口气就要和日本鬼子拼到底，坚决把他们撵出中国，打到东京去。"所以这次我也报了名，包括9连参加的弟兄，一共挑选出100人整，我任队长，将各人的姓名、生辰八字、籍贯缝在衣服上，每人携带炸药、冲锋枪、手枪、大刀、8颗手榴弹、500发子弹，乘着夜幕出发，悄悄爬过去，先剪断铁丝网，然后按事先侦察的位置朝哨兵摸过去，上去抱住他，捂着嘴一刀割断他的喉咙。然后，我换上哨兵的服装、钢盔，大摇大摆往里走，弟兄们在后面不远处跟着，进去后用冲锋枪扫射，一下子打死了不少人。敌人听到枪响都起来了，我们的大部队也从外面冲进来。当时抓了一个军官，让他下令投降，但日本人反抗很激烈。那一天晚上打死了很多敌人，只有少数日军突围，最后我们炸毁了弹药库，爆炸声响了几个小时。战斗结束后，敢死队带出来清点人数，记得只剩18人了。这次部队给我记大功一次，升为中尉。

密支那战役刚开始比较顺利，后来日本人得知我们把一部分阵地交给美国人把守，他们觉得美国人不经打，就组织一个反攻，把美军的指挥部和一部分阵地都包围了。独立步兵第1团又奉命出击解围，当兵的光着膀子挥着大刀打冲锋，伤亡过半，最后把美国人解救出来。美国军人十分感谢、佩服中国军人的敢打敢冲，尤其是打冲锋，别看中国军人个子小，但十分灵活、快速，三下两下就上去了。美国人十分大方，把身上带的派克钢笔、手表、美元等好东西都送给我们，并连连竖起大拇指说："OK，顶呱呱！"后来，独立步兵第1团配合主攻部队打阻击，9连奉命坚守一个路口，阻击从八莫增援的敌人。这期间我们伤亡不大，也没有让增援日军越过这个路口，对密支那会战胜利起了很大作用，因此获得了密支那战役的一等功。宋美龄亲临前线慰问中国驻印军将士，她给我们讲话，还送来美龄牌毛毯、毛巾、牙膏、牙刷，还有食品等物资。

美国档案馆发现的八莫新38师墓地照片（图片来源：网易）

密支那战役之后，独立步兵第1团又奉命增援八莫会战。此时的日军士气低落，中国军队士气高涨，穷追猛打，但八莫城一面靠山、两面临河，地势易守难攻；日军长期经营，层层工事坚固，老日成缩头乌龟，躲在工事里负隅顽抗。指挥部一声令下，攻城部队下河冲锋，日军在河对岸开火，大批士兵中弹牺牲，河里漂满尸体顺流而下，河水都被染红了。指挥部决定停止进攻，进行火力歼灭。当时中美空军占据了空中优势，所以能够一遍一遍地从空中狂轰滥炸，大炮从城周围不停地往里轰。这次我们9连负责把守一个路口，配备三挺重机枪、九挺轻机枪、三门美国81迫击炮，弹药、后援充足，组成交叉火力网，把这个路口封死，打死了不少从这里突围的日军。

有一天，一批百余人的商人和老百姓不顾火力封锁，拼命往城外逃。我从望远镜中观察，发现这些人衣不蔽体、男女老少混杂，我立即命令枪口抬高，放这一群人过来检查。他们中有一个英国白人老头，腿已受伤，随身带一个小箱子一瘸一拐地往外跑，到阵地前时，当兵的问他："你提的什么东西？打开看看！"箱子打开一看，里面全是金条和金首饰。有的士兵伸手就要去抓，我当即喝令制止："钱财是身外之物，子弹不长眼睛，请兄弟们专心杀敌，不要坏了良心！"英国老头看我是个当官的，就扔过来四根金条，我立即扔了回去，让他赶快逃命。经过盘查，确定这批人中没有混入奸细，就全部放行了。

八莫会战，城内守敌基本被歼，战后我被提升为上尉连长，荣获二等功。这是我出国作战以来的第四枚勋章。

1945年农历新年，团长林冠雄少将在丛林中向全团讲话："同志们，今天是我们中华民国的大年初一，我们节节胜利，日本鬼子坚持不了多久了，我们马上就要打回国了。希望同志们保持士气，坚持到最后的胜利。"全团集体鼓掌、欢呼，解散后官兵成群结队下河游泳庆祝。

八莫战役之后，中国驻印军士气高昂，独立步兵第1团一气打下南坎、南新等县城，又追敌到仰光。驻印军于2月攻下腊戌。攻克腊戌后，我们部队又追击逃窜的日军到老挝和泰国，把日军赶下海，随后又回到腊戌，用三个月时间在周围森林中清剿日军残余和散兵。这时候的日军变成了土匪，发现后一围攻他们就投降，俘虏集中后运到昆明。1945年5月，我们从腊戌乘飞机回到昆明，昆明市民挤满一街两行，自发组织欢迎远征军回国。他们抬来整猪整羊、鸡鹅鸭鱼，鞭炮齐鸣，到处都是欢呼声。我们当兵的感觉很光荣。

独立步兵第1团在昆明休整一个月，就奉命攻打南宁。一个排上一架运输机，三架战斗机保护一架运输机，上飞机时，官兵都上好了刺刀。先用飞机轮番轰炸、机枪扫射，打得日军抬不起头。美国飞机速度比日本飞机快，日本飞机一出现，美国飞机就围住把它击落。当时日本坦克车重15到30吨，美国配给我们的坦克车是30到60吨，钢板也比日本的厚，我们的战防枪可以击穿日本的坦克装甲。1945年6月攻克南宁，广西省政府也从云南迁回南宁。日本人兵败如山倒，一直退到北海。等省政府接管了南宁，一切安排好，我们接着又去攻打北海。日本人从海上撤退到海南岛，我们准备攻打海南岛的时候，美国向日本本土投下两颗原子弹，日本天皇下诏无条件投降。此时，中国驻印军司令部已解散，独立步兵第1团直接归军政部调遣。按照中国战区司令部要求，东南几省日军都集中到广州投降，独立步兵第1团奉命赶赴广州受降，接管日军武器装备。

日本人被集中到广州东郊外飞机场投降缴械。中国军队全副武装，战斗机在天空盘旋震慑。日本人把枪支架好，人员离开武器100米开外，原地坐下，不准抬头。武器收集后用汽车运走，我们把日军集中到海珠桥（音）以南区域关押，逐个进行登记，白天组织日本人扫大街、掏阴沟、干苦工。广州老百姓对日本人恨之入骨，有人对日本人扔砖块，打得他们头破血流，吓得往我们当兵的身后躲，我们又把老百姓劝住。

在广州集中的日军大约有30万人，其中有大量中国台湾、中国东北、朝鲜、蒙古的人，日军连长以上的军官才是真正的日本人。这批人员后来经香港九龙运回各地。我在缅甸打仗时见到日本人撤退时把中国东北人、蒙古人用铁链锁在大树上，交给他们一挺机枪，放上水和饼干，让他们垂死挣扎。不过，这些人也懂得抵抗到底就是死路一条，不开枪还能留条活命的道理，看见我们过来，离很远就挥着帽子喊："不要开枪，我也是中国人！"

此时，独立步兵第1团划归张发奎指挥，并在广州整编入国民革命军荣誉第2师。1946年在香港过完春节，又改编为"中国驻日占领军"，准备和美国人一起去接管日本本土，我任中国驻日占领军1团3营9连上尉连长。在香港等船期间开始学习管制日本人的法律文件，如取消军队，只能保留国民自卫队负责国内治安等，还学习了解一些日本的风俗习惯，如男女同浴等。后来内战开始，我们迟迟没有成行。1946年10月，1团乘船从九龙到上海，驻吴淞口，继续进行驻日占领军方面的训练和学习。

1947年在上海过春节。4月的一天，我乘吉普车经过驻地附近一个街道，无意中发现共产党地下人员散发的传单，里面内容大约是："驻日占领军的官兵弟兄们：你们好！你们是抗战的有功之臣，欢迎你们胜利回国！抗战胜利了，中国人不打中国人，一家兄弟可能各在一方，千万不要兄弟相残。我们知道，国军的下级官兵都是拉壮丁当的兵，家里都是贫苦出身，放下枪杆回家吧，家里分地分房，亲人在想念你们，眼睛都哭瞎了……如果愿意留在解放军，我们特别优待；如果愿意回家，我们开路条、送路费，保证你们的安全。"

看了这个传单，我眼泪都掉下来了。想想出来当兵这么多年没有回过家，抗战时期因为家里被日本占着，书信也不通，家里人也不知道怎样挂念我呢。

回到连部，我叫来1排排长董真、2排排长潘其云，他们是我在缅甸一起打仗的生死弟兄。他们看了传单，也同样泪流满面，对我说："大哥，你说咋办？"我说："这些年和家里联系不上，说不定咱们家里的弟兄有在八路军、新四军里当兵的。过去打日本死了是烈士，光荣；现在打内战，自相残杀是可耻的，这个仗不能打。依我说，咱们汗马功劳一齐丢开，连长、排长都不干了，回家看看。要是家里人还在，就在家当农民孝敬二老；如果家里没人了，再出来干也可以。"他俩都说："听大哥的。"

第二天早上4点，我们三人不带任何武器，在连部会合后，从吴淞口通过步哨线来到火车站。当时我们部队军官坐火车不要票，坐汽车也是挥手就停。我们三个坐火车到了南京，从南京过江到徐州，打听到砀山以东是国民党地盘，河南商丘以西是共产党新四军地盘，双方打仗，铁路被炸断，交通中断，回不去了。我们在徐州国际饭店住了三天，计划返回南京，改乘轮船到武汉，再乘火车到河南。

在南京江边找船的时候，遇到一位河南老乡，名叫方文庆，是唐河县城南边大河庄人，75岁，胡子盖到胸口。他本是袁世凯部队的军需官，管经济粮饷。袁世凯垮台以后，方文庆拐走一批军款来到苏北海边一个叫大钟镇（音）的地方置了两百亩地，开了一家百货商场，时常从海边贩运鱼、盐到南京。方文庆看我们是军官又是老乡，就把我们请到船上，酒肉招待。

张天生老人演练劈刺（编者摄）

方文庆对我说："战乱时期，想一帆风顺地回老家哪有那么容易？不如你们先跟我到大钟镇，有我吃的就有你们吃的，有我用的就有你们用的。我有个干女儿今年20岁，高中毕业，家里也是开百货公司的，我把她介绍给你，另两位弟兄我也给他们说个媳妇。等形势平稳了，你们再带着各自媳妇回老家，那样岂不光彩？"我觉得这样也好，就同意暂时留下来。这样，我们换上长衫，戴上礼帽，腰里别着手枪，跟着方文庆当了商人和保镖。方文庆把干女儿吴爱玲介绍给我成了家，也给董真和潘其云介绍了媳妇。

半年后，新四军的7个团围攻驻扎在这里的国民党49军一个团，打了三天三夜，打进去了。没想到的是，我们常去的一家澡堂子里有个搓背的是个共产党的地下党员，对我们三人的情况非常了解，知道我们原来是哪个部队的，怎样流落到方老板这里。后来，新四军把我们三人抓到政治部问话，我的4个奖章、证书也被没收。他们动员我们参加新四军，许诺让我当连长，让董真和潘其云当排长。我们表示坚决不愿参加内战，因为国民党的下级官兵大多数出身贫苦，我们既不打共产党也不打国民党。新四军为了感化我们，他们自己不吃肉却给我们做一荤一素吃，这样一直把我们带到山东。路上怕国民党的飞机轰炸，白天在老百姓家借宿，夜里行军，一夜能走百八十里路。走了两个月，我们表示，就是把我们枪毙了，我们也不打内战。最后他们看实在没办法，就同意我们回河南老家，给我们开了路条，给了路费，还希望我们回家乡后多做宣传。

我于1947年中秋节前回到唐河老家，当时父亲已去世4年，奶奶已去世3年。离家10年，老母亲已经认不出我了。村里传闻说我早已战死在国外了，母子见面，抱头痛哭，全村人都来看望。

当时老家唐河县还没有解放，还在进行拉锯战。1948年老家解放时，没有人敢当村长，我应乡亲推选参加地方工作，在全乡率先完成土改，后来又成立初级社，担任黑龙镇政治委员，管过商会。

五、铁血洛阳

在家乡伊川坚持抗战

艾玉福，男，回族，1921 年生，伊川县江左乡江左村人。1939 年到 1941 年在黄埔军校一分校十七期学习，1941 年至 1944 年 4 月在第一战区长官部任职，后历任 47 师 140 团 8 连排长、重机枪连连长、团部副官、3 营营长，1944 年至 1945 年在伊川跟随国民党地方政府游击部队坚持抗战，1945 年回乡务农。

我小时候在江左师范上学。16岁时"七七"卢沟桥事变爆发，看南下的流亡学生演出宣传抗战的节目，他们在台上哭，我在台下哭。人们问我哭啥哩，还笑话我。我从此下决心投笔从戎，非跟日本人打不可。一开始准备去陕北考延安大学（可能指陕北公学），头一批同学姚发广、刘炳文已经到了延安。我过风陵渡时受到国民党人员的阻拦，过不去，就返回洛阳。当时祝绍周是鄂陕甘边区警备总司令，他所管的一个"二十四普训处"正好在洛阳招人。我和同学商量先解决吃饭问题，就报了名。到汉中后被编入教导总队，总队长叫赵云飞，是日本士官学校毕业的。不久，汉中黄埔军校一分校招收第十七期学员，我们向总队长赵云飞申请去考试，他同意后我参加了考试，结果顺利考上了。

黄埔一分校原来在洛阳，因日军轰炸迁到汉中。我于1941年年底毕业，分发到洛阳第一战区长官部。我在部队时干劲大，各项工作很出彩。白崇禧到洛阳视察检阅，我是负责唱名的。三年间，我先在47师140团3营8连当排长，又调到重机枪连当上尉连长，后又到团部当少校副官。

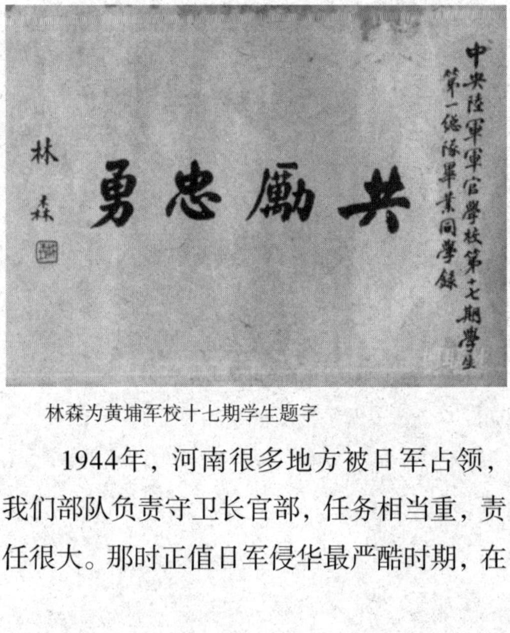

林森为黄埔军校十七期学生题字

1944年，河南很多地方被日军占领，我们部队负责守卫长官部，任务相当重，责任很大。那时正值日军侵华最严酷时期，在关键时刻我得了一种病，浑身疼痛，不能活动，像是风湿或是中风一样，无法随部队行军。上级对我很信任，同意我暂时返乡治疗，于是我在大家帮助下回到家中治疗。回家没多长时间，洛阳就被日本军队占领了，部队转移走了，我和所在部队失去了联系。

到家后，我千方百计摆治自己的病，最后用中医方法治了几个月，治好了。

日军刚来那阵子，全家一起外出躲避，跑到王家门儿，我忍不住要拿老百姓家的枪对日本鬼子射击，被老乡劝住了。老乡们说："一打不打紧，老日会把全村房子烧掉的。"

不能和部队一起打日本，我心里很苦闷。最后，我想尽办法和本县国民政府的县长蔡子生（音）取得了联系。他是白杨树人，日本留学毕业。洛阳沦陷后各地国民政府都转入地下，县政府成了一个"包袱政府"，一个包袱就能背上走，随时随地都可能转移，无法固定，活动在老百姓中间。当时在伊川坚持抗战的国军游击部队有三支，合计近千人，三个支队分别由冯荣耀、刘国璋、郭少绪领导，活动地点在县西白杨、角底寨、九间房、南留这些地方，他们坚持和敌人战斗，战斗基本没有停过。有时远处外县别的武装团队也会合过来作战，正规游击部队和地方团队联系很紧，合作得很好。

我和蔡子生县长联系上之后，讲明了我个人的经历、职务，就跟着他做敌后游击工作和政府参议工作，主要任务是联络三个支队。游击队里有原来在部队就认识的人，也有来自方方面面的人员。日军的统治和防范也很严，江左街也驻有日军，因为怕偷袭，他们都是住在高楼上，外面搭有木架。在敌占区活动，我经常要化装成农民通过日军检查点，有时还要装疯卖傻才能过关。我们和这三个游击队的联络工作做得很好，经常根据情报袭扰敌人的军事行动，削弱敌人力量。

伊川县抗日烈士碑（图片来源：洛阳网）

记得在南留的一次作战中我们伤亡最重，支队长冯荣耀被子弹打中喉咙阵亡了。前一天做饭时，锅底突然掉了，大家觉得不吉利，第二天作战时大家都不让冯支队上，结果他一上去就中弹了。别看我们当时在敌占区，可是很能打。当时八路军游击部队也在当地活动，我就见过李先念部队贴的告示。①

①1944年6月初，张思贤在吕店丁流村召集部分中共党员，筹建抗日武装"嵩阳游击队"。会后，张思贤筹集资金从外地购得机枪3挺、步枪26支、驳壳枪1支、子弹8箱、手榴弹4箱。经过一番准备，同年7月，一支40余人的游击队在吕店竹园村宣告成立。1944年9月28日，皮定均、徐子荣率领豫西抗日游击队先遣支队1000余人抵达伊川，和张思贤部联合开展游击作战。（据2011年7月3日《洛阳日报》）

一年多时间，我参加的战斗不胜枚举。日本投降后，我就回家了。我原来在洛阳长官部时，有个师长叫杨伟，他在抗战胜利后调到洛阳当警备处处长，叫我去跟他干，我都没去，因为心里明白自己的初衷是打老日，老日投降了，就不想再干了，于是回家当了农民。

保卫洛阳就是保卫家乡

罗铭耀，男，1923年生于中医世家，河南伊川县城关镇罗村人。1940年考入四川黄埔军校第十七期，1942年在国民革命军15军辎重团2营3连2排任少尉见习，后任少尉排长、中尉副官、军部军务处一科上尉科员、军直属辎重连上尉连长等职，1949年退役务农、行医。

1939年年底，我初中毕业，在洛阳报考黄埔军校，军校一共在洛阳招200名，我考了第130名。考上后，被带到南阳，在那儿又招了100名，我们300名学员背着行李走到湖北宜昌，再坐轮船到四川万县（今重庆万州），下了船又步行翻山到了重庆。在四川合川、宜宾学习两年半时间，是黄埔军校第十七期步科，我在20总队第3大队第12队。上午学文化，下午野外练习打仗——攻击、防御，出汗老多，整天衣裳都是湿的。那时候日军的飞机不断在合川轰炸，一拉警报，我们就赶紧跑，头上还得弄些树枝伪装着。敌人飞机飞得可低，也就两层楼那么高，飞机上坐两个鬼子，一个开飞机，一个拿机关枪扫射。好多同学都受伤了，有一次一个炸弹就在离我6尺远的地方炸了，把我头都埋进土堆里去了。

1942年毕业分配到驻防洛阳的15军，在直属辎重团2营3连2排任少尉见习，后任少尉排长。1943年我和辎重团第4营少校副营长何育英一起受派到陕西宝鸡陆军特种兵联合分校①进修学习。到宝鸡后，要凭军校毕业证明报名，何育英不是军校毕业的，没报上名，回去了。我顺利报上名并且考试

①陆军特种兵联合分校：抗战期间，武汉沦陷后，国统区被分割成东南、西南和西北三片。这三片之间长途迢迢，交通不便。原来的军校和各兵科学校均移至西南地区，数十万军队的干部补充和训练极为困难。当时军委会军训部在重庆成立各兵科筹备处，经过年余的准备，于1940年选在陕西宝鸡成立陆军特种兵联合分校，对西北部队营以下的军官予以专科教育，还为军校代训特种兵科学生。当时称谓的特种兵并不是现代意义的、执行特殊作战任务的特种部队，而是将步兵以外的其他地面兵种即骑、炮、工、通、辎等统称为特种兵，以与徒步作战的步兵相区别。（据2012年第2期《黄埔》）

合格，在联合分校学习了一年时间。这个学校有四个兵科：炮兵科、工兵科、辎重科、通信科。我在辎重科，学习运输、保管军用物资等知识，毕业后又回到15军。

我老家伊川罗村和15军军长武庭麟①老家相隔8里地。第一次认识武庭麟还是在我12岁时，我和祖父一起到武家给武庭麟的哥哥看病。我祖父是当地首屈一指的名医。祖父当时七十多了，眼花耳聋，由我跟着帮他写处方。我军校毕业后到军部报到时，武军长看我面熟，一问，才说起这层关系，武军长也因此对我有所关照。

1944年春，日军从伊川过龙门进攻洛阳，打算消灭守城的15军。原辎重连连长张顺云是武庭麟的外甥，因母亲病重请假回家，军长特意把我由少尉排长提升为中尉连副，代理连长职务。原来这个辎重连有4个排，1排是人力排，每人一根扁担一根绳，靠人力运输；2排是骡马排；3排是挽马排，用马车运输；4排是汽车排，有8辆道吉汽车，实际配备远远达不到。洛阳外围被日军包围后，辎重部队出不了城，没有什么运输任务，军部就把这个连配上轻机枪、步枪等步兵装备，按步兵使用。

当时只留下14军的94师和15军的64、65两个师守洛阳。15军指挥所设在洛阳西北角，指挥所是由当地老百姓挖的防空洞加固改造而成的。特务营营长是武军长的儿子，他是黄埔十六期的学生。我们连和特务营承担保护军部的任务。我们连开始驻扎在洛阳老集，离军部很近，后来撤到城内。除了保卫军部，我们连还分配有守城作战的任务，负责把守洛阳西门。

西门这时候已经用大石块堵死了，我连4个排轮流换班守城。日军进攻西门这天轮到1排值班，晚上派一个班上城楼值夜，两个小时一班。城北邙山上原来是14军94师驻防，不归15军管。15军64师在西工，65师在东关。日军占领邙山后，测量了西门的距离，对准西门开炮，把西门炸开，1排的战士和城门一起被炸到涧河里了。日军大部队进攻前先用飞机轰炸，再用排炮打，然后用坦克攻，步兵跟在坦克车后面。64师几个团顶着炮火，任凭日军轰炸，坚守在洛阳西工阵地，65师坚守在东边回民村。

日军攻城前，用扩音器喊着让我们投降，武庭麟军长严词拒绝。我们15军的官兵大多是豫西人，我们都很清楚保卫洛阳就是保卫家乡，保住洛阳才能保护我们的父老乡亲，所以我们都抱着必死的决心杀敌。有的士兵把手榴弹十个八个捆一块儿，扑到日本人的坦克那儿把他们炸翻；有的徒手

①武庭麟（1892—1952）：国民党军中将。号岐峰，河南伊川寨街（今白元）王庄人。陕西陆军模范学校、河南将校讲习所第2期、中央军校高教班第3期、陆军大学将官班甲级第2期毕业。参加过北伐。全面抗战爆发后参加忻口会战，1939年10月任15军军长，曾参加豫中会战、豫西鄂北会战，1944年在国民政府行都洛阳保卫战中，带领15军及14军（川军）94师共1.8万名将士，在没有外援的情况下对5万日军进行了顽强抵抗，坚守洛阳21天，打死打伤日军2万人。1947年11月4日在河南郏县被俘，1952年在河南洛阳被处决。（据中华网《国民革命军第十五军》）

夺日本人的刺刀。战场那叫一个残酷呀！这儿躺一个死尸，那儿躺一个死尸，有的受重伤还活着。

守城的三个师连军部直属部队共有两万多人，原来蒋介石要求15军坚守15天，一定派援军。但南边援军在栾川被日军阻挡，西边援军到新安磁涧也受到日军阻拦过不来。我们孤军奋战，前后坚守了21天。仅有的粮食都分到各班，白天打，趁天黑烙小饼分着吃，最后连吃的也没有了，弹尽粮绝。几天后，日军坦克车开到城里，最后武军长下命令三个师分别向不同方向突围，武军长随65师从东南门文峰塔方向经洛河突围。过洛河时遭到敌人阻击，死了很多人。

剩余部队突围出城后经汝阳、伊川、嵩县、栾川，翻山到桑坪镇、米坪镇（西峡县桑坪镇、米坪镇），依靠当地群众送玉米糁维持生活。在这里清点队伍，只剩两千多人了，这其中除了阵亡的和负伤的，还有一部分打散后脱离了部队，因为15军主要兵源是本省的，离家近，这些人脱离部队后就回家了。15军在桑坪、米坪休整期间，不少官兵听说后又陆续归队。

撤出洛阳后，副军长、参谋长在内乡负责收容人马，军长武庭麟奉命赴重庆面见蒋介石。听说蒋介石对武军长坚守洛阳直到最后的表现很称赞，又派他到陆军大学将校高级训练班学习。武军长学了三个月，又发了呢子将军装，回来后每逢纪念周讲话时对蒋介石的态度有了明显变化，由过去的马马虎虎变成现在的恭恭敬敬。

抗战胜利后，部队向舞阳一带调动，又开赴泌阳，治理匪乱。武军长的字写得好，过春节时，军部门外的对联就是由武军长亲自写的。大年初一泌阳的老秀才们相约到大街上品评对联，发现军部的对联书法最好，一问才知道是武军长写的，都称赞说没想到一个武人还能写出这么好的字。

日本投降后国共两党经常有摩擦，我觉得没意思，就去西安找同学转到后勤部队干了一段时间，没有再打过仗。1949年我回到老家当农民，后来重操旧业当起了医生。

当工兵忍痛炸桥

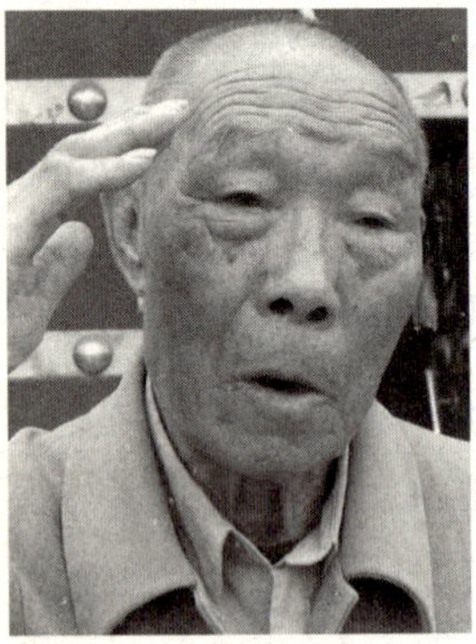

王长法，男，1925年阴历九月二十九生，洛阳孟津县白鹤镇堡子村人。1942年参军，任独立工兵13团31营7连2排4班班长，1948年回乡务农。

我是在民国31年当的兵，属于第一战区独立工兵13团31营7连。那时候工兵少，洛阳九县二区只有这一个工兵营，装备差，没汽车，东西弄不动，就用牲口驮。到部队先学游泳，当工兵先得会水，要不怎么架桥？那时候洛阳西工有好些营房，有十二营房、炮三营房，还有个西小街，有个电灯公司。我们工兵团在十二营房学习文化知识和工兵知识，怎样架轻快桥、怎样爆破等。我文化底子差，全凭脑子记。

当工兵最危险，为啥？修路架桥总在前面，打败仗后要等部队都撤完再收拾架桥工具，撤得最晚。架桥可用木板也可用绳索。绳桥是先打桩，再挂上绳网。一个工兵连有十来个班，每个班都有一个牲口驮装备。我参与架过的桥老多了，还炸桥。

民国33年4月，日军进攻洛阳。为了阻止敌人重武器进来，上面决定炸掉洛阳龙门中正桥、洛河林森桥[①]。头一个炸的是龙门口的中正桥，命令下到营里，营里研究后决定由7连执行任务，连里又把任务交给了我所在的2排4班。上面要求只许成功，不许失败。当时我正在龙门西小街上，当兵的跑来说："班长，快回去，有任务。"我接受任务后，先配炸药。为了确保成功，就多加药，把炸药箱绑在桥墩上，每个桥墩都绑上药箱，用正、负两个点火装置，正点火用的是速燃导火索，负点火是电打火，双保险。

---

①林森桥：位于周公庙南一里许的洛河上，是洛阳至韶关、至界首、至嵩县的公路通过洛河的重要桥梁。1937年8月建成，以南京国民政府主席林森的名字命名为"林森桥"。1944年5月9日，日军进犯洛阳，国民党第一战区长官司令部所属工兵13团团长方松龄于5月7日现场监督将林森桥炸毁，至今残桥遗迹尚存。（据洛阳信息港）

我们躲在龙门口煤矿安全区，离桥有二三里地。后来爆破成功，日军重武器无法快速进入洛阳。

洛阳林森桥残桥（图片来源：洛阳网）

隔一天又炸掉了洛河上的林森桥。林森桥老大，装炸药装了一天一夜，早上9点炸林森桥。这桥修好没几年就炸了，心痛啊。

此后，我们按部队留下的路标向西追赶，在洛宁追上大部队。撤退中在卢氏死伤军民最多，有从洛阳长官部撤出来的家属，还有东部过来的大学生。日本人从卢氏西门打进来，把人关屋里，点上火。当时卢氏城臭街乱巷的，真惨。

从卢氏向南转至南阳、邓县，在老河口过汉江到均州、白河县，在湖北前后待有两年时间。

民国37年，我开小差从部队回到老家。

点完名，团长放声大哭

王海清，曾用名王海宽，男，1923年生，河南汝阳县陶营乡姚沟村人。1942年参加国民革命军第15军，参加洛阳保卫战，被俘后被送往日本福冈煤矿当劳工，抗战胜利后回国返乡务农。

不到19岁那年，我被抓壮丁到了国民党第15军，分到第65师194团团部特务排，是一等兵，当时军长是武庭麟，副军长是杨天明，师长是李纪云，团长是杜文，河北人。当时部队在洛阳龙门（龙门镇）、彭婆（彭婆镇）驻扎训练。

1944年春天，老日进攻洛阳，部队调到龙门山防守，团里派人炸掉了龙门桥。重武器过不了河，日本人就改从东香山走偃师、白马寺，我们又调到白马寺驻了一夜，第二天五更就开拔到刘秀坟守黄河河防。中央军在刘秀坟和邙山岭一带修了很多工事，我们在刘秀坟战壕里守了几天，敌人对岸的大炮打得实在支持不住了，又退到邙山岭上防守。

邙山岭靠洛阳北边，地势高，进洛阳城必须先攻下邙山。军长下令要我们死守邙山阵地。当时64师在邙山西苗沟一带驻防，我们65师在邙山守着，战斗非常激烈。团部设在邙山岭上的吕祖庵里，我们特务排跟着团部，全排分成三个班，其中一个班轮流保护团部，其他两个班上前线阵地。排长葛团志愣得很，身坯也大，光着膀子掂着手枪四处查看情况。日本人从铁谢过来向岭上猛攻，他们兵力比我们多得多。我们65师连以下的官兵全部日夜守在战壕里，饭送到战壕里吃，除非被打死，否则一步也不能离开阵地。敌人有战车、坦克、马队，顺着吕祖庵北边深沟往上攻。我们事先在这些滚水沟的高处用麻袋垛成墙，再填上东西把路堵死，在沟两边用步枪、机关枪、迫击炮组成交叉火力，敌人往往攻不到麻袋垛子就被打死了，他们只要进入滚水沟就很难再活着退下去。一个马队全部被打死在沟底，人、马尸体堆在沟里，坦克车上来又碾轧，东边河水都成红的了，敌人伤亡很大，据说把汉口的兵力也调过来一部分攻洛阳。

在这二十多天里，敌人不论白天黑夜轮番进攻，我们的人也死守着阵地。白天敌人炮火打过来时，我们窝进战沟里，等敌人快攻上来时，连排长们一声令下，当兵的就冒着炮火开始举枪射击。我们的伤亡有一多半。吕祖庵北坡那个口子是8连把守的，连长阵亡后，团长叫副连长代理连长；到中午副连长也阵亡了，又叫一排的“大排长”代理连长。后来敌人坦克车快冲上沟顶时，连长派士兵从沟沿上跳到敌人的坦克车上，把手榴弹塞进坦克车排烟口里，或者把车盖子掀开往里塞手榴弹，炸坏了一辆坦克，下去的三个士兵没有一个活着回来。副团长是伊川县人，胳膊在吕祖庵被打折了，我一口气把他背了几里地，送到城里治疗。

一天在邙山上，轮到我们这一班上阵地，敌机轰炸时一颗炸弹在空中爆炸，我被弹片击中头部，在团部卫生队包扎包扎，休息四五天后就又上阵地了。

后来和军部失去联系，我们的弹药也快用完了，团长下令在夜里主动撤进洛阳城。日本人占领邙山后，在山上架起大炮，不停地向城里轰击。

团部进城后撤进丽景门城门楼里。敌人大部队还没进城时，有四个敌人尖兵向这边搜索过来，特务排排长看到后对我们说：“下去几个人跟他们拼刺刀去！”我和另六个战友一起冲下来跟这四个敌人拼起了刺刀。最后这四个敌人被我们全部消灭了，我们牺牲了两个人，我的大腿上被刺了一个窟窿，回到城门楼上时，绑腿布被血洇湿了。

敌人攻进城里时，我们团剩下的人还在城墙上守着，后来城楼也炸塌了，城壕里连咱的人还有老日，死的成大谷堆，最后弹尽粮绝，我们在这个城门附近街里被俘了。我们特务排原来四五十人也只剩十几个人了。

战俘们被关进西工十二营房，团长开会点名，点完名，团长看全团没剩下多少人了，忍不住在台子上放声大哭……

战俘们在十二营房关押了几天，头三天不让吃饭，死了不少人，第四天开始每天给一小碗高粱米。后来我们被送到石家庄检查身体，又经塘沽乘船被送到日本福冈县的煤矿当苦力。在船上病死一个人，扔到海里了。

中国劳工在日本矿井受奴役（图片来源：东方网）

在福冈煤矿，苦力们分成三班轮流下矿，不分白天黑夜地干活。日本的翻译官就对我们明说，把我们弄来就是要当牛马使的。一顿吃两个三两重的玉米面窝窝，干活干得慢了还要挨打。我们一起去的有七百多人，上一批苦力来时是八百来人，我们这一批到时，他们只剩下六百来人。我们这一批七百来人后来病死、被砸死的有一百来人，很多人是因为绝望和想家，忧愁得病死掉的。

当时在日本也听说过花冈暴动的事，我们也想过冲到县警察局抢枪暴动的事，但大家意见不一致，没有行动。

后来听到美国飞机轰炸日本，日本投降后我们就不用干活了。美国兵来了之后，带着我们出来走走看看，坐客车也不掏钱。十多天后，我们被送回到天津，住在北洋大学，开会讲了政策，愿意入伍的，还让你参加部队；不愿意的，给你开个证明回家。当时留下的很少，在日本下煤窑出了多大的力，回来都不想再干了，我就和13个老乡一起回到了家乡。

2014年3月1日，在洛阳志愿者的安排下，我重返当年曾战斗过的老战场，去邙山岭、丽景门看了看，心情很激动，非常怀念牺牲的战友。《洛阳晚报》还写了一篇文章报道这件事。

受伤的战俘被活活渴死

李双喜，男，1926年生，河南宝丰县张八桥镇孔庄村人。1942年至1944年在国民革命军15军当步兵，参加过洛阳保卫战，被俘后逃脱，回乡务农。

小时候穷，没上过学。兄弟姊妹五个，我排行老二，哥哥逃壮丁走了，我不到16岁就去当兵了，分到15军，军长叫武庭麟。

我当新兵后在潼关训练。每天天不亮就起床，洗脸之后就出操，两个老兵在前面做示范，我们跟着学，还要练枪法。一天两顿饭都是杠子馍，渴了就喝点儿水。过了一段时间，从潼关调到洛阳南几十里地一个大村庄驻扎了七八个月，又调到黄河南岸守河防，与日军隔河对峙。我用的是"汉阳造"步枪，一盘子弹10发，随身带20盘子弹。

1944年，没想到日军从洛阳东南边绕过来了，中央军天天有电报通报敌人动向。后来敌人已到了漯河、舞阳，最后到了洛阳龙门口，在这儿打了一仗。中央军的武器不如日军，但日本人跑不快，因为他们穿的是带螺丝的半截腰皮鞋，老沉。中央军穿的是布鞋，冲起来跑得快。

日军用坦克进攻洛阳(图片来源：华声论坛)

龙门失守后，我们部队又调到洛阳北边邙山上把守，附近有一个通到孟津的大汽车路。日军从南边过来，又对枪对刀地打起来了。从5月前半月打到6月后半月，子弹快打完了，迫击炮和四门野炮打得连一发炮弹也没有了，没办法又退到洛阳城内继续坚持。

日军把城外地方占完，把洛阳围起来

了，并不急着大规模进攻。他们的大部队向西一直打到潼关，封住援路，又返回到洛阳集中力量再打。天上四架飞机不断轰炸、扫射，中央军死伤老多。后来没一点子弹了，中央军派飞机空投子弹，飞得太高，投到北车站，北车站当时已被日军占领了。

城沟已经提前挖好，有二三丈深。15军修了不少堡垒，在洛阳城墙西北角有个水泥堡垒，两间房子大小，炮眼是扇形的。日军开始猛攻，西北城角攻得最凶。他们在壕沟外的一个榆树林里对着堡垒的炮眼射击，打中一发，里面就会有死伤，一天得换几回人。日军在榆树林里用大炮轰击壕沟，三丈深的干土沟被炮弹轰塌成斜坡，坦克车可以通过，城墙也炸得没有了，坦克车一直开到城墙上。天快黑时日军攻进城里。

日军强迫中国战俘自行挖壕沟，随后用刺刀将他们刺死（图片来源：《南方都市报》）

城里临大街的房子早就掏了枪眼，做成工事，房子相互打通，像交通沟一样，从南门一直通到北门，东门一直通到西门。15军躲在房子里打巷战，最后每条街道里都有日本人，我们就趴在房顶上打。我所在团是哪里紧急调到哪里打。在城里打巷战，有四个日本兵躲在一个临时的堡垒里。那时候天热，我们十几个人赤着脚去偷袭。那天晚上没有月亮，我们仨人先爬着过去，趁两个日本人不防，俺仨猛然间站起来，把他们推倒后用刺刀扎死，接着一起上来把另外两个日本人也扎死了，缴获了四杆枪、几个荔枝弹（手雷）。打了一个月，我中了一枪，我命大，子弹正好打在口袋里的一枚银元上，银元把胸口的皮肉都震成了黑青色，腿上也被日本人的荔枝弹炸伤了。

敌人攻进城后，知道城西南部是开阔地，所以有意识在西南部留下口子。我们一部分部队被压到城西南方向，退到洛河河滩上。当时林森桥也被炸断了，大量部队在河边被围住，一批批被俘虏了。

1954年从洛阳西工兵营附近土井内挖掘出的战俘遗骨（图片来源：《平顶山日报》）

我也是在河滩被俘的，战俘们被关进了天主堂。

在天主堂关押期间，一天只给一把喂马的生蜀黍（高粱），24小时才叫喝一回水。喝水时由日本兵押着，排成队到洛河边上像牲口一样喝河水。有时候渴得实在没办法，只能喝自己的尿。那些受伤的战俘趴在地上不能动，有的活活渴死。日本鬼子是把俘虏们往死里折磨呀，不知道当时饿死、渴死了多少人！想起来直掉泪……

洛阳集中营战俘和劳工住过的营房遗址（图片来源：《平顶山日报》）

后来，战俘们被关进洛阳西边十二营房。天天都能见到日本人用牛往外拉尸体，用绳子绑住尸体的脚脖，头朝后，往外拉，每天每个战俘营都在往外拉尸体。战俘们吃生蜀黍实在受不住了，想煮煮吃，当时手头好歹有个工具，就是没木柴，心想：能上到房梁上去就好了，可以劈些木头当柴煮蜀黍吃。这个营房是早年吴佩孚盖的老房子，房梁都是松木的。我自告奋勇说："我能上去。"就这样，其他人放哨，我和另一个人爬上了房梁，劈下不少柴火。结果还是被日本兵发现了，指着我乱叫。下来后，我们俩被他们绑在院里榆树上，当时6月份，天气很热，折磨一阵，翻译官又教训我们一顿，才放了我们俩。

日本人后来又登记了战俘名册，据翻译官说要把所有战俘送到日本下煤矿。我也登记上了，但后来又被临时挑出来当苦力。当时他们挑了几十个年轻力壮的战俘给他们拉骡子，用铁边木轮钢套的大马车运东西。这一天，运输队走到洛阳北边一个村庄上，大车轴坏了，日本兵停下来修理。我和一个同伴看这个机会难得，就想着趁机逃跑。天黑下来时车还没有修好，我们俩看准一个过道，趁日本兵没注意，通过过道一口气跑到野地里逃掉了，一直逃回家。

到家看看，家里真可怜，哥逃壮丁在外，爹和三弟都死了，娘带着妹妹在外逃荒，两个妹妹没长成就送人了，娘因为一直没有我的消息眼睛都哭瞎了……

后来，我又到宝丰我舅家，秋麦两季帮舅家干农活，农闲时帮着跑生意，再没有回到部队上。

连长们都死完了

徐廷文，男，1926年生，平顶山市湛河区北渡镇北渡村人。1941年加入国民革命军15军，1944年参加洛阳保卫战。

我14岁过继给俺婶。那时家里只有俺妈俺婶两个老人，没一亩地，没吃的。民国30年夏天，我才15岁，保长还要抓我的壮丁。我躲到外村，碰见开粮行的岳森（音），他对我说："保长这次非抓你不可，你走了，你婶、你妈两个老太婆可咋办？不如我给你介绍个头儿，卖个兵，好歹顾住她俩的生活。"我就跟着岳森来到宝丰蒋营找到保长陈金堂，他正在为买不到兵发愁哩。

验兵时我年龄最小。我按照保长交代，虚报成18岁。在宝丰南城门外，一批招了三十几个人，都叫脱个精光，伸伸胳膊踢踢腿。一个叫雷九廷的连长对我说："你算验上了。"我被验上之后，得了保长的1500元钱，给岳森留300，给俺妈俺婶1200元。随后就年馑了，灾情严重得很，要不是这1200元，俺妈俺婶一个也活不成。

雷连长顺手摘下盒子枪递给我说："给，这个枪是你的了。"他是想叫我跟着他干哩。可是兵交到团部，雷连长当不了家了。有个副团长把我拉出来问："小鬼，多大了？"我说："18了。"他笑开了："你说实话吧，说实话不管你岁数够不够，你这个兵我们都要了。"我这才说了实话，人家都笑开了。副团长说："就算你14岁，我们也要了。"副团长就把我留在了团部里。后来有个郃连长也想要我。郃连长是军校的毕业生，腰上挂着个电光刀，上面还刻着蒋介石的名字。郃连长在司令部跟过刘茂恩，别人都惹不起他，他硬是把我要走了，我就在3连部当了通信兵，属于15军65师194团1营3连，总司令是刘茂恩，军长叫武庭麟，师长是李纪云，团长是杜文，营长是卢成选（音），连长是郃文涣（音）。

队伍原在陕州（今三门峡陕州区）观

音堂驻扎，民国33年老日进攻洛阳时才调过来。我们营先驻扎在洛阳关帝冢（关陵）东边的大屯，战事紧张后又调到洛阳北边孟津县刘秀坟附近，在铁谢村、白鹤街一带把守黄河口，防止老日从北边渡河过来。

有一次团里通知各连找会水（会游泳）的兵。我会水，能躺水上睡，会扎猛子（潜水），我也报了名。大家先到黄河里试试水性，总共挑出水性最好的12个人，我被挑上了，后来才知道是让我们去黄河北边埋地雷哩。

执行任务是在夜里。我们12个人乘小船到了黄河北边，没走多远就被老日发现了，我们马上返回。敌人的机枪就打响了，我们连船也找不到了，只好跳进黄河往回游。河里几个浪打下来，人就不知道啥是啥了，在水里谁也认不得谁了，谁也顾不了谁了，12个人全被冲散了。我安全游上了岸，回到部队。回来后听说去的12个人连我在内只返回两个人，其他人不知道下落。

敌人后来从东面过来，我们部队被调到洛阳东南边的龙门口。在伊河西边有个郭家寨（郭寨村），我们在郭家寨和敌人打起来。我们部队布置在河两边，河西边是独4旅的部队。敌人攻了三天，没有攻进来，最后不攻了，绕着圈子一直打到洛阳西边渑池县。我们部队又从龙门口调回到洛阳城北邙山岭西边一个叫凤凰台（凤凰沟）的地方。

这时老日开始围攻洛阳。当时我们营部驻在地下挖成的大院子里，三面是窑洞，堂屋、偏屋都是三间，一共九间窑洞。有一天，天快明时，一股日军把我们营部和连部包围了，敌人在上面大叫："投降吧！"我们都没吭声，没说投降也没说不投降。相持了一会儿，下来两个人，大叫："缴枪！都出来！"我掂起盒子枪叭叭两枪把那两个人敲了，上面的机关枪就开火向洞里射击，子弹一直打到洞内的后墙上，我们紧贴在洞两边。敌人打了一阵，又下来四个人，大叫："投降吧！刚才谁打的枪？枪毙！"我二话没说，又向他们连开几枪。正在这时，2连连长韩坤带着一连人马从远处冲过来增援，打退了这股敌人，把我们救下来了。

过后，营长问："谁开的枪把老日打死了？"班长曹恩富（音）说："徐廷文打的。"营长说："把徐廷文调到营部。"从那开始我就被调到营部。到了营部，因为连长对我好，我还常回连里找连长说话。营长脾气赖，对我说："徐廷文，你想死还是想活？以后不准再到3连里去。"营长叫营部的裴经文每天给我几发子弹叫我随便打，练习枪法，我就把手枪玩熟了，用布勒住眼能拆能装。我一个人背一支长枪和一支短枪，营长还给了我一匹红马，骑着可炫了。

后来在邙山岭上打了很长时间，打过来打过去，三次把老日从邙山岭上打退下去，也失守过，团长又下令再夺回来，拉锯战，打一回，死不少人，最后一个连就剩下十几个人了。195团1营的营长就死在这里，连长们都死完了呀！这些连长不怕死，打起仗来就脱个光脊梁，掂着枪跑在前面。当官的带头，当兵的敢不拼命吗？但那时候当兵的枪一响就打，没想到死这回事。

后来吃的也没有了，外面就派飞机成

麻袋地往阵地上扔饼干。打这一仗我们受罪老大了。最后一天晚上，日军几十辆坦克车集中向邙山岭进攻，我们守在上清宫庙里。这时得到命令，叫撤到洛阳城内继续抵抗。我们在城内又打了几天，我小腿上被枪榴弹炸伤，跑到十字街看看，只有不到一个连的人了，人都打完了。最后我只好带着伤游过城河，逃回了老家。腿上这块弹皮直到我六十多岁时才在乡卫生院做手术取出来。

难忘的抗战岁月

张平座，原名张济超，男，1922 年农历正月十六生，河南巩义市康店镇张岭村人，现居平顶山。1939 年至 1940 年 4 月在成都黄埔十六期步科学习，1940 年至 1945 年任 15 军 65 师 194 团少尉排长、上尉连长，1950 年返乡上师资训练班，后在新疆劳动改造，期满后转入建设兵团劳动直到退休。现为河南省黄埔同学会理事、副会长，河南省平顶山市黄埔同学会负责人。

1935年，我刚14岁，与六弟在巩县芝田镇中学上一年级，四哥高我两届。6月间，家中捎信说我家遭土匪抢劫了，我和四哥急忙赶回家。原来是外地匪徒抢劫，伯父正好不在家，免遭大难，后来被抢的耕畜也在乡邻的帮助下找到。伯父胆小怕事，我和四哥就留在家中护院，一周后才回校。正是这件事使我产生了长大后从军习武的念头。

1938年3月，日军已逼近郑州黄河东岸，他们用高空气球引导，炮击巩县孝义兵工厂①。星期日我从学校回家时，伯父召集我们说："日本人来了，家乡不保，怎么办？"四哥、六弟都表示愿意上学，我说："我想去当兵打日本。"伯父说："你这么小会玩枪？"我说："咱家遭土匪抢，我不是回来看家吗？"伯父说："不行，不行，你拿不动枪。"

有一天我正在上课，三哥突然到校找我说："我已考上了抗日训练班，你愿意去就跟我回去报名。"我天性爱动，又感到日本人来了再上学没出路，就回家报名参了军，在训练班学习了半年，又在西安报名考上了黄埔军校十六期，步行到四川成都，编入三总队二大队，正式接受军事训练。

---

①巩县孝义兵工厂：巩县兵工厂位于巩县孝义镇。1914年，民国大总统袁世凯为充实自己的军事实力、改良军队武器以及统一武器制造业的目的，计划建造一座大型兵工厂，并委任海军上将萨镇冰为督办，陆军中将蒋廷梓为总务处处长，共同负责策划选址建厂。河南巩县地处中原战略要地，自古是兵家必争之地，战略意义非凡，兵工厂选址经比较后最终被定于此。1915年8月，在德国人帮助下，巩县兵工厂开始了第一期工程，3年后完工。当时，巩县兵工厂占地2700亩，投资1127万银元，与沈阳、汉阳、上海的兵工厂并称"四大兵工厂"。抗战期间多次遭敌轰炸，后迁鄂、湘、川等地。（据《大河报》）

战争逼得我兄弟七人各奔前程。大哥迁到宜阳县煤矿；二哥从军当军医；三哥先后在广西大学、交通大学上学，在贵州给《大公报》投稿补充自己的学费；四哥考取了宪兵学校，毕业后在重庆执行勤务；六弟在洛阳高中就读；七弟太小，在家中上学。1940年4月，我18岁从黄埔军校毕业后分配到山西战场与敌人拼杀战斗。

中条山在山西南端黄河北岸，东边是太行山，西边是太华山（华山），山狭而长，腹地深广，是黄河北岸的战略要地。全面抗战八年，前四年我军始终坚守在此，日寇曾八次围攻九次“清剿”，均被击退，无法越过黄河一步，没有达到控制豫西，进入潼关，窜扰西北、川北，威胁我大后方的目的。

中条山桥头堡被日军视为心腹大患，直至日本与苏联签订中立条约后，认为无后顾之忧，便于5月7日发动猛烈攻势，全面进攻中条山。

第一战区14集团军守中条山中北部，4集团军守中条山西部，第9军主力守东南面的孟县、济源一线，总兵力合计为十万余人。日军首先在河南北部平坦地区疾速西进，突破第9军阵地，占领济源并封锁了我黄河北岸各渡河口，切断了我后方交通补给路线，使我粮食弹药无法补充。

当时，我在15军65师参谋处任参谋，原师长邢清忠[①]战前病故，师长一职由副师长张奇担任，参谋长是张冀石。后因警卫连连长受重伤，由我代理连长，负责保卫师部。15军是14集团军总司令刘茂恩的直系主力部队，65师阵地在晋南绛县东南杨家梁、大西沟一线，是山地，地形复杂，道路崎岖，易守难攻。

5月7日拂晓，日军40师团主力，附独立第9旅团及伪军一部，配山炮、迫击炮十余门，在敌飞机掩护下向我阵地猛攻。战斗非常激烈，我军官兵士气高昂，敌我发生白刃战，双方均死伤严重。

8日晨，敌人施放毒气，突破我十八盘阵地，我193团奉命向十八盘之敌逆袭，与增援之敌激烈争夺。8日下午，日军在飞机掩护下向我师阵地全面攻击，阵地失而复得数次。我军伤亡很重，虽确保了阵地，但得知左翼友军被击破，垣曲县城失守，敌中央突破成功，我军左侧受敌攻击。

10日上午，张奇师长接军长武庭麟电话，为避免决战，一部保卫根据地，主力分散突围，各部队于12日晚准备完毕，即开始行动。

当时，右翼第9军已退守晋南蒲掌附近，黄河各渡口均被敌人封锁。14集团军除93军在外线沁水县附近作战外，其他15军、98军、43军均在内线包围中。三个军孤军苦战中条山中部，伤亡奇重，各方联络完全中断，饥饿和疲劳已达极点，到了掘草根、摘野菜为食的地步，截至5月12日主阵地战斗已结束。

---

①邢清忠（1899—1941）：河南嵩县田湖街人，国民革命军陆军15军65师中将师长。调防中条山垣曲、绛县一带，于绛县前线与日军呈胶着战状态，1941年春，肺结核病重，鉴于中条山战事紧迫而拒绝治疗。军长强令其赴洛就诊，途经渑池，不治殉国。（据百度百科）

65师按命令向曲沃、翼城一带活动。为了指挥便利，张奇师长率师部和直属部队向云梦山一带活动，与敌主力遭遇，发生激烈战斗，双方死伤严重，北进受阻，仍退守云梦山一带阵地。

5月27日，师长得知总部和军部已奉命南渡，遂放弃北进计划，拟定南渡方案，但此时65师已被敌人四面包围，各处阵地都在进行白刃战。当夜，敌人又增加兵力，我军弹尽粮绝，伤亡将尽，经师骑兵连、警卫连一部在西侧高地竭力抵抗，黄昏时我率五十余名战斗人员掩护师部撤入华果墁高山密林中。

华果墁山位于晋南阳城县西南50里析城山附近。这里深山老林密布，65师八大处和五十余名警卫连战士潜伏其中。经过二十余日的苦战，人困马乏，为了生存，只好杀了骡马充饥，采野杏、桑葚、野金针充饥，山上无水，只有夜间下山取水喝。

30日中午，张师长召集开会，研究南渡突围方案，参加人员有参谋长张冀石，“八大处”的王屏处长、苗维藩处长等。会议刚开始，半山腰有人通过喇叭大声叫喊：“我有重要事，与你们师长商议。”哨兵把那人带上来后，那人拿出日本人的太阳旗，傲慢地说：“你们不行了，下去投降吧，保证你们生命安全。”我怒不可遏地说：“你这汉奸卖国贼，我枪毙你！”张师长说：“张连长，你把他送到司令部吧。”此人转身后，张师长示意我杀掉他。

此人被处决一小时后，敌人开始炮击，打了二三十发后，暂停射击观察情况。这时，我发现师参谋长张冀石带领参谋处人员和其他非战斗人员二十余人向山下走去，我质问其中的杨之梁参谋：“你们下去干什么？”杨说：“参谋长让参谋处跟着去与敌人谈判。”我气愤地说：“这个叛国分子，平时装腔作势，战时叛国投敌，真是罪该万死。你能跟着他自投罗网吗？”杨参谋当即又返回参加到我们的战斗行列中。我立即找张师长问情况，师长讲：“参谋长是东北人，处长是他同乡，他二人认为四面被敌包围，弹尽粮绝，只有与敌谈判找出路，他自愿带参谋处下去谈判，让他去吧。”师长征求我的意见，询问如何突围南渡，我说：“坚决不能叛变投敌当亡国奴！我们还有几十个人，高山密林能隐蔽，只要冲出深山就有老百姓，还能没吃的？中国人还是与中国人亲，汉奸、叛徒有几个？只要大家团结一致，一定会突出去！”此后，我们利用杨参谋保存的两张军用地图，白天藏身丛林中，夜间向东南方向突围。

6月3日夜里10点，我率领三十余名战斗人员向红涯河敌封锁点冲击，冲出二十余人，伤亡十余人，张师长被敌冲散。南渡后才知他没能冲出又回到深山中。

6月5日夜，按地图路线，必须通过邵济公路前往济源。邵原（河南济源邵原镇）是敌人重要据点，据群众讲邵原有二百多日寇，山炮两门，骑兵数十人，公路上经常有骑兵巡逻，不易通过，必须向东翻过大山，再过公路保险些。按照群众指引，我们连夜翻过大山，黎明时到达公路北沿，过公路时，偏偏与敌骑兵遭遇。我将仅有的两枚手榴弹扔向敌群，爆炸声中，敌马被炸伤，我们也被冲散，我和杨之梁飞越过公路进入密林中隐蔽，敌骑兵向两边山林中胡乱射击一阵就走了。

历经三十多天的艰苦奋战，我也支撑不住了，得了一种怪病，叫“羊毛疔”，浑身发烧，流鼻血。突围时，我浑身是劲，一停下来就瘫软昏迷了。杨之梁看我的病情严重，把我扶到一个烧木炭的窑中休息，夜间他下山向群众要些稀饭喂我。我一连五天昏迷不醒，所幸有当地一个老中医大伯相助，用针在后背处挑断一根红筋，我才算清醒过来。经过三日休息，我已恢复了体力，我俩决定先去济源县附近苗维藩处长家暂作停留，视情况许可再找机会南渡。临走之前特意到老中医家告别，大爷大娘流着泪说：“孩子呀，日本鬼子还把着渡口，汉奸横行，要小心呀!”看见我俩仍穿单衣，他们马上拿出两身便衣让我俩换上，又拿出两个油饼塞到口袋内，我俩含泪告别。老百姓的这种恩情我终生难忘。

6月14日黄昏，我俩找到济源县西郊苗维藩处长家，他已于两天前突围到家。听当地群众讲，头天下午，还有南渡部队在渡口坡头与敌激战，幸有南岸野战炮支援，打退了敌人。次日早饭后，我和杨之梁各背一把锄头，一路向南走，黄昏时到达小浪底渡口，与掩护部队联系后，安全渡过黄河，成功归队。

归队后，我被提升为连长，驻渑池县观音堂整训。二哥从重庆回河南探亲，到观音堂相聚，我介绍他留在军部军医处任少校军医。不久，母亲和外婆也来到驻地，我和华云在二哥的主持下举行了简单的婚礼。

1944年5月，日寇急于打通平汉线，孤注一掷，以求早日结束侵华战争，在中原战场集中了四万多兵力、战车五百多辆、各种火炮二百余门及大批空军对洛阳发动重点攻击。

当时国民党14集团军和15军两个师及14军94师刚从山西中条山战场下来，在洛阳新安县一带整训，兵员武器均没补充齐全，新兵较多，更无空军、战车、重炮助战，战斗力严重不足，3个师仅有步兵两万余人，一个山炮营。最后我们以实力较弱的64师守西工区飞机场，武器较好的65师守洛阳北邙岭区上清宫一线，实力较强的94师守城关区，指挥部设在上清宫附近，统归15军军长武庭麟指挥，我当时任65师194团2营5连连长。

5月8日战斗开始，敌人先头部队在飞机战车掩护下，向洛阳南龙门一线外围阵地猛攻。经过两天血战，敌人突破防线，占领龙门一线高地。10日，敌人在伊河、洛河受阻，战事比较平静。11日拂晓，敌用十余架飞机轰炸洛河北阵地，用重炮密集射击掩护工兵架设浮桥，战车和步兵突过洛河。12日早晨，敌人以步兵一万余人、战车五十多辆，在飞机掩护下全力进攻西工区64师阵地，双方血战一天。因敌战车突入太多，64师伤亡过重，奉命越过铁道转移到邙山岭下，占领史家屯到西北城角一线。13、14两日敌重点巩固西工区沿线阵地，切断我补给线，并抢修飞机场。经过连日作战，我军在敌飞机、重炮轰击下损失严重，弹药没有补给来源，山炮射程近，对敌只好望洋兴叹。

敌主力迂回到邙山西坡，发现上清宫一带是我炮兵阵地和指挥中心，就不惜代价向我65师发动猛烈攻击，先以飞机轮番轰炸，接着数十门远程重炮压制我炮火，以战车掩护步兵逼近我阵地外壕前沿。外壕又深又宽，敌人无法突入。等到敌人步兵进入火力射程之内时，我军轻重武器以秋风扫落叶之势将其消灭在外壕前沿，敌人死尸遍野，只好狼狈溃逃后撤。14日夜，大雨倾盆，彻夜不止，各处战事暂时停息。

15、16两日阴雨不断，其间郑州西窜之敌和孟津县强渡黄河之敌相继攻至洛阳东边上清宫北面一带，致我军腹背受敌。在艰苦鏖战中，突然一架双翼飞机由西低空飞到阵地上空，飞机不是直线飞行而是蛇行状态，我们都感奇怪。有的用机枪向飞机射击，但这架飞机却没轰炸、没射击，而是撒下大批传单，上面印着“盟军飞机明日参战，飞行时为蛇行状，切勿射击”等语。这架飞机在上清宫司令部又投掷了一个白包后就直插云霄向西飞去了。官兵们半信半疑，三小时后，军司令部下达紧急通知，内容与传单相同。事后才知道那架飞机和飞行员当时均被误伤。

17日天刚亮，敌机12架由北飞来，在阵地上空盘旋侦察。这时，西面高空突然俯冲下来45架红头野马式歼击机，经过5分钟的激烈空战①，敌机全部被击落，我军士气大增，战士们将一束束手榴弹投向敌群，并端起刺刀，跃出战壕和敌人拼杀。18日，敌以战车为先锋，并施放烟幕掩护其步兵向西南城角至上清宫一线猛烈冲击。拉锯战中，双方互有伤亡。敌人于黄昏时集中两万多兵力、战车二百余辆、火炮百余门向我军全线彻夜连续攻击。为急于夺取上清宫制高点，敌人竟不顾国际公法，灭绝人性地对我方施放毒气。我军因无防毒面具，人员伤亡严重。我团3营某连阵地被敌战车轧平，人员全部牺牲。激战至天明，大部分阵地仍在我军手中。

我连战斗人员共125人，奉命固守上清宫前沿阵地。阵地上有永久性钢筋水泥工事，阵地前50米有一条3米深5米宽外壕，交通发达，交叉火网连成一片，易守难攻，也是敌人进攻上清宫必经之路。自12日敌人就将主力部队迂回到上清宫开阔地带，每天天一亮，敌飞机十余架就对我军前沿阵地猛轰滥炸，并用重炮破坏我军碉堡群，再以战车掩护其步兵逐步向我军阵地推进，每日推进至外壕边，敌人战车无法通过，双方即进行短火力战斗。我们阵地居高临下，又有坚固碉堡掩护，伤亡较少；敌人则目标暴露，伤亡惨重，有时弃尸退逃。这样的战斗持续

①中原空战：1944年4月18日至8月中旬，中美空军与日本空军在河南进行了一次较大的空中战役，称中原空战。日军投入空中兵力为豫中地区4个航空战队156架飞机、晋南3个战队114架飞机，中国空军和美军第14航空队各型飞机156架协同对日作战。空战期间，中美空军共出动驱逐机1646架次、轰炸机272架次，与日机进行激烈空战，并轰炸日军控制的重要桥梁、渡口，袭击日军机场，空中击落日机32架，地面炸毁日机11架。中国空军阵亡飞行员24人。（据《福建师范大学学报》社科版2001年第4期《略论抗日战争时期的中日空战》）

了一周，我连伤亡越来越严重，主要是敌机及重炮轰炸所造成的。

22日是我终生难忘的日子。清晨，敌人飞机轰炸时，战车增至50余辆，掩护步兵攻到外壕外沿，在火力掩护下，步兵挖外壕呈斜坡突入我军阵地，被我们用手榴弹消灭。中午，敌人把平射炮推到阵地前500米，以交叉炮火逐一破坏我军碉堡，使多数碉堡被摧毁，至此全连仅剩52人，死伤大半，情况紧急，必须摧毁敌平射炮方可扭转局势。我用电话向团部求援，随后调来两门迫击炮，由我直接指挥，我持望远镜发现左前方敌炮位，迅速测定距离后，两炮齐发击中敌炮，再次调距离时被右前方敌炮发现，第一发炮弹射到我右前方5米处，我急速腾滚换位，第二发炮弹爆炸，我被掀入交通壕内。昏迷中突感背部遭连续重击如同脚踏上一样，抬头见是我军预备队飞奔增援到来，正在阵前与敌人白刃肉搏。混战中，飞机、战车已失去作用，我军战士与敌人厮杀格斗，守住了阵地。

当我急促起身时，感觉双腿失灵，竭尽全力也不听使唤，一看才知道右脚被炸得血肉模糊，左臀部肌肉全被炸去。我内心焦急万分，用双肘支地向前移动，伸手抓起手榴弹，准备等敌人靠近时引爆。到黄昏时，开始清理战场，我被抬上担架送进洛阳中学临时医院治疗。后来才知道，我军指挥枢纽被占领。

24日，敌人三万步兵和所有战车出动，从四面八方向洛阳城攻击，敌人利用战车重叠垫平护城壕，搭云梯冲入西门和城西北角。战车在城内横冲直撞，我方指挥联络被隔断，弹尽粮绝，全城陷入混乱之中，黄昏后各部队奉命突围。

敌人首先由西门进入城内。西门距伤兵医院很近，护卫我的同乡桂森哥把我转移到附近一家糕点商店内。这里的后院有个防空洞，洞中有四位老人避难。房东姓段，是偃师县段湾人，男房东带领长子、女儿外逃避难。女房东怕我年龄大，无法掩护，桂森哥再三恳求，说我才19岁，女房东最后同意我转入防空洞内，并决定以母子关系称呼以作掩护。

前半夜混战仍很激烈，后半夜慢慢平静下来，证明我军部队已突围出城。天快明时，几位老人特设两桌酒席准备应付敌人搜查。天明后敌寇三人为一组，端着明晃晃的刺刀挨家搜查我军散兵，凡搜出者大部分当场刺死，对伤兵也是一样，见到妇女就强奸。搜查中凡闭门不开者，先以手榴弹甩入院中，再撞门而入，见人就杀。

段家几位老人除设两桌酒席外，还在院门上贴上太阳旗，对一批批来搜查的敌人，均以酒菜招待。第五批搜查组由一个军曹带领，这个日寇狡猾细致，先查看各住房，又发现院内有防空洞，随即拿出手榴弹要向下投，几位老人下跪央求，将我抬上来，日本军曹抽出战刀说："中国兵杀了杀了的。"段妈说："这是我的孩子，被中国军队抓去做工事时被炸伤，不是中国兵。"军曹不信，先看看我的头部，没有发现军帽的痕迹。日寇突然用战刀将被子挑开，段妈扑在我的身上，军曹检查了我的手，没有发现茧子，就坐在桌上吃吃喝喝后离开了。

我的伤势很严重，右脚掌骨头被炸碎，血肉模糊，左臀部肌肉全部削去，在伤兵医院只做了简单消毒包扎，敌人入城后，没医生治疗，吃喝拉尿全凭段妈一人侍候照应。半个月后敌人成立了维持会，发布命令，让城外人回城生活，但劫后余生，人人惶恐，经常发生“夜惊”，夜里整条街传出乱喊乱叫声，此起彼伏。

城内人陆续回归，大道上已有行人来往，天主堂[1]医院恢复开业。为筹集住院费，桂森哥回家报信，段妈把我送到天主堂医院治疗，当时我全腿发炎肿胀变黑。主治医师是一位意大利神父，他怕我的病变成脓毒败血症，危及生命，曾三次要截肢处理，我坚决反对，表示如果截肢就自杀在医院里。段妈也声泪俱下，苦苦哀求。经过四次手术，腿部慢慢消肿，免除了截肢悲剧，同时左臀部肌肉恢复较快，三个月就愈合了，右足三次手术都没有取净碎骨，第四次局部麻醉手术，手术当中医生突然停刀，对我说：“骨头碎片太多，难以恢复，必须锯掉一部分脚掌才行。”就这样，我失去了半拉脚掌。这位神父不仅医术精湛，还同情我国抗战事业，是一个反对战争的进步人士。抗战胜利后，我特意到医院感谢他的救命之恩，我俩曾通信多年，直至大陆解放后才失去联系。

《新周刊》创始人孙冕、明星邓超等探望平顶山抗战老兵张平座（图片来源：《平顶山晚报》）

做完第四次手术返回病房后，突然闯进来几个日本人。日本军官留着八字胡，坐在沙发上，盯着我看了一会儿，通过翻译官说：“我是宪兵队的福田一清队长，你是中央军194团5连连长张济超，对吗？”段妈抢先说：“他不是中央军，他是我儿子，是被抓去做工时被飞机炸伤的。”翻译声色俱厉地说：“你这老婆子不要说，由他自己说。”我很平静地说：“不错，我是她的儿子，是做工被飞机炸伤的。”福田一清拿出一本笔记本让我看，这本笔记记录了我师我团全部军官姓名、经历。在这种情况下，我就理直气壮地说：“不错，我是194团的连长，是中央军校毕业的学生。”福田一清笑着说：“你很年轻，好好地养伤。”又对神父说：“他的病由你负责治疗，治好后

---

①天主堂：清光绪三十四年（1908）七月由意大利人史多善子利在洛阳南关马市街修建。后又修建了初级修院（男修道院）、婴德女修道院、德来小学、英德中学、孤儿院和圣心医院等。当时洛阳天主教教区范围为12个县，教友万余人，神父多为意大利人。民国33年（1944）洛阳沦陷，范守礼等三位中国神父在教堂内向教友高喊“打倒日本帝国主义”口号，被日本特务组织“黎华公馆”获知，三位神父被捕后被日军杀害。（据洛阳信息港）

向宪兵队报告。”神父说：“我们按主的意旨，只管治病救人，不管其他的事。”福田又把主教叫来，双方争执很久，没有达成协议，福田一清最后说：“好吧，你暂时在这里治疗，过几天转到我们的医院。”又特别对我说：“你的好好养病，我给你写个证明，如果再有人找你麻烦，你拿出这个证明保证没事。”证明大意是：张济超是我们联络的人，希望各单位不要找事。下面署名宪兵队福田一清。

他们走后，我再三思索，不知福田一清究竟是何企图，但我深知日本宪兵队是特务间谍组织，他们手段阴险毒辣，凡被抓进宪兵队的人，十有八九不能活着出来。次日福田一清又来一次，单独在我病房以笔书写，与我交谈两个小时。他是日本士官学校毕业生，知识面很广泛，谈到战争时他深感日本已经穷途末路，言谈中对我表示友好态度，并再三对我说如果遇到其他麻烦，立刻出示证明一定没事。我抱着既来之则安之的态度，接受了他的“好意”。但自这一天起，每天都有特务和不明身份的人“光临”，明为保护，实则监视。

一天，我刚换过药，忽然闯进来五个穿便衣带手枪的人。他们来势凶猛，用手枪对准我说：“你是65师194团的连长吗？昨天皇军打下一架美国飞机，飞行员跳伞下来，你把他们送到西安去了吗？”段妈护着我说：“他伤成这样又不会动，咋能放走美国人呢？”后来我看他们不容申辩，只好出示福田一清的证明这才了事。

桂森哥回家报信后，母亲背着华云一个人冒险到洛阳看我，她返家后华云立刻来医院照顾我。为了早日逃脱，我们每天早晨参加教堂的宗教活动，寻找机会。十余天后，华云与洛阳高中同学刘桂珍取得联系，刘桂珍的父亲是医院医师，在她全家协助下，华云雇了一辆架子车，在天色昏暗中把我从教堂后门拉出，直奔邙岭小道向东，逃出了日本宪兵特务的魔掌。

到家后，看到全村惨遭日伪汉奸抢掠烧杀，学校被烧毁，麦草垛全烧光，村民被打死数人，伯父也惨遭枪杀，我们心里充满了仇恨。

我在家养伤七个多月，先用双拐支撑行走，再用单拐锻炼，至1945年5月已可正常行走了。此时世界战争形势已彻底改观，德国已被攻占，盟军主力部队逐步转移到太平洋战场，加紧对日寇反击。我为了报国仇家恨，征得全家人同意，重返前线。6月上旬我步行向西，通过敌占区洛阳、陕县、灵宝进入我军阵地，6月中旬抵西安，与15军西安办事处取得联系，得知部队在栾川县朱阳关一带，7月初乘军车经商县、丹凤县到达朱阳关前线。

7月26日，中美英发表《波茨坦公告》，敦促日本无条件投降。8月15日，日本天皇裕仁在同盟国强大的压力下发表了停战投降诏书，至此日寇侵略战争以彻底失败告终，我随队在开封参加了受降典礼。

解放后，我被打成“历史反革命”，判了刑，送到新疆劳动改造，那段时间，我很绝望，妻子华云经常写信鼓励我，使我最终坚持了下来。

卢氏到处都被血染成红色

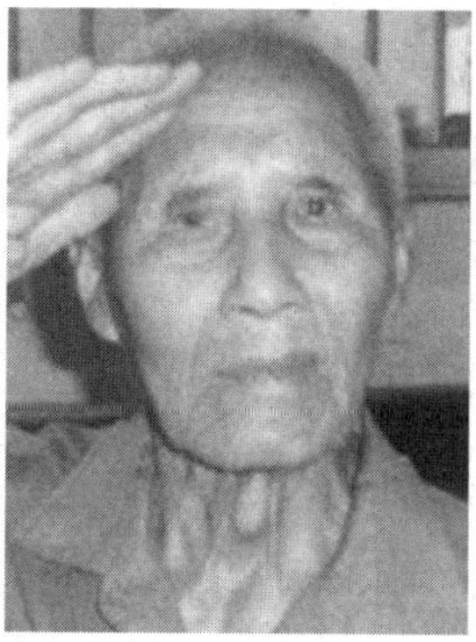

陈金福，男，1925年8月20日生，驻马店西平县盆尧镇陈庄村人。1943年至1945年在第一战区兵站总监部独立监护连任监护兵，1945年至1948年在国军66军军部特务营任士兵、排长，1948年返乡务农。

我17岁那年，大哥、二哥都被抓壮丁抓走了。二哥在河北和老日作战时肩膀负伤，子弹取不出来，后来以荣誉军人的身份调到第一战区兵站总监部独立监护连。当时家乡闹年馑，家里还有一个12岁的妹妹和一个8岁的弟弟，我这么大了，再靠家里是养活不住了，加上那时候日本飞机经常从家乡上空飞过，局势很不安宁，父亲就想让我也去当兵。一天，我去同村好友李跃青家玩，他娘悄悄告诉我，说跃青卖了个兵，顶替别人出壮丁，得了一石二斗小麦。那时我们这里一斗折32斤，一石是十斗，共折384斤麦。我一听，也动心了，家里生活都过不下去了，我为啥不能也卖个兵？我找了一家，人家只答应给一石麦，那时一斗芝麻换一斗小麦，我盘算着让父亲把六斗芝麻打成油，两斗麦留着吃，两斗做个小生意。我回到家和父亲商量，父亲一听，流着眼泪说："咱们死就死一块儿，我不能把你卖了养活这一家人。"

第一战区兵站总监部徽章（图片来源：收藏网）

过了正月，按父亲的想法，我被送到洛阳第十一营房我二哥所在的第一战区兵站总监部独立监护连报名当兵，这样兄弟两个在一起也好有个照应。见了连长，人家还嫌我年龄小，不想要，连长说："丑话咱说到头里，你吃得了当兵的苦就留下，吃不了苦就回去。”家里生活都过不下去了，还有什么说的，我就留在连部给文书上士当帮写，平时造造册子。

独立监护连的任务就是看管仓库、弹药库，这个连共有9个监护班外加一个传令班，每个班16个人。1944年小麦出穗的时候，我被分配到洛阳苗家沟弹药库当监护兵。苗家沟这里的土稀奇，下雨淋不倒，剩一点土还是立着的，整个苗家沟村两条山沟里全是窑洞，弹药都放在这些窑洞里，洞口站着门岗，沟顶放着外哨。没多长时间，日本人从郑州过来进攻洛阳，前方部队正打着仗哩，仓库人员紧缺。一天，我刚下岗，排长叫住我说：“陈金福，龙门那边急需弹药，你负责押送两车弹药过去，再抓紧回来押送第二趟，路上有拦车的你不要对他客气。”我背上中正式步枪就上了车。苗家沟离龙门有40里，弹药送到龙门时那里的人正等着哩，迅速地卸了车，我又带着空车回到仓库，再装满弹药，第二趟走到半路时，得到龙门失守的消息，传来命令，叫我们立即返回，把车交还到交通处，再向宜阳、卢氏方向追赶部队。我一路打听，赶上了部队，各路部队边打边撤，一路上还下着小雨，两三天都没吃饭了。

经过卢氏县时，鬼子已经从卢氏城撤走了，卢氏城里的民房被大火烧了，粮行的苞谷垛还在燃烧。在城北关，我们几个搜索着过去，快到北门时，突然从我后面冲出来一个日本兵，他的刺刀比我的长，体格也比我壮，我有点害怕，拔腿就跑。战友周冠海看见了，对我大喊：“金福，你忘了？你忘了？”他一提醒，我才想起来，我们过去在训练时要求过，拼刺刀时枪膛里要压五发子弹，万不得已时就动动二拇指。我就停住脚步，刚转过身，敌人已经追到跟前了，我开了一枪，正好打中他心脏，他一头栽在地上死了，周冠海跑过来说：“你跑啥哩跑，你有子弹跑哩快？”说着，又往敌人头上跺了一脚：“小心他龟孙装死。”

在卢氏南门外操场上，我看见被杀死的中国人跟谷个子似的，一个摞一个。洛阳进修班的500名男女学生都被鬼子机枪打死在这里，在卢氏附近的山上，见到很多被敌人残害的女性尸体，到处都被血染成红色。那时候我年纪还小，看了觉得很害怕。①

①卢氏惨案：卢氏县位于河南省西部，在抗战期间是通往重庆的交通要塞。日军第12师团5月20日渡过洛河，抵卢氏城郊，并进入攻城位置。当时，由城西南角到南河滩至洛河渡口，是一条通往西南方向的简易公路，由于战事吃紧，西去的人马车辆络绎不绝。20日晨，隐蔽在飞机场及西门一带的日军，随着南门的爆炸声，疯狂地向人群倾泻炮弹，接着即进行惨无人道的大屠杀。有的妇女被强奸后用木棍插入阴道，有的妇女的尸体旁还留着吃奶婴儿。日军在南河滩一带残杀群众达400余人。当日清晨，日军还出动飞机7架，在城西飞机场狂轰滥炸。8时许，日军后卫部队由照村渡河进城，与某部溃退的100余人遭遇，溃军除当场死数人外，其余缴械投降。日军迫使降兵用绑腿带自缚，拴成一串，在押解途中，走一程杀几人，至范里乡时全部杀完。在城东，有50多个群众被日军赶进蛮子庙内，男人被刺刀戳杀，妇女被轮奸后枪杀。最后，放火烧了庙宇，焚了尸体。在城北坡根，被日军集中的30多名妇女，全部被凌辱后用刺刀戳死。午后日军撤退前再次放火烧民房，大火燃烧了三天三夜，计烧毁民房340余间，500多名中国人惨死在日军的屠刀之下。（摘自《侵华日军暴行总录》）

走到卢氏西南横涧沟，路走绝了，前面是大山，下面是河，有十来米宽，河水不深，只到膝盖处，但水很急，人在水里都站不稳。听见后面的大炮声越来越近了，只好蹚水过河，谁也顾不上谁，不少体格弱的被冲倒后就淹死了。过了横涧沟，找到一条上山的路，听说叫十八盘，过了十八盘再转到潼关就可以通往西安。潼关这里属八战区，一开始八战区的部队不准一战区的部队往西退，40军的军长庞炳勋和他们交涉说："我们是奉命撤退，为什么不叫退？"正要发生冲突，接到上级电报，要求八战区接管一战区的防线，并允许一战区的部队撤到八战区休整，我们这才顺利退到了西安。

到西安后，因两个战区关系处理得不好，给养没人管，没吃的，当兵的没办法就摘老百姓的瓜吃。排长说："兵无粮草自散，我也管不了。"后来闹出来乱子，西安市警备司令部把我们的人抓起来了，一审问，上面才知道我们的处境，八战区又拨了粮食，情况得到缓和。我们在西安东边的林森村（音）驻了一个多月，又调到宝鸡。一天，我们三个人去看电影，看到老百姓都在放鞭炮，一问才知道是日本投降了。

日本投降后，部队开回洛阳。那时天热，日本人殷勤地给我们挑茶送水，连长讲话说："一律不准喝鬼子挑来的水和稀饭，上街时遇见鬼子，如果他们不敬礼就处分他，他们敬礼我们也不要还礼。"那时候别看咱们穿着那身灰鼠皮的军装，日本鬼子离老远看见就敬礼，站岗的鬼子还喊一声"欧的利——"一齐敬礼。后来我又随部队转到郑州，看到把鬼子们组织起来修路。

后来我请假回家看看，父亲饿死了，母亲带着妹子逃荒到泌阳，我没办法生活又出来当兵，走到信阳时碰见过去的战友，他已当了连长，我就跟着他参加了66军，分到军部特务营，后来还当过排长。在徐州会战时我被俘，集中学习后回到老家。

六、豫中会战

九死一生，吉人天相

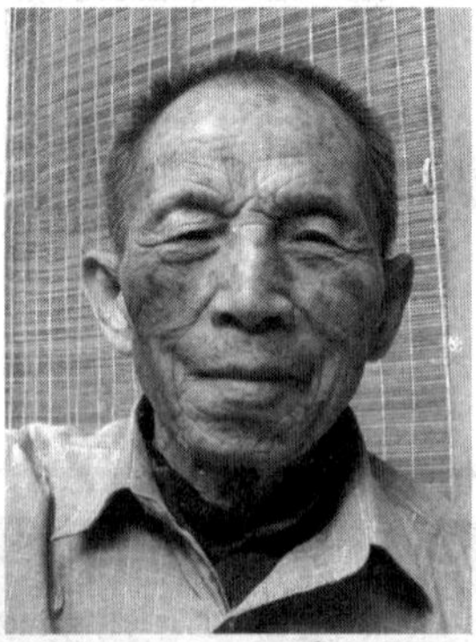

张永光，原名张伯英，男，1922年10月17日生，安阳汤阴县韩庄乡北张贾村人。1940年起在40军106师任传令兵、师部参谋处文书、准尉司书。抗战胜利后返乡务农，1949年后在家乡当生产队长、生产队集体企业负责人、裁缝、技术员。

我小时候读私塾，过去叫张伯英，当兵后知道有个军长也叫张伯英，也因为家乡沦陷，不想让汉奸知道我在部队当兵，就改名为张永光。我18岁那年在林县参军，编入40军106师，军长庞炳勋，外号“庞瘸子”，师长李振清①，据说他18岁当团长，非常能打仗，外号“李大砍”“李铁头”。

我刚参军时跟着李师长当传令兵。师长识字不多，经常让我给他念报纸。李振清历来爱惜百姓，在林县还派人给老百姓收秋。李振清有个习惯，对犯错的官兵一不打二不骂，就是让他背诵《步兵操典》《曾胡治兵语录》②中的内容。背不过来就送饭吃，不让走。

①李振清（1901—1976）：山东省清平县李圈村（今属临清市）人，国民党将领，幼年读私塾，1921年6月入陆军第15混成旅学兵连，1924年调保定警察厅任职，1925年夏，调暂编陆军第4师步兵第8旅第15团任排长，其后考入中央军校第七分校（西安分校）第十五期，1931年任陆军步兵第1师（后改为陆军第39师）第2团营长，1933年参加长城抗日。全面抗战爆发后，曾参加沧县战役和临沂战役，1939年任40军106师副师长，1942年任师长，后任40军军长，曾率部接收华北，1948年兼任第十二绥靖区司令官，同年12月，兼任河南省政府豫北办事处主任。1949年去台湾，任澎湖防卫司令官、台湾防卫总司令部中将副总司令，1957年调任“总统府”战略顾问，1964年任国民党“国防部”委员，1976年4月在台北病逝。（据山东省省情资料库网站）

②《曾胡治兵语录》：1911年，蔡锷就任云南新军协统时，受镇统钟麟同委托，编“精神讲话”，遂摘取曾国藩、胡林翼的论兵言论，分类编辑成《曾胡治兵语录》，每章后加评语，以阐发其军事思想，目的在于厉兵秣马，驱逐列强。1917年此书由上海振武书局刊行。1924年蒋介石将此书作为黄埔军校教材，并增辑《治心》一章以《增补曾胡治兵语录》出版。1943年八路军《军政杂志》曾出版《增补曾胡治兵语录白话句解》，1945年八路军山东军区重印出版。是中国近代语录体军事著作，共12章，1.4万余字。（据《曾胡治兵语录》前言）

有一次部队俘虏了汤阴火车站的一个日本军官，师长亲自审问。日本军官会写汉字，知道师长家在山东就写道“山东风景绝佳”，李师长还给这个军官买白糖吃。这个军官后来被送到重庆关押。日军为了报复抓走他们车站日本军官，把我们村子烧了，还抓了两个保长准备杀掉。其中一个是我们村的老保长，我们全村想办法花钱买通了日伪管事的人，刽子手行刑时不让人靠近，举刀砍下时暗中换成刀背朝下，刀在老保长脖子上一碰，再一脚把他蹬到沟里，同时小声对他说，不要动！到夜里，村里人趁天黑把老保长拉回了家。

第一次日本进攻林县，因林县天主堂城墙很坚固，日军攻不下来，退了。我当兵不久，正值日军第二次“扫荡”林县，在东姚集打得很惨烈，日军一个师团进攻。当时有个排长带一排人奉命堵一个山口，排长后来擅自撤退，李师长问他为什么撤退，他说：“敌人的火力太猛。”李师长拿起军刀说：“我杀你！”说完亲手把这个排长砍了。

战斗吃紧后，师长觉得我没有军事经验，叫我跟着师部和家属队往南转移。过淇河时我们和一支游击部队一起被日军包围了，战斗非常激烈，游击队支队长姓侯，本来是奉命增援东姚集主力部队的，但被日军截击包围。战斗从上午11点打到晚上8点，日本黑头飞机两次过来轰炸，一颗炸弹落在离我几米远的地方，我趴在地上，等起身时看到身边很多家属被炸死了，敌机又折回扫射，子弹打得石头乱蹦。游击队基本被打垮了，家属队也被冲散了。

我向临淇镇附近一座山上跑去，找到一处老百姓修的石头房子躲起来，房子里面还有五个人，一个是军需处的处长，还有一个是李副官，另三个当兵的我不认识。处长认识我，说：“小张，快进来。”当时我虽没有军事经验，但预感到日本鬼子马上会来搜山，我对处长说：“情况看来不好。”处长说：“别胡扯。”我就没再说什么。过了不到两分钟，我出来看看外面，四周虽然很安静，但感觉还是很危险，我再次请求处长赶快走，处长生气地对我说：“想走你一个人走吧！”我听他这么说就一个人走了。大约走了二里不到，就听到后面枪声密集地响起来，敌人把那个石头房子包围了，他们五人全部被俘，用闷罐汽车运走了。后来听说运到太原，李副官后来也死在太原。

敌人又向我这边追来，子弹不断地向我打过来，我暂时就地掩蔽起来，但这样下去会被敌人活捉，跑则可能被击中。最后我还是决定跑，我冒着枪林弹雨奔跑起来，一路有人被击中栽倒。我知道这里全部被包围了，我扔掉了一部分东西，看到身边死尸很多，就干脆装死。到晚上，日本鬼子的探照灯打亮了，我感觉敌人马上要搜索清理战场了，清理战场时不论死活都要用刺刀戳，因为我所在的地方离日伪军很近，能听见他们说话声，我就慢慢向山上爬。爬到山上，看到月亮挂在半空，听见濒死的伤兵的哭叫声，真是凄惨啊。

我走着爬着，不知不觉西边的大山遮

住了月光，一片黑暗，我坚持摸索行走，结果一不小心掉下山崖，当即就休克过去了。等醒过来时，一只胳膊已不能动了。在谷底，我仍然没有绝望，想起了平时学过野外识别方向的知识，就爬到一棵大树跟前，用手摸了摸，感觉出树干一面是凉的，另一面稍微温暖，大概确定凉的一面是北方。我想了想，决定迎着敌人围攻过来的东南方走反而更安全，就这样在深夜时到了淇河边上，第二天安全回到老家。

此时家里正遭大难。父亲被土匪绑票打死了，母亲带着一个妹妹，汉奸和土匪勾结还要逼着我母亲交钱，不交钱就要抓人。我孤身一人，又不能暴露自己的军人身份，就托熟人找关系，卖掉家里分家时分的一头骡子，花大价钱买了一支德国造20响手枪送给汉奸土匪，他们把我骂了一顿，暂时了事。

我是抗日军人，汉奸迟早会知道，感觉自己在家也不安全，决定找部队去。那时候，花园口黄河大堤被国军扒开阻挡日军，豫东很多县被大水淹没，我无法再向西走，只好向东往商丘走，再到安徽亳州、界首，又折返到叶县、方城、鲁山，转了一个大圈子，终于回到了洛阳。

在洛阳一位同学的帮助下，我找到了106师驻洛阳办事处。师长见了我很高兴，他本以为我失踪后再也不会回来了。归队后师长不再让我当传令兵了，重新分到师部参谋处第四科当文书。

106师大部队驻在洛阳西宜阳县。那时候油料紧张，部队曾用红薯干做酒精代油。老百姓从沦陷区挑油，在孟津县黄河边，有一个大高冢，上有一个小庙，日本人在小庙上架设机枪，封锁路口。没办法，师长决定亲自带领一个排打掉敌人的据点。在这次战斗中，我的同乡王学文牺牲了。王学文临出发前还来找我说："伯英哥，我马上要跟师长出发去打鬼子的封锁点。"我说："你注意小心。"不久就听到他牺牲的消息。原来，学文跟着师长去打据点，盘旋着往山上攻，敌人在工事里阻击。师长很有经验，对大家说："没有命令谁也不准抬头。"相持了半个小时，学文忍不住抬头观察，结果被敌人一枪击中头部。

三门峡虢国博物馆里的古甘棠碑（图片来源：大河网）

到1944年，日军大举进攻洛阳，他们采用迂回战术，一路向西，不和正面军队交战，其目的是快速西进形成对重庆大后方的战略包围，我们的任务是堵截敌人。

106师师部五大处全部转移至甘棠寨[①]。甘棠寨是个古老的地方，我小时候背诵过“蔽芾甘棠，勿翦勿伐，召伯所茇；蔽芾甘棠，勿翦勿败，召伯所憩”。这里地势高，住有七八户人家。当时只有一个连跟着师部，连长是山东人，姓吕。吕连长对师部的人说：“我们师长唱空城计，师部被包围了，周围有两千多日军，如果敌人上来，我们一个也跑不了。”我那时年纪小，听他这样说很害怕。第二天早上起来看到师长镇定自若，真像古代的诸葛亮一样，根本没当回事。师长出来转了一圈，命令向敌人开炮，开炮后敌人开始围攻，师长才下令撤退。

那几天连续下雨，公路上全是泥，向西逃亡的人流和撤退的部队很多，只要跌倒到泥里，就别想再起来。我们几个文职手拉手在泥里走，有个战友倒在泥里起不来了。后面敌人坦克过来碾轧，这种情况下河南省政府机关撤出来的家属死伤很多。

这段时间，出现地方民众武装及土匪趁火打劫的现象。[②]他们号称是民团，也有土匪，利用混乱时机都想多弄些枪支。很多杂牌军打散后又被土匪抢走武器，只好散伙。我们部队也遭遇到这种情况。这天有个班长做饭时被一伙土匪砍了头，抢走了枪，师长听了汇报，无奈地说：“埋了吧。”

再向西走到洛宁山区，路两边都是高山，不断遭到土匪的骚扰，师长说：“我们是正规部队，老百姓打我们，但我们不能打老百姓，没有我的命令谁也不准开枪。”当兵的不理解，很生气，也没办法。

直到有一次师部非战斗人员被土匪拦住，土匪大叫：“交枪！不交枪不让走！”还打伤了卫生员，一个戴礼帽的人过来交涉，说再不交枪就要开火了。师长这次犯愁了，打吧，都是中国人，不打吧，没路走。最后师长叹了口气下令：“工兵连、搜索连攻下那个山头！”土匪哪里是对手，打死几个人，一下就散了。

这一天正向西走，远远看到前面有穿黄军装的部队。国军都是灰军装，师长命令尖兵打探，接着子弹就打过来。李师长带着大部队开始迂回通过，由于我们文职人员没

---

①召伯甘棠：甘棠为古代交通要道上的一个驿站，在宜阳县西北4公里处郑卢路北侧的甘棠村。驿站旁生长着茂盛的棠梨树，三月花如白雪，八月果实累累，风景秀丽迷人。西周大政治家、文王庶子召伯辅成王时，外出巡视于此，在棠树下休息，有人向他诉讼，召公当即进行判断处理。他这种爱民行为深受人们爱戴。过后，人们看到这棵棠梨树就好像看到召伯，把这棵树看成是召伯的象征，纷纷歌咏以示怀念，因而这个村庄就叫作甘棠。（据博雅旅游网）

②国民党军队对豫中会战中民变的检讨：此次会战（即1944年豫中会战）期间，所意想不到之特殊现象，即豫西山地民众到处截击军队，无论枪支弹药，在所必取，虽高射炮、无线电台等，亦均予截留。甚至围击我部队，枪杀我官兵，亦时有所闻。尤以军队所到之处，保、甲、乡长逃避一空，同时，并将仓库存粮抢走，形成空室清野，使我官兵有数日不得一餐者。一方面固由于绝对少数不肖士兵不守纪律，扰及阎闾，而行政缺乏基础，未能配合军事，实为主因。其结果各部队于转进时，所受民众截击之损失，殆较重于作战之损失，言之殊为痛心。（据《第一战区中原会战之检讨》）

有军事经验，枪响时只顾掩蔽，本来在前走反而落到我师主力部队后面。最后我也掉队了。眼看日军越来越近，为了不被抓住当俘虏，我不顾一切往山下跳，结果掉到一个水潭里。我爬上岸看看周围，只有自己一个人，真是饥寒交加，举目无亲。

我来到一个村子，正在打听附近有没有信教的人家，没想到被土匪抓到了。他们问我是哪儿的，我说是宜阳的，土匪说："听你说话口音明明是豫北的，肯定是当兵的。"说完用手枪对准我的脑袋就要开枪。我看到不远处还有几具尸体，心想，这下肯定完了，不由得感觉背后生出一股凉气。正在这时，过来一个人，大声问："干啥？"两个土匪回答说："是个当兵的，他们打死了我们的人，毙了算了。"来人看看我，我看看他，最后那人说："放他走吧。"他这四个字让我又逃过一劫。

我找到一个村子，碰到两个老太太用石碓舂麦仁，我去给她们磕个头，叫声干娘，讨了碗麦仁糊糊吃。老太太看我可怜，又给我找了件旧衣服，当晚在这个村里过了一夜。第二天一早，老太太把我推醒："娃子，快跑！"我刚出来，日本骑兵就过来了，我拔腿就跑，子弹在我身边乱飞，几乎打中，但最后还是拼死钻进酸枣丛中跑掉了，真是九死一生。

我逃脱后一直来到洛河边上。俗话说在家怕鬼，出门怕水。洛河水流声很大，不知道水有多深，正在为难之际，看到日军前几天渡河时留下的旗标。沿着这条路线，我双手举着衣服，安全蹚过了洛河，并顺利在宜阳大官庄找到一位安阳老乡。

在老乡家住了个把月时间，打听到我们部队已到达灵宝县，驻扎在焦村。为了进一步打听信息，我冒险回到已被日军占领的宜阳县县城，找到师长当年的房东杨凤山家。过去我经常去杨家找李师长，还给李师长的小女儿辅导过功课，和杨家很熟。杨凤山当时已当上了宜阳的维持会会长，此刻正在里屋和日本军官谈话。我在外面大声叫他："凤山，你出来一下。"他见是我，大吃一惊："你咋回来了？"我说："被冲散了，你要想办法把我送回部队。"他说："你先去杂货铺等着，我应付完日本人就去找你。"之后，我们又在杂货铺见了面，得知他已经送走不少掉队的人，而且三天后省政府张秘书要来，到时候可以和张秘书一起结伴化装离开。三天后张秘书过来，我们半夜里吃点饭，杨凤山把我们送到卢氏县，张秘书由卢氏转往鲁山找省政府，我转往灵宝找部队。在卢氏听说日军抓到省政府人员的家属强奸后还把乳房割掉。

我没到灵宝就被国军某部把守路口的抓到，怀疑我是打探情报的奸细，经过认真询问才放行。走时我问他们是哪个部队的，他们说是蒋纬国的部队。

回到部队，叙说了自己遇险的经过，副官长说了四个字：吉人天相！后来我才知道，参谋处战友们都以为我早死了，还把我的祭文都写好了，准备拿到地里烧了祭奠我哩。

回到参谋处，师长让我当保管，我不想当，因为那时候国民党开始有腐败现象，当保管管采购会有人给“协梢”，就是回扣，我不想发财，就推辞不干。副官长说：“你果然不爱财，师长没看错人啊。”师长知道我不想干，很生气，说：“有人想干我不让他干，让你干你还不干，不识抬举！”

后来我还是老老实实当我的文书。不久，师部给我下了委任状，任命我为军委四级文书，准尉司书，相当于小排长。

日本投降前三个月，我请假去宝鸡看望姐姐。当时老家林县联合高中迁到宝鸡。我给参谋长写信，表示自己文化不够，想继续在林县联合高中学习文化，参谋长很支持，还寄钱资助。

日本投降后我回到老家汤阴。李振清后来当了军长，在安阳东大街住时，他给我捎信叫我过去，说：“前几年我给你许诺过，要为你父亲报仇，你可能忘了，但我没有忘。当年杀你父亲的汉奸土匪现在在我手里，你看要割头就割头，要挖心就挖心。”我说：“这个仇不报了。当年在伊川驻扎时有两家为报仇杀了很多人，三个家庭都死光了。我今天把他杀了，他还有儿子、侄儿，我还有弟弟、妹妹，冤冤相报没有头。”

一个月后有人对我说：“你不报仇，老天替你报了。”我到军部打听情况，原来当地老百姓举报土匪拦路抢劫，李振清军长决心为民除害，就写了请帖请几个土匪头子吃饭。他们还觉得李军长请客很光彩，骑着马带着护兵来了。军长周密安排，先把他们的护兵请到别的房间，缴了枪，锁进一所房子里，李军长对几个土匪头子说：“请你们来看几个文件。”接着列举出他们在某时某地干的一件件坏事，当场绑了，在鼓楼出了布告，枪毙了，其中包括杀我父亲的土匪弟兄两个。

解放后我当大队干部，又为大队办手工业，织毛巾，我当工厂领导。林县修水渠时我抡过大锤，抬过石头，那时累得体重只剩90斤。后来我还当过十几年的裁缝，80年代后受汤阴县领导的指派带头学习食用菌技术，在汤阴推广。

我参加灵宝战役的经过

李龙泉，男，1927年生，乳名印五，河南洛阳偃师市邙岭乡人。1941年至1949年先后在国民革命军陆军40军军部任上士文书、少尉译电员、上尉参谋，1949年5月在新乡随部队起义，携和平解放证明书返乡务农，2013年8月去世。

我15岁时辍学，在河南省洛阳市伊川县白杨镇（音）参军。那时的军长是马法五①，隶属庞炳勋麾下。马军长是保定陆军军官学校第八期的，很文雅。40军来伊川以前一直在太行山与日军作战，在中条山战役中损失惨重，所以来伊川整顿，我就是在那时参的军。因我自幼读私塾，小楷字写得好，被长官看重，分配到军部参谋处任上士文书，此后一直在军部任职。国军内部升迁是按年资，一年后我就担任了少尉译电员，到1944年又提为上尉参谋，一直干到1949年。

1944年春，日军五六万人分别从中牟黄河渡口和郑州黄河大桥发动突然袭击，在飞机和地面炮火的掩护下，经过反复几次的激烈争夺，突破了渡口，郑州失陷。敌人向西进入汜水虎牢关，向南进攻新郑、密县、登封。国民党军事委员会根据当时的局势，决定不和敌人硬碰硬，采取机动灵活的战术，避开城市，把战场引向山区，以此来削弱敌人的实力，减少损失，因此，就先把洛阳第一战区长官部迁到了西安，命令在南阳一带驻防的汤恩伯第13军以及配属的30军张华棠部主力向洛宁、卢氏转移，布防在洛宁至卢氏、灵宝至卢氏的公路沿线；命令

①马法五（1894—1992）：国民党将领，河北高阳人。全面抗战爆发后在津浦线参加抗战，1937年12月任40军39师中将师长，1938年2月参加徐州会战，8月任40军副军长，1939年1月兼任40军106师师长，1942年5月任40军军长，1943年6月任河北省政府代主席兼河北省保安司令部司令，仍兼40军军长，12月升任冀察战区副总司令兼第24集团军副总司令和40军军长，1945年6月任第十一战区副司令长官兼40军军长，11月2日在邯郸战役中被俘，1946年3月4日在重庆因与叶挺和廖承志交换而获释，1947年3月任保定绥靖公署副主任，11月兼任天津警备司令，1949年4月任总统府中将参军，赴台湾后任“行政院”顾问，1992年在台北病逝。（据《高阳县志》）

伊川地区马法五的40军全部向陕州、灵宝一带集结备战，重点把守函谷关；命令巩县一带的45师向新安、渑池、陕州一带黄河沿线布防，严防敌人南渡；命令武庭麟的15军精锐主力暂留洛阳，迎击敌人，保卫洛阳，并机动灵活地诱敌西进，进行围歼，其余所属在洛阳以西铁路沿线布防，诱敌部队出击。以上各部队由第一战区副司令长官马法五统一调动指挥。

敌人的前哨部队到达硖石（三门峡市陕州区硖石乡）后，逐渐向右转移，我们40军以“合”字阵势，开始与敌人接触战斗。部队进入“合”中的“人”字区域时，逐渐向两边撇开，诱敌进入张茅（三门峡市陕州区张茅乡），进入“人”字下的一个地雷、陷坑阵，那里是峡谷地带，地势很窄，两辆马车都无法并行通过。敌人的人和马踏上地雷，战车被炸翻，掉进陷坑，他们依仗大批飞机低空掩护，边战边进。这时，诱敌西进的我15军在义马地区的要道口把敌人西进部队截断成东西两节，待敌人进入会兴镇（三门峡市湖滨区会兴镇）、陕州境内崤山地区时，已进入“口”字的包围圈，不等敌人站稳阵脚，山顶上我军各部队冲锋号齐鸣，居高临下，炮火齐发，敌人受到首尾夹击，被猛烈的火力打得晕头转向，混乱失措，人马互相踩踏，哇哇乱成一团。炮火声震山谷，敌炮车左右翻腾。等敌人觉察被包围后，就向东突围撤退，15军已把布袋口捆死，第106师师长李振清和317团柴世烈①团长已把关口塞实，敌人用飞机俯冲扫射做掩护，向我军左翼山头发动猛烈攻击，企图夺取我军山顶制高点。我们守山部队佯作还击，边打边撤，诱敌上山。这时，有两个班掩蔽在半山腰荆棘丛中的暗堡内，按兵不动，当敌人越过碉堡，攻破山顶铁丝网，踩响地雷时，各个山顶高地冲锋号齐鸣，山顶战士杀出工事，手榴弹像雨点一样落入敌群，藏在半山腰暗堡中的伏兵也同时向山顶冲杀。敌人受到前后夹击，散兵群的阵脚大乱，这时我军各山顶的迫击炮、烟幕弹同时发出，把阵地包围，炮火连天，烟雾满山，上空敌人虽有大量战斗机盘旋，但在烟雾中已难分清敌我，失去了空中优势。这时山谷一股敌人向山顶增援，我军士气空前高涨，战士们越战越勇，炮弹连续落到上山增援的敌群中，敌人东冲西撞，向山下败退，战士们像猛虎下山一样追下山岗，杀进山谷，正打得激烈时，听到山顶上吹号收兵，大家才停止战斗。

预计敌人必有大规模反击报复行动，部队加紧调整部署，准备迎接更大的战斗。

两天后，敌人即从新乡调动大批飞机向我军各个山顶阵地及函谷关一带疯狂、盲目地轰炸，接着，敌机又沿着公路对渑池、英豪（三门峡市渑池县英豪镇）一线进行了反复轰炸。同时，敌人从黄河北岸发射过来的炮弹也连续落到我军河防阵地上，

①柴世烈：河北沙河人，抗战中曾任国民党军上校团长，参加了豫中对日会战，胜利后升任少将师长，1949年5月在河南新乡起义参加解放军。解放后曾任某独立师师长。（据沙河门户网）

我军原来设在峡谷口上的树枝、棍棒、石堆、土堆、地雷等障碍物大部分被摧毁，原来挖的防坦克沟壕也被炸毁一部分，左翼前沿阵地的电话线被炸断了，和指挥部失去了联络，整个山谷陷入乌烟火海。从洛阳过来的日军救援部队在飞机的掩护下，顺着公路向西搜索推进，经过几次阻击战斗，进入硖石地区的敌人接连踩响地雷，战车掉进陷阱。关键时刻，我军再次吹响冲锋号，部队反守为攻，战士们借着烟雾掩护，冲出碉堡，杀入敌群，同时，我军炮兵向外围射击，切断敌军道路，谷底敌人受到猛烈的打击后，哇哇乱叫，四处逃窜，失去还击之力。敌人里应外合解除包围的企图没有得逞。同时在东线英豪观音堂一带，友军阵地上的战斗也很激烈。经过几天来的多次交火，敌人两次受挫，始终未迈过硖石一步。我军利用战斗间歇重新调整了布防，抢修工事，严阵以待。

五天后的拂晓，东西两线阵地以及南线洛卢公路附近娘娘庙一带的敌人，同时发动攻击，黄河北岸也向南岸的茅津渡、风陵渡、陕州常家湾、潼关等沿河阵地发射炮弹，同时敌机像燕群一样在崤山地区各个山头及函谷关上空轰炸扫射，投掷大量的燃烧弹、毒气弹、炮弹，山顶全成火海，火借风势，噼噼啪啪地响。这时谷底敌人趁机哇哇叫着向我左翼山头猛冲。等敌人越过半山，营长刘剑君一声大喊，碉堡里的战士全部冲出，刘营长亲自参战，手榴弹捆成捆儿地投向敌人。我军士气旺盛，和敌人短兵相接，展开白刃搏斗，敌人失去斗志，再次弃尸溃逃。

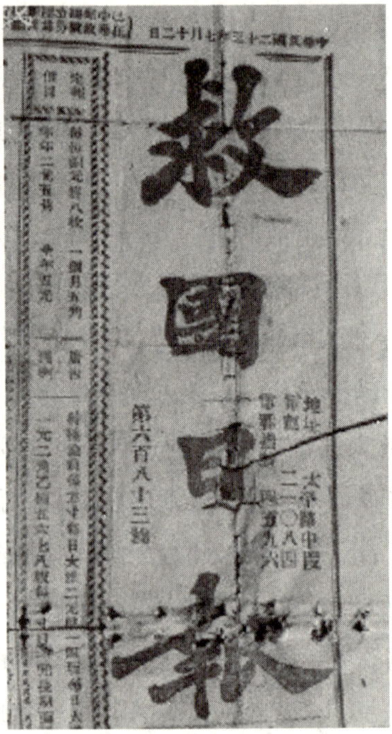
救國日報

1934 年的《救国日报》（图片来源：中国收藏热线）

6月6日，部队接到上级命令，根据当前局势，要求速战速决，全部歼灭函谷关一带的敌人。第二天拂晓前，两军对峙的山谷里一片阴暗漆黑，四处寂静无声。突然一声炮响，惊得山鸟乱飞，四面山上冲锋号响了起来，声震山谷。士兵们齐声呐喊着冲下山岗，在正面阵地把关的317团组成三个梯队相互配合掩护着进攻，团长柴世烈亲自率领第一梯队首先杀进敌人阵地，两翼山顶上的战士也同时杀了下来。我们106师师长李振清、军部副参谋长张济、师参谋长李万里等人也亲临前沿指挥部督战指挥。经过50分钟的肉搏杀砍后，敌人仍拼死顽抗，两次向南边山沟突围，团长柴世烈情急之下嘶声呐喊："同志们，离开！卧倒！"喊声未落，手榴弹成捆地落下炸开，接着柴团长高举大刀杀入敌群，狭窄的谷底里真是血流成河，尸体成堆。

这次战役后来被国民党军事委员会命名为“豫西陕灵抗日之役”，授予第106师师长李振清“铁头将军”的称号，当时的《救国日报》在头版用大字刊登了有关报道。①

1945年抗战胜利后，马法五任华北受降司令，我随军渡过黄河，过河后大部分时间在豫北活动，防地北至安阳，南至黄河铁桥。1949年春，40军一部分在安阳袁林简易机场乘机去了台湾，我没走。5月份和平谈判后，我随部队参加和平起义，携带着和平解放证明书返乡，在南蔡庄报到时证明被区政府没收了。

①1944年6月25日，副司令长官部在华阴指挥所召开了团长以上人员参加的灵宝战役检讨会议。在受嘉奖的人中，马法五军的参谋长、军务处长和两位师长、一位副师长榜上有名。（据郭吉谦《第97师参加灵宝战役的回忆》）

几次难忘的战斗

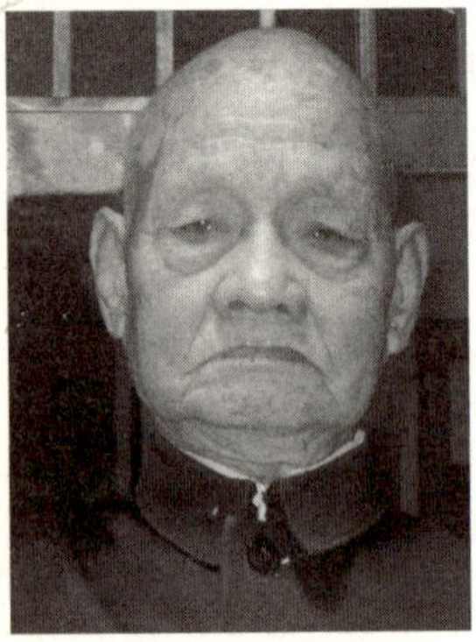

姚书信，又名姚梦嵩，男，1922年生，洛阳高新区孙旗屯乡三山村人。1938年考入黄埔军校七分校第十六期。1941年起在国民革命军第24集团军40军106师317团1营任排长、连长。1949年5月5日在新乡随部起义，在解放军第四野战军独立第4师任职，后因家庭困难，退役回原籍务农。

我3岁时母亲得眼病没了，10岁时父亲得传染病也没了，是靠祖母及哥哥关怀帮助长大的。我哥哥名叫姚梦岳，在家乡他叫姚四倍，跟着中央委员李烈钧[①]当副官，因此我小时候在南京国民政府中央委员子弟学校学习，和冯玉祥的女儿冯立德以及马超俊的女儿是同班同学，学过语文、数学、历史等。我绘画不好，总是让马超俊的女儿帮我画画，一直学习到14岁初中毕业。

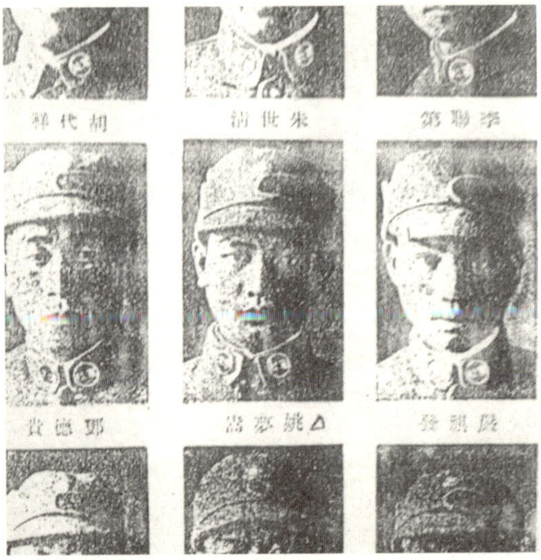

黄埔学生名录上的姚梦嵩

全面抗战爆发后，日本占领上海，威胁南京，国都迁移，我回到老家洛阳。1938年我考取了黄埔军校七分校第十六期，在第四总队。因当时校本部西安南郊终南山王曲镇

①李烈钧（1882—1946）：字协和，别号侠黄，江西武宁人，中国国民党早期党员，中国近代著名将领。1917年后任孙中山在广州所组政府的总参谋长，1927年，国民革命军北伐初步成功，被国民党任命为江西省政府主席，后又历任国民政府常务委员、中央政治会议委员、国民党中央执行委员、国民政府委员兼军事委员会常委等职。1937年“七七”事变爆发，李烈钧抱病到京共赴国难，后因高血压返回武宁养病，1946年2月20日在重庆因高血压逝世，享年64岁，国民政府授予陆军二级上将衔并给予国葬。（据《李烈钧》）

地方狭窄，我们这个总队分驻在陕西凤翔县20里外的陈村镇。我学的是步科，内容有术科、学科，包括军事、文化、政治，学了两年多时间。学习期间，我表现好，总是当标兵，代表总队向外国的军事参观团做过示范表演。蒋介石一年要来学校阅兵两次并发表讲话，讲青年军人应该怎样报效国家等。

因前线需要，我们提前毕业，我毕业后分配到第24集团军40军106师317团1营2连，见习三个月后升任排长。集团军总司令是庞炳勋，军长叫马法五，师长是李振清，部队驻扎在太行山，我们驻在林县县城东边，城北边15里远就是姚村，八路军在那里驻扎。

第一次打仗，是在山西长治城外奉命截击敌人，我和战友在玉米地里趴了一晚上，等待敌人到来。那是8月底，地里的蜀黍能煮着吃了，那一晚，搞不清楚是因为夜里寒气重，还是因为第一次上战场，只觉得脊梁一阵阵发寒，不过我就那一次害怕过，以后敌机从头顶上掠过、坦克开到跟前，也不害怕了。

我当兵能吃苦，是师里、军里年纪最小、个子最低的排长。有一次在太行山行军，爬山时我帮排里病号背枪，一个人背三支步枪，恰好师长李振清看见了，他把我叫到路边谈话，问了名字、家庭情况，对我表扬鼓励。三四年后他升军长、司令，我也当了连长，有一次他回师里视察，我带连队守卫飞机场，他下飞机后一眼就认出了我，过来和我握手，说："你不是太行山那个小排长吗？好好干，有希望，有前途！"

回忆我在106师的战斗经历，有三次战役终生难忘。

第一次是在1942年，日军先后向林县发起两次进攻。林县教堂很大，有城墙，敌人两次攻击教堂，都被打退了，打死日军上千人，缴获不少武器。敌人改调战斗力最强的板垣师团参战。板垣师团从东北到兰考从没打过败仗，这次集结优势兵力约3万人，在飞机、坦克等装备的掩护下进行猛烈攻击，我们守城部队只有1万余人，武器装备也仅有迫击炮、重机枪等。激战数日后，日军攻陷了城门，我们又在城内部署了四道防线。我带领全排50余名战士，奉命在第二道防线上的一个据点死守，最后仅剩20来人。日军以坦克开路，步兵随后，子弹打到坦克上，擦个"火点"就弹开了，皮毛都伤不着。眼看插着"狗皮膏药"旗的坦克向师部渐渐逼近，战士们出主意，用手榴弹攻击坦克上最薄弱的部分——观察窗。可是，观察窗只有脑袋大小，想投中极其不易。我下令：近距离投！战士们等待坦克步步逼近到十几米甚至几米处，将手榴弹一枚接一枚地朝着坦克观察窗投掷，迫使坦克暂停前进，我们和日军步兵展开枪战甚至肉搏。与此同时，另一股敌人攻击师部指挥所，师长李振清的6个护卫全部牺牲，师长也亲自用大刀和敌人拼杀。结果，巷战两昼夜，防线层层被攻破，最后，因伤亡惨重、寡不敌众，部队下令突围，突围时，师长是换了便衣才脱险的。①

第二次是1942年日军攻下林县后，向辉县方向进犯，我军跟踪追击。作为先头部队的106师316团，在行至一条山沟时遭遇敌机空袭，十几架飞机顺着山沟低空扫射，316团伤亡惨重。我们317团比他们晚两个小时出发，到那条山沟时，天已经黑了，因为看不清路，大家都是踩着战友们的尸体通过那里的。次日拂晓，317团到达辉县三郊口一带并抢占了制高点，数千日军被包围在一条沟里，我们地势高，敌人地势低，整天打，围歼了半个月时间，敌人死伤惨重。日军习惯死尸都要火化，刚开始烧全身，以后死的多了，就只能烧一个头，最后伤亡太大，只好割只耳朵烧烧了事。敌人不得已只能用飞机轮番轰炸，每天天一亮就来轰炸我们的阵地，周围都炸成了一片焦土，我方大部分防御工事被毁。敌人的飞机飞得很低，几乎是擦着树梢飞过去的，有时候抬起头，能看清飞行员的头和飞机上的"狗皮膏药"旗。正值三伏天，我军有两天断粮，战士们饥渴难忍。一天，我正趴在战壕里，头上掠过一架飞机，飞机巨大的轰鸣声让我一辈子也忘不了。紧接着，一枚炸弹在我身旁炸开了，炸起的焦土埋住了我半截身子，附近的战友都以为我完了，但我仅受了一点皮肉伤，并无大碍。半个月后，因雨后起了大雾，敌人趁着大雾，在飞机掩护下仓皇突围逃窜，留下大炮数十门，迫击炮、机枪也不少。此战歼敌几千人。

我们部队当年活动在沦陷区，若没有攻防正规战任务时，夜里要出动打游击，在平汉线附近，安阳县境内，破坏敌通信、交通设施。十天有七八天都要出击行动，尤其是刮风下雨的恶劣天气，一定会去，一次一个地方，每个连队都有任务。战斗结束后还要根据完成任务情况进行表扬奖励。当时我们战马少，部队要求每个排抽调一名机灵的战士，穿上平民衣服，藏一把小刀和"盒子炮"，到日军马房抢战马。我们选择在雨天行动，提前摸好地形，到深夜才动手。日军卫兵一般习惯坐着放哨，我们趁他们夜里打盹迷糊时用绳子勒死哨兵，用小刀割断马缰，牵走战马。要通过大街、城门，敌人还有探照灯，平汉路两边还有据

①关联资料：安阳西进之敌正围攻安阳、林县交界之40军前沿阵地，久攻不下，敌军声称遇到顽强的抵抗者了，遂将固守安阳机场的独立旅团陆续调来增援。40军英勇抗敌，死守阵地，刺刀肉搏。三次激战，损伤过重，遂向林县县城转移。此时守林县县城的我军部队遭到晋东平顺县日军之攻击。马法五军长向李振清师长说：你要死守阵地，掩护我军突围。当夜，我随40军军部在敌人枪林弹雨中绕道突出。庞炳勋总司令未能突出，遂被俘投敌。第二天深夜，第106师李振清师长被敌四面包围，连续冲锋三次，未能突出。敌人在山上喊："李铁头，赶快投降吧，你们一个也跑不了了。"李师长毅然回答："我们誓死与阵地共存亡，你们请过来吧！"敌人继续向我军进攻。凌晨4点，西北方面敌军外围响起了连续不断的枪声，且越迫越近。这到底是怎么一回事？大家正在寻思，西北山头传来亲切的喊声："李铁头，冲啊，我们八路军来打鬼子了！"日军调头往西北方面集中兵力，对付八路军，李振清率部乘势冲出，南渡黄河。（据《太行山战斗掠影》）

点，不容易啊。若行动不慎被敌人发现，只能跳上战马，一边往城外跑，一边对追击的鬼子进行回击，有不少战士牺牲了。

1942年，我未婚妻父母相隔三天先后去世，她一个人担负起全家生活重担，极为困难，不断写信催我回家结婚。我考虑到国家内忧外患，根本没心思结婚，坚决不回家。营长知道这个情况后利用军官轮训的机会，派我回到洛阳，在第一战区长官部军官训练团调训三个月，地点在洛阳西工，离家很近，这才顺便结了婚。受训期满后我因表现优秀留校当了区队长，提为上尉。

1944年敌人攻打洛阳，我随训练团撤退到卢氏，又遇见了40军的老团长，得知我的排长职位还保留着，在他们劝说下我又回到了老部队。当年部队文化素质低，军校学生比较缺少，都希望多几个军校毕业的军官来改造部队。

第三次是参加灵宝保卫战①。日本攻打洛阳，其目的还是要夺取西安，威胁重庆，所以调集大量部队沿着陇海铁路和洛卢公路很快向西推进。我们师布防在宜阳西边的甘棠寨，日本军得知40军在此布防，就绕道登封、栾川翻山到卢氏。由于北线敌人推进顺利，一直到了灵宝附近，我们又被调到灵宝，在函谷关与东边的岘山庙之间与敌激战三个月，拉锯二十多次，最终敌人止步于此，直到战争结束也没能再向西部推进。

日军为在灵宝被炸死的日军少将举行丧葬仪式（图片来源：网易）

灵宝战役之后，我们在阳平县驻防，直到日本投降。

抗战胜利后整军，对战争期间扩充的新军、预备师等一律取消建制，此外对正规军还要进行整编，由上往下缩小编制，军缩为师，师缩为旅，但军校学生一律留用，不脱离原部队，我从此就不带兵了。1949年随部队起义后归入解放军，因制度规定连级

①关联资料：国民党军8师和106师担任对日军反攻的先锋。第8师反攻五原窑一大原一线，106师（师长李振清）负责攻取岘山庙。国民党军8师原为湘军劲旅，师长吴俊原为第1师第2团团长。为了守备灵宝一线，第八战区为这个师配属了重炮第11团105mm榴弹炮一个连，另将第9军炮兵营一个山炮连和第1军的一个37mm战防炮连调拨给该师。自5月27日到6月2日，国民党军两个师以猛烈炮火向日军阵地发起攻势。日军战史资料称："当面国民党军两个战区的部队较多，并控制着灵宝至潼关大纵深的黄河南岸之狭长谷地，从5月27日到6月2日连连发动执拗的反击。"岘山庙阵地自被日军步兵第59旅团独立步兵第82大队占领后，就成为从平陆和垣曲渡过黄河而来的日军第1军在豫西立足的重要支撑点。日军连遭106师的猛烈攻击后，伤亡惨重。在6月1日的攻击中，半天的战斗，防守该阵地的山田中队就伤亡过半，增援来的泽谷中队奉命接防，刚进入阵地就陷入与国民党军惨烈的白刃战中。虽然国民党军未曾攻取岘山庙，但日军独立步兵第82大队经此一战，已丧失战斗力，被迫撤退到三角山一带休整。（据《河南文史资料》1997年第3期《反攻陕州及灵、虢防守战》）

干部不能带家属，我妻子无依无靠，我就选择了退役返乡，和妻子一起当了农民。由于当过国军，在家乡长期受到歧视，子女升学工作都受到影响。

关于我哥哥姚梦岳，全面抗战爆发后哥哥没再跟随李烈钧委员。他先是经冯玉祥将军介绍到庐山军官训练班深造，毕业后到第一战区洛阳长官部工作，任少校科长。1944年日军攻占洛阳，我哥哥随各机关向卢氏县方向转移，半路遇到敌人，在战斗中牺牲了。我当天就听到哥哥牺牲的消息，对团长表示愿意牺牲一切重返洛阳去找回哥哥的遗体！团长苦苦劝我，说战争期间，十分混乱，日军检查很严，这样去是白白送死，死活不让我去，以致留下了终生的遗憾！

伤口复发，流了一碗多血

赵书全，男，1924年生，河南唐河县苍台镇苍台村人。1940年加入国民革命军第85军，任上等兵，1948年退役返乡，2014年1月去世。

我16岁当兵，属于五战区李宗仁、汤恩伯领导的部队，分配到85军①预备11师32团1营1连，是个上等兵。

刚入伍那时候年纪小啊，部队对我们这些小兵看得重，爱护，不叫拿枪，光跟着队伍跑就行了。在舞阳解村（音）驻扎的时候跟着部队打了几个小仗。那一次，我们正在河里洗澡，接到通知，有战斗任务，叫赶紧走，去截击败兵。我们从河里上来什么也不拿，也不叫吃饭，轻装出动，慌得不行，天快黑时赶到目的地，看到一伙日军败兵正想往大别山方向跑，我们用重机枪打，败兵被打呼啦了，扔了枪跑了，后来天黑了，也看不见人，我们在沟里捡了几十支枪，结束战斗。

后来部队就调到大别山里面去了，记得在黄岗、毛集、吴家大寨这些地方和日军缠（周旋）、打点（游击打据点），打了一年多。我年纪小，任务是背子弹箱。一次在关帝庙，一发炮弹把我震了个大跟头。

---

①85军：该军前身是国民党中央军教导师一部。1937年11月，为加强徐州会战的军事力量，国民政府以第13军第4师、第89师在晋南合编组成85军。王仲廉任军长，王万龄任副军长。辖第4师，王万龄兼任师长；第89师，张雪中任师长。该军组成后即由山西调往徐州，参加徐州会战。1938年该军参加了武汉会战，1939年参加随枣会战和冬季攻势作战。1940年4月，该军第91师奉命改隶新组建的新编第2军，另将新组建的预备第11师列入该军建制序列，同年5月，该军参加了枣宜会战。1941年1月至10月，该军先后参加了豫南会战和第2次长沙会战。1942年，该军调至阜阳、蒙城、鲁山等地防守。1944年4月，该军奉命参加豫中会战后退至豫西卢氏一带防守。1945年春，该军在参加豫西鄂北会战中伤亡惨重，战后调至陕西商南整训。日本投降后，该军奉命调至郑州一带受降。（据《国民党历史上的158个军》）

后来开到舞阳练兵几个月。伏天里，团长和我们一样光着膀子、穿个裤头参加训练。有个排长是刚从学校毕业的学生，看别人脱光衣服自己也脱光了，那时谷子刚出穗，埋伏在谷子地里训练了一夜，第二天回来时发现身上弄了一身泡，痛得他直哭。训练项目多呀，还有跳天桥、爬障碍、扔手榴弹等等。

八个月后，李宗仁、汤恩伯到叶县检阅部队，合格了，就把我们又调到安徽，在安徽驻扎了年把时间，在那里打了一次红枪会。那是在蚌埠，红枪会和地方政府不和，不让政府的人在他们地盘上待。那时候是打霜天，我们还穿的单衣，走了一夜路，早上还要边唱歌边跑步，说这样可以暖和暖和。正唱哩听见红枪会来了。连长是邓县人，姓高，叫高孟候，是个老干家（老兵），他布置停当，脱下枪衣，两个排四挺机枪对着他们打，把他们打跑了。

此后，我们又调到河南密县，在深夜里换防到黄河岸阵地上，隔一条深沟和日军对峙了几个月。我们每个班12个人，夜里四个人一班分三班轮流站岗。阵地上没地方睡，就在战沟里挖个洞，在这洞里住了几个月。日军就在对面，谁也不怕谁，都没打。到民国33年二三月间，听说日本和苏联关系缓和了，要调东北40万军队过来进攻。李宗仁觉得硬打太伤人，谋划着把敌人引到密县南面山地再消灭他们。我们定在夜里10点分步退出阵地，就是一个连退时拿一个排掩护，一个排退时拿一个班掩护。我随部队刚退了没几里地，日军就追上来了。枪响了，我和排长一起跳到沟里，我看见我们的高个子机枪手中了枪，身子像棉花一样软倒下来，班长也阵亡了。我们退到一个叫马村（音）的地方，2营营长对我们1营营长说："老大，我下去你掩护我，等会儿你下去我掩护你。"我们营长是个新手，结果我们下去时，他们2营不管了。打了一阵，通信员被打死了，等我们退到一个麦地里时，敌人从三面把我们包围了，那是个开阔地……都打散了，死哩人多哩很……解放后说国民党不抗日，我听了心里不得劲呀！我们咋不抗日？共产党抗日，国民党也抗日，都抗了！

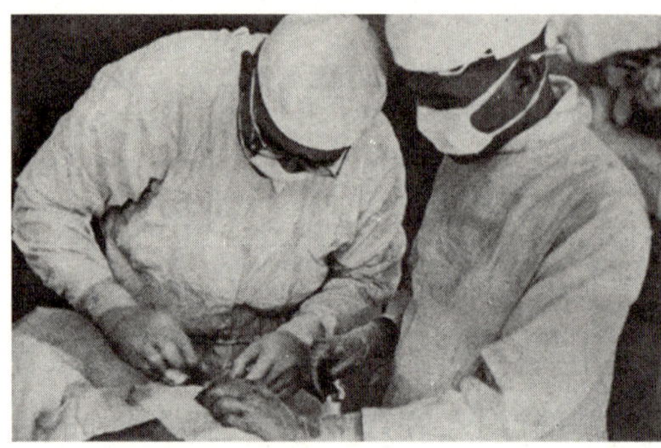

抗战医生柯棣华在做手术（图片来源：新华网）

我就是在马村那一仗受的伤，子弹从手腕外侧打进来，从手腕里侧出去，血管打坏了，但当时不知道，我包住伤口又撤了几里地，碰见副班长，他帮我拿着枪，又碰见团长，和团长一起撤到安全地带，团长给我开了住院证，叫我住院。

后来我住医院治了一个多月，别人的伤都好了，我的还不好。有一次正吃饭哩，伤口复发，地下流了一碗多的血，护士给我扎住手腕去找医生，碰见了个50多岁的医务主任，他一看，说是血管断了，让我先去吃饭，随后他想办法把血管接上。我心想：血管咋能接得上呢？那时年轻，也不知道怕，就先吃了饭再说。我吃了两个馍，喝了点菜汤，泌阳、舞阳的几个伤员战友搀着我去做手术。到手术的地方，我看见医生用钢精锅煮了一锅刀子、钳子乱七八糟的东西。医生开始洗手，洗洗涮涮，洗了很长时间，又给我腰上用了蒙汗药（麻药），用上药，老军医还问我多大了，哪个部队的，家是哪里的，问着问着我就麻过去了，不会说话了，只知道护士不停地往老军医手里递这递那。战友想来看，谁也不让进来，手术做了两三个钟头才完事。过了几天我去换药，我对老军医说伤口痛得厉害，老军医说："要是不碰上我，你的命就没了，还怕痛？"

伤还没有彻底好时，我们部队的伤员都出院了。我像个孤雁，不想在医院待了，就追上战友，一起坐火车去西安找部队。到了西安没找到部队，身上没有一分钱路费了，就一路讨饭回到河南，经过西峡口到镇平，在那儿听说部队又去了广西。正没有主意的时候，碰上部队一个留守在南阳征兵的副营长，他对我说，你家离南阳就百十里地，还是回家看看吧，我说出去几年身上没一分钱，没法回去呀，他说不行你先回家，我帮你介绍"卖个兵"再出来。我就回家卖了个兵，第二次参军到了云南，准备参加远征军，这时候，日本投降了，我在部队又干了几年就回家了。

父亲给我做了一碗红薯叶煮豆瓣

高松林，男，1923年5月5日生，河南省平顶山市新华区湖滨路办事处东太平村人。1938年加入国民革命军第15军第37师，1944年跟随高侠轩参与抗战，后返乡。

我十五六岁时，家乡抽壮丁，见到很多壮丁被绳捆索绑地在路上走，觉得不好看，就想主动参军当自愿兵。那时候，家乡有个本家叫高侠轩[①]，他领导着当地的一支地方武装，我们家乡的人都叫他高司令。高司令不是正规军，但在台儿庄战役中立了功，回到陕西歇兵，在西安当城防司令。我和几个同学就一起到西安投奔高司令，在他部队补上了名，进了学兵队，后编入15军37师109团2营4连3排8班，军长刘元堂，师长叫徐宝，高司令兼副师长，参谋长邓定元，营长代子宗。

37师编配时有个小曲折。当时把四川来的人马编成一个团，把安徽王瘸子的人马和河南的人马搭配着编成一个团。王瘸子后来变卦，想把人马拉走，师里得知了消息，连开了三天的会。头一次大家全副武装，集合在澄城县南门外大操场上，高司令出来讲讲话，大家就回去了，同时团里以训练部队的名义派下来四个军官，下到连里当指导员。第二次，大家只带枪不带子弹，又到南门外集合，司令又出来讲讲话。第三次，全体人员空手到南门外集合，司令让排长以上的军官都出列集合，统一到鸿学照相，士兵们由新任的指导员带到东操场，师长、高司令、参谋长都出来讲话，又各自

①高侠轩（1896—1949）：国民党军中将，名登云，河南平顶山人。1933年任察哈尔民众抗日同盟军骑兵司令兼41军骑兵第3旅少将旅长。1938年任第20集团军新编第5师第1旅少将旅长，率部参加台儿庄战役。1939年任第一战区自卫军第一路司令。1944年策动“河南省人民自卫军”反正成功，赴西安任第一战区第一补训处中将处长。抗战胜利后退役返乡办实业。1949年任华中军政长官公署第6纵队中将司令，同年底策动王凌云部起义，因参谋长李化南身份暴露，高侠轩在四川通江县青峪口被王凌云及保密局特务残害。（据互动百科）

带回。可回到宿舍一看，枪支、被子都没有了，大家吵着说不干了不干了，新来的指导员连忙吹哨，集合后他对我们讲话："大家不要着急，东西弄走了，还会发更好的。从今天起我就是你们的新连长，原来的连长不会再来了。以后公事上我是连长，私事上咱是亲弟兄。"随后师里又发了枪支、被子，还发了军饷，这件事就平息了。

部队随后开到宝鸡，我随连队在户县接收新兵，又经邠县（今彬县）到甘肃。其间，我所在的营被调往西安东北部守黄河。我们在河岸上挖了交通沟，把守着，防止日军过黄河。上级给我连新配了迫击炮，我被调选当了炮手。

民国31年，家乡年馑，听说家里人都外出逃荒，我实在放不下心，就请假回家看看。家里除了父亲守着一头牛没走，其他人都逃荒去了。父亲见我回来，给我做了一碗红薯叶煮豆瓣，这是家里最好的饭了。

回家后得知，高司令也离开了37师，带着自己的人马在擂鼓台开办煤矿。为了生活，我就来到他的煤矿上干活。

1944年，日本人到了襄县。高司令叫我放下铲煤的活儿，跟在他身边做事。

日本人经过时，高司令在擂鼓台上用望远镜观察，看到日军前有三轮摩托和骑兵开路，后面是步兵，分四路纵队，约有千把人。这种形势下，高司令当天就带上我们去找老汤（汤恩伯）了。从连洼（音）一直找到下汤、土门、赵村，老汤已经走了，又找到四棵树、李青店，还没找到老汤，但见到了宋参谋长。司令和宋参谋长商议了三天，随后带着一个参谋回到鲁山韦驼（音）。原来，他们是来收编郭金宝（音）、李昌友（音）、石长全（音）这些趟将（土匪）的。这些人看高司令挑起大旗，都来参加大杆子（队伍）。

不久，高司令看人马召集得差不多了，给宋参谋长打电报，宋参谋长派来了检阅官。没有操场，就把人聚集到河滩白沙坡，到下午两点，检阅官问司令："一共来有多少人？"司令说："两万绰绰有余。"检阅官就开始讲话："各位弟兄，我这次来也没带多少钱，大家简单会会餐。"此后把当官的留下按所带人马的多少分些赏钱。

跟随高司令当差期间，有一次，我出去买鸡子，回来看到高司令屋里有一名被我们救下的美国飞行员，高司令对他可好了，派人把他送回到后方。

后来，我向高司令请假回家办婚事，高司令要我先帮他送一封信给杨村街的"皇协军"头子郭定三（音）。郭定三有两千人马，正准备进山"剿匪"。这封信的大意是：已定下日期，准备把召集的人马带到后方参加国军，都是中国人，请郭定三的部队进山时不要对人开枪，只装装样子，让高司令的人马顺利转移出去。

我把信藏在内裤里，出了山口，就被"皇协军"挡住了，他们用枪指着问我："干啥哩？"我说："你们先把枪收起来。我是山上司令部派来的，直接找郭定三有秘密事情。若不信，你们跟着我一起去就知道了。"一个小队长就派了两个兵跟我一路去见郭定三。见了郭定三，他问我："你来啥事？”我看看屋里坐着的七八个小头目，没吭声，郭定三连忙对他们说：“你们先出去。”小头目们走后，我递上了高司令的信，郭定三看后一拍桌子，说：“好！这样不伤一兵一卒，既成全了你们，又完成了任务。”郭定三又派两个人把我送出了防区。

后来我才知道，高司令把这万把人马顺利带到后方，在西安重新受训、改编，更换了武器，分配到河北抗日战场。

关于高司令的下落，我是后来才知道的。高司令手下有个共产党，已经联系好了，想让高和王凌云一起投共，没想到王凌云把他出卖了，有天晚上王凌云谎称有秘密事情要高司令单独过去商议，结果高司令被五花大绑投入干坑里活埋了。王凌云又用同样方法，把高司令手下的二三十个人都骗去害了。

深夜行军我跌下深谷

蒋书生，男，1923 年 9 月 14 日生，平顶山市叶县旧县乡老鸦村人。1939 年参加第一战区长官部直属的独立游击旅第 4 纵队 36 支队，1945 年参加新四军叫舞支队，1946 年回乡务农。

民国28年我当兵，加入第一战区长官部直属的独立游击旅第4纵队第36支队，我在第4大队第14中队。支队长叫董开中（音），大队长叫宁国卿（音），中队长叫张连芳（音），后换成程文卿（音）。他们几个名义上是国民党，实际身份都是共产党。

在信阳和老日打了近两年。日军在信阳城内，我们在城外七八十里的地方驻扎。敌人一出城，我们就找机会打他们。日军有飞机、坦克，我们只有轻重机枪，隔不了几天就要打一次。

后来开到禹县训练三个月，又开到黄河北边温县、孟县、济源附近和老日打游击。

第一仗是在一个叫莽岭山（音）的地方打的。我们一营有四个中队，十二挺轻机枪。营长带着我们抢先占了莽岭山，打了一天，看到敌人的死尸装了两汽车拉走了。第二天，敌人又来了，打死的敌人装了一汽车半。第三天，敌人退了。我们三天没吃饭，第三天夜里到黄河滩上喝水。天亮后不便行动，又在河岸上扒个窑洞睡了一天，第四天夜里才到村上让老乡弄点汤吃吃。

游击队进攻日军碉堡（图片来源：《南方都市报》）

后来又在黄河南边巩县打了八个月。有一次，在初秋的夜里，天还下着雾丝雨，排长带着我们七个人住在瓜庵里放夜哨。第二天清早，起了大雾，看不见人，日军来袭击我们，只听见枪响看不见人。在瓜庵外，我刚看见一个日本兵，他就已经来到跟前了。我顾不得用枪打，直接用手榴弹砸在他的头顶上，他趴地上不动了。我们排长抓起轻机枪，一口气打了三梭子，敌人开始从四周包围过来，一阵扫射，把瓜庵都打毁了，我们跑走三个，牺牲四个。第二天听邻村的老乡说，看见日本人在瓜庵附近拉走了很多尸体。

日本兵夜里不打仗，钻据点里，外面用铁丝网围着，还埋上地雷。我们总在夜里袭击他们的驻地。在这里一年多时间，和地方团队合作，得到当地老百姓的帮助很大，他们经常给我们报信领路，领着我们绕开地雷。我们摸到敌人院子里，咣咣咣扔一批手榴弹就走。

和老日打游击的地方太多，记不全了。一天夜里，部队在黄河北孟县山区行军，山顶有日军驻扎，不断向下打枪。夜里看不清路，我们手臂上缠个白毛巾当标志，手拉手在山间小路上走，还不能大声咳嗽。我一不小心掉到二三十米深的沟里，摔得当场昏死过去。当时连长都以为我摔下去一定不行了，叫部队继续走，别管我。但部队有几个换帖弟兄不忍心丢下我不管，他们下到沟底，捂着嘴小声叫着我的名字，总算找到我。三四个小时后我才醒过来，弟兄们用绳子把我系上来。我当时全身摔伤，身上背的大刀都摔成弯的了，汉阳造枪管上也滚了一大坨泥。我的头肿得不像样，浑身痛得直哭，也没药可吃。当地老大娘们看了心疼，帮我找来个偏方，就是用没过百日的小孩尿，烧开后当药引，一天喝三碗，一个月后伤总算治好了，也没留下后遗症。

民国32年，我回了家，暂时离开部队。到民国34年，又跟随同村的蓝仁修参加了新四军叶舞支队①。记得大队长叫吴定义（音），支队长叫王泽民②，他解放后在人民日报社工作，同村的蓝德修是连长，当过叶县副县长和郑州市检察长，排长是蓝仁修，他后来在大别山战斗中阵亡了。叶舞支队的活动范围主要在嵖岈山。我们一个连曾和敌人相遇，打了胜仗，抓到过两个日军俘虏、两匹大洋马。

日本投降后，连长蓝德修受派到叶县当副县长，我跟着他干了一段时间，后因家里困难，我脱离了部队，回到家里。

---

①叶舞支队：1945年初，新四军黄霖游击兵团效信�支队在豫中一带与日伪作战，赢得新四军上下充分肯定。6月16日，效支队被正式授予叶舞支队番号，被命名为新四军叶舞支队。叶舞支队人数扩充至2000余人，实力得到进一步提升。叶舞支队屡屡痛击日军，成为豫中的一支重要抗日力量。（据《平顶山晚报》）

②王泽民：1916年生于河南叶县，中共党员，1936年参加革命，在豫鄂边区、新四军5师、豫鄂陕军区历任编辑、组织部长、县委书记、团政委、支队政委等职。解放后，任人民日报社编辑、中纪委特约检查员、中央机关纪委常委等职。（据百度百科）

策反“河南人民自卫军”的经过

陶士君，男，1918年6月10日生，河南平顶山市湛河区曹镇乡王庄村人，现居台湾。1937年从军后编入军政部34兵站医院，在汉中卫生人员训练班毕业后回医院任司药官，1940年转入31集团军总部任特别党部干事，1942年在驻地奉命赈灾，1944年豫中会战失利后只身回乡策反“河南人民自卫军”，后升任第一战区河南第一补训处少校参谋主任，护送远征军兵员至云南后转任汤恩伯部第13军政工大队长。1947年任89师上校主任、承德县县长，参与北平和平谈判，后与部队失去联系，流落香港，至台后任南港区党部书记兼民众服务站站长、南港区区长，著有《日本侵华见闻录》。

中原会战结束后，河南省大部土地被敌人占领，沦陷区陷入无政府状态，百姓拥枪自重，宝丰、鲁山、郏县一带素来民风强悍，青壮游民揭竿而起，拥有上千人枪的皆称司令，多达万人，流窜在敌我两军的真空地带。他们是一群乌合之众，没有明确的立场，动向不明，到处搅扰，名义上是自卫，实际上所经之处吃光拿光，民不聊生。日军在占领区运用一些伎俩拉拢他们成立维持会，将这些民间武力一万多人收编为“河南人民自卫军”，派王定南为伪军总司令。

中原战役结束后，我随31集团军总部撤退到西峡口，自告奋勇，返回家乡组织游击队打击日军，临行前在南召前进指挥所，宋相涛参谋长托我给高侠轩高参带一封信。

夏天，我回到宝丰曹镇王庄家中，听说我军撤退时丢在王庄村弹药库的弹药已被村民抢搬一空，日军搜查一无所获，但乡间村民不知道弹药的危险，有数人在搬弄时被炸伤或炸死。

口述人编著的《日本侵华见闻录》书影

我到平顶山煤矿拜见了高侠轩高参。

这个煤矿只是个幌子，实际上是游击队的指挥部，门禁森严，所有的人都带着武器，称高参为司令。我对高司令说明来意，递上了宋参谋长的信，高司令说："地主武力都被日军收编了，煤矿又靠近洛叶路交通要道，不适合作游击根据地。"我说："我要想办法让伪军改变立场，归顺中央军，请给我写一封介绍信，以便我混入伪军进行策反，成败在所不计。"高司令觉得这样很危险，我说："不入虎穴，焉得虎子！"高司令见我勇气百倍，就给我介绍了伪军的一些情况："河南人民自卫军"下辖五个纵队，第一纵队司令是卢克山，第二纵队司令是李文，第三纵队司令是李智文，第四纵队司令是王凤山，第五纵队司令是刘新五，他们就地征用粮草，没有正规的补给制度。第三纵队司令李智文是高司令的朋友，高司令就给李智文写了一封信交给我。

口述人回家乡捐资办学（图片来源：大河网）

我来到薛庄后，当面把信交给了李智文。李智文只有一只眼睛，外号"独眼龙"，为人慷慨豪迈，胆识过人，枪法极准。李问我原来在何处做事，我毫不隐瞒地告诉他我在31集团军总部担任少校干事。后来又说起家乡的亲属关系，我母亲姓李，与他是同宗同乡，他便很放心地任用我为纵队的参谋长。

时间长了，我和李司令建立了一定感情。有一次，他问我抗战何时才能结束，我说快了，德、意、土均已战败，美国又参战，日本投降不会等太久了。李又问将来他们是否会受到影响，我说到时候国民政府会把我们当汉奸处理的，应抓紧起义反正，投靠中央军，才能摆脱汉奸罪名。李说："此事务须保密，请陶先生设法促成。"我又建议李说服其他纵队司令早日起义反正。说来也凑巧，那几天天上飞机过得很多，李司令问我那是什么飞机，我告诉他这是美国的B-29空中堡垒，是去轰炸日本东京的。自从美国空军支援中国作战以来，日本飞机来轰炸的次数就少了。过了几天，李司令又介绍我去拜访第一纵队司令卢克山。卢司令短小精干，善于言谈，后来说到未来的出路时，我趁机又讲了国际国内的形势，为了保住大家的名节和安全，要及早起义当抗日英雄才无愧无憾，卢克山听了甚为动容，连连点头表示愿意说服其他司令相机行事。

随后，我利用参谋长的身份，继续在官兵中秘密宣传日本败亡就在眼前，不当汉奸、不当亡国奴等，后来官兵们常围在一起讨论起义的事，到处人心动摇，期待变天。

1944年中秋节前的几天，伪总司令王定南召集各纵队司令及重要干部召开军事会议，王定南说："接到'皇军'命令要我们迅速开到叶县以南地区驻扎，大家有何意见？”在座的众说纷纭，有要饷的，有要粮的，有要武器的。有人大声质问：“我们是军不是民，为什么没有待遇？”王定南未做答复即宣布散会，顿时秩序大乱。杨清水队长箭步上前，首先发难，将王定南拦腰抱住，其他人一拥而上，将连同翻译官、秘书在内的五个人捆绑起来，押解到第三纵队。李智文立即召集各纵队司令及重要人员举行紧急会议，商讨投靠中央军事宜。李智文说：“我们要归顺中央军，为国家民族生死存亡而奋斗。陶先生是中央军派来的联络官，现在请陶先生讲话。”我立即站起来大声说：“我叫陶士君，奉31集团军总司令的命令前来联络，欢迎大家到南召归顺中央军，编为正规部队，有编制有装备，按军阶发薪饷，一切都有保障，从此做一个堂堂正正的中国军人，担负起抗战救国的神圣使命。将来抗战胜利，我们就成为抗战英雄，衣锦荣归，光耀门楣，使父母脸上增光，我就是来为大家服务、带路的。”李智文接着说：“为预防发生意外，事不宜迟，抓紧离开这里。”

最后决定第二天7点出发，由滍阳街南庞庄渡过沙河，经张良街以东叶县与鲁山边界向南召进发，按一、二、四、五纵队为行军顺序，第三纵队殿后，并把王定南等五人交第一纵队押解，当天下午我即派人送信给南召游击队准备迎接。

第二天，我们按照计划出发，当时有100多个不愿随行的人脱队逃跑，大队人马是欢欢喜喜、浩浩荡荡向南召进发。路上，王定南的秘书吵吵闹闹，说王不是汉奸，不应五花大绑。所过村庄，各家各户大门紧锁，走避一空，唯恐遇到意外的麻烦。下午4点到达南召边界，高侠轩司令率员迎接，见了王定南后即行松绑，送往31集团军总部发落。当晚驻于各村民宅，按人数发给伙食费和中秋节犒赏金。大家的心情都很愉快，有如迷羊回圈般喜悦。

接着就接到第一战区司令部司令长官胡宗南的命令，将本军编为陆军新编第一补训处，由高司令担任处长，由我担任参谋主任，准备编成正规部队，据说原定编为一个师，高司令任师长，各纵队司令分任要职及团、营长。到了11月份，又奉令开往西安。我们由南召走西峡口、商南、龙驹寨越过秦岭、蓝田抵达西安，途中每日行军五六十里，在寒冬季节里，大家吃不饱穿不暖，备尝艰辛，跟不上队的和不愿远征的都被其他部队收去，我们也没办法。走了27天后，终于在西安郊区王宝钏寒窑附近安顿下来，休息了一个多月。在此过了春节后奉命开到飞机场整编。

到机场后，按要求将枪支弹药以连为单位卸下放置，然后集合等待检查身体。就在枪弹卸下后机场就来了警戒部队，架起了好几挺机枪，一看就知道这是怕发生意外变故，所谓检查身体无非就是过磅而已，过完磅出左门在东边集合，或者出右门在西边集合，集合到100人时就有人把他们带走。过磅时还说谁可以乘飞机，谁不适合乘飞机，把适合乘飞机的两千余人编成一个补充团，由我任团长，乘美国运输机运往云南沾益机场，拨补给滇缅远征军，其他人拨补西安各部队。这一万多人转变为抗日的新生战力，真是得来不易。他们原为“皇协军”，起义后一路风雪，忍饥挨饿，毫无怨言，可是，在西安机场整编分散的情景，却令人心酸。

最后，原来的司令们及重要干部都留在补训处由高处长安置，临别时，我黯然神伤，颇表歉意。来台后偶然也遇到几位当时在西安、后来到云南的老战友，白永安同志现已退休，结婚后定居台北信义区，子女成群，有一个温暖的家庭。

连续激战，我48天没脱衣服

魏金营，男，1924年生，平顶山市新华区滍阳镇姬庄村人。1940年加入国民革命军12军22师64团，参加豫中会战，后脱离部队回乡务农。

我16岁被拉走当兵，到汤恩伯设在下汤的普训处，训练三个月后交给了12军，编在22师64团1营1连3排9班，战区司令长官是蒋鼎文，集团军总司令是汤恩伯，军长叫贺粹之，师长是郃乃大（音），团长蒋凤之（音），营长是杨广宇（音），连长叫高佩显（音），排长叫尚振荣（音），班长叫李金堂（音）。我在12军干了三四年，没去过别的部队。

当兵后先在宝丰石洼驻扎，又开到襄县（今襄城县），来来回回打仗真不少。

1944年，我参加的第一个大仗是在许昌西关开始打的。在许昌打了一天一夜，敌人有坦克，有飞机，我们抵不过敌人武器，退到颍桥（今许昌襄城颍桥镇），又打一天一夜，再退到襄县，又打一整天，再退到郏县北边安良镇洪城（音），这是个大镇子，在这儿打了个“亲嘴仗”（近战）。

这儿有个土寨子，寨墙早就没有了，只剩个土埂。我们在寨沟内的土埂高处，敌人在寨沟外低处，寨沟内没水，是干的，但日本兵穿得笨重，那个干沟他们也没爬上来。敌人攻得很猛，我们这边已经吹响了“上刺刀”的号声，但老日在寨沟里上不来，拼不上刺刀，子弹也打不着，我们就一个劲地往寨沟里投手榴弹，半个小时过去，他们顶不住，退下去了。没过多长时间，敌人又开始攻。这次敌人看准了我连重机枪火力点位置，用炮把我们重机枪阵地打没了。成群的敌人为了避开火力，都滚到一个沟里拥着往前攻。我是班里的轻机枪手，而且当时我的位置正好对着那条沟，我对着沟里的敌人连续射击。敌人太集中了，一梭子下去敌人就倒下一谷堆。枪管打红了，赶紧叫战友拿地里湿一湿。我的机枪是两个枪管，可以替换使用，名字叫勃朗宁轻机枪。平时我们试验过这种轻机枪的性能，可以穿透七个木桶，我约莫当时一颗子弹至少能打穿两个敌人。打了一阵，估计敌人马上会向这边打炮，果然，第一炮就落在离我一丈多的地方，我又打了几个点发，第二发炮弹又打过来了，离我仅有五六尺远。正好这时机枪没子弹了，我叫装弹兵抓紧装子弹，自己刚把身体缩到掩体里，第三发炮弹又到了，正好落到机枪上，机枪炸毁了，一个装弹手上半身被炸飞了。我虽然没受伤，但溅了一身血一身土，被震晕，愣在那里了。班长一把把我拉到别处，我试着转了转脖子，还会动，头还在，又抬抬胳膊，也没事，再伸了伸腿，好好的。还没喘口气，班长又找来一挺机枪，大声说："就阵地，就阵地，接着打！"我站起来，先上了刺刀，然后一个接一个地向敌人投手榴弹，敌人又退到百十米外的柏树林里了。

勃朗宁轻机枪（图片来源：新浪网）

寨子被大量敌人围住了。师长派64团向外攻，想打条路撤出去。64团本身有分工把守的阵地，兵力磨不开，只能派第3营出去攻。进攻时轻重机枪一齐射击，掩护着3营向寨北攻击。不一会儿，营长、副营长、三个连长都阵亡了，当兵的伤亡更大，攻不出去，又返回来了。师长急了，又派特务营出去攻。特务营的武器好，攻到黄昏时，视线不太好，敌人抵不住了，往北退了一段。师长通过望远镜观察到敌人后退，趁机带领部队从南面撤退，一直退到汝河边。

到这里算算两天都没吃饭了，又渴又饥，只能在汝河里喝点水。第二天天明后我们继续行军，日军又派出几架飞机轰炸。当时正在一个秃岗子上走，没处可藏，师长命令所有轻重机枪一齐对着飞机射击。那时候，部队里发有一些"钢芯弹"，能打穿四指厚的钢板，专门用来打飞机。敌机扫射了一阵子，被我们打得一歪一歪飞走了。

部队撤到宝丰西大营，进了山地。随后我们一直在向西向南转移。经过洛阳、宜阳、嵩县，到嵩县和栾川交界的一个地方，又和日军打了一仗，这一仗也很激烈。记得地点是在一个山口，山上有一个小庙，两边都是高山。我们部队大部分已通过了那个山口，走到山下，留下我们一个排的兵力在山口把守，阻击敌人，其中还分出一个班去四处找吃的，实际把守山口的只有两个班共计23个人。这时，老日攻上来了。我们凭借有利地势，顽强阻击，顶住了敌人的进攻。团长在山下听到枪声派人上来察看，我们让他快给团长报告，这里快支持不住了。团长马上把第1营的第3连派上来增援。等第3连上来时，我们排原来的23个人，连我在内只剩下6个人了。我虽没有重伤，但轻伤不少，一身是血。

打退了敌人，我们继续转移。这天正走着，突然日军的炮弹落在了队伍的后面，一块炮弹皮击中了我的后背。万幸的是，我当时背着背包，背包上还带了一双新布鞋，炮弹皮正好打在鞋底上，弹皮的冲力一下子把我击倒在地，摔倒后脸被石头擦伤，流了一脸血，背包着了火，班长过来用刺刀挑断背包带，扔掉背包，把我拉了起来。

一直撤退到马市坪（南召县马市坪乡），算了算我们已有48天没脱衣服了。

部队到达南阳镇平、内乡，驻扎在内乡西北角25里一个地方休整，据说这里是别廷芳司令的老家。没几天，因为这次作战损失太大，军长被蒋介石撤了职，又换了个张军长。张军长想把队伍带过长江向南去，师长不愿去，他和老军长走得近，有感情。临出发前一天，师长突然把张军长扣押了。[①]老军长要把部队带到第五战区。当兵的不知道底细，只听命令行军，心想这是向南过长江哩。夜里跑步行军，前面的部队过去后撒一些麦秸当路标，我们团可能是夜里没看清路标，结果跑步行军一夜，天亮时发现才到内乡县东门，距出发时的地方只有25里地，还在原地打转，别的团都跑得没影了，当兵的很丧气。

只好接着走，刚过了内乡城东一座桥，到一个寨子里，我们团就被别司令的队伍包围了。原来，张军长向蒋介石报告了情况，蒋介石认为这是兵变，电令别司令武力阻拦。我们这时候跑了一夜，又渴又累，没

①关联资料：大概是端阳节前会师后不久召开军事会议，汤恩伯总司令宣布命令，免去贺将军12军军长职务，晋升为第28集团军副总司令；任命张军长为12军新任军长，两位军长不必办交接手续，可直接到职就任。贺军长仅带勤务兵、马夫、副官、卫士共4人到副总司令部就任，实际是被软禁。有一个加强排负责警卫，不得与外界联系。张军长到任后宣布部队整编命令，撤销军直辎重团、重炮团及各师战防炮连番号，同时撤换20师师长及两个团长，任命亲信为师、团长。接着营长、连长逐级撤换。这是国民党军队的惯例。紧接着又宣布整编期限和编后换防到湖北省巴东地区以及行军日期路线等。据说任务是“清剿”那里的共产党游击队。因此，部队思想很乱，开小差的连长、排长和士兵很多，部队大量减员。由此而产生了脱离一战区、反对汤恩伯、投靠第五战区、去找李宗仁司令长官的思潮。以81师师长葛开祥、22师师长及几个亲信团长、军直特务营庞营长为骨干，组织具体策划、指挥及付诸行动。得到第五战区许可，并指定到新野县境内待命后，决定行动日定在81师向巴东换防行军的最后一天下午。部队集中在大路旁边待命，由241团丁团长负责，以向老军长告别为由，请求面见贺军长。见面后，贺军长送出村口时，暗示马夫备好马匹，随后跟着到大路边看望部队。离开村子后，用担架抬上贺军长，向81师师部迅速前进，边走边向贺军长说明情况（因事先未通知贺军长）。营救贺军长成功后，由葛开祥师长统一命令向新野县进军，由庞营长通知军直属部队及八大处机关人员向新野县境内进军，并负责切断张军长对外的通信联络，只留几个病号士兵监视张军长行动。经过昼夜进军，第二天晚上到达新野县境内。当汤恩伯总司令得知消息时，部队已经离开镇平、邓县境内，到达目的地。部队共计有81师、22师两个师，4个独立营及军直机关部分人员。以后有亲贺派人员连续不断地到新野县来，大概到中秋节基本来完。各部队开始清查人员、马匹、武器弹药。呈报上级以后，长官部及重庆派人来检查清点，年底决定撤销第12军番号，第20师为第一战区独立师；22师为第五战区独立师，驻湖北光华县；第81师归第4集团军第68军建制。第4集团军原有第55军、第68军两个军4个师，总司令是刘汝明，与68军军长刘汝珍是亲兄弟。55军军长鲁福霖与总司令是儿女亲家，总司令部及军部驻防南阳。贺军长被任命为第五战区中将高参。（据《文安文史资料》第十辑《回忆抗战名将贺粹之》）

有一点抵抗力了，他们一打，我们没办法只好从寨南门向外跑。南门外有座桥，还有条寨河，别司令的人马在桥头架起了机枪射击，封锁了道路，我们团人马就这样被打得伤亡过半。我当时是副班长，我对剩下的人说："千万别从桥上过。"我冲出寨门，听见桥上机枪响得像刮大风一样，就顺着寨子向西走了五六十米，从那个地方过了寨河。过去后碰见班里一个山东的战友，我们俩一起又走到天黑，一路上连一个当官的也没碰见。我们俩一商量，决定脱离部队。

当天晚上，我们来到一个村子，给人家说些好话，叫开一户人家，那时候老百姓都稀罕枪，我们把枪给人家，换些便衣。这家人又暂时把我们藏在家里住了两天，临走又送我们50元盘缠，还给我们带路，一直送到唐县附近。到唐县后，我和山东战友也分开了，我暂时找到唐县战友李同家，正好村里有个从郾城过来布鸡娃儿（贩小鸡）的老头，他们的路条上本来开的是一行五人，老头的儿子临时有事没来，正好有个空额。经过李同父亲介绍，我随着他们的牛车，帮着拉稍（用绳子系在车上走在前面帮着拉车），一路上通过很多盘问检查，总算平安回到了老家。

战友的坟头一眼望不到边

马洁英，原名马兴武，男，1924 年 11 月生，河南濮阳县城关镇御井街人。1939 年参加国民党冀鲁豫边区抗战保安司令部所属的军人干校青年队，1940 年考入黄埔一分校第十八期，1942 年毕业后分配到国民革命军第 40 军 39 师 116 团 1 营 1 连任排长，在豫中会战中负伤，后转入第 68 军任排长，1949 年遣散回乡务农。

我们这个御井街过去叫马家口，住的都是姓马的人家，我过去名叫马兴武。1939年，我15岁，中学也毕业了，那时个子长得高，就和同村同学一起报名参加了冀鲁豫边区抗战保安司令部所属的军人干校青年队，司令员是丁树本。后来随着部队到了洛阳。1940年，又在洛阳顺利考上了黄埔军校一分校第十八期，我学的是步科，属于独立第2大队，在洛阳。当时还有个直属大队，是在汉中。记得我们的教育主任是吴斌，他是一分校第一期的学生。

两年后毕业，分配到国民革命军第40军39师116团1连任排长。1944年日寇进攻洛阳、灵宝、卢氏，在洛阳西边陕县有个大营车站（今三门峡市陕州区大营镇），附近有个杨家湾（音），我们部队在大营车站、杨家湾、常家湾（音）一带与日军展开激烈战斗。当时部队用的是美式冲锋枪，因为是山地，敌人的大炮进不了阵地，发挥不了作用，往往一个山头会跟鬼子反复争夺几次，双方伤亡都很大。洛阳市里的市民与中学学生也加入了支援前线的队伍，送饭送水、抬担架、救伤兵、运送弹药。在攻打卢氏县城时，洛阳100多名学生来支援，却遭遇了日军伏击，惨无人性的鬼子对手无寸铁、十几岁的学生们大肆屠杀扫射。当部队赶到时，只见卢氏城外的护城河里漂满了学生们的尸体，河里的水也被学生们的鲜血染红了。

学生们的牺牲更激起了战士们对鬼子的仇恨，经过两个多月无数次残酷的战斗大家都杀红了眼，我们排里也几次补充人员。眼看着战友们一个个倒下，身边就是鬼子与战友们的尸体，那时候已没有了生死的概念，就是发疯了一样地打。在杨家湾攻打一个山头时，我正在来来回回指挥我们排作战，敌人发现我是军官，一个狡猾的鬼子藏在树上向我开枪，子弹打中了我的腿，我腿一弯就不能动了，又从山坡上滚落到山沟里昏死过去。来支援前线的洛阳百姓发现了我。他们用门板把我抬出山沟，送到了西安陆军医院，我们部队过去在杨家湾这一带驻过，有些老百姓认识我，是那些不知名的洛阳百姓救了我一条命。

西安陆军医院的女医生们胆子很大，锯胳膊锯腿开膛做手术都是她们。当时伤兵太多，又缺少急救药物，大批伤兵死亡。当时天热，我睡在病房门口，死掉的伤员从我面前被抬出去，不一会儿就抬出去一个，都埋在医院后面八仙庵那一大片开阔的山坡上，坟头一个挨着一个，连成了片，一眼望不到边。我原想这坟头也有我一份，没想到最后还是治好了，又活了下来。

在医院里，我听到了抗战胜利的消息。我急着回家，就和部队一起到了开封，在开封遇到了我刚参军时的司令丁树本，丁司令让我留下来跟他干，并许诺我当副团长。后来，没想到在与八路军遭遇战的阵地上看到了我哥，我对司令说，我哥哥现在就在八路军阵地，我们哥俩怎么打仗？这不合天理人伦！因为这，我到了68军119师356团5连任排长，一直转战到福建厦门。68军大多数官兵被俘遣散，我历尽千辛万苦从厦门回到了濮阳老家。回到老家，当地政府让我写悔过书，我没写，我说我十几岁去当兵，负伤致残，为的是打鬼子报效国家，何来悔过？好在我那当八路军的哥哥为我担保，写悔过书的事也就不了了之。

昏迷后，战友差点把我埋掉

张东升，男，当兵时用名张玉山，1925年生，祖籍河南开封包公祠街，现居许昌市。1940年在河南省保安司令部当勤务兵，1941年到1944年在国民革命军第85军新1师1团团部特务排任传令兵、中士班长、代理排长。

我老家原是开封城里包公祠街上的，6岁那年跟着父母逃荒来到许昌，在许昌落了户。

不足15岁，我就出去当兵了。最早在河南省保安司令部保安处当兵，记得保安处处长叫罗镇（音），地点在洛阳傅家屯（音）。因为年龄小，给排长梁金生当勤务兵，前后干了有一年多时间，主要任务是帮他太太照看两岁的小女儿。小孩一哭，排长太太就说我虐待她，排长就打我，皮带都打断了。

16岁那年，我不愿再受梁排长的气，就跑到洛阳西工投靠一个在那里当兵的老乡，老乡劝我回老家算了。就在回家的路上，我又遇到85军新1师的一个连长，他叫傅红印（音），当时正骑着自行车在洛阳桥上过，我主动上前给他敬了个礼，说："报告连长，你要不要兵？"他看我衣服上有部队番号，就说："你跟我走吧。"他们部队驻扎在洛阳城外20多里的白村，傅连长骑着车，我跟在后面跑，他骑一段就停下等我一会儿，生怕我又不去了。到驻地，部队士兵们正在操场上活动，看到我就说："快看，连长带个小鬼回来了。"

就这样，我跟着傅连长当了传令兵。我能吃苦，又勤快，平时帮他打水铺床，连长对我也不错。1942年下半年，连长送我到85军军部军士队，在临汝县（今汝州市）学习了一年时间。1943年下半年我毕业后被重新分配到85军新1师1团团部特务排当中士班长，后来85军番号改为89军，其他的都没有变。我们军长是吴绍周[①]，师长姓黄，团长叫周公鄂（音）。

1944年接着就在郑州和老日打仗，在郑州就打了三次，在中牟县还拼了刺刀。日军在中牟县内，我们在城外1公里，双方相持。敌人夜里打探照灯，我们也打探照灯。一天夜里2点多的时候，敌人一个排的兵力过来突袭。听见枪响，连长马上吹哨子，我们刚起来，敌人就到跟前了。混战中，我和4个战友对3个日本兵拼刺刀，其中有个战友叫胡金全，他个子大，先刺倒一个敌人。我们看到他刺死了敌人，就更有勇气了，我也刺死一个敌人，最后胡金全又刺死了一个，我们又把敌人3具尸体投到一个干井里。早上5点，敌人退回去了。清理战场时统计了一下，打死敌人20个，我们共牺牲17个人。

我们在中牟和敌人相持了三个月时间。战斗紧张，当兵的真吃苦啊，睡觉不敢脱衣服，身上生了虱子。在叶县连村驻扎时部队集体洗澡，把衣服集中起来放大蒸笼里蒸，用这个方法灭虱。当兵的常睡在湿地上，身上生疥疮，痒得难受，有时就用做饭后的余火烤烤止痒。

增援部队到达后，我们收复了中牟县，随后上级又把我们调到漯河与日军作战。[②]

---

①吴绍周（1902—1966）：字子斌，贵州天柱县瓮洞镇克寨村人，苗族，中央军校高等教育班第五期毕业，后任国民革命军第12兵团中将副司令官兼第85军军长。民国33年（1944）2月间，吴军参加中原大会战，在郑州与日寇激战七昼夜后，出奇兵追击，转战荥阳、登封、临汝、嵩县、洛阳一带，同日寇进行争夺战，在给洛阳解围战斗中，给敌以重创。9月，吴军开赴河南嵩县休整。（据苗族联盟网《抗日名将吴绍周》）

②关联资料：1944年5月2日，日军在攻陷了临颍县城后，漯河保卫战打响了。从临颍抵达郾城小商桥的日军，为进攻漯河，采取包围战略。当时驻防漯河的是国军第一战区第15集团军89军新编第1师、骑兵第2军第3师。为抗击日军进犯，国军在沙河两岸自东向西修筑了数里长的防线。沙河北岸从后周、张胡魏、李盘庄、小高庄、石槽赵、刘窑、白庙到五里岗等村，挖的是壕沟和掩护工事，沙南亦如此。国军还在干河陈、翟庄、黄庄设立哨所，以观察日军动静。5月2日，当日军进至离漯河30里的勒桥村时，受到国军骑3师第8、9团的侧面围攻。经过4个多小时的激战，国军伤亡连以下官兵43名，后终因日军大量增援，该两团一面向大新店东北地区转进，一面继续抗击日军。同日，日军中路主力猛向五里庙、五里岗一带进攻，新1师猛烈还击，日军没有得逞。89军特务营、工兵营还在黑龙潭、十五里店与另外两路日军激战彻夜，粉碎了他们企图强渡沙河的阴谋。5月3日凌晨，日军继续向五里庙、郾城县城猛攻，国军新1师顽强抵抗，战斗打得非常惨烈。鏖战一天，国军以牺牲3团3营之一连全体官兵的惨重代价迫使日军未能前进一步。日军受阻，犹如热锅上的蚂蚁，当夜急派援军增援东西两路。5月4日，日军仍向郾城县城猛攻。为保卫漯河，新1师第3团中校副团长周希仁指挥该师加强营及军部特务、工兵两营向行进到阴阳赵的日军进攻，骑3师向十五里店的日军攻击并截其后援。战至5日拂晓，由于日军继续增援，国军不得不后撤。是役，周希仁阵亡。5月5日，日军攻破五里庙，沙河北岸的国民党阵地已溃，急忙渡河南撤，但只撤走一部分，南岸日军发现此情况后，调兵阻击，另一些人则在日军重火力南北夹击下殉国。驻扎在前周村的一个连，为掩护南撤也大部分被日军射死在麦地里。同日，沙河南岸绕行的日军占领了夹河里和紧围漯河镇的干河陈、阎庄、大荆庄、大塘、冯庄等村庄。下午1时侵占郾城，突入漯河。（据《追忆漯河抗日保卫战》）

在漯河五里庙（漯河市郾城区五里庙村）战斗中，我们排长牺牲了，我被任命为代理排长，我那时才19岁，一下子管三个班，压力就大了。五里庙战斗的第二天，日军接着就进攻漯河，在郾城外围，日军骑兵向我们阵地冲过来，我带着全排士兵守在战壕里，身上4颗手榴弹都扔完了，我对机枪手说："把机枪给我。"我用机枪扫射了一阵，敌人还是没退，我们阵地几个当兵的有点怕了，我大声喊道："谁敢退我打死谁！"这样大家坚持了下去。敌人上来一次被打下去一次，反复拉锯几次，没过多长时间，有个当兵的对我说："排长，你受伤了！"我这才发现后腰部不知什么时候被子弹打穿了，血已经从腰部流到了脚后跟上。这时，敌人又派飞机过来扫射，飞机压得很低，能看见飞机上的敌人。下面敌人骑兵还在不住地往上攻，没办法，我下令撤退。我撤到郾城外牛行街附近，这里有一个寨子，寨外有条寨河，寨河上架有浮桥，我捂着伤口往浮桥方向走。正在这时，遇到军士队一个同学，他对我大叫："张玉山，不好，往南走。"我一下子明白，原来那里有督战队，谁从那里走就会被打死。我就趟着河向南走了几十米，到了寨墙根下，寨墙上兄弟部队的士兵看我受了伤，就解下绑腿布把我拉上了寨墙。寨内有一个团的兵力，伤员不断地被抬进寨里。有个当官的说："伤员都向上蔡县转移。"我们伤员队按要求先到漯河50里外的五沟营聚齐，再往上蔡去。

这次战斗持续有半个月时间。我们部队最好的武器就是迫击炮和重机枪，除此之外没有别的重武器，敌人有飞机、大炮、坦克和骑兵。我们一个团伤亡约有两个营，敌人伤亡也很多，其中很多是被我们埋的地雷炸死的。漯河战斗前我们特务排和工兵一起在主要路口埋了大量的地雷。

在去五沟营的半路上，因流血过多，再加上天热，我就昏迷过去，不省人事了。同行的七八个战友以为我死了，就到附近村子找到钉耙、铁锨，挖了个土坑，准备把我埋掉。挖土坑的过程中，有的战友说挖得不够深，有的说没力气再挖了，差不多了，争吵中有个战友把铁锨"当"的一声扔在石头上，我一下子被惊醒了。战友们赶忙把我扶起来，从水坑里舀来一碗水让我喝。就这样，我又坚持着走到五沟营集结地。我们周团长已先一步到了吴沟营。周团长说："同志们，上级指示，伤员先到上蔡县去，随后再转到信阳的商城和固始，咱们部队要开到南阳。你们要保重身体，安心养伤。"

伤兵队又走了几十里到了上蔡县，可上蔡县政府的人不露面不接待，伤兵们气极了，用机关枪对着县政府打了一梭子，县政府的秘书马上跑出来解释道歉，又把我们安排到县城里一个天主教堂大院里住下。这里有个教会医院，可以给伤员们换药治疗。

伤兵队有89个人，我虽然年轻，但身强体壮有魄力，敢管事，自然而然地成了伤兵们的临时负责人。我把大家组织起来，讲讲话，要求大家暂时安安生生地住下，等待县里安排担架送我们去信阳的商城、固始。同时规定凡离开教堂庙院到街上去，必须经过我的批准。

伤兵们都是死里逃生的人，有些不在乎，不好管理。刚去时秩序很乱，有个四川伤兵调皮捣蛋，到街上惹是生非，有个女的来告他的状，我让她当面指认。她认出了这个四川兵后，我组织大家开会，事先就给4个大个子兵交代好了，4个大个子把他按在地上，用军棍责打，打得他嗷嗷直叫，又认错又求情。事后，我看他屁股也被打烂了，又找些鸡蛋清给他糊糊。还有个叶县的兵，胳膊几乎被砍断，打着石膏，生活不能自理，我就给他喂饭，也感动了大家。后来，伤兵们纪律就好起来，平平安安在天主教堂住了十几天。

教堂里有7个意大利人、2个美国人，还有几个中国人。有个白修士，是四十多岁的意大利人，会说中国话。有一天，白修士私下对我说："玉山啊，今天晚上担架队就要把伤员往商城、固始送了，我们和县政府说好了，觉得你很能干，想请你一个人留下来继续在天主教堂医院养伤。"我说："那好啊。"这样，我就留下了。

十多天后，日本人到了上蔡县。教堂在外面挂起了意大利国旗，有上千的群众躲进教堂避难，教堂每天分给每人两个馍，大家吃住都在教堂里。我在教堂大门口支了个床，睡在那里看门。这天日本人进教堂检查，发现我身上有伤，就对我说："什么人？"有个叫拉德的会友忙说："他是我们的会友，这伤是被国民党打的。"日本人相信了，说："大大的好。"还给我一些黄碘药。半月后，日本人退出了上蔡。上蔡县产桃子，这年桃子收获时，百姓给教堂送来很多桃子表示感谢，那年我真没少吃桃。

我的伤口长得很快，白修士却说："你的伤口不必长得太快，里面的碎骨还多着呢。"白修士还把我的伤口割开，用一尺长的铁丝往里面换药。每次换药前，教会医院一个二十多岁的女护士就端来一瓶止痛水让我喝，喝下换药时就不痛了。

时间长了，我的伤慢慢好起来。白修士叫我适当活动活动，顺便把教堂的6只羊带到南关放一放。一天，我放羊时遇上几个推小车贩绿豆的人，一问是许昌碾儿上过来的，离我家很近。我当兵四五年没回过家，很想跟着他们一起回家看看。晚上回来和白修士说明了情况，白修士再三挽留，最后还是同意了，还给了我10块大洋做路费。第二天，我跟推小车的一起回到许昌家里。回家后我继续找中医治疗，不久，伤口完全长好了。

在教堂养伤期间，我把在郑州、中牟战斗得的军功奖章还有军士队学习的毕业证章都藏在教堂的一个房檐下了。伤愈后我回到教堂看望白修士，想顺便找回我的东西，可惜教堂扩建时那个房子已经拆掉了，东西也找不到了。

那时候我父亲在许昌开了家饭店，还经营着一个架子车行，帮人联系运货，收个手续费，我平时帮父亲开货单。有个扶沟人，名叫韩树功，大家都叫他韩老三，他住我们家店里拉车有三四年时间，我平时叫他三叔，解放后才知道他是共产党的地下党。韩树功当年拉架子车运货只是做掩护，实际上他是在这一带搞地下工作，并不是真心干活。我父亲给他派活儿，不想去的地方他总是说身体不好，推辞不去。禹县、襄县、南阳的活儿，他都推辞不去；一说漯河、舞阳有活，他就抢着去，因为那里有他们的人。他曾约我一起到襄县贩碗，到潢川贩鸭蛋，路上他用自行车套个架子车，被地方上的人拦住要罚款五毛钱，我对他说：“三叔，强龙不压地头蛇，要几毛钱给他算了。”他说：“哼，以后有他好受的。”还有一次，我们三个人跟他一起到杞县用碗换鸭蛋，住在一个杂货店里。晚上他说要去找朋友，一个人走了，到半夜警察局来人把我们三个都带走了，盘问我们是不是地下党。我后来用身上带的三块大洋贿赂了看守，又找杂货店老板取了保，才被放出来。韩树功回来后又托人花钱把另外两个人弄了出来。

许昌解放前一个月，韩树功说有事离开了。许昌解放时，火车站那边还在打着仗，我在人群里看到韩树功带着4个人，穿着灰大衣军装，那时候他在扶沟某部当政委。我叫了一声：“三叔。”他一看是我，就说：“去找个锣，咱们去李少卿家分东西！”李少卿是本地的一个财东，外号“皮笊篱”，比较小气，光进不出。那次，李少卿家的东西都被分完了，后来李少卿也被枪毙了。

韩树功随部队驻在许昌土城街，他叫我到他部队上去，我奶奶死活都不让我再去当兵，奶奶把我藏了起来，这才没再出去。

我经历的许昌保卫战

赵百廉，男，1925年9月生，河南睢县西陵镇北村人。1942年参加国民革命军第15军新编29师，曾参加许昌保卫战，1944年在西安战时干部训练团学习，毕业后分配到第25军108师任连指导员。1949年起义后返乡，先后任教师和银行职员。

先说说我的父亲和大哥。

我父亲名叫赵魏青，字金门，号垚则，河南睢县西陵镇人，1887年生，早年在杞县裴村店胡举人门下读私塾，1907年考入河南第一所公立法政高校——河南法政学堂，同年加入同盟会，后任汤阴县县长，成为民国的第一任汤阴县县长。在汤阴，父亲第一个免用大板、枷锁等刑具，免叫大老爷，谁叫大老爷就罚劳役三天。父亲一生追求平等、民主、自由。有一次回乡探家，我母亲见他身穿皮大衣，就问他从哪里来的，他说干儿子给的，我母亲说：咋不给我送？你是不是做了坏良心的事，为人家办什么事才送给你的？母亲还说当官没有不贪的，没有不坏良心的，这官往后别干了，干点别的。从那以后，父亲就辞了官，回到他的母校——河南法政专门学校教书。1920年父亲在河南高级法庭做辩护律师，研究了大量的西方法律，他对希特勒杀害犹太人、日本人在中国东北的暴行非常愤怒，经常讲日本和德国是违犯国际法的，但归根到底还是国弱民被欺，经常教育我们兄弟要为强国、卫国而努力。

1935年，父亲因眼睛不好回家休养。他利用各种关系，筹资在家乡办起一所洋学校，并亲自教学。1937年全面抗战爆发，他和其他知识分子一样，关心着祖国命运，积极宣传抗日思想。我叔父赵金堂跟着傅作义在绥远抗战，在百灵庙战役中牺牲了。父亲当时有个义子叫张永清，在29军当连长。永清哥回乡探亲时向父亲介绍前方抗战形势，说很可能要在山东一带打一场大仗，有意把两位干弟弟带走参军。父亲当即表示让大哥赵百祥、二哥赵百序随永清哥参军，又动员了孙景明、孙文芳、单德修等20多个学生同时参军。临走，他对两个哥哥说：

“在家等着让日本人杀死，不如上战场先杀死日本人，把他们赶出中国。到战场上要记住，狭路相逢勇者胜。”

大哥赵百祥个头高，自幼跟随永清哥练武，练了一手好枪法，能枪举鸟落，在学校文才也好，又写得一手好字，性情好强。大哥参军后被编入59军，1941年家乡沦陷前他一共写过三封信，沦陷后就没有书信了。第一封信说了在部队安置情况，说他临走时我正在睡觉，没有打扰我，请我不要难过。第二封信是1938年，他说他在徐州军部任文职，说很快就要转移离开徐州，战事吃紧，安顿下来以后再往家去信。第三封信是1940年春天，他说在湖北跟随在张自忠将军身边。

大哥从1940年后再无音讯了，家里留下我大嫂独自一人，终身未再嫁。孙景明在枣宜会战结束后回到家，他说大哥一直跟随张自忠，是张自忠的随从副官。张自忠在湖北宜城县方家集南瓜店阵亡，大哥同时阵亡的可能性非常大。解放后据河南睢县人王德修回忆，他也听说我大哥随张自忠将军阵亡了。王德修曾在37师跟着吉星文当警卫。

1942年，父亲对我说：“你大哥牺牲了，国亡家何在？老家也沦陷了，宁作刀下鬼，不作亡国奴。你已经18岁了，也不小了，你也参军去吧！”

按照父亲的要求，我到许昌当了兵，分配到第15军29师补充团第1连，师长吕公良[①]，是浙江人。

吕公良将军（图片来源：开化新闻网）

1944年，日军为了打通平汉线和武汉相通，对河南发动了大规模进攻，占领了黄河铁桥，接着进攻郑州，占领郑州后又进攻许昌，蒋介石下令叫“死守许昌”。

许昌保卫战是中原会战的组成部分。许昌是平汉线的重镇，也是日军的战略重点，镇守许昌的正是吕公良的29师。

那时我刚读完高级师范，对外围战况知道得很少，也没有作战经验。日军进攻许昌前两天，师长吕公良和许昌地方官员一起在许昌打蛋厂进行战前动员。这个打蛋厂很大，是外国人办的，主要从事收购鸡蛋再加工，光鸡蛋壳子就有几个窑堆那么多。师长站在高处演讲，号召全体许昌军民共同抵抗日军，要与许昌共存亡。吕师长讲：

①吕公良（1903—1944）：浙江开化华埠人，毕业于黄埔军校，历任排长、连长、参谋长、中将师长。1936年北上抗日，参加台儿庄等一系列举世闻名的战役，立下赫赫战功。1944年在保卫河南许昌时，他与全体官兵誓死守卫，终因寡不敌众，不幸壮烈殉国，终年42岁，后被追认为上将。1986年，民政部为吕公良将军颁布“革命烈士”称号。（据百度百科）

“日本大兵压境，许昌必有一场苦战。我们身为军人，守土有责，誓与许昌共存亡。城存予存，城亡予亡！同志们愿意不愿意？”说完，吕师长先举手宣誓，大家也都跟着举手宣誓。他声音很大，也很激动，嗓子都有点哑了，有时愤怒得要跳起来，那么多人的场面静得一点杂音都没有。

当时许昌方圆不过1公里，我们只有一个师的兵力，日军的兵力比我们多得多，而且还有飞机、大炮，我们连汽车都没有，吕师长还是骑的马。当时许昌根本没有城墙可守，明知道敌人会对城区进行轰炸，百姓早就逃走了，许昌成了一座空城。我们部队在城外十几里的外围开挖战壕和交通沟，上面架上道轨做成工事。战前，非战斗人员都撤向叶县13军防区。

当时我经过短暂训练就编入了部队。有个军官看我还穿着学生服，就对一个老兵说：“带好这个学生兵娃，以后我们很有用。”这位老兵好像是一个小官，身边有十多个人，我就跟着这位老兵大叔寸步不离。

战斗开始的前些天，日军的飞机就对许昌进行了多次轰炸，既破坏我们一些目标，又对我们心理上产生压力。我是第二天随着部队进入东南郊区外围阵地的。天一亮，阵地就被炸得不像样子了，工事没有了，到处坑洼不平，漆黑一片，焦土和烟雾中夹杂着火药气味。

刚稳定一会儿，日军又向我们阵地炮击，炸得没地方躲身。一发炮弹在我跟前炸响，把我炸翻在地，老兵大叔拉住我跳进弹坑，一会儿又把我拉出去。后来我才懂得大炮震幅与炮弹震距的原理。随后又听见日本人的枪响，因为火力太猛，我们根本存不住身，没有还击的机会。我们只好撤回城区阵地，那里有隐身工事，这才开始还击。敌人又向我们城区阵地开炮，并出动了坦克，随后大批日军攻城，我们利用各种建筑工事抵抗。

日军在坦克掩护下很快就攻进城区，我们展开了巷战，打死很多日军。有的日军硬着头皮向我们的火力点冲，我们的机枪、手榴弹发挥了优势作用，打得日军尸体成片成堆，我们的士气也旺盛起来，但是机枪只要响得时间长了，敌人的迫击炮就要打过来，哪里的火力点强哪里就要挨炮，我们不得不撤退、散开打。敌人就这样一步一步地争夺阵地，我们只能退着打着。

战斗最激烈的时候是在午后，真正的交手战、白刃战开始了，队伍也打乱了，有些敌人也冲进了我们阵地。那天虽然是晴天，却昏黄一片，看不见日头。天气虽然不是很热，但我感觉身上出的都是冷汗，到处打呀、杀呀，到处是战火、浓烟，真是惨烈！那时我才知道什么叫“硝烟弥漫的战场”。记得我十四五岁时，曾经和家乡地方游击队打过日军一个小分队，袭击汉奸据点，觉着很解气，两次一比，感觉这一次才是真正的战斗。

那一天也没吃也没喝，两眼凝视着四方，真是一眨眼就可能被打死，最后直打得双方衣服都变成黑的，在尘土和烟尘中也分不清敌我。老兵大叔几次捺下我的头躲开机枪子弹，他对我说：“挺着身子、身上有发光点的可能是日本人，看到你就打，不要离得太远，远了打不住。打完就躲，尽量不和他们拼刺刀，没有子弹了就从死人身上拿枪，从死人身上摸子弹。”

到了下午双方都筋疲力尽了。我紧紧跟着老兵大叔，想在一个高墙下停一下，这时候一辆坦克车不知道什么原因在我们附近停了下来，从里面爬出来一个日本兵，吼叫着向我刺来，我的右手被刺破一个大口子，这时听见老兵大叔喊：“开枪！”同时他也向日本兵刺去，刺中了日本兵的左臂。这时，我也本能地开了枪，日本兵倒下了。这时，从坦克车里又钻出来两个日本兵，我们连忙跳进战壕，沿着交通壕向许昌西南方向跑。到黄昏，渐渐枪声少了，天上划出几道光线，大叔说是信号弹，有个当官的挥手让我们跟着他向发信号弹的方向撤退。大叔对那个当官的说：“让这个学生兵护着伤员撤退吧。”那个当官的看看我说：“行吧。”我就不情愿地和老兵大叔分开了。最后一直跑到椹涧乡，记得这是二十四孝里的蔡顺拾桑椹的地方。到椹涧后，找到后方医院包扎了伤口，又随着12军、13军的零散部队向襄县、南阳转移。

从那以后我再也没见到过那位大叔，在以后的战斗中我时常想起他，在我心目中他是抗日英雄，打死了那么多日本兵，还救过我几次，他的英勇一直激励着我。

许昌保卫战先后打了不到三天时间，敌众我寡，牺牲惨重，后来才知道师长吕公良突围时在城北苏桥镇一带牺牲了，两天后才找到他的遗体。许昌保卫战我们输的不是意志，输的是武器落后和没有外援。当时叶县的13军西保洛阳，南保南阳，未发一兵增援。

在南阳养伤期间，我和部队失去了联系。伤好后，我又来到西安，投考西安“战时干部训练团”。这个团属于战干第四团第十期，设在西安小南门外的东北大学旧址，团长是蒋介石，胡宗南任副团长，葛武綮是教育长，学校管理主要是由葛武綮负责。我在战干团学习期间，洛阳、潼关形势吃紧，学习时间缩短为几个月，毕业之后就分配到25军108师当连指导员，发了一支四川造的中正式步枪。25军108师原来是张学良的东北军，平时总讲“不成功便成仁，杀回长白山去”。

后来，我随108师开到江西，在上饶和日军又打了一仗，打得也很激烈，我参加破坏浙赣铁路、截击日本火车等战斗，这次战斗后不久，日本就无条件投降了。

抗战期间，家乡是沦陷区，日本人请我父亲出面议事，被我父亲拒绝，他还拒绝教学，常常闭门不出，有时装病卧床不起。日本人见他年老多病，对他放松了监视。

当时我家是富裕文人家庭，社会关系多，来投靠父亲的人也多。父亲首先要求他们不能与日本人、汉奸有牵连。在他的感染下，好多晚辈成为国家有用之才，有的成了将军，有的是共产党高干，有的为国捐躯。由于长期操劳，父亲积劳成疾，眼睛也看不见了。感到自己的日子不多了，父亲常念叨还在战场上抗日杀敌的三个儿子。临终前，永清哥一直守在旁边。1945年2月的一天，父亲对永清哥说："我不能死在床上。"就试着去担水，担起水来走了30多步，还高兴地说："我还能担水！"谁知他放下担子还没有走进屋里就不行了，终年58岁。父亲是法律界知名人士、老同盟会会员，乡里隆重悼念他，好友吴芝圃通过共产党组织捎信代表共产党新四军表示慰问，国民党省党部书记通过国民党组织捎信代表国民党省党部表示哀悼。

父亲去世前总在忧虑什么时候才能打败日本，好早点见上我一面。临死前，父亲嘱咐家人，一定要等我当兵回来再下葬。就这样，家里人把我父亲堂葬（"暂厝"的意思）在家里，一直等到我回去才入土为安。

第二天团长喊也喊不醒

寇杏林，男，1922年农历九月十六生，河南西平县环城乡李庄杜村人。1940年参加国民革命军第13军暂3旅，历任班长、少尉排长，抗战结束后返乡务农。

民国29年，13军来家乡征兵，我是第一批自愿报名当兵的。当上新兵后随部队来到洛阳南边的关帝冢训练。当时13军的军事教育训练太差，部队从新兵中挑选个子高、身体素质好的二三百人，成立一个军事大队，分成两个中队，大队长是毛书义（音），一中队队长是王建云（音）。我被挑选进了军事大队，在洛阳练立正稍息，在郏县练越野打伏，阴历年前又调到郑州在黄河南岸挖战沟，修工事。这些工程费劲老大，战沟挖1米5深，工事是钢筋水泥的，一排连着一排，一个挨着一个。六个月后，军事队队员逐人考试过关，师部观看后觉得还是不行，又延长学习了一个多月时间才毕业，学员毕业后分下去当班长。

当时13军有三个师，另外在豫东还有暂3旅，副师长王紫玉（音）受派去当旅长。临走，他要从军事队学员中带80个人一同过去，就这样，我被分配到了暂3旅。当时这个旅有三个团，一个团需要20个班长，共需要60个班长，我分到第1团第1营第1连当班长。团长复姓东门名梅花荣（音），营长是曾国斌（音），连长叫郑健（音）。暂3旅在豫东尉氏、扶沟两个县驻扎训练并维持地方治安。

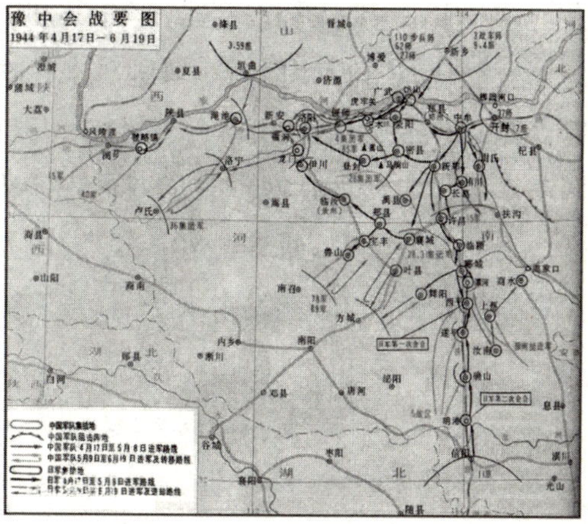

豫中会战要图

我当班长的同时还管着机枪，当兵几年都没离开过机枪，还配了一个副手，行军时我扛枪，他扛预备枪管和四个备用弹夹，还专门给我们俩一人一个垫肩垫着。

那时国家穷，当兵的冬天发半截棉裤，连膝盖都盖不住，下面只能用绑腿布裹住，当兵的睡的是麦秸炕，冬天被子不够用，一半人发大衣，一半人发被子，要大衣就没被子，那被子宽不到一米，蜷着腿都盖不住，我就要了大衣，因为晚上站岗可以穿，要被子咋弄啊。

民国33年，旅长换成李全（音）。快收麦时，夜里12点接到命令，说老日要渡黄河，部队集合后开到中牟县和13军其他几个师一起守黄河南岸阵地。当时33集团军总司令是汤恩伯，13军军长是张雪中。部队在黄河桥头挖了四五米深的战沟，阻挡敌人坦克。我们进入工事不到三天，就开始交火作战，一直打了二十多天。起先老日是用小股部队打，我们还能打个平手，后来听说日本人和苏联达成协议，把东北的部队调到黄河这边来了。敌人轻重武器齐全，飞机、坦克、大炮、机枪都用上了，阵地越来越吃紧。天一亮，敌人的飞机就过来轰炸，一小队3架飞机，一来就是9架，顺着我们阵地从东头飞到西头，再从西头飞到东头，看见人少就扫射，看见人多就丢炸弹轰炸，连送饭的也不放过，打得当兵的没办法抬头，饭也送不上来，部队每天只能吃上一顿饭。

守黄河的部队光我知道的就有胡宗南、汤恩伯、陈大庆等好几个集团军，但当时名义上的一个师、一个团，其实都缺编。抗战打到此时，国家困难，供应和武器都跟不上。那天夜里，打得最紧的时候，敌人的轻重机枪、山炮、榴弹炮一齐打，照明弹把部队照得一清二楚，在炮火掩护下，日本人趁机乘橡皮船渡黄河向南岸攻来，随后，坦克车从黄河桥上也过来了，硬是把黄河防线撕开了一个口子。①

团长下了命令叫死守，任何人没有命令擅自撤退一律枪毙，还成立了督战队，当官的带着卫队掂着手枪，在后面流动执法，看到谁退却就枪毙。仗打得真惨哪！后来部队实在抵不住了，团长下命令叫慢慢撤，不能跑，要用机枪轮流掩护着一点点撤。我们一个班一挺轻机枪，排长身负重伤，不能指挥，营长命令我临时代理排长，营长说：“你给我把机枪保住，人在枪在，丢了枪就枪毙！”我带着预备手张泽兵和一挺轻机枪在后面用火力压制敌人，掩护着部队撤退。等都退得没什么人了，我们俩才撤。我提着机枪把手刚起身，张泽兵大声提醒我：“有老日！”我一转脸，看见一个老日手里掂着马刀冲了上来，离我只有两三步远，我顺手

---

①关联资料：豫中会战中方兵力，按时任军委会副参谋总长的白崇禧的说法，第一战区和其他战区支援部队共“步兵五十三个师，骑兵三个师，共约二十八万人左右”（见《原国民党将领抗日战争亲历记之中原抗战》）。日军战史《河南会战》估计中方兵力为35万—40万人。中方武器装备方面，按王辅《日军侵华战争》中日军的观感，中国军队轻武器较足，但支援火力以迫击炮为主，缺乏重火炮等重火力，尤其缺乏反坦克武器。空军方面，中方因缺油等问题，出动飞机仅400架次。

扣了一下扳机，幸好里面还有子弹，打出来三发子弹把那个老日打死了。后来想想，要是再慢一点，要是枪里没子弹，我这命也就搁那儿了，也就见不到俺娘了。

就在更多的敌人就要攻上来的时候，偏偏老天突然下起了瓢泼大雨，淋得人睁不开眼睛。我们俩扛着机枪、备用管和弹夹，在泥地上跑起来更困难，鞋和袜子都跑掉了。大部队向南撤去了，我们就决定先往东跑，这样目标小，可以摆脱敌人的追赶。夜里又和部队会合，一直撤了80里地，到河南和安徽交界的临泉县一个地方，老百姓家的大门都上得紧紧的，官兵们浑身湿透，激战几天几夜都没睡了，躺在地上就睡着了，村镇街道两边躺的到处都是人，第二天团长喊也喊不醒，当兵受的那罪真是没法说。一直到下午，觉睡得差不多了，当兵的又被饿醒了，吹号集合，点点人数，三个团只剩一个团零一个营的人了。此后敌人的机械化部队沿着平汉铁路一直进攻到许昌、漯河、驻马店、信阳。

我们在此停留一个多月，接到命令，部队向南阳撤退。先派出便衣到平汉铁路侦察情况，在遂平附近找到一个安全空隙，部队乘机通过平汉线，到达南阳北边一带休整。后来旅长被撤了职，并给了个记大过的处分，第3团的杨团长被撤职，人员合到刘子奇的第66师，团长由司英志（音）接替。因为我在撤退过程中掩护得多，其他人的机枪都丢了，我到最后枪也没丢，所以正式被任命为排长。部队开到嵩县城外伏牛山区，嵩县县城里驻有一队日军，我们在城外东西方向设条防线，阻止敌人从这里进攻南阳。

豫中会战中的中国军队（图片来源：天骄亮剑军事网）

1945年8月日本投降，到阴历年前，部队调回郑州、新乡待命。过完年，接到命令，番号为“新编”“暂编”的部队一律撤销，士兵被带走改编，大小军官一律住进新乡的一个招待所，编成军官队。河北高树勋的军官队人数最多，每天开会，做思想工作，叫大家不要灰心，说你们都为抗日出了力，将来还会给你们待遇和奖励，但现在还不能放你们回去。1946年3月份，军官队又被调到江苏镇江，住在教育厅大院里集中训练，每天还是开会，做思想工作，别的没事干。到年底，上面征求个人意愿，分配到当地各县的公安、税务等部门就业。我选择了到公安部门工作。接到委任状后，要求一个月内报到。我先回到老家，看到家里人死的死、病的病，连庄稼也种不成了，从那以后就留在家里，没有再回江苏报到。

七、日落西山

小号兵冒险夺枪

金鉴，1928年生，洛阳伊川高山镇坡头村人，1942年参加独立第5旅，参加过灵宝战役、西峡口战役，1948年归入解放军第18兵团，在西北军政大学学习9个月，后返乡务农，曾在甘肃八冶工作，因历史问题下放回乡。

我属龙，小时候在家乡上学到完小毕业。1942年河南灾荒，家里穷，不能继续上学了。有一次，我在地里割草，一头牛自己摔坏了腿，牛主人硬说是我弄伤了他家的牛，还把我抓到联保所审问。我不想在家里受窝囊气，不到15岁我就一个人跑出去当兵了。

我当时跑到洛阳，那里有个独立第5旅，直属第一战区长官部，旅长叫马雄飞。一开始他们嫌我年纪小，不要我，我急哭了，这才把我收下。我被编到独立第5旅614团3营8连，后来独4旅和独5旅合编为暂编第4师，我编在1团3营8连。暂4师后改为暂编第4军，1945年在西峡口（今河南西峡县）作战时又改编为第27军，军长是谢辅三①，师长是马雄飞，部队还是原来的，只是部队番号变了。

1944年日军进攻洛阳，敌人由中牟县过黄河。我们在离洛阳30里的龙门口阻击敌人，敌人先头部队是战车加骑兵开道，来势凶猛，我们只有步兵，实力差别太大。敌人分两路向西进攻，一路向嵩县，一路向卢氏。我们部队哪里吃紧就派到哪里作战，曾由伊川县西北方向翻山越岭经宜阳至新安县磁涧镇，在此与敌人接触战斗，后敌人突破防线，直窜到卢氏县西20里的涧北村，尔后在我军的抵抗下被迫撤退到洛宁县长水乡南线，由卢氏退缩至嵩县县城。我们部队趁势布防，开到灵宝县南塬山地，在王家会村及西里村一带驻扎防御。这期间，我们连奉命捉拿当地民团首领孟照成（音），此人

①谢辅三（1904—1980）：国民党将领，全面抗战爆发后谢部调陕西咸阳驻防，谢兼任西荆公路警备司令，民国33年初谢升任陆军暂编第4军军长，次年改任第27军军长，参加并指挥豫南抗日战役，克复西峡口。（据《长丰县志》）

名为陕州专署特务队队长，在该地维持治安，但实际上匪性难改，不久前，部队从洛阳撤退下来时，他们趁火打劫，抢劫散兵武器及后勤部队的物资，大发横财。我们击毙了孟照成和他的两个卫士，将孟的尸体上缴验明正身，附有德式驳壳手枪两支。这次行动中，我连伤、亡各一人。

此后，我连为前哨连，奉命驻防灵宝县东南方向30里的南天门，在高家街衙与敌对峙，时任连长叫徐泽普。在此见到我军其他部队和敌战斗的惨烈状况，有些尸体都顾不上掩埋。40军106师及39师在渑池至陕州、灵宝铁路一线与敌激战，李家钰[1]将军和参谋长就牺牲在附近的秦家坡。

李家钰骑马像

1945年我随部队经灵宝、洛南转战到西峡口与敌作战，我方总指挥是31集团军司令王仲廉[2]，友军有78军、85军，他们在公路南侧山地布防。敌方最高指挥官是中村，师团长吉田，旅团长小仓。我们在丁家店、豆腐店、马鞍桥一带沿公路北侧布防，形成对敌阻击防御态势，此时部队番号改为27军，和内乡县地方团队合编为暂编64师，师长是别廷芳的侄儿别光汉。

我连经过几次拉锯战，我也几经危险，部队和日军转入相持。当时日军的兵力不够了，我们黑天摸营袭扰，使他们不得安宁。部队有个小号兵名叫刘会敏，买不起烟吸，专捡连排长们扔的烟头吸。一次，指导员拿着望远镜对他说："想吸好烟有个办法，你看那个日军哨兵睡着了，你去把他的枪夺过来，交上去得了赏，还能没钱买烟吸吗？"刘会敏用指导员的望远镜看了看，就真的摸了过去，趁敌哨兵不备，夺了枪就跑。我们立即用火力配合掩护，使他安全返回阵地。

把枪交给团部后，团长大喜，认为敌人很疲劳，命我们连当夜出击。团长的这个决定有些不妥，因为敌人被夺枪之后肯定

①李家钰（1892—1944）：字其相，绰号李矮子。早年隶属川军邓锡侯部，为四川军阀中最小一个派系——军官系的首领，全面抗战爆发后率两个师随第22集团军出川，转战山西、河南。1944年在担任第36集团军司令的时候，在豫中会战失败后的撤退途中，遭到日军伏击，壮烈殉国。这是抗战中继张自忠在第一线督战，死战不退后第二个战死的集团军司令官，战死后追任为上将。（据凤凰网）

②王仲廉（1903—1991）：别字介人，又名介仁，安徽萧县人，抗日名将。黄埔军校第一期毕业。抗战时任第85军军长、第31集团军副总司令、苏鲁边第二挺进军总指挥、江苏省保安处长、安徽省第四区行政督察专员兼保安司令、第19集团军总司令、第31集团军总司令等职。率部参加绥远抗战、南口战役、太原会战、徐州会战、武汉会战、1939年冬季攻势、随枣会战、枣宜会战、豫南战役、豫湘桂会战、豫西鄂北大捷。1949年赴台。（据百度百科）

会加强戒备，此时偷袭并非好时机。我们连从夜里开始攻击，直到天亮还没攻上去，敌人又开始反扑。连长看情况不好叫撤退下来。5班班长叫钟万德，是陕西泾阳县人，性情剽悍，老倔强，他和机枪手藏万同正在突出部位射击，不仅不退，反而大叫道："我不怕！打！打！"他和机枪手端起轻机枪站起来打，最终二人中弹受伤不能行动，牺牲在敌人的刺刀下。当时我在侧方，一个日本兵冲上来拿着刺刀戳我，我抓住他胳膊，扭打在一起，最后使劲把他推下悬崖，我算是逃了一命。

我连这次被击溃，两个排长受伤，士兵伤亡过半。战后连长被撤职，由4连连长郭德勋代理我们连长，又从第十八补训处补充了人员。

此后郭德勋指挥我连通过敌人封锁线时，方法失当，没有采用各个跃进的方法，部队过于集中，遭到敌人重炮轰击，郭德勋当场阵亡。

金鉴从军时的照片（图片来源：《大河报》）

在西峡口和敌人一直对峙到日本无条件投降，我随部队挺进至郑州整编并参与接收工作。到郑州后，经友人介绍，我调到军部做情报工作。军部当时负责郑州的警备治安，我住在郑州西关大街庆丰商行，任务是监视由其他地方集结到清真寺、乔家门、盐店街一带的日本人。这里是他们暂住的营房，秩序曾一度出现混乱，发现日军士兵偷拿物品换烟酒食物，另有当地不肖分子猛闯日本兵营抢东西。在此期间我曾多次接触日方人员，据说他们有很多是父子兵，因日本部队有差额时，习惯在固定的兵源地补充，所以有些士兵随身带着亲人的骨灰。据他们自己讲，日本为了侵略扩张，从小学起就开始普及日、中、苏三国的文化，早就有北上苏联、南下中国的企图。日军在郑州缴械时秩序很好，他们先把枪支被服整理好，再排队到指定的西关大街西北口第一战区前进指挥所①，依次施礼缴械，尔后到车站等待遣返。

后来国共两党谈判破裂，我随部队参加内战。1947年，我被保送到黄埔军校第十六期军官训练班学习。西南解放后我被编入解放军第18兵团，在第18兵团培训学校学习了九个月，毕业时在同班一百多名考生中名列第二名，被留在学校工作，这个培训学校后改为西北军政大学。1950年正值西藏叛乱，部队有可能开往西藏，我因不想再去西藏，就以自遣的形式离开了部队，回

①据《第一战区受降纪实》《中国战区受降纪实》《中华民国战史》等资料，1945年9月22日上午，中国战区第一战区在郑州长春路的中华圣公会礼堂，也就是第一战区前进指挥所大礼堂举行隆重的受降仪式。（据《东方今报》）

到家乡当了农民。此后曾在甘肃白银市的八冶参加工作，又因个人历史身份问题被下放回河南伊川老家。前些年，大儿子因病早逝，在水泥厂打工的二儿子要供养家里三个学生，生活过得很艰难。这几年政治环境宽松了，我曾想去白银市找原单位平反落实政策，但因家里太穷，没有盘缠只好作罢。

“文革”中我烧掉了很多当年的证件，仅仅在墙缝里保存了两个黄埔军校的徽章和一幅年轻时的照片。

很多年前，我就很郑重地对儿子金安现说过，因我的所谓历史问题连累了他们，对不起他们，但我没干过坏事，我们这些抗日的老兵，将来一定会得到公正的评价。

七天七夜坚守南阳

翟灿有，男，1927 年生，河南省漯河市临颍县台陈镇王曲村人。1942 年至 1945 年在 68 军 36 师、143 师任看护兵、步兵。1946 年回乡务农。

1942年，家乡年馑，我十五六岁，小学刚毕业，跟着本村比我年龄大的翟耀宗一块儿参加国民党部队，在泌阳编入68军36师2团2营5连。因为年纪小，个子还没有枪高，连长郑文龙说：“这咋弄啊，不行你先去团卫生队，当个看护兵吧。”卫生队队长叫郑书怀，是湖北人，医长王金柱是河北人，另一位医长魏福来是陕西人。在这里当看护兵有半年时间，个子见长，又被拨去当步兵。当时36师改编为143师，第2团改为428团，此外还有427团、429团。143师师长是黄樵松，团长是信阳人王保谦，2营营长叫路可全，5连连长叫郑文龙，是山东人。

1945年，日军进攻南阳①，我们部队先在南阳北25里的槐树湾驻扎，又开到独山东边一个村子。南阳当时管13个县，知道日军要来，部队提前调动新野、桐柏、镇平等各县的民工齐上阵，绕着南阳城四周开挖、加

①南阳保卫战：1945年春，日军企图由南阳向四川、陕西两个方向进攻，实行战略决战。3月18日，日军进犯南阳，第五战区司令长官刘峙命令第2集团军总司令刘汝明派一个师固守南阳，刘汝明派黄樵松的143师担任此项任务。接到命令后，143师全体官兵宣誓，要把南阳变成中国的斯大林格勒，黄樵松带棺督战，誓与日军抗争到底。3月下旬，日军派优势兵力向南阳进攻，最终占领了南阳的外围，但由于日军损失惨重，于是改变计划，停止向南阳城区进攻，转而调动数个师团兵分两路，一路自宛北、宛西向内乡、西峡方向，一路自宛南向邓县、老河口方向进攻。在攻下邓县和老河口后，日军随即以一个旅团的兵力回击南阳，企图把南阳作为后方据点。战斗持续10个昼夜后，3月29日，刘汝明认为困守南阳已没有意义，电令黄樵松撤退至郧阳，南阳随即沦陷。此后，日军在南阳陆营乡制造满庄惨案，全村房屋被烧光，有4名村民被日军用刺刀戳死。5月16日，日军又在王村乡制造了赵庄惨案，19人遭枪杀，130间房屋被烧毁。（据《南阳县志》）

宽护城河，放水有一丈深，防备敌人的坦克车进攻。当时南阳城内有百分之八十的居民撤出避难，南阳的城墙当年已经不存在了，砖都扒完了，城墙根土是平的，当兵的就在城墙根上挖战沟，曲里拐弯地挖，不能挖成直的，战沟上面隔不远建一个机关枪堡垒。为打巷战做准备，部队把城中民房都打通了，把临街的大门用砖垒住，留好机枪眼，在十字街修建了坚固的大碉堡，里面支上机枪。南阳的战斗准备做得很充分。

2003年，在进行环境整治时，在河南南阳府衙大堂第一院落西侧挖出69枚锈迹斑斑的炮弹，经爆破专家周玉钦初步判断，此批炮弹为抗日战争时期遗留下来的（图片来源：南阳网）

我见过黄樵松师长。他个子不高，眼睛可大，脾气傲，可厉害了。黄师长说，要死守南阳！死也要死在南阳。他让人为自己做了一口棺材，还把棺材抬到十字街上，誓死要守住南阳。

日本人精能，本来从北边过来，他们却不攻北门，向东南转到卧龙岗。黄师长派出一个连在卧龙岗打，伤亡很大。最后集中到南阳西关，这里的战斗最为激烈。

当时我所在的428团分工是守在北关，427团守西关，429团守东关，南阳城没有南门，好像只有个东南门，南面是条河，叫白河。这场仗整整打了七天七夜。日本飞机来轰炸，美国黑寡妇飞机就飞来迎战。美国飞机三、六、九为一组，先是飞到日本飞机上面高处再掉头往下冲，边冲边嘟嘟嘟嘟地扫射，弹壳一拃多长，日本飞机抵不过，夹着尾巴就跑了。西关形势紧张以后，黄师长把所有重机枪都调到西门。一个营有6挺重机枪，427、428团现有18挺重机枪，都调到西关来了，428团一半人员过来增援西门。伤亡官兵一批批被换下来，我们又一批批补充上去，杀红了眼，顾不得死活了。军官死了就用棺材埋了，当兵的死了都用车拉到城外埋了。日本鬼子伤亡也很大。

我当时是步兵，也被调到西门，负责装子弹。捷克式轻机枪25发一梭子，要不停地装。敌人炮弹打过来炸一身土，爬出来接着装，也不知道害怕了，也没想能活着。白天夜里都在打，清早起来打到天黑，吃饭睡觉都是在阵地上。

观众参观黑寡妇飞机（图片来源：CRI网）

为了守西关，部队事先在路上设障

碍，把大树干、条几、板凳、桌子堆成小山一样。我们炮团的重迫击炮也布置在西门，打得高落得近，落在敌人的坦克车前，主要压制它不能前进。我看到有十几辆坦克车都被挡在西门外，在我们撤退前没能攻进南阳。

黄师长决心坚守南阳一个月，可是上面下命令让他撤，接到几次命令他都不走，得知南阳四周其他地方都失守了，这才决定从东南门撤退。撤退时留一个连守住西门，大部队黑夜里乘汽船渡过白河，跑步撤到离南阳30里的唐河县桐河，再由桐河开到湖北随县、谷城、均州。68军军部在均州，我们部队退到均州西边郧阳休整。

8月，日本投降，部队从随县、谷城转回漯河接收日军武器。接收时日军的大炮整整齐齐地摆放在漯河的大街上。

受降后部队奉命转往开封，正好路过我的家乡。我那时想：赶走了日本鬼子，一口恶气也出来了，天下可以太平了。家里的老老少少生活困难，需要人手。又听到一些传言，弄不好还要打内战！我就下决心不当兵了，从此回家种地，养活我的爹娘。

一个庄22人参军，就剩我一个

康成安，男，1920年生，河南西平县盆尧镇于营村人，现住河南南阳镇平县贾宋镇。1942年参加国民革命军第59军，1945年在豫西鄂北战役中负伤，1948年回乡务农。

我是22岁在北边叶县当兵的，民国31年，也就是"过蚂蚱"那一年。蚂蚱可多了，哎呀！一过去就跟旋风旋豆叶一样啊，哗哗响，一堆一堆哩，开始尽是带花点的土棒子，后来扎出膀子就飞起来了。民国30年、民国31年，都是大年成（即大年馑），死了好多人，现在从泌阳到老河口我都有亲戚，就是那个时候逃荒要饭出去的。眼看没饭吃要饿死，我就当兵了。当时还在师管区，父亲已经不行了，用秸秆编的垫子葬了父亲，来到驻在湖北的59军180师246团3连，师长是刘振三①。

我算命大，我们一个庄参军22个人，除了我都死了。有一次子弹把钢盔打烂了，头皮没伤多深，子弹掉在地上，但耳朵让钢盔震坏了，一只耳朵现在还听不清。最悬的一次，子弹从脊梁左边骨头缝里进去，斜马叉地从右肩膀出来，要是直着出去，咱们可就见不到面了。就说说这次负伤的事吧。

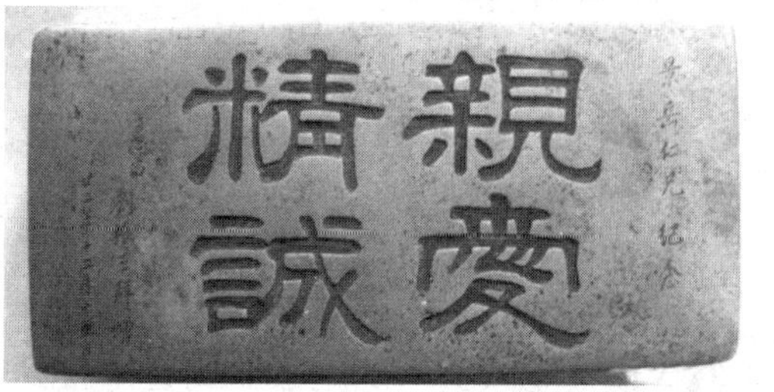

落款为刘振三的"亲爱精诚"墨盒（图片来源：盛世收藏网）

①刘振三（1903—1971）：字育如，河北故城人，国民党将领，民国22年29军于喜峰口抗击日军入侵，刘率部抡大刀击退日军，民国32年8月刘擢升为33集团军59军军长。1949年春赴台定居。（据百度百科）

那是我25岁时（1945年），在宜县（湖北省宜城）打老日[1]。当时我和另一位战友趴在一起，敌人用机枪扫射，火力压得抬不起头。部队通知叫撤退，我旁边的战友刚起身就被打倒了，我看这时是千万不能抬头，就抱着枪就地一滚，滚进一道沟里，再起身往附近竹园里跑，子弹在竹林里乱飞。后来三个老日撵我一个，离有四五十米远，也不知道枪打了多少，跑着跑着觉得腰里一沉，就被打趴下了，什么也看不见，血淌得军装和衬衣都浸透了，看着自己的手黄得不行了。日本兵把我拽起来，把身上装的钱掏走了。

被抗战军民誉为“子弟兵母亲”的戎冠秀救护了众多八路军官兵。图为戎冠秀在给伤员喂水（图片来源：新华网）

我醒过来，也没人来找我，要是有人来找，我就能跟上部队走了。我起来找到背包，背包刚才扔到坑沿儿那儿了，跑到一个老乡家。这家里没人，都跑到山里躲老日了，刚做好的饭还没来得及吃，饭还是热的。我舀了一瓢米汤汁喝，流的血多，渴呀。

后来，我用我的大衣跟老百姓换一个破烂衣裳和一条破棉裤，因为到处都是老日，老乡都不愿要我这大衣，说了不少好话才换的。碰上彭家湾一个吴姓人家，在他们家里住了一黑（一个晚上）。第二天怕老日又要来，老乡对我说，逃难的都在街上观音庙，你也去吧。我没有一点力气，走不了，就装作没听懂他说的话，抱着我的包袱靠在房柱上坐着。等到他们家雇的割豌豆的人干活回来，饭也做好了。老吴家人喊我，起来起来，过来吃点饭吧。我和雇工好几人坐一桌，他们给我盛一碗干饭（米饭），还倒上酒，我受伤不能喝酒，连干饭也吃不下去，只要了半碗稀饭喝喝。吃完饭，我刚把包着军装的小包袱盖在草垛下面，就听见枪炮声响成一片，日本兵又出来弄东西了！老百姓齐哭乱叫地往山上跑，我也跟着上了山。到天黑，老日就拐回去了，枪炮声静下来，老百姓才慢慢下山回家。

在山上我认识了一个叫王友基（音）的当地人，他也当过兵，问我是哪个部队的，我说59军180师。他说180师全部过了襄阳了，你咋还在这儿。我说我受伤了。他掀开我的衣服一看，呀！好险啊！他问我现在想上哪儿去。我说想回家。他说你回不了家呀，王家大山、马头寨这一圆圈都是日本兵，你说话口音也不一样，摸不过去。这样

①豫西鄂北会战：豫西鄂北会战开始于1945年3月21日，结束于1945年5月，是抗日战争中国军第五、第一战区部队在河南省西部、湖北省北部对日军所进行的防御战役。（据《中国抗日战争大辞典》）

吧，我给你想个办法，我家是长寿店（今长寿镇）的，家里12间房子都被老日烧光了，现在我在这里我老外父（岳父）家住，你跟着我住，早晚把伤养好了，老日退了你再走。我一听这天大的好事，赶紧说感激不尽。王友基就担上挑子，搀上我，他屋里人（妻子）抳着火篮儿[①]一起下了山。

王友基的外父家有十几石[②]地，一石十亩，日子过得舒坦。我在他们家整整住了56天，他们还给我做了衣服，买了草帽子，一天吃一碗咸牛肉、一碗腊肉、一碗咸鱼、一碗油炸粉条。吃得好，也吃胖了。我不好意思总住着，要走，他们不让我走，我闲不住总想帮人家干活，有一回上一棵木油树上拾干柴，伤口又发了。

多少年了，我总想着回去看看那户人家。解放后我当大队干部，忙啊，夜里想，白天干，没时间。现在老了，心想当时那个庄有五六户人家，王友基家里最小一个小姑娘6岁，没男孩，其他人都比我大10多岁，我现在90多岁了，去了恐怕只能找到坟头了。

说起老日，坏呀，飞机轰炸谷城时，十字街的钟一敲当当响，没看见过飞机的人一开始还高兴哩，结果从上午9点一直炸到下午3点，不知道老百姓炸死多少。我在城东门外地里趴着，一颗炸弹炸开落到跟前，有一只羊那么大。安徽阜阳一听见拉警报狗都吓得叽叽叫着夹着尾巴往床底下钻，荆门炸得连个鸡窝都没有了。

（枣宜会战）张司令（张自忠）牺牲那一天，战场上枪炮壳子能盖着地皮，一个手枪营都死完了，司令负了八处伤才牺牲！

我还记得当兵时唱的歌：

日本东洋鬼子，欺压我中国，攻北平，占天津，又打我上海。日本飞机和大炮，到处来轰炸，不分老不分少，见人就屠杀，房舍全烧完，无处可存身。同胞们，快起来，都与日本拼……[③]

---

①火篮儿：旧时一种取暖的用品，用陶或金属制成，内装炭火或木屑等。

②石：旧时一种面积单位，有以十亩为一石的，也有以一亩为一石的。

③此歌谣为抗战时期南阳豫西保安团武术教官、邓州的心意六和拳大师陈合龙所编，在南阳民团中广为流传。（据豆丁网）

我在西峡口拼了三回刺刀

马中阁，1926年生，南阳市南召县南河店镇漆树园村桃家沟人。曾在国民革命军第12军、第78军参加抗战，1945年参加西峡口战役，抗战胜利后因病回乡务农。

我属虎，今年虚岁89了。18岁那年被抓兵抓到第12军。麦扬花时，部队在郏县北边被打呼啦了，我们班十几个人跟着郏县县长来到县城北边一个寨子外，县长给我们派了饭，我们在寨外吃，县长进了寨子里面。这时候，从南边村里来了二十来杆枪，指着我们头。我们班长说："想玩枪给你们就是了。"枪交给人家，我们就散了。我没地方去，就想着回家。走到半路，碰见一个老头，问我吃饭没有，我说没吃，他就把我领到他家，给我做了一碗捞面条，临走又给我烙了些烙饼带上。那天夜里过郏县时我被老日捉住了，夜里睡不着，等他们都睡了，我和方城的一个老乡一起逃跑，游过一条河，水深得很，总算过了河，冻得半死。跑到一个村子里，撞开一家院门，找了件衣服穿上。

回来后，我进了新8军在本地的补训处，到腊月间，跟着部队到陕西，准备当出国兵。半路上，我们这个排正好碰上78军，排长认识78军的人，就把我们编进了78军。

19岁那年正月，我跟着78军到了西峡口，驻扎在丁河西南边，离丁河街有1里地。78军军长叫赖汝雄，记得我的排长姓王，是掘地坪人，班长是许昌八里桥的范老虎。

日本占了丁河，老百姓可惨了。疙瘩营有个妇女被老日捉住了，惨得没法说。从丁河这头跑到那头，打得激烈，拼上了刺刀。在丁河南边有个罗家山（音），是个大山，我们在山上，老日把我们一个连包围了，围了几天，连长卢华敏（音）下命令突围，大家把枪背身上，手里都拿上手榴弹，硬是炸出一条路冲出来。我们连原来120个人，冲出来后只剩下50多个人了。

有一次在罗家山，一个上士班长和一

个日本军官碰上了，两个人面对面对峙着。班长拿着个空筒步枪，没子弹，日本军官拿着指挥刀。我在几米远的地方看见了，就用枪瞄着敌人，又怕伤到班长，没开枪。这时，日本军官举刀要砍班长，班长是山东人，个子大膀子宽，一下子把日本军官撞出老远，然后班长就跑开了，我这才开枪打死了日本军官。之后，我跳出掩体去捡日本军官的指挥刀，回来高兴得不得了，可是连长却把我臭骂了一顿："小鬼，你有几条命？"我说："我有一条命，明晃晃的刀放那儿咋能不捡呢？"我看这人该咋死是注定的。我后来在重机枪连时，在堡垒角上打了两天机枪也没出事，后来石门一个老乡说："中阁，你起来让我打一会儿。"我刚离开身，就听见子弹嗖的一声打中了他。我赶快去告诉连长，派来担架把他救了下去。还有一次，伙夫刚做好饭，伸了个懒腰，露出了身子，就被敌人一枪打死了。

后来，我们又把丁河夺回来，把日本人打跑了。清早起来，伙房做好饭，我腾了一个盐罐，盛了一碗干饭和一勺菜，队伍就集合了，日本人已经到周围松树林里了。我们后面是个断头崖，没有退路。我只管走着吃着，突然一阵机枪响，我手里的盐罐也被子弹打破了，我赶紧趴在一个土坑里，把枪从身上取下来，上了枪栓，用油布擦擦就开始打，一直把老日从丁河赶到马鞍桥。马鞍桥这地方我记得很清，因为在这儿，我们有三汽车的伤兵都是刺刀伤，后来中央军的飞机来轰炸，炸错了，把这三汽车的伤兵都炸死了。

我那时候年轻，身子麻利，拼刺刀时眼括涮（视力好），腿也利。你不扎死他，他就会扎死你。他刺你，你先得把他的枪拨过去，再刺。我们在西峡口拼刺刀吃亏大。我们使的汉阳枪，一戳刺刀就掉了，有的刺刀用两下就卷刃了，人家的枪要比我们的枪长一些，那时候身上不是没有子弹，是没有时间上子弹。我在西峡口拼过三回刺刀。有一次，三个老日拼我一个人，我看不妙，跳过一个战沟跑了，拐个弯，看见副班长正好在那里，我做了个手势，副班长砰砰两枪打死了两个日本人，我这才想起来我的枪里还有一发子弹，就举枪把第三个日本人也打死了。拼刺刀有时是一个班对一个班拼，在马鞍桥那一次双方上的人都多，有的兵头上被刺几道口子，有的脸被刺破，有的舌头被刺断，看着寒沁（使……害怕）人啊。

西峡出柏树，刚开始，死了还能用个柏木棺材，后来死的人多了就没有棺材了。丁河西门外那块地，埋的尽是78军当官的，连个墓碑也没有。有时看见战友被打死了，就用身上背的洋镐、洋锹在麻鼓石（即片麻岩）上锛个坑，把头盖上，打扫战场时，一个干地窖就要埋一二十个人。日本人的尸首能拉走的时候他们就拉走了，拉不走的时候就卸条胳膊卸条腿拉走，烧烧运回国了。

我们在丁河守着山根，有时攻，有时守。老日后来就没多大劲了，没有刚来那阵子凶了。后来听说日本人一个小兵团走豆腐店抄我们后路，天明时中央军的飞机大炮轰炸了豆腐店，他们在那儿吃了亏，死的人多。马鞍桥往北有个山，陡得很，老日在这儿也死得多，尸体都没有运走。

连长对我好。在丁河，连长把自己的皮大衣给我盖上，我夜里没解过背包。连长调到机枪连当连长，他知道我这个人的性格，走时把我也带到了机枪连。机枪连有4挺马克沁重机枪，枪里装4公斤水，打时间长了水能烧开，要换上水再打。一般6个人管一挺重机枪，6名机枪手都得会打会卸，我是2号，1号管观察，2号管往枪里输送子弹，3号是射手，4号、5号、6号都是装弹手，一带子弹250发，打起来手一紧一松，一带子弹就打完了，要不停地装子弹。机枪上有个高低转轮，扫射时一个手管扳机，一个手握住左右转轮来回摆动，还有超越射击我也会。重机枪都架在工兵修的堡垒里，上面棚着四层枕木。有一次，炮弹落在堡垒上，炸坏了三层枕木，我的耳朵就是那时候震聋了。

日本人投降，我们师长和日本人在西峡口镇谈判，晚上我和几个战友去接师长，师长说：“老日无条件投降了。”

日本投降后，我生病了，血伤寒。连长叫来先生给我看，先生看我不行了，不给我打针，连长说：“给他打针吧，他是英雄啊。”打上针，把大家的被子都盖到我身上，后半夜出了汗，病就显轻了。第二天早上吃过早饭，我又流鼻血，流了一瓷盆血，后来身体就不行了。日本投降后部队裁减老弱残兵，就把我裁了。本来说要发胜利金，我还在连里等着，后来连里也不让吃饭了。

回了家，在家里跟着我哥喂牛放牛。解放后，我一个人起伙做饭，一直没有成家。

在西峡口，团长挥泪斩卫兵

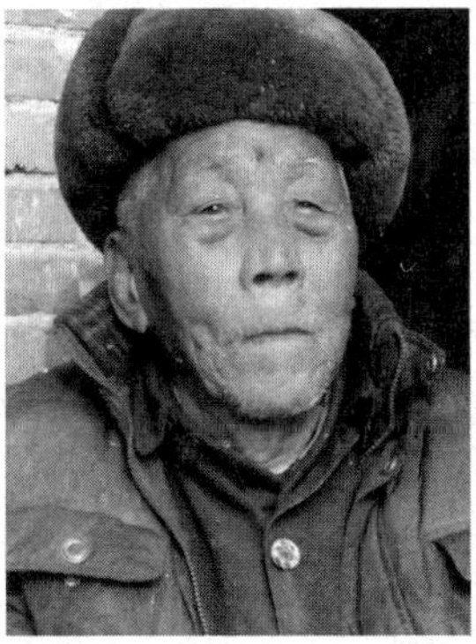

杨国永，男，1924 年 10 月 26 日生，河南南阳市卧龙区安皋镇小杨庄村人。1944 年参加国民革命军第 78 军，参加过西峡口战役。

我小时候在南阳掘地坪复兴中学读初中，当时抓壮丁，我不想被绳捆索绑地拉着走，就经一个在78军当连长的本家大哥介绍，主动参军当兵，分到国民革命军第78军①43师129团3营7连当上士文书。我们军长叫赖汝雄，师长叫黄国书，是个小个子，团长叫余志刚，副团长姓胡，连长叫苗远胜（音）。参军后先在嵩县待了一段时间，因水土不服，得了红白痢疾，病得起不了床。没办法，又回到南阳治了一段时间，后来部队来到南阳镇平县西边的官路河（今镇平县官路河村），我又回到部队，在这里驻了三个月。

1945年，78军三个师全都开到西峡口，军部、团部驻在花园关（音），部队分散着驻扎，我们连驻在上、下八庙。

西峡口战役纪念碑（图片来源：《南阳日报》）

余志刚团长是从中士班长一直干到团

①国民革命军第78军：此处指由新编第42师等组成的第78军。1944年2月，国民党为加强豫中会战的军事力量，将第28集团军独立第15旅扩编为新编第42师，与新建的新编第43师、新编第44师共同组成第78军，赖汝雄任军长，谭煜麟任副军长，下辖：新编第42师，彭赉良任师长；新编第43师，黄国书任师长；新编第44师，姚秉勋任师长。该军组成后，隶属第28集团军，参加了豫中会战。1945年，该军改隶第31集团军，参加了豫西鄂北会战。抗日战争胜利后该军被裁减。（据《国民党历史上的158个军》）

长的，对下属要求很严。在花园关驻扎期间，出了一件事。有家老百姓接媳妇，余团长的卫士也去喝喜酒，这个过程中可能是喝醉了，强奸了一个妇女，被人家追到团部，团部站岗的士兵为了保护那个卫士，就说团部没这个人，人家偏不依，把站岗士兵身上的符号都抓掉了，最后闯进团部，指认出了那个卫士，卫士也承认了。后来全师开会，要枪毙那个卫士。这个卫士跟随余团长时间长，有感情，余团长不叫别人动手，他亲自用手枪毙了这个卫士，子弹穿心而过。团长趴在他身上哭了一场，还给他买了一副柏木棺材。

西峡口战役旧址（图片来源：《南阳日报》）

不久，我们就和85军一起和日军作战。

我们43师第一个被派上去，经丁河、重阳和敌人接触战斗。战前，余志刚讲话动员说，据消息透露，日寇近日要向这里窜扰，各连的文书上士、司务长要准备给养，交由各连带回，其他弟兄们抓紧时间擦枪。

我当兵时间短，还是个学生。舞阳县的一个司务长侯松林带着我一起到水磨坊磨面，磨完面交给连队。我们俩又把没分完的面和多余的三支步枪寄存在一个地方团队队长家里，等我们回来时部队已经开走了。司务长烙了些馍带着，我们俩一起开始追部队，走丁河、重阳到奎文关。到这里就看到有伤兵从火线上被抬下来，有的伤兵在担架上痛得受不住，对担架兵说："爷们哪，积积福，慢点慢点！"战斗情况十分紧急。

第二天上午，我们俩追上了部队，当时我们部队正把着一个山头，团长余志刚光膀子打电话："3营！3营！"看来是电话线断了。战斗持续到下午晚些时候，敌人两架飞机压着头打。日本人攻占了一个山头，这时我们部队吹响了退却号，43师退下来和42师换防，42师接着打。

我们向西南方向撤退，到45里外的霸王寨一带集结，中间经过一道沟，敌人的机枪不断扫射，还用迫击炮打，远处还有大炮打。天黑，我和司务长侯松林、杂务班班长刘志刚三人手拉手一起走，司务长不断提醒我："压低身子，压低身子！"一路上还在不停地下雨，到霸王寨时衣服全湿透了。霸王寨上有个做烟火的作坊，大家把衣服脱了烤，没烤一会儿，又传来黄国书师长的命令，要我们死守奎文关。我们又沿公路连夜赶回到奎文关附近，和44师一起与敌人接上了火。在这里又守了两天，到第三天中午，接到退却命令。退下来后，各连文书清点上报人员枪支数目。战前我们第7连有156人，战后只剩19个人21支枪了。机枪连人员也不齐了，团里开会就没啥人了。部队撤下来后东一群西一群，各找门路，我跟着本家大哥杨华宇一起回来了。

跟随黄樵松坚守南阳

张文树，男，1922年生，原籍北京市房山区东关街，现居河南平顶山市区。1938年至1940年在国民革命军第30军27师80团团部当通信兵，1940年至1949年在68军143师428团历任少尉警卫、连长、营长。1955年因政治历史问题被判刑10年，在新疆服刑，1966年转入新疆建设兵团农8师工作至退休。

我祖籍北京房山东关，父亲原是平汉铁路的职工，在邢台工作，全面抗战爆发后全家迁到郑州。黄河以北沦陷以后，交通中断，铁路被毁，铁路工人失去工作，父亲也被遣散了。1938年，我十六七岁，为了维持生活，在郑州当了兵。临走，我对父亲说："儿子这一走，一定认认真真干，死就死在外头。要是不死，这条皮带不用坏就不回家。"

当兵后我被编入第2集团军孙连仲的部队。这支部队原来属于冯玉祥的西北军，军纪严，不久前参加台儿庄战役之后撤下来休整。我分配到第30军27师80团当通信兵。大约一年后，一个偶然的机会，我认识了27师师长黄樵松，被调到师部给师长当勤务兵。

那是在信阳外围一个叫平昌关的地方。当时80团的任务是迎击敌人。我们一个团，敌人是一个旅团，兵力比我们多一倍，敌人还有飞机、坦克。打了三四个小时，最后我们寡不敌众，垮下来了。我随着部队一起往下撤。路上，敌机轰炸，驮弹药的骡马受惊，尥蹶子把炮弹箱摔在地上跑了，我觉得炮弹白白扔了很可惜，就捡了两箱，用棍子担在肩上走了大约20里。这时，遇见黄师长带着部队赶来增援。一般情况下，撤退时大家都是尽量少带东西，我却担着两箱炮弹，有几十斤重，还背着一拐子电线，这引起了黄师长的注意。那时候部队兵种不同，领章的颜色也不同，通信兵是灰色的，辎重兵是黑色的，步兵和炮兵是红色的，卫生兵是绿色的。黄师长就过来问我："你是个通信兵，为什么还扛着炮弹？"我回答说："让日本人拾到还要用它打咱们呢。"黄师长说："好，你把炮弹放地上吧，让辎重兵运。"我当时身上带了一部电话机和一拐子电线，按照黄师长的吩咐，我把电话机连接到路边的长途电话线上。黄师长又问我："你们团长呢？"我说："从靠西边右侧撤下去了，团里伤亡很重，营长都受伤了，团长让去王家店集结。"临走，黄师长交代副官长："把张文树记下，给他奖励五块钱。"从那以后，黄师长就记住我了。

过了几个月，部队换防，团部和师部又在路上遇上了，黄师长来到了团部，派副官长找我，副官长问通信排排长："你们这里有个张文树没有？"排长不想放我，就说："没有。"后来休息时我看见了副官长，就和他打招呼，副官长说："这不是张文树吗？你们却说没有！黄师长要你们把张文树送到师部去。"就这样，我被调到师部，跟随黄师长当勤务兵，带职为少尉，我只负责内勤，管师长的生活和办公文件，另外还有几个随从管别的工作。

黄樵松师长是行伍出身。据他给我们讲，他很小的时候就当兵了，全面抗战开始后从北平打到山西太原，1938年3月率部赶到台儿庄，在台儿庄打下来，一个师剩下不到一个团。师长平时对我很关心，行军每到一个地方，住在老百姓家里，黄师长总让我念一念墙上挂的条扇字画，我弄不懂的地方他再给我讲讲。黄师长爱写作，和臧克家、单亚柏（师部少校秘书，文人）关系好，经常在一起。黄师长当将领多年，可是手里没钱，一直到日本人投降后才有个车坐。

当勤务兵一年后，我对黄师长表达了想去军校学习的想法，黄师长很支持，当即给我写了一封推荐信，推荐我到中央军校八分校学习。

中央军校八分校地点在湖北均州曹店，分为"学生总队"和"学员总队"。学生总队来源是普通学生，学员总队全部来自部队军官。学生总队学期是一年半，学员总队是一年。学生分成总队、大队、中队，我分配在1大队2中队，总队长姓吕。主要学习政治、军事知识，从一个士兵开始一直到一个团级军官所应具备的知识都要学。

军校毕业之后，我继续跟随着黄师长干了约一年时间。黄师长对我说："你上了军校，学了就要用，光跟着我不行啊，要下到连队锻炼锻炼。"此后，黄师长被调到68军143师当师长，我被任命为68军143师428团2营4连连长。一般来说一个团三个营，1、2、3连属第一营，4、5、6连属第二营，7、8、9连属第三营。

抗战期间我随部队参加多次战斗，主要活动范围在河南南阳、叶县、方城、唐县、确山、泌阳以及湖北随县、枣阳、荆门、南漳，这些地方都属于五战区的范围。

1940年枣宜会战中，我们奉李宗仁命令从南阳方城开到湖北，在老河口渡过河支援33集团军，打了两天，战斗很激烈，33集团军总司令张自忠阵亡了。又打了两天，日军也退了。这里集结的部队多，有三个集团军几个军的兵力，打了几个大仗。老河口这个地方，战略位置非常重要，是进入四川的必由之路，蒋介石把李宗仁放在这里是动了脑筋的，因为第五战区军队成分复杂，有东北军、川军，还有中央系的汤恩伯，只有李宗仁才能平衡掌握。

有一次，五战区司令长官李宗仁召集将校开会，把各集团军团长以上的军官招集到老河口，我跟着黄师长一起来到老河口。当时我们师里军官们都配有德国造20响手枪，共有50多支，但子弹太缺，我本人只有16发子弹，我就对黄师长说："能不能趁着这次开会的机会，找李长官要点手枪子弹？"黄师长说："谁去要啊？"我说："我去要。"黄师长看看我说："你能行？"我说："你写个条子，我拿去试试。"到老河口我找到了在八分校上学的同学邱杰，他是李长官的随从。邱杰曾跟我说过，到战区来有什么事尽管找他。开会期间，我把黄师长写的条子交给了邱杰，邱杰找机会把条子转给李长官，很快就批了5000发手枪子弹，拿回去黄师长可高兴了。那时候经常去老河口，李长官跟黄师长还一起打过网球。

1945年，日军进攻南阳，我跟随黄师长参加了南阳保卫战。这次战役打得十分激烈。

143师有三个步兵团，守卫南阳这么大的城市，兵力本身就不够，总部刘汝明还撤走了一个团，黄师长实际只有两个团的兵力，心里很不满意。接到任务后，黄师长把部队集合起来，进行战前动员，黄师长讲："这次我们的任务就是保卫南阳，与南阳共存亡，趁还没有开打，大家回去都相互烧个纸！"黄师长的意思就是要大家明白任务的艰巨，每个人都要抱定必死的决心，才能守住南阳。指挥部设在王府山附近的一个茧桑厂，他还为自己做了一口棺材，表明决心，鼓舞士气。动员会后就连夜布置了战斗任务。

日军从方城过来，地形复杂的东南小水门首当其冲。南阳战前就把工事修得非常好，深沟高垒，主要路口都埋了地雷，小水门外埋地雷更多，有时自己人也误踩被炸。第二天早上，日本人用大炮连续轰击了3个小时，部队就攻上来了。头一次攻得厉害，但仍没攻破我们阵地，到中午他们就撤下去了。这样连攻4天，每天都很激烈，还是没有攻下来。后来战事拖延下去，攻势减弱。日军又绕到南阳外围，在卧龙岗打得很激烈，我们派了一个重机枪连，带了6挺重机枪，打到最后没下来几个人。本来是要派我去卧龙岗的，团长认为我敢冲敢干，要作为预备队放到最关键的时候再用。

我们连负责守南阳玄妙观。玄妙观紧挨着城西北角，那里有个景武高中。玄妙观虽然不是日军进攻的主要目标，但也是一个重要的据点，日军攻这个据点攻了两天。敌人的炮火厉害，他们用的是山炮，炮弹碰到东西就炸，玄妙观院里种的柏树多，炮弹碰到树梢就在空中爆炸了，弹片向下覆盖，杀伤力很大，我们连伤亡40多人，大部分死于炮火。连长没有指挥部，就到处巡视、查看情况，那段时间也不知道累，困极了就坐地上歪一会儿，打个盹。

后来日本人又绕到西门，打了几天，双方伤亡都很大。日军还出动飞机，平时两架，多的时候4架，坦克更多。装备上我们是不行的，我们一个营只有两门迫击炮、6挺重机枪，除此之外没什么重武器了。日本人白天打，夜里不打。我们伤亡太多，总部觉得这样消耗下去毫无意义，让我们撤。刘汝明多次下令撤出南阳。143师是他过去带过的部队，也不想叫白白地打光。最后部队在晚上撤了，撤到淅川马蹬，最后开到湖北郧阳。不久，日本无条件投降了。

太原黄樵松雕像（图片来源：太原政府网）

日本投降第二天，我们跟着日本人向北集结，送到商丘，不再管了。当时在河南大约有7个集结点，受降后遣送他们回国。

回忆抗战最后的几年，供应紧张，生活很艰苦，没吃的，一天4个小馒头，吃不饱；穿的是老百姓做的土布鞋，冬天只给当兵的发一些白土布和棉花，当兵的自己用干草烧成灰，把布放在灰里揉揉，染成黑的，再漂洗成灰色，有的找老百姓帮助剪裁，再自己套套缝缝，那时当兵的都随身带着针线。那年头，老百姓更苦，饿死的人很多。

抗战胜利后，国民党、共产党又打起了内战。黄师长调任30军军长，开到山西太原。我留在143师。从此我就和黄师长分开了。那时候我也想跟着他去，但我那时已有了家室，也不方便了。我22岁结了婚，爱人是邓县人，当时在南阳女子中学上学。

后来黄师长不想打内战，受共产党的影响准备谋划起义，被他手下一个师长出卖了。阎锡山得知后把黄樵松抓了起来，押送到南京，被蒋介石枪毙了。可惜了这个爱国将领，我现在想起他心里还很难过。解放后我听说，山西省委后来把黄师长的遗体从南京雨花台迁到了太原。

饥民骨瘦如柴，走着走着就断气了

葛传海，男，1925年生，河南新乡市原阳县桥北乡黄庄村人。1939年考入黄埔军校七分校第十七期，毕业后历任第3集团军鲁西招募处少尉排长，鲁苏皖豫边区挺进第九纵队中尉排长，第76军上尉参谋、连长，1949年12月随7兵团（裴昌会部）在成都起义，1951年至1952年，随志愿军60军参加抗美援朝，1954年7月转业回郑州，1958年至1968年，因“反革命罪”被判刑10年，1968年至1979年，回乡务农11年，1979年平反后回郑州恢复工作，1994年退休。

小时候我在郑州书院街明新中学读书。这个学校的校长是姚明甫，曾当过安徽省主席刘镇华的秘书，刘镇华也是校董，经常给学校资助。当时的老师都是大学毕业，教学都很正规。

七七事变爆发后，抗战气氛高涨，大街上经常有人游行，高呼抗日口号，大唱抗日歌曲，我们也学会了《枪口对外》《松花江上》《大刀向鬼子们的头上砍去！》等抗战歌曲。上海救亡剧团来郑州演出，学校组织我们到扶轮中学看了王莹等人主演的《放下你的鞭子》。我们学校也经常组织师生下乡宣传演出。

郑州是铁路要道，车站上每天都有兵车北上，开赴前线杀敌，更多的是一批批逃难的群众。当时日本飞机已开始轰炸郑州，经常有防空警报，学生们骚动不安、人心惶惶，已不能正常上课了。家住黄河北岸的同学回家动员家长南迁，但农民离开土地何以为生？家长们都不同意。有不少同学投笔从戎当了兵。

1938年，黄河封渡，我无法回到郑州上学了。当时华北大部分已经沦陷，国民党地方政权已不存在，土匪蜂起，社会大乱。农历三月三，土匪攻打盐店庄，父亲套上牲口拉着我们到村南柳园内躲避，直到天黑才回家。这期间，我在王村教堂办的学习班里继续学习。到秋天，学习班停办，日伪政权相继建立，日军不时出城骚扰，逮猪捉鸡。1939年，村里组织青壮年自卫队巡查守村，还办了一个私塾，我又继续学习。到秋季，广武县（今荥阳广武镇）三区区长祝翠轩跑到黄河南成立了抗日游击队，本村王家三叔是游击队的副官，他回老家接家眷南渡时，我父亲就托他把我带出去。第二天，我就随着王家三叔到了古荥镇。到年底，我和同学一起步行到洛阳报考学校。洛阳当时是河南省政府所在地，到处都有招生广告。后来我考入洛阳青年劳动营。到6月，这个劳动营并入西安劳动营本部，我又来到西安，正逢黄埔军校招生，我顺利考上了。到王曲校本部报到后，我被编到七分校第十七期独立大队，驻地在南樊村。从此，我穿上军装，成了一名军人。

1940年，后方物资供应相当困难，我们没有固定的校舍，住在庙里，睡的是土炕。房子不够就自己建，缺砖少瓦就拆村上的旧庙，白天怕老百姓阻拦就夜里行动。当地老百姓编了个顺口溜：军校军校，白天睡觉，夜里拆庙。

入校后，先经过三个月的入伍期训练，学习德式操典，稍有不对，队长张口就骂，抬手就打，一站就是半个小时，眨眼或者腿发软都要挨打。拔慢步更是要命，拔得两腿肿胀，晚上睡觉先用手把腿搬到炕上，痛得难以入睡。入伍期结束后升入军官期，进行系统的军事训练，主要内容有步兵操典、野外勤务、筑城学、兵器学、观测、战术等。1941年春节过后，我们独立大队编入第十七期十三总队第三大队，移驻陕西省岐山县。后来由于环境恶劣，又迁回西安曲江池。我们第三大队被定为重机枪队，专门学习重机枪。我整理的《重机枪学习笔记》由西安新秦日报社排版印刷，全队人手一册。

1942年8月3日，我们在王曲河西大操场上举行了毕业典礼，军训部长白崇禧讲了话。我们每人发一套新军装，佩挂着中正剑，个个英姿勃发。毕业后我被分配到第3集团军总部。当时第3集团军在灵宝休整，因为他们不是嫡系部队，有些排外情绪，很长时间没给我们军校毕业生分配工作，我和几个同学就申请到第3集团军下属的鲁西招募处工作，到了豫东项城。不久，我被安排到2团7连任少尉排长。1943年春节过后，部队从项城开到淮阳修河堤。由于河南连年灾荒，部队粮食供应不足，士兵们天天饿肚子，老百姓更是悲惨，驻地新集的临街房檐下，一堆堆的饥民骨瘦如柴，有的人走着走着就慢慢跌倒，头一歪，吐几口黄水就断气了。

1943年6月，部队在禹县改编为鲁苏皖豫边区挺进第九纵队，移防漯河南叶岗村。8月，我晋升为26支队机炮连中尉排长。1944年，部队在方城独树镇改编为国民革命军第76军43师129团，师长是黄国书，我仍在机炮连任中尉排长。

1944年4月，日军进攻中牟县，豫中会战开始，前后38天。由于指挥失误，丢城38座，折兵20余万。会战开始时，我调到43师师部任上尉参谋，部队每天急行军，疲惫不堪。我得了很重的伤寒病，行军时拄着拐棍，有时拉着马尾巴。有一天宿营后，我病情发作，烧得神志不清，喘不过气，大喊大叫，翻来滚去，脚都踢破了，最后出一身大汗才苏醒过来。部队到鲁山县下汤时，我的病又犯了，从下午开始流鼻血，到午夜还没有止住，身上都染成红的了。到鲁山宽步口时又犯了一次，口渴难忍，就让民伕给我端来两碗凉水一气喝下，又盖上三条被子，最后竟出现奇迹，出了一身大汗后浑身轻松。从此，病就慢慢好了。

豫中会战后，部队由马市坪经李青店到镇平县晁陂镇驻扎。过完中秋节，又移防重阳店（现西峡县重阳乡）。76军军部驻西坪镇，43师师部驻重阳店圪垱营，师长和参谋长住王家营。当时豫西几个县是别廷芳的领地，他是土匪出身，被蒋介石封为司令，他搞了个地方自治，成立保甲联防，组织训练民团，把当地治理得路不拾遗、夜不闭户，老百姓很是称赞，他死后民团由其侄儿别光汉带领。参谋处军校青年学生多，主任韩忠是黄埔军校第十四期的。他平易近人，态度和蔼，大家在工作之余常聚在一起唱唱京戏，嘻嘻哈哈，很愉快，很难忘。这期间，我在参谋处参与修筑国防工事，清早就从驻地去工地，到晚上才回来，负责实地考察、选址、掌握进度、绘图上报、陪长官一起巡视检查。当时的工事以重阳店、马鞍桥为重点，分布在西荆公路两侧，就地砍伐山上树木覆盖掩体，形成纵横交错的火力网。

1945年元月，我由师部上尉参谋调到129团2营4连任上尉连长，由幕僚变成了“百夫长”。部队作战和训练一般都以连为单位，我20岁当连长，当时算比较年轻的。当时129团的团长是赵仁，军校十期毕业，原任43师参谋长；营长是贺一凡，军校十四期毕业，曾在外语训练班专攻俄语。这两个人有文化、有魄力、有新招，在全军军官中是公认的“少壮派”。

4月，麦子长高吐穗时，日军开始进攻，战报频传，气氛骤然紧张起来。方城失陷，内乡不守，别光汉的两个团防守西峡口，也没挡住日军的进攻，垮了下来。日军过了奎文关，逼近重阳店。

会战开始后，我连就进入马鞍桥阵地固守，储存弹药，组织演习，对可能发生的情况，都拟定出方案实地进行演习。

重阳店是我团的前进阵地，由3营防守，战斗持续一昼夜，9连连长牺牲了，双方伤亡都很大，这一仗挫伤了敌军的锐气。敌人占据重阳店后，停了两天，又开始向马鞍桥阵地进攻。一天夜里，敌人从公路和两旁山地向我们阵地进攻。阵前公路拐弯处有间小草房，我派人在草房内监视，如果发现敌人靠近，立即把小草房点着报警。后来敌人接近时，草房被点着了，信号弹随之打上天空，一时间，枪炮齐鸣，各火力点按原计划一齐向敌人射击，把公路封锁得严严实实，营长、团长、师长纷纷打来电话询问前方战况。当天夜里下着雨，一片漆黑，只能看见射击时的点点火光。

敌人第一次进攻失败，退了回去。第二天在战车的掩护下，再次发动进攻。军部新成立的战防枪连配备到我连阵地上，在隐蔽处向坦克、战车射击。战防枪发挥了威力，一连打毁敌人好几辆坦克，其余的狼狈而逃。

当时的日军已是强弩之末，美军飞机直接支援我军作战，原来很少使用的战车等装备这时也发挥了作用。战斗打响后，各种炮火从后方向敌人射击，炮弹呼啸着飞过，极大地振奋了我军士气。敌人从正面进攻受挫后，又增加了兵力，在炮火掩护下，由两侧山地迂回进攻。有一次，1排向我报告，大批敌人从对面山上下来了，正向我方山头上爬，情况十分紧急，我立即向上级报告，要求炮火支援，随即带领预备队沿交通壕前往支援。到1排阵地时，敌人已爬到半山腰了。我当机立断，大喊一声，带着预备队跳出战壕向敌人冲去，一阵手榴弹把冲上来的敌人消灭了，一阵激战，把敌人打退了。

我连防守马鞍桥主阵地，七天七夜的战斗中，天天下雨，身上的衣服湿透了也没时间换，也不知道瞌睡，困得很了就闭上眼打个盹，枪一响，精神头就又来了，一有情况马上从掩蔽部里跳出来接着打，神经高度紧张。最终，我们打退了敌人多次猖狂进攻，敌人没能向西再前进一步，丢下数百具尸体，又退回重阳店。

马鞍桥一战的胜利成了豫西会战的转折点，后方各大报纸以“马鞍桥大捷”为题出了号外。战斗结束后，部队换下来休息，附近的群众牵猪牵羊来部队慰问。我换了衣服，一口气睡了两天两夜才醒。

马鞍桥一战之后，敌人由进攻改为防守，退到丁河店（西峡县丁河镇）一线，敌东我西，隔河相持。白天我们的飞机轮番轰炸、俯冲扫射，地面人员用新配备的步话机直接和飞机联系，随时修正轰炸目标；我军炮兵也不断向敌人阵地射击，整夜不断。士兵们都很兴奋，有时竟跳出战壕，欢呼雀跃，偶尔也看见一两架日本飞机在阵地上空盘旋两圈又飞走了。

经过一段时间的战斗，日军伤亡惨重，我们得到情报，说日军在丁河店的兵力不足，要从淅川县调来一个旅团增援丁河，上级决定沿途截击消灭增援的敌人。我连接受了新任务，开到重阳店南山的蒲塘地，这里有上、中、下三个蒲塘村，原是官宦故居。一天上午，营长命令我连去一个排归5连指挥，守蒲塘北面山头，我叫1排去了。没过多长时间传令兵回来报告，1排排长张金龙被敌人冷枪打中头部当场身亡。他是军校十八期的毕业生，河北人。得到消息我心情非常沉重，虽然战场上死人是常有的事，但和他朝夕相处，共同战斗，一下子就没了，怎么不叫人伤心！

预计敌人要走蒲塘到丁河这条路，我们准备在后面布置口袋，诱敌进入后消灭。中午，团长赵仁亲自到我连布置任务，团长说：“你连的任务就是在蒲塘河道阻击敌人，为后方部署赢得时间。能坚持到天明，就算你们完成了任务。白天发现敌人在前方山中集结，还看到几处炊烟，夜里一定会有场恶战，你们思想上要做好准备。”

蒲塘村前有条小河，河水断断续续。河道中有一片开阔地，两边是山，我连沿着河道布置了三道防线。入夜以后，月色朦胧，山中凉气袭人。枪响了，敌人开始行动，我立即带着指挥班到第一线指挥。敌人全副武装，脚穿皮鞋，两手端枪，一字排开向我们阵地冲来。我们一阵猛烈射击，夜里敌人也弄不清我军到底有多少人把守，进进停停，不敢冒进。我们全连九挺机枪打坏了七挺，手榴弹也扔光了，只有拼刺刀了，夜空里传来一阵阵喊杀声……最终，我们寡不敌众，一、二道防线被冲破，第三道防线危急。这时，4排排长郭明久跑过来对我说："连长，这前面的敌人看样子还不少，咱现在没几个人了，要冲过来怎么办？"我当机立断："上山上再说！"身边的几个人就跟着我一起往山上爬。快爬到山顶时，看到右前方有人影在晃动，我紧爬两步到了山顶。对方叽里呱啦喊了两声，我知道这是敌人在问口令。因距离太近，我手里只有短枪，不敢射击，就急转身躲到大树后，招呼上来的人快跑一二十步，趴在地上就向敌人射击，敌人也没敢前进。这时天已明了，副营长田龙云从后边跑过来传达团长的命令，说阻击任务已完成，要我们马上撤回。经过这一场恶战，我连原有140人，下阵地时只剩下19个人了。

后来，敌人果然中了我军埋伏，被围在一个叫豆腐寨的小村里。这里左右环山，沟底有条小河，我们调集10个团包围了这1000多敌人，飞机、大炮不停地对着小村狂轰滥炸。两天后，从望远镜里已见不到人影，只看见沟里被炸死的马，有的还在动。总攻开始后我连首先冲入豆腐寨，当时天气热，村里尸体臭气呛人，小河的水都变成了红色，死马胀得比骆驼还大。后来才知道，敌人刚进村时，怕走漏风声，把村里没跑掉的几十口人堵在一个屋内烧死了，尸体被烧得面目全非，惨不忍睹。

豆腐寨战斗后，残余敌人窜到丁河。在丁河南侧有个山头，怀疑上面还有敌人，我连上去搜索，上山的路很窄，只能容一个人通过。我走在中间，1班班长刘朝新扛着机枪，停下来喝水，我走到他跟前说："刘朝新，快跟上，别掉队！"他向我笑笑说："连长，没问题。"他刚超过我才走两步，山上一声枪响，只见刘朝新向前一栽，机枪甩出老远，我连忙转身紧贴着梯田边上躲避。战友们再上来看时刘朝新已经没气了。我连撤下来后又重新组织兵力，在炮火的支援下，两面夹攻，把那座小山头攻了下来。

经过几个月的战斗，部队伤亡严重。到8月间，我所在的76军奉命撤出阵地，换防到西安后方休整。部队沿西荆公路经西坪、过商南、到蓝田，路上听说日本人无条件投降了。乍一听说，还不相信，随后沿途都有人放鞭炮，敲锣打鼓地庆祝，这才相信抗战真的胜利了。

到蓝田后还没住定，我又接到新的任务，和赵仁团长一起到王曲参加中美合办的新兵器训练班。这年中秋，我们住在终南山的留村，大操场上摆下一排桌凳，每人发一份月饼、水果，边吃边赏月，想想不久前的战场，我无限感慨。

抗战胜利后，社会有了新的变化，国民党军队有的参加接收，有的原地待命，战争期间逃到大后方的人们急于返乡，交通工具十分紧张，商人们趁机大发横财。人们行色匆匆，争分夺秒，铁路沿线的城镇也繁华热闹起来，酒楼、饭馆、商店、剧院如雨后春笋，部队生活也比以前好多了。到冬季，我们部队开到陕西西北部邠州城（今彬县）。腊月除夕，大雪封门，团长在团部设宴宴请全团连以上军官及眷属，大家欢聚一堂，开怀畅饮。这是我在抗日战争胜利后第一个愉快、难忘的除夕之夜。

八、普通一兵

从军校到前线

张君国，男，1921年生，祖籍山东省菏泽市高庄镇圈头村。现居河南安阳市区。1938年至1939年就读于中央陆军军官学校，1939年至1941年任航空委员会空军军士入伍生总队中尉区队长，1941年春任成都空军军士飞行学校中尉区队长，1941年至1943年分别任黄埔七分校、一分校中尉区队长，1943年至1948年历任国民革命军第16军94师上尉连长、上尉副营长、少校副营长、少校营长，1949年至1952年被俘后退役在北京居住，1952年至1955年在河南省立道口中学任教，1955年至1976年先后在马庄农场、新乡、青海服刑、劳动改造。1976年起在安阳钢铁厂工作直到退休。

1937年，我刚刚考入山东省立六中，天不遂人愿，七七事变发生了。不到半个月时间，宋哲元的抗日队伍就退到了山东菏泽，在我们学校驻扎了一个营的部队，学校也就停课了。

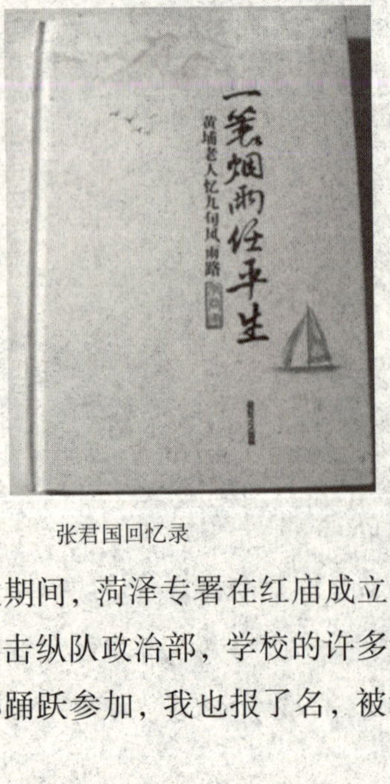

张君国回忆录

这期间，菏泽专署在红庙成立了鲁西抗日游击纵队政治部，学校的许多青年和老师都踊跃参加，我也报了名，被编入少年队，每天接受训练，还学会了“流亡三部曲”——《松花江上》《流亡曲》《复仇曲》，还有《义勇军进行曲》，每次观看话剧《放下你的鞭子》都热情高涨，恨不得马上冲上前线和日本鬼子拼个你死我活。

黄埔军校第一分校校本部圣水寺（图片来源：中国黄埔军校网）

后来组织取消，学校准备迁往大后方。临行前，家人对我千叮咛万嘱咐，全家人送我到村头，祖母、母亲还流了泪，我给大家深深鞠了三个躬，离开了家乡。

学生们步行到民权县，再乘火车经开封、郑州到许昌北尚集。不久，黄埔军校的人到学校动员学生参军，我也报了名。校长田竹桥是我父亲的同学，看我年少体弱，又怕对我父亲不好交代，再三劝阻，但我态度坚决，于1938年元月参加了考试，并和其他20名同学一起被录取到洛阳的黄埔军校第一分校①十四期，开始了正式的军人生活。

我进入军校后接受的第一个考验是行军。我是从许昌考入军校的，这时军校从洛阳搬迁到汉中，我们先坐火车到宝鸡，从宝鸡到汉中是徒步行军，全程都是在秦岭山脉中行进。我生长在华北大平原，从没见过山，身处大山之中，我感到格外新奇。我是北方人，从没有见过草鞋，更不知道行军是要穿草鞋的，结果爬山的时候，布鞋很快就磨破了，不能穿了。布鞋不能穿了，我就只好买双草鞋穿上，却又因为不得要领，很快就把脚给磨破了。为了抗日，再苦也不觉得苦，当军人就不怕苦。我忍着从脚部传遍全身的疼痛，经过7天的跋涉，途经凤县、双石铺、庙台子（张良庙）、留坝、马道驿、褒城等地，终于顺利地到达汉中。

在行军途中，我还见到了一种在平原地区从没见过的怪现象：一路之上，所见到的女人普遍都长着大脖子，当时感到很奇怪，也很为她们可惜。大脖子也不是千篇一律，而是各具特色，有的小，有的大，大的脖子下边多长出一个人头，让人望而生畏，后来才知道是缺乏碘的缘故。

在行军中，沿途住宿和吃饭的问题需要解决，这问题看起来复杂，其实也很简单。出发前，大队的营官带领下辖各队的设营官（大队的是副官，中队的是特务长）提前出发，大队长把今晚的宿营地告诉营官，他到达地点后将各队的驻地分配好，就率领设营人员迎接队伍。队伍一到，各队的人员领着本队的人到自己的房屋、学校或庙宇宿营，尽量避免住民房，以免扰民。

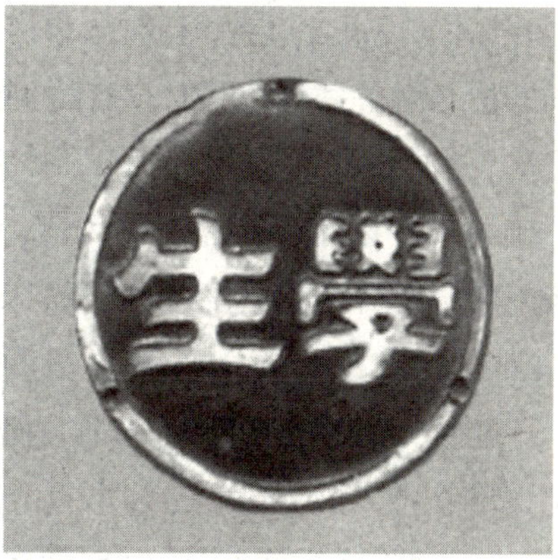

黄埔军校学生左侧领章（图片来源：中国黄埔军校网）

到达驻地先安排行李，然后整理床

①黄埔军校第一分校：1938年，黄埔军校第一分校因全面抗战爆发由河南省洛阳市迁到陕西汉中市南郑圣水寺及汉台区石堰寺内，直至抗战胜利后停办。当年圣水寺为黄埔军校第一分校校本部，下设教务处、总务处、政治处、军事处、军需处、办事处、练习营。校长仍由蒋介石兼职，教官百余人。一分校迁址到汉中后，国民政府要员先后来此视察工作，校长蒋介石于1944年亲自来南郑校本部主持学生毕业典礼，活动完毕后就下榻于圣水寺东院厅房。国民政府军事委员会委员长（蒋介石）汉中行营主任李宗仁的办公室及卧房位于圣水寺东院正房，寺内尚保存一块国民政府监察院院长于右任为其翁亲何根山题写的墓碑。（据中国黄埔军校网）

铺。行李很简单，只需要摆放整齐，而床铺就是一条军毯铺在稻草上。整理完毕之后就去收拾个人卫生，并整理自己的鞋袜。在这期间，队里的炊事员就把饭做好了，炊事员背着锅、米、面、菜，一队有十二三个炊事员轮流挑担，到宿营地后做饭的、做菜的各司其职，一小时左右即可开饭。各班有两名值日的，一个打饭，一个打菜，有时全队在一起吃，有时各班在各班吃。

吃过饭可以到外面散步，有名胜古迹的地方可以游览一番，如张良庙、马道驿。马道驿是萧何月下追韩信的地方，萧何追到此处劝韩信回去，到汉中后刘邦才拜他为大将。不想外出的人可以在驻地休息，到晚上9点值星官集合点名，有时队长讲一讲行军的情况就解散休息，如没有特别的事队长就不进行讲评。

到达汉中以后，没有正规兵营，也没有洛阳的设备齐全，更没有双人铁床。我们住的是平房，睡的是木板通铺，发的服装是一身黄呢子衣裤，一双翻毛黄牛皮鞋。领章是铜质蓝色，两个圆形的标志里分别写着“军校”“学生”四个字，分别戴在衣领上，制服穿到身上，立即显得神气多了。

伙食每人每月7.5元的标准，这在当时确属较高标准。主食是大米，副食随时令季节调节，可以看出上级对我们学生的关心，更说明上级对我们这些未来的军官抱有很高的期望。

黄埔军校的校歌那激扬的曲调、豪迈的情感让正当年少的我热血沸腾，直至今日我还清晰地记得：

怒潮澎湃，党旗飞舞，
这是革命的黄埔。
主义须贯彻，纪律莫放松，
预备作奋斗的先锋。
打条血路，引导被压迫民众，
携着手，向前行，
路不远，莫要惊，
亲爱精诚，继续永守。
发扬吾校精神，发扬吾校精神。

在我的记忆中，第一课就是唱校歌。队长讲：“我们都是革命军人，要继承总理遗志，打倒军阀，打倒帝国主义，目前就是打倒日本帝国主义。”当时年少，正是血气方刚的年龄，又正赶上日寇大肆入侵祖国，我们唱过校歌、听过队长的讲话之后是热血沸腾，斗志昂扬。

正式入校之后，我们每天“三操两讲”，都是按部就班、井井有条、一丝不苟。所谓“三操两讲”，就是每天早上、中午、下午三次出操训练和两次讲课。早操跑步，起床后，洗脸完毕，马上全队集合跑步，一口气跑七八里路，跑得大汗淋漓。收操后吃早饭，饭后就是午操，时间为120分钟，课目是制式教练[①]，内容是立正、稍息、向左右转、齐步走等，还有队列教练，以班、排、连的队形交换步法等。午操收操后，再上完两堂课就是午饭时间，饭后有120分钟的午睡时间。之后就是野外演习。

①制式教练：军事上指按照条令规定进行军人队列动作的教练。

野外演习的内容非常丰富，从单兵的行军中充当斥候[①]，再到宿营后站岗放哨，还有班排连的攻防进退演习。

汉中拜将台

除了正常的“三操两讲”，每周还有两次夜间演习，每月还有实弹射击。先练步枪，再练轻重机枪、迫击炮，每项训练都要达到要求标准。除了这些训练之外，我们还要进行筑城演习：在野外构筑单兵掩体、交通壕、掩蔽部。还有测绘演习，我们要在野外现场按比例尺画出当地的地形地貌。

每天上午除操练之外，就是上课，内容有战术教程，讲团、营的攻防、追退、夜战等，还有筑城教程、测绘教程、政治、野外勤务、射击教范、步兵操典等。

整个军校的生活既紧张严肃又丰富多彩，充满朝气。每逢星期日，同学们就会三三两两地外出散心，有的去汉江游泳，有的去城南拜将台，据说这是刘邦拜韩信为大将的地方，拜将台碑为冯玉祥所立。

1938年秋，在汉中北校场，我们1000多人集体宣誓加入了国民党。

在军校生活中有两件事值得回忆：

一件是挖防空洞。1938年正是日寇疯狂进攻中国的时期，对中国的大后方经常进行轰炸。汉中作为重镇，自然难以幸免，校方也必须采取防空措施。我们在开课后不久就开始挖防空洞，其间停止一切出操上课，全力以赴，整日在工地作业。工地在汉中城南城根下，每班挖一个洞，洞与洞之间间隔10米，洞口高2米，宽1米，深1.5米。汉中城的城墙都是用砖砌的，非常坚固，挖起来也就比较费力，进度很慢，因作业面狭窄，只好两个人一班，轮流作业。挖出来的砖渣，就地平整在洞口，就这样大概挖了一个月的样子，才完成任务。

防空洞挖得很辛苦，可是我们一次也没用上。每次空袭的时候，我们都在野外进行演习，只好就地利用地形进行隐蔽，等解除警报后再继续演习。

空军军士学校（图片来源：中国飞虎研究学会网站）

另一件事是搬运汽油和弹药。后勤部

①斥候：古代的侦察兵，起源于汉代，分骑兵和步兵，一般由行动敏捷的军士担任，是一个相当重要的兵种。

设在汉中，有储存弹药、汽油的仓库，据说有汉奸打信号弹指引，曾被日寇的飞机投弹命中起火，汽油燃烧的浓烟冲向高空。为了避免遭到更大的损失，校方命令全校学生连夜搬运转移地点。搬运汽油时，我们学生负责装卸；搬运弹药是由1000多人排成一字长蛇阵，互相传递。可能是怕暴露目标，都是在夜间作业，整整搬了一夜，两只臂膀累得酸痛。

1939年元月，我们提前毕业，准备回山东打游击。想到要和小鬼子拼命，我摩拳擦掌，跃跃欲试。

毕业典礼后，校主任祝绍周点名，当他看到我面貌稚嫩、身材瘦矮时，就问我：“你能带兵打仗吗？”我说：“能!”他又问：“你是否愿意留下和下期同学一块儿毕业？”我说：“我想早一天到前方打仗。”他说：“你考虑一下吧，考虑好明天到办公室找我。”第二天，我和另一个同学一块儿到了主任办公室，他很和蔼地问我是否已经考虑清楚，我又坚决地向他表达了我愿意回山东打游击的意愿。见我如此执着，他便说：“好!你们回去吧。”

恰在这时，航空委员会向军校要50个人，我就被分配到航空委员会下属的空军军士入伍生总队去了。离开学校之前，学校给每人发了一笔制装费，让我们到服装店去做套军装，还买了武装带。军校发给每位学生一把佩剑，上刻有校长蒋中正训示的“成功”“成仁”，十分神气。

抗战时期空军军官学校招生不足，因此空军航空委员会成立“飞行士学校”，招生对象以国内初中毕业生为主。初中毕业生不能报考军校，但可以报考空军军士学校。不论是军校还是士校，要被录取，最关键的似乎不是学历，好像也没什么认真的书面考试，但必须要通过一套严格的体检。每次报考空军的考生几千人，通过体检的通常只有几十人。

空军士校招考有许多不同科目，都以队来区分，有飞行士队、通讯队、射击队、机械队等，总归都是“天之骄子”，自以为高人一等。

中正剑

招考到的学生都到重庆铜梁县旧市坝入伍。凡是进入空军军士学校的，都在这儿接受洗礼，正式的称呼是“空军入伍生总队”，最高军官是总队长。在由铜梁县进入旧市坝的营区竖立起两根柱子，分别刻着“民族复兴路”“空军第一关”。空军飞行军士学校大门上书写了两行字：“贪生怕死毋入航校，升官发财勿入此门。”

空军军士入伍生总队驻在四川铜梁。我们经过广元、成都、内江、重庆，逆嘉陵江而上，经合川到达铜梁。因为是新成立的单位，所以在我们和其他地方抽调的人员到达之前还没有学生。学生们入校后分成4个队，每队135人。我和军校的同学们都是少尉班长，黄埔十一期或十二期的学长们任区队长，黄埔七期、八期的学长们任队长，总队长是东北讲武堂毕业的，曾任过张学良部队的少将旅长。

每期学生要进行3个月的入伍期训练，都是步兵的科目，尤其重视体能锻炼，对单双杠、木马、平台、吊杆要求更严，每人必须要达到一定标准才算合格。像单杠要举腿上，木马要并腿跳，平台要跪跳下，科目看似简单，但是如果不在这3个月之内付出极大的努力，是很难完成的。

按规定，少尉晋升中尉是一年半的时间。我在1940年6月晋升为中尉，职务由班长升为区队长，也有些同学虽然军衔升了，但职位仍然没动。

我总觉得前方战场上的将士们都在流血牺牲，而我自己躲在大后方，实在是于心有愧。我时时寻找着去前线的机会，我所在队的少校队长要到前线去带兵打仗，我多次主动找到他，希望他能够带我一块走，可惜都遭到了他的拒绝。这让我很失望。

因为去不了前线参战，心情郁闷，我就在航空入伍生总队请了假，经过同事介绍于1941年春季来到成都空军军士飞行学校，校长是空军少将刘炯光，我仍然担任区队长，负责学生生活管理。

成都空军军士飞行学校比较正规，住房是现代化的兵营，睡两人铁床，吃饭有餐厅，厕所是抽水马桶，还有大礼堂，生活质量比原铜梁的入伍生总队强多了。

我每天带学生到太平市机场，把学生交给飞行教官，等飞机课程结束再带学生归队，下午在队里由教官给他们上课。我利用这些时间进行自修，但没有带兵打仗的机会，我心里非常着急。

正当我在飞行学校里摩拳擦掌的时候，身处大西北的胡宗南正在整军备战、厉兵秣马，我想，到那里去参加战斗的机会一定会多些。1941年夏季，我经同学介绍投奔西安黄埔军校第七分校，分配到入伍生团，准备到浙江接新生。不巧的是，此时我感到身体不适，就到学校医院去看病，医生简单地听了听、敲了敲，说：“怎么不早来看病，赶快住院。”这个医生是广东中山大学毕业的高才生，医术十分高明。经他诊断，我得了肋膜炎，住了两个多月的医院。等我出院后，团领导认为我身体不能长途跋涉，把我调到另一个入伍生团，仍留在西安。

1942年初，我从陕西渭南接收新生后，从西安南引驾回镇开拔，来到陕西岐山周公庙，开始了对入伍生的训练。那里依山傍水，环境优美，民风淳朴，生活紧张有序，我和学生们之间的关系也非常融洽。这时我团又接到命令，调拨到汉中的黄埔一分校，这样我又回到了母校任职，带领全连学生从岐山经凤翔、宝鸡、大散关、凤县、双石铺、庙台子、留坝、马道驿、褒城到汉中圣水寺。

在汉中，我们团驻在巴山北麓、汉水南岸的一座庙里，东西连绵几十里，团部驻在圣水寺，寺内有株桂花树，几个人合抱不住，相传是汉丞相萧何所栽，每到中秋时节，桂花香飘数里。寺外侧有五龙泉，据说水有红、黄、蓝、紫、黑五种颜色。

这个阶段学员们的训练比较轻松。早饭后出操，其他时间学习语文、数学、物理、化学，教师是从西北医学院学生中聘请的。这几年做教官的时间里，虽然没有直接上战场，但培养的几百名陆军、空军学员日后都成为抗日杀敌的军官，我也感到自豪和欣慰。

1943年，我得知在西安入伍生团的一位营长要到第16军预3师当团长，我认为这是上前线的绝好机会，就马上去信联络，不久，接到他的答复，我精神上为之一振，立刻准备行动。由于参战心切，就连请假手续都没有办就不辞而别了。

当时第16军预备第3师驻在陕西韩城。我从汉中经西安、渭南、蒲城、合阳，到达韩城相里堡见到王团长。他对我不远千里相投表示很高兴，恰巧这时副师长也在团里视察，他和我谈了一次话，不久就任命我为第1营第3连连长。此时全面抗战已经到了第六年了，经过辗转曲折的道路，我终于完成了带兵杀敌的愿望。我与士兵们同甘共苦，摸爬滚打在一起。到了1943年冬季，我们营换防去守黄河河防，防止日军从山西渡过黄河，直接冲击西安，威胁西北大后方。此事责任重大，思想需要提高警惕，不能有一丝麻痹大意。

我连驻守韩城芝川镇以南五六里宽的黄河防线，防御工事构筑在黄河滩上，驻地在靠河滩的岸边上。我也驻在黄河岸边，每天面对朝霞和一眼看不到边的黄沙黄水，不禁想起了李白的诗句："黄河之水天上来，奔流到海不复回。"夜间，我到河滩查哨，当时哨兵都是复哨，以防疏漏，两小时一换，没有人睡觉偷懒。

守了三个月的河防，我们团被换下来驻芝川镇西南十里的一个村进行整训。为了加强体能训练，我带人扒了一个庙，做了九副单杠，为此还受到团长的批评。我要求每人最终都能完成曲身上杠，从挂腿上杠、举腿上杠再到曲身上杠逐步训练，我自己率先示范做出榜样，再令士兵做。经过两个月的努力，全连官兵的身体素质都有很大提高。我还特别注意部队的行军锻炼。早晨跑步，每人小腿上绑上1斤重的沙袋，一个月之后沙袋加重1斤。两三个月之后，去掉沙袋再走起路来，可以说是身轻如燕，快步如飞。

1944年，日寇进攻洛阳，第16军奉命出潼关阻击日寇西进，我团作为前卫，强行军一天一夜，走了200里路，我连没有一个人掉队。到达河南灵宝之后，日寇已经退却，我们一直追到陕州大营，沿途看到很多被打死的日军马匹未曾掩埋，还有丢弃的车辆。我团3营是前卫，9连是尖兵连，他们在大营追上了日寇，战斗异常激烈。师长陈鞠旅率部在夫妇峪迎头痛击来犯日军，我团在1500高地全歼日军一个中队，战后被授予武功状。这次会战历时约10天，粉碎了倭寇西进潼关、威逼关中的企图，稳定了西北地区的形势。战役结束之后，我们奉命折回灵宝，在灵宝构筑工事，防备敌人反扑。战后，我团为壮烈牺牲的郑连长举行了追悼会，我代表3连送上花圈，挽联上写着杜甫的诗句：“出师未捷身先死，长使英雄泪满襟。”

1944年秋，我们到陕西韩城休整。到了1945年夏，我参加了在西安南王曲镇举办的中美训练班。这是为了接受美国装备而成立的组织。参加的人员有师、团、营、连、排各级干部，所学的新式武器有火箭炮、战车防御枪、八一迫击炮等。比较有特色的是火箭炮，它是一种攻坚武器，穿透力极强，能穿透1米多厚的钢筋水泥之后爆炸，在战场上极为实用；战车防御枪是专门防御敌人战车的武器；八一迫击炮和我国的八二炮看起来差不多，但是它的炮弹威力极大，炮弹爆炸产生的气浪可以使敌人窒息而死。除了学习使用武器装备，还学习了许多战术理论。在战术上，他们主张的是唯武器论，不强调人的主观能动性。在训练班里，我最大的收获是感受到了美国人的负责精神。不论讲课还是出操，教官们都很认真，一丝不苟，一个问题通过翻译官连讲两三遍，他们也不厌烦。训练班结束后，我们回到陕西大荔军部，也办起训练班，使各连基层干部都学会使用新武器。我负责传授使用战车防御枪这个科目，野外演习时负责指挥连的攻击。其间我和美国顾问一起考察地形，编写教案。我不懂外语，讨论研究都是通过翻译进行的。

1945年8月15日的夜晚，军部举行活动，剧团的演员正在台上唱着秦腔，不知道是谁大喊了一声：“日本投降啦，日本投降啦!”戏场上马上炸了窝，大家成群结队跑到大街上，开始自发游行去了。大家边走边喊口号，还到商店买来鞭炮燃放，那种欣喜若狂的心情是难以言表的。狂欢的时候，路边有个人说一句“无聊”，大家都认为他是汉奸，就把他揪出来揍了一顿。

战乱中的求学之路

郭建华，男，1920 年农历七月十五生，洛阳偃师市段湾镇郭湾村人。1937 年至 1938 年初分别在 106 师、84 师当卫生员，1938 年在甘肃清水国立十中学习，1939 年至 1940 年在绵阳国立六中学习，1941 年 8 月至 1944 年 9 月在重庆军政部军需学校学习，1944 年至 1949 年分别在第六军需部、青年军 205 师、空军航委会贵州省第六军粮补给所、南昌空军站工作，1949 年至 1980 年在家乡从事税务、教育工作。

1936年开春，我在老家高小毕业后就上不起学了。家里说要做活就做活，不做活就做生意。那时候跟着别人做生意就是挑着挑子外出赶庙会，我觉得没出息，就悄悄离家出走到了西安。离家时身上只带了十块零两毛钱，不想干别的，就选择“吃粮”，就是当兵。当时赶上沈克的106师招兵，我报名参了军，不久随部队开到河南驻马店。我因为有文化，在军部军医处当了卫生员，服务一位年老的军医处长。

我有个大哥，比我大16岁，早年曾在私立南洋医学院学习，后到了高桂滋的西北军84师军医处当外科主任。我参军后和大哥取得联系，他亲自到驻马店把我接到邯郸，我就随大哥所在的84师开到察哈尔赤城，在军医处战地救护训练班学习，当看护兵。1937年8月，汤恩伯部队在南口与日军作战二十多天，我们部队得以转移到山西广灵县休整。1938年，部队开始裁减老弱病残及家属，我因年纪小，身体弱，夜行军跟不上队，也被裁减了，护送着眷属们，分两路内撤。我乘火车到洛阳下车，但还是不想回家，正好赶上国立十中[①]在洛阳招生，我就报了名，随学校一路到甘肃天水清水县。国

①国立十中：抗战时期，为了救济失学青年并发挥教育功能以增进抗战实力，国民政府先后创办了30余所国立中学，改写了中央不直接办理国立中学的历史。这种中等学校教育，在学校管理、教学内容和师生成分等方面均异于平时。它的创办，既培养了战区大批中等教育人才，使东部地区中等教育现代化不致中断，又促进了西部地区中等教育的开发和发展；既推动了战时各级各类教育的整体进步，又充实了民族有生力量，从而支持了抗战大业。从1938年到1943年，全国各地联合进驻后方各省的内迁中学组成国立中学，共计22所。国立十中于1938年创办，1946年由甘肃迁至信阳，更名为河南省立信阳中学。（据《近代史研究》2003年第3期《抗战时期国立中学的创办及其意义》）

立十中是抗战时期相当好的学校，收容了沦陷区大量的失学青少年，有初中两部，十个班，小学两部，高中一部，我考上初中插班生，开始专心学习文化。当时国家虽然很穷，但把我们的学习、生活费用全包了，利用庙宇、修建草房当教室。记得当时有位许逢熙校长，他是河南鲁山人，在美国耶鲁和加利福尼亚大学学过七年，是国民政府教育部西北区的督学兼国立十中校长。他知识全面，有一次，他看到我们班老师因故没来上课，问了问该讲什么了，就临时给我们上课，教英文，讲美国的风俗人情。许校长对学生好，全校学生提起许校长都觉得跟父亲一样。在许校长的领导下，国立十中的风气好，老师关心学生，同学们都是离乡背井的，都相互关爱，勤奋学习。当时没有节假日，星期天上午做纪念周时事报告，下午自由活动，洗衣服。

国立十中校徽

1938年底，有人鼓动学生闹风潮，高中部几个比较好的教师挨了打，人家请假不干了，学校开始混乱起来。我和五位同学一起商量决心去南方再找一所好的学校继续学习。到宝鸡后，其他四位同学开始思想动摇，改主意要回家，最后我决定一个人继续南下求学。

我从宝鸡到褒城搭的“黄运车”，“黄运车”是一种运货的汽车，车顶可坐人，收费少。从褒城起搭上了“羊毛车”[①]。“羊毛车”其实是军火车。当年苏联支援国民政府抗战，卖给我们武器，从新疆用卡车运到西安、重庆。为了伪装，在上面盖一层羊毛包，所以叫“羊毛车”。“羊毛车”有时也因奸细打信号弹通风报信而遭到日军飞机轰炸。路上我碰上一辆“羊毛车”，开车的是一位姓彭的南京青年。我跟他说想搭车，他看我是个学生，比较放心，就让我搭上他的车，夜里我负责住在驾驶室里看车，这样没花一分钱到了成都。到成都后举目无亲，身无分文，流浪到华西坝，捡到一张德国纸币，就在华西大学附近向外国人打听这张钱能不能用，就在这时我巧遇国立十中高中部的一位李老师。我就像碰到救星一样上前和李老师打招呼，做自我介绍。李老师问明情况，写了一个便条，介绍我到绵阳国立六

①羊毛车：抗战时期称运输苏联援华军火物资的车队为“羊毛车队”，以对外称“从新疆运到西安中国机器打包公司和咸阳纺织厂的羊毛原料”而得名。（据《近代史研究》1993年第6期《抗战时期苏联援华飞机等军火物资数量问题的探讨》）

中[①]继续学习。学校有了着落，还要解决眼前的吃饭和去绵阳的路费问题。我就壮着胆子以宗亲的名义找到教育部一位郭姓厅长，向他讨了五元钱，这才赶到国立六中重新开始学习。

国立六中校长叫葛维芬，我在高中部学习近两年后毕业。

1941年8月，我来到重庆流亡学生报到处报到，又报考军政部军需军校[②]，考了三天，都由国家管饭，作文答卷我是按当时《大公报》一篇社论《抗战必须出才论》写的，结果被顺利录取了。

原军需学校的老校门（图片来源：《重庆晚报》）

军需学校原在南京，抗战后军校统一管理，校长是蒋介石，校址原来在江北，被日军炸毁后迁至北碚蔡家岗洪家榜，那里有个桃花岭，风景优美。入校后半年军训，按德国步兵操典训练，还要学习军事理论，中国的“孙子兵法十三篇”要求会背诵。我们学习的军需专业教材大都是英、美、日的，功课分得很细，海、陆、空各兵种的后勤供应，衣、食、住、行方方面面都要系统学习，如粮秣经理要学习粮秣的征购、运输、储备、分配等，被服经理学习毛织品、丝织品、棉织品的染整、裁剪、供应，仓库的防水、防火、防盗，钱饷的会计、统计，法律上学习民国《六法全书》。蒋介石曾到校视察过多次。蒋的讲话简单明了，主要讲抗战第一，什么都没有抗战重要，政府一定会坚持抗战到底，就算打到喜马拉雅山也决不会求和。

当年日本经常轰炸重庆，最多时连续72小时轰炸，重庆警察、宪兵组织救火，城市很有秩序。我们每天看到报纸上有关轰炸中伤亡的报道，都会悲痛落泪。

在军需学校，我学到了以后立身的专业知识，成了对国家有用的人。

1944年9月毕业典礼上我加入了国民党。

毕业后我们同学13人一起按照命令开赴柳州第六军需部报到。每天要步行上百

①国立六中：由原山东省立一中和齐光中学等校联合于1938年在河南许昌组成，原名为山东联合中学，后迁至湖北郧县，改为国立湖北中学，再迁到四川绵阳，改名为国立山东中学，最后又按顺序改为国立六中。（据《四川档案》2010年第5期《抗战内迁绵阳的国立六中纪实》）

②军政部军需学校：前身是北洋陆军军需学校，于1912年3月由孙中山创办，是国民政府唯一培养军需人才的学校。全面抗战爆发后，军需学校迁重庆办学8年，为抗日前线输送了上千名专业军需官。1938年2月，迁至江北县县立中学旧址；因日机轰炸，1938年7月迁往北碚蔡家岗洪家榜（现重庆市24中校址）；抗战结束后，于1946年还迁南京，后迁台湾。（据《重庆晚报》）

里，从桂林到柳州，没有脱过衣服。当时负责军需的人员也要随时准备参加战斗。日军空中优势明显，常遇到敌机袭击，桂柳一路伤亡惨重，敌机机枪扫射时子弹密集，弹点相隔不到一尺，有时候眼看着战友被炸死，自己也无能为力。我在军需学校的同学林玉珊、黄明坚、卓海伦等都不幸牺牲了。

抗战后期，中国抗日军队逐渐正规化，军需保障发挥了很大作用（图片来源：《重庆晚报》）

1945年初，我接到通知后到贵阳青年军205师报到，驻南丹、河池，任陆军中尉军需官，师长是刘安琪，205师有613、614、615三个团，我的任务是被服管理。

1945年8月日本投降，我被调到空军航委会贵州省第六军粮补给所，负责空军单位军粮的领、拨、报销等工作。

1947年返乡探亲时结婚。

1948年调到南昌空军站，负责江西空军被服管理工作。

1949年5月22日，南昌和平解放，我所经管的被服物资、账目、档案、家具等，均按要求造册移交给陈赓部队的石永庆等三人接收。当年8月以后转入地方工作，先后在荆门、京山、钟祥等县从事税务及税务制度培训等工作。1953年因“清理阶级队伍”返回原籍河南老家。1954年经亲友介绍到洛阳孟津、偃师等县从事教育工作，至1980年退休，其间多次遭受政治运动冲击。

我最佩服的人是孙中山、蒋介石和邓小平。

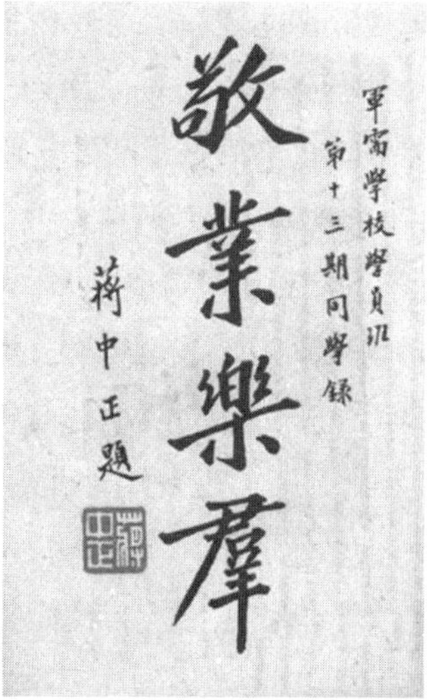

蒋介石给军需学校第十三期学员的题词

军乐队小兵

石振东，男，1931 年 3 月生，洛阳偃师市邙岭乡东蔡庄村人。1942 年在西安战干团少年工作总队当学员，1944 年在胡宗南第 1 师军乐队当乐手，1949 年在解放军四川成都温江军分区文工团当团员，1952 年转业回乡务农。

1942年河南闹灾荒，连榆树皮都吃不到，我那时还不到12岁。胡宗南西安战干团少年工作总队在洛阳招学生，管吃饭管上学，收够一车皮就拉走，听说总共收有3000人。这批学生都和我年龄差不多，最大的也只有十五六岁。

我们到西安后不到两个月就被带到武功县开荒种地，干了几个月又回到西安，在西安城西门里面北马道巷部队营房驻扎学习。营房大炕能睡几十人，我们都编成班学习，我编到初中班。因为在家没上过几天学，所以啥也不懂。我们的队长对我特别好。有一次我得了霍乱，发高烧，两条毛巾轮着冷敷，毛巾烧得直冒热气，队长怕我救不过来，事先找了个装火柴的木箱子，准备我死后埋葬时用。到最后队长还是不忍心看着我不行，就想办法请医生，花钱买了606针，打双针，试试看能不能救过来。医生把针打上后，转到外厢，一支烟没吸完，我的眼皮会动了，活过来了。

在少年总队时，有一次挑飞行员，我所有检查都过了关，最后因为身上有个烧伤的疤没通过。

抗战时期浙江联高军乐队在南田排练（图片来源：《温州日报》）

在西安期间，我和伙伴们去黄埔军校洗澡，看过学校的军乐队表演，很喜欢。1944年年底，部队军乐队到少年班招人，我毫不犹豫就报了名。因为时间仓促，走的时候没有来得及告诉救过我的队长和班里的同乡同学。

军乐队驻在渭南赤水镇，属于胡宗南第1师。师长重视时就给军乐队添人添官，不重视就减人。军乐队编制是32个人，负责人相当于排长。我当时是最小的，最大的五十多了。平时跟着老师学习，刚上去练“拔音”，4点钟起床，吹1、2、3、4、5、6、7音阶。一开始我学吹小号，天冷，手冻肿冻烂。因为我手指头灵活，又改吹黑管。黑管一米二长，七个指头按孔。不多久就学会了《国歌》《阅兵歌》《升旗歌》，《义勇军进行曲》过去也天天吹。学会三个歌就可以当下士班长了。

平时按队长的指示，哪里需要就到哪里吹，还帮助部队训练过军马哩，就是让军马适应战场情况，不容易受惊，方法就是对着战马吹号，直到它习惯为止。

1949年我随部队到四川后脱离了原部队转入解放军温江军分区文工团，1952年转业回家务农。

抗战时期的一篇作文

吴云山，男，1924年农历七月十五生，洛阳市西工区红山乡下沟村人。1938年考入国民党中央战干第四团，1942年任独4旅中尉军需，1945年任西京警备旅上尉军需，1947年起回乡务农。

我10岁前在家乡读私塾，学《三字经》《百家姓》，10岁过后改为国民义务小学，13岁时学校请了一个校长叫王文汉，是地下共产党。他上课总讲"阶级斗争""托洛茨基派"，还私下发展我们同学入党，我也入了党。他还发展50来岁的贫苦农民刘正（音）入党，召集我们三五人夜间偷偷开会，说共产党是民间政府，领导穷苦人民翻身，打倒统治阶级等等这些事。我帮王文汉给东斗沟联保主任送过信，他也是共产党。我15岁那年，有人告发了王文汉，他舅和国民党区长魏子房（音）关系好，给他透信儿，他就改名王干成，连夜跑到渭南蒲城，连被子都没有来得及带，是我和同学把被子送到他舅家的，随后就和他失去了联系。

上小学时有篇课文深深触动了我，记得内容是：我的妈妈，正在抚着我的额角悲啼，猛然一声炮响，把我从梦中惊醒。妈呀，你刚才为什么这样凄惨，这样伤悲……内容记不全了，正是这篇课文促使我后来参加抗日。现在老了，还总想找到这篇课文再读一读。①

①关联资料：抗战时期小学课文《梦见妈妈》：我的妈妈，正在抚着我的额角悲啼，猛然一声炮响，把我从梦中惊醒。妈呀，你刚才为什么这样凄惨，这样伤悲？莫不是风雪残年的寒宵，你叨念着天涯漂泊的爱儿。妈呀，儿此时正卧在积雪的疆场，饱尝人间艰苦的滋味，衣着被薄，腹内苦饥，朔风吹冻了儿的热血，积雪浸透了儿的征衣。妈呀，儿此时所听到的，是枪声断续，战马长嘶，寒村的狗吠，午夜的鸡啼；儿此时所看到的，是明灭的灯火，飘荡的旌旗，树梢月冷，天上星稀，但不知明夜此身，又在何处？妈呀，妈呀！儿其时为着党国便把美丽的故乡忘记。谁不梦想家庭的甜蜜，谁不贪恋骨肉的团聚。只因为这片荆刺丛生的大地，挂着我心头的万缕归思。不过要实现我这小的理想，必先补好大地的疮痍。妈呀！战地上躺着的许多僵尸，哪一个不是他妈妈的爱儿！（《再读〈梦见妈妈〉心得》）

随后我考入洛阳复旦中学，校长叫谢广汉，代理校长寇子训（音），校址在老城，学校前身是贫民学校，有初中部和高中部，教师南希光（音）、李聘清（音）、赵文甫[1]都是地下党。赵文甫是历史老师，他不讲课本，光讲阶级斗争。赵文甫后来改名叫赵文渊，解放后任河南省省委书记。上中学时我参加过很多次抗战示威游行和宣传活动，会唱很多抗战歌曲，如《义勇军进行曲》《大刀进行曲》《青年进行曲》《松花江上》《工农兵学商》等。

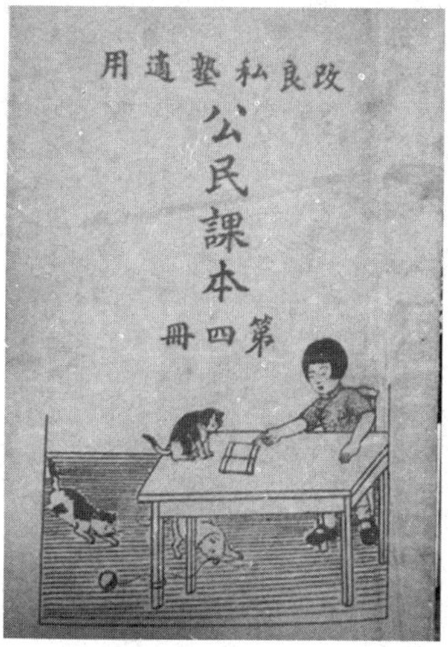

抗战时期的小学课本（图片来源：《洛阳晚报》）

在复旦中学上了一年半，费用一年几十块现洋，家里条件不好，上不起了。1938年，中央战干团在洛阳招生，我报名参加考试，记得作文题目是根据“炸弹”一词写一篇作文，我写的作文题是“炸弹的自述”，大概内容是这样的：

> 我是一颗日军的炸弹，但是是一颗哑弹，不会爆炸，因为我知道我的老家在中国东北的铁矿，是日本人把我挖出来，运到日本炼成钢铁做成炸弹，再投到中国，我不愿炸中国人，所以没有爆炸，成了一颗哑弹……

后来我被录取了，和80名同学一起从洛阳坐火车到西安，编入西安“战时干部训练四团”第5期第2总队第8队。学校设在西安小南门外，属普通班，学初中、高中文化。当时还招有“韩青班”，全是韩国人，“地政班”是学习地方政治工作的。我在此学习三年后改入特科总队“经理班”又学习了半年。经理班是第一军需局代办的，是为军队军需独立服务的，主要学习会计业务、审计业务、统计业务。

1942年，我毕业后分配到洛阳第一战区长官部经理处，从事补给业务，三个月后，又调到独4旅第2团，旅长是王步辰（音）。第2团团长陈玉武（音），是湖南湘潭人。我的职务是中尉军需，负责被服。1944年，日军进攻洛阳，城外的独4旅撤退

①赵文甫（1913—1990）：原名赵文渊，河南新安人。1934年夏，赵文甫考入河南省立辉县百泉乡村师范学校，在学校受到革命思想的影响，和进步同学一起，发起组织了“新垦文艺社”，编辑出版了《海星》文艺月刊，以各种形式进行抗日救亡宣传活动。1937年7月，赵文甫在百泉乡村师范学校毕业后，到洛阳明德初中任历史教员，担任过洛阳县委书记、洛阳城区区委书记等职务。发动和组织洛阳城乡抗日救亡活动，输送了一批进步青年前往延安。曾任省纪律检查委员会书记、省委常委、省委第二副书记、省委书记处书记等职务。（据河南省地方史志编纂委员会《河南省志·人物志》，河南人民出版社）

时没有通知城内的人员，我和部队失去联系，转移到洛阳附近山沟里躲避。洛阳由15军守卫，15军从龙门打到洛河桥、西工、邙山、老城，打了十几天，弹尽粮绝后才离开洛阳。

1945年日本投降后，我经人介绍到西京警备旅当上尉军需，后来开到陕西耀县。部队整编时我去了西安24军官总队，待了一年多，没事儿干，又调到豫北师管区新乡团管区，还是干军需。

1947年，我家里两个兄弟得伤寒病先后死去，母亲不顾危险亲自去部队找我回家，我打着送母亲返乡的名义回到老家，脱离了部队，以后一直当农民。

15岁，我在59军当报务员

高尚琦，男，1928年生，河南南阳市卧龙区英庄镇高营村人。1942年参加国民党通讯兵第5团学兵队，1943年分配到国民革命军第59军任报务员，1948年至1962年在解放军第21军任报务主任等职，1963年转业到地方工作，先后在南阳市工商局、统战部民宗局主持工作直到退休。

小时候读私塾读到上《论语》，改到黄营小学上学堂。1942年高小还没毕业，河南闹灾荒，家里没吃的，也上不起学了，就到湖北老河口城北门外我外婆家躲灾。到老河口以后，正逢国民党通讯兵第5团招学兵，我就报了名，后来考上了，编进通讯兵第5团教导大队，驻在老河口城外马头山。部队在这儿盖了草房当营房，在这儿学习了一年多时间，主要学习发电报、收电报。课堂内容学完以后，我可以自己操作了，又到教导大队的电台上去实习。过了一段时间，我就可以正式当班了，成了正式的报务员。那时，我才15岁。

接着，我们五十多个学员一起，在区队长胡登健的带领下步行二十多天到达四川黔江，在通讯兵第3团继续学习提高，这里的学习要求标准更高。在黔江过罢年，到第二年春上，学习结束后，我被分配到第33集团军第59军暂编第53师师部电台当报务员。当时集团军司令是冯治安①，军长是刘振三。当时我们师驻防在湖北南漳武安岩抗日的第一线，师部设在农村。每逢星期天，翟紫封师长都要召集师直属机关的人员训话，讲太平洋战争、全国抗战的形势，我们听了都觉得很受启发。电台里有报务员、见习员五六个人，我当时算年龄比较小

①冯治安（1896—1954）：河北省故城县东辛庄村人。自幼贫苦，少年从军，投身于冯玉祥将军麾下，历任国民革命军29军37师师长、77军军长、33集团军总司令等职。1937年日本侵略军在北平卢沟桥悍然发动了举世震惊的七七事变，时任国民革命军29军37师师长兼河北省政府主席的冯治安，毅然指挥37师与日本侵略军展开了英勇不屈的战斗，拉开了中国全面抗日的帷幕。1949年随国民党去台湾，任“中枢战略顾问”等职。1954年因脑溢血在台北病逝。（据《钟山风雨》2005年第8期《我所知道的冯治安将军》）

的。此外还有几个“摇机兵”，就是管发电机的。当时有两种发电机，一种是5瓦的，一种是15瓦的，更大的发电机只有在集团军总部比较固定的电台才能用。我当时虽然年纪小，但因为有技术，平时当兵的对我都以先生相称，部队转移时报话机都是由专人背着，我只背着自己的背包。我当见习员时是上士，当报务员时就是少尉了，报务主任一般是上尉军衔。抗战末期，美国送给中国一批报话机，我们过去用的是报机，只能发电报，不能说话，报话机既可以发电报又能直接说话。打仗时，报话机都分配到团里使用，我们报务员也下到团里工作，打完仗报务员和装备都收归军部统一管理，年轻的报务员们又汇集到一起生活、训练，很是开心。

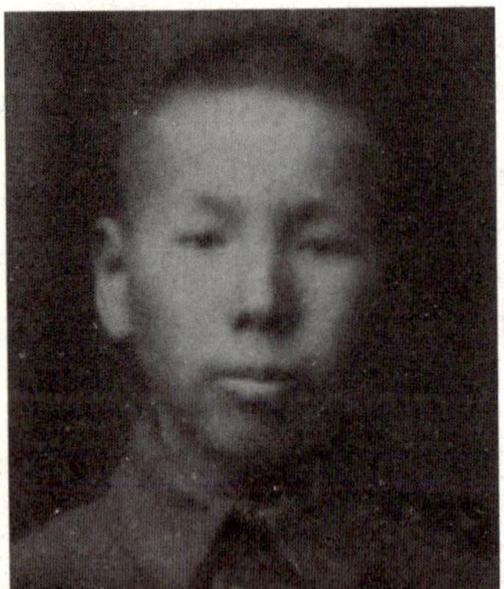

15 岁时刚参军的高尚琦，因体瘦，拍照时用硬纸撑起衣领（图片由口述人提供）

部队当时用的是密码电报，我们报务员只管收发电报，不管密码，密码由机要科的译电员负责，只有他一个人知道。他到哪里工作，卫士都要站岗，外界是不能接触的。电台上用的呼号、频率、波段我是知道的，所以我发出的只是一连串的数字，什么内容我个人是不知道的。发报时交替使用一长一短的信号，滴答是1，滴滴答是2，滴滴答是3，滴滴滴滴答是4，滴滴滴滴滴是5，答滴滴滴滴是6，这样类推，可以拼出十个数字。此外，还有26个英文字母，比如，滴答是a，答滴滴滴是b，答滴答滴是c，等等，这些平时都要背得滚瓜烂熟，还要训练抄写速度，一分钟抄60个字是最低的，有时要求一分钟抄上百个字，还不能出现错字。英文一般不组密码，只在电台业务用语时使用。

当时，国民党部队和日本人打大规模的阵地战比较多，通常依山势拉开阵线布防。1945年，日本人从荆门进攻南漳的59军和77军，他们先用山炮轰炸，后用步兵进攻，我们部队后来失利撤退，之后，敌人又撤走了，我们又收回了原有地盘。①

打仗时报务员离前线很远，只能听见炮声。有一次，我随团部撤退，因为个子小，身体弱，跑不动，光张嘴就是喘不过来

①关联资料：1945年夏，冯治安去重庆述职，途中得到报告，日军以优势兵力猛攻59军及77军全线阵地，日军配有飞机、坦克及炮兵，两军已浴血激战一昼夜。冯乃从巴东经兴山回部队，沿途接到军事失利消息，59军一名团长在激战中牺牲，两军营、连、排长牺牲很多，士兵伤亡更多。南漳沐浴及日军所占其他各城镇乡村，全被夷为平地。天气炎热，到处是腐尸。冯治安下令两军全线出击，一定要夺回失地。两军经过猛烈反击，终于夺回原阵地。从1939年至1945年日本投降间，第33集团军一直坚持防守着鄂西、江北地区。（据《中国人民抗日战争纪念馆文丛》第四辑《抗日、联共、反蒋，终去台湾的冯治安》）

气，当时的背包是放在一个背篓里面背着的。年纪比较大的湖北籍报务员张铭德，主动帮我背着被子，一只手还拉着我，不让我掉队。后来，实在跑不动了，就由两个士兵架着我的胳膊接着跑。

抗战时期报务兵在紧张工作（图片来源：中国国防部网站）

前方打得虽然很激烈，但等我们后方机关到达的时候，战场已经清理过了，死伤和混乱的情况，我一般看不到，但有时候在山头上的战壕里，还能看见土里露出一只胳膊或是一条腿。有一次，部队夜里和日本人争夺一个山头，在山顶上俘虏了两个受伤的日本兵，用担架抬着他们往团部送，团副得意扬扬地扛着缴获的日本三八步枪。

抗战后期，国民党部队物资供应困难，官兵生活很艰苦。我们师、团机关人员跟着部队行军打仗是常事，在南漳，战事紧张时没东西吃，我们就吃没长熟的谷子。当时军装布料很差，做得也很粗糙，稍用下力就破了，棉花都露在外面，冬天穿着半截裤子，下面用扣子扣紧再打上绑腿就过冬了，冬天从没戴过棉帽。

日本投降的消息我是从报话机上收听到的，得到消息大家都传开了。之后，59军奉命北上，经信阳、罗山到徐州，驻在贾汪煤矿，中间去过台儿庄、临沂等地。后来，33集团军改为第三绥靖区。内战期间，我们电台官兵平时常议论，都是中国人，打啥内战呀，没意思，没劲头。当时，摇机兵们连报话机都不想背，厌战情绪很普遍。有个队长从临沂回来，对我们讲了自己的经历和感受：一天晚上，他们被解放军包围缴械，解放军给他们的政策是想留下的就留下，不想留下的还发给路费、开具路条，让他们回家。这个队长就觉得共产党的政策好，更不想打内战了。

1948年11月，我在台儿庄随59军军部及第三绥靖区的直属机关起义。起义后，报务人员连夜坐车到济南集中学习一年时间，主要是学习政治，让我们认清形势。第二年，学习结束后，我被分配到解放军三野第21军，驻浙江，还是当通讯兵，当过报务主任、参谋、连长，我负责训练报务员，一批有百十个学员。

1963年，我转业回到地方，在南阳市工商局、市管会任副局长主持工作，后调到市委统战部民宗局任副局长主持工作直到退休。我一直干的是单位一把手的工作，但从没被任命为正职，可能是因为我在国民党部队的经历吧。

我在南阳地方团队参加抗战

谢朝敏，男，1926年生，河南南阳市宛城区金华乡东谢庄村人。1944年参加家乡地方抗战团队，1946年参加国民党王凌云部，1947年转入共产党谢庄区大队，后编入解放军骑兵部队，南下时因病脱离部队回乡务农。

一

我属虎，我们这个庄过去有个老染坊，所以叫染坊庄。小时候没上过学，名字都不会写。民国18年闹灾荒，我爷、我娘饿死了，我跟着我伯、我哥长大，家里只有一亩九分地，三间草房。抗战时候，我们这里属于金华乡第十八保，那时候三四个村为一个保，保长叫谢习章。

1944年，我不到19岁，到乡团队当了队员，这也可以顶壮丁。当时金华乡乡长叫殷建华，是金华北边独木桥的大户人家；团队队长是王青汉，也是本地人。团队总共有一百多人，分成几个班，我在第1班，平时穿便衣，自己买有皮带，枪有汉阳枪、捷克式、哥达斯（音），我用的是汉阳造，树上的鸟我一枪就能打下来。

我跟着团队第一次打仗是在金华西边一个村庄外。日军骑兵二十多人从溧河程官营据点里出来往村里来，路边的荆条稞很深，我们就藏在里面，日本人过来我就打，他们拨马就往回跑。有个姓王的大个子开枪打中后面的一个日本人，日本人从马上掉下来死了，王大个子缴了一支枪，得了一匹马。

日本人平时躲在程官营寨子里，过一段时间就要出来弄东西、拉人、奸淫，只要他们一出来我们就打。当时南阳县的团队迁到掘地坪了，西峡团队有千把人，势力大，但离得远，南阳城东南一带主要靠我们这个团队和日本人对峙。在程官营西南角的大王庄和日本人打了一次，我们事先埋伏在这里等日本人出来，战斗中我们一个姓张的队员阵亡了，日本人退回寨子，没再出来。

有一天夜里，我们去程官营据点摸营，把寨门整开，进了寨子没有找到一个日本人，后来才知道他们到南阳投降了。

过去汉冢徐老家有个坏人叫小德娃

儿，才19岁，日军到程官营后他带着十来个人投奔了日本人，平时身上带着两把手枪，跟着日本人趟，日本投降后他带着人马当了土匪，到哪个村都是要吃要喝，还糟蹋人。后来袁庄几个大户人家杀了一头牛、一头猪请我们团队除掉小德娃儿。我们打了几次，捉了几次，因为当时高粱棵儿很大很深，一块高粱地有一百多亩，他们在地里来回跑，没捉住。后来收罢高粱，南阳县的团队也来了人，最后把小德娃儿围在一个土坑里，让他舅上去拦腰抱住，队员们一齐上来才把他捉住了。

小德娃儿被枪毙后，人头被割下来，在南阳校场上挂了一年多。

1946年年里，村里又要壮丁，这次我从团队回来出了壮丁，到南阳待了几个月，过罢年2月份，我又跑回家，当时国民党王凌云在南阳，两个师在山东都被打垮了，剩一个团，就把周边的团队都集中到南阳城里。周边农村很多地盘都是共产党管着，我走到莽张营桥那儿，碰见共产党香桥区王大支和宋政委的人，他们问我当不当八路军，我说当就当吧。后来经他们介绍，我在老家所在的这个区加入了区大队，区长姓刘，政委是关庭秀。区大队有四五百人，我被分配到便衣队，主要任务是外出搞侦察。我发了一支“十子连”手枪，后来又换成了十发步枪，发了满带子弹，步枪带着不方便，放在家里，我又弄了个“三保险”手枪，梭子装在扳机前面，能装20发子弹。

有一次跟着区大队在新野县西边活动，我在一个地主家的板凳上睡着了，房东叫醒我说：“快起来，你们的队伍都走了，中央军来了！”我跑到一个坟园里，把证件塞到一个破砖头下面，用十发枪打了一梭子，他们拐回去了，我跑到七里河边，部队已经过河了，我藏在芭茅棵儿里把对岸的船叫过来，过河后总算找到了部队，但是证件从此就丢失了。

王凌云放弃南阳后，区大队正式编入解放军，我被分配到骑兵队。1949年年底，部队南下，走到邓县文渠集，我生病走不成了。病治好后，因为不识字，找不着队伍，没办法就回来了。解放后听说政委关庭秀到河南当了官，我到郑州找他，又说调到济南了。我没有证件，又找不到证明人，所以现在连低保也吃不上。

传令兵张光银

张光银，男，1923 年生，河南邓州市林扒镇吴岗村人，1939 年参加国民革命军第 39 军，任军部传令兵。1949 年任解放军第 28 军军部传令兵，后回乡务农。

我属猪，91岁了，老家是南阳邓县林扒镇吴岗村的。小时候在吴岗小学读到第四册时出壮丁。我们兄弟三个，要出两个壮丁。当时我们家有七八亩地，条件不好，买不起兵，就参军了，那时候16岁。

我参军的部队是国民革命军第39军①，后来知道他们来河南之前在山东打仗，原来三个师，56师、21师、51师，来的时候剩下两个师。这个军安徽人多，军长刘和鼎②、副军长刘尚志、参谋长黄铎五都是安徽人，当兵的百分之八十是安徽人。当时39军在河南补充兵力，军长到老河口长官部受训，参谋处驻扎在邓县。参谋处有个聂师爷，名字叫聂中典（音），也是安徽人，是参谋处的司书，负责写公事的，也管伙食。聂师爷起先就住在我们家里，后来随军部搬到邓县孟楼曹营。我就是经他介绍到了军部当传令兵，一开始是一等兵，后来升为上士班长，一直都在传令班，干了四五年，没出过啥差错，没受过长官的训斥。

---

①国民革命军第39军：全面抗战爆发后，该军由福建开赴上海，参加了淞沪会战。1938年移防河南，隶属第一战区，防守黄河，刘和鼎任军长，5月，该军参加豫鲁皖边地区之作战；7月，该军移防湖北，参加武汉会战。1939年4月，该军隶属第11集团军，参加了随枣会战，在大洪山内与日军展开游击战，同年底，该军参加了冬季攻势作战。1940年上半年，该军隶属第五战区并进行整编，仅保留下一个正规师，在5月后参加枣宜会战。1941年参加了第二次长沙会战。同年11月至1944年4月，该军先后参加了常德会战和豫中会战。1945年6月，该军被裁减。（据《国民革命军沿革实录》）

②刘和鼎（1894—1969）：国民革命军陆军上将，安徽合肥人。1939年1月至1943年3月任39军军长，1947年退役后，在枞阳县筑长江内堤围湖垦殖。1949年5月移居台中。1969年4月7日在台中病逝。（据《江淮文史》2000年第4期）

那时候，军部都有传令排，师部有传令班，军部传令兵的任务就是给长官部、军部“八大处”及师里送驿文。军部“八大处”就是参谋处、政治处、副官处、书记处、军需处、军械处、军法处、军医处。公事文件一般都放在卷宗里，还要用胶水、机器打封得紧紧的，传令兵送到后盖上章子回来交差，平时受副官处管理。有时候往老河口李宗仁的长官部送文件，路远，去一趟要月把时间，带有传令证，谁也不敢拦。打起仗来主要往师部送命令，我们只送到师部，师部再往团、营、连里送，不论白天黑夜都得送，战时一夜要换四五次口令，不敢马虎。当传令兵危险要小些，所以有些排长都想下来干这差使，但也不是没有危险。有个兵夜里送信看不清，跑差了路，被敌人俘虏了。我当班长后负责安排送公事、值班这些事情。一个排三个班，一个班有十五六个人。军长出门时，传令排、特务营都要跟随几个人，随时传令。我们都佩有手枪，枪是德国造20响，好枪。

39军在老家邓县孟楼这里驻扎七八个月时间，到6月初出发开到鄂东麻城、罗田一带驻防、战斗了三四年时间，经常打仗。我还记得泗洲山、木子店、滕家堡、济公镇①这些地名，这里原来是广西的第7军建的房子。后来部队从鄂东又转战到河南新野、驻马店，我随参谋处留守在邓县、镇平、内乡三县交界的李官桥（音），之后经新野又到湖北宜昌三斗坪、龙门集（在南漳），再到湖南长沙，一个多月后日本投降。部队接命令出发到九江坐火车于1945年阴历八月十五到达汉口，在此驻了一两个月，我带领一班人跟随参谋长到纸坊接受日本投降。

泗洲山石刻“吼散倭氛”（图片来源：黄冈网）

我在军部当传令兵多年，对军长刘和鼎印象很深。他脾气不好，人精神，50岁的人走起路来像30岁。纪律严啊！那年在湖北麻城，有个28岁的营长负责把守木子店，那里是个小街，离军部只有十来里地。这位营长是个四川人，军校毕业的学生。当时他和家属都住在街上公馆里，没上阵地，那天日

①济公镇：民国28年至30年，国民党第7军军长张淦（号济公）奉命抗日，军部驻滕家堡，在泗洲山一带建有军营、公馆、戏台、公园等休闲娱乐设施，取名“济公镇”。同时，在该山留有石刻多处。因有一石刻为张淦题字“笑狮山”，后泗洲山亦名笑狮山。这些石刻也充分展现出中国军人抗击日本侵略者的爱国主义精神，表现出他们英勇、顽强、自信、自强的豪迈气概和革命乐观主义精神。这些石刻也是日本军国主义侵华罪恶的见证，现被称为“泗洲山抗战石刻群”，泗洲山石刻现已列入罗田县级“文物保护单位”。（据《黄冈日报》）

军进攻木子店，第一连上去没顶住，第二连还没上去，木子店就失守了，军长又增派了部队把木子店夺了回来。事后，军长叫那个营长提头来见！七八天后把他叫到军部来，天不亮就拉到济公镇枪毙了。

武汉中山公园内的受降堂（图片来源：中国网）

还有一次在麻城，辎重团团长请客，办事的上街买鸡，可能是少给钱或是没给钱，人家告到军部，军长不依，要枪毙，地方上人士出面求情也不行，还是枪毙了。

武汉中山公园内的受降碑（图片来源：中国网）

军长要求部队驻哪儿，不准当兵的随便乱跑，住谁家里，要是没见（丢失）了东西，人家找到军部，就要枪毙。部队每次出发前先到村外集合，由副官处到百姓家检查，问问有没有东西没见，差啥不差啥，没有问题队伍才能出发。要是有啥东西不见了，非得把东西找出来再走，有问题的兵非枪毙不可。

我们在三河县驻过，军部在三河南头李家大屋，楼门头向东。有一天我看见几个当兵的号（征用）了一辆老百姓走亲戚的大车拉东西，车上有女眷和娃们，我说："快把车给人家，要不人家咋回家。"他们都认得我是军部传令兵，赶紧把车放了。

把日本打跑了，内战又开始，弟兄俩再怎么打，死的都是自己人。那时候部队经常整编，死人太多了。

后来我随部队乘飞机到北平，在西苑机场下飞机，又坐车到黄四大楼，还当传令兵。后来39军编成56师归入92军，军长是侯镜如，在北平和平改编，归陈毅28军，我还在军部当传令兵。刚过来时，28军的人对我们可好了，亲热哩很。中午吃饭时，解放军每桌四个老兵陪着我们四个新兵，弄了一大桌子菜，晚上他们还帮我们接背包、铺床、端水，又召开娱乐晚会欢迎，又拿烟又拿瓜子。

后来开到福建，军部设在福州东南的福清县，这里是个洋码头。

算算从离家当兵到现在已经十多年了，老娘年纪也大了，兄弟们又小，日子过不成，我就回家了，没再出来过。

咱连死得没啥人了

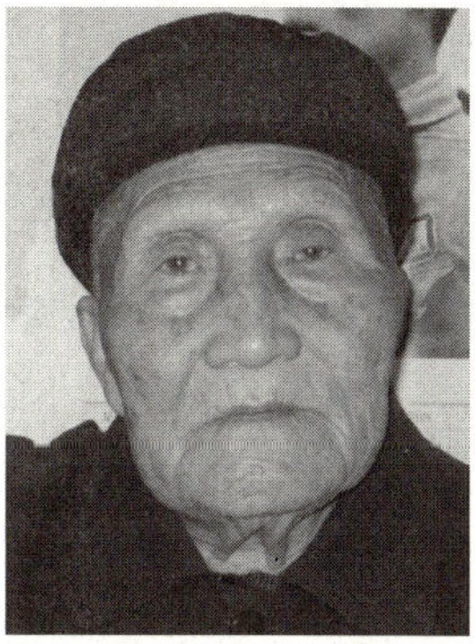

赵永信，男，字陵君，1919 年农历十一月初一生，平顶山市湛河区曹镇乡赵庄村人。1940 年到 1942 年在国民革命军第 30 军 30 师 88 团 1 营 1 连任上士军需，1942 年至 1944 年 3 月在第 31 集团军分监部人力运输第一中队任军需官，1946 年至 1981 年在家乡教书。著有《金秋诗话》等诗集。

我小时候在家乡上私塾，断断续续读了七八年，四书五经全读完了，后来在家乡一所小学教书。

21岁那年，全国抗战情绪高涨。我看到报纸上有一篇社论，说从1874年起，日军陆续占我台湾，吞并琉球，发动甲午战争、九一八事变、卢沟桥事变，妄图灭亡中国，号召青年学生加入到抗战行列。我想到古代班超投笔从戎的故事，心里非常激动，就下决心离家参军当兵打日本。当时我结婚还不到一年，怕家里人不同意，就简单收拾了一个小包袱，从学校直接上路走了。临走，学生们依依不舍，我对他们说："我去南阳那边办事情，办完事再回来教你们。"

到南阳后我参加了国民革命军第30军①，接着报考30军军佐训练班。因为我学的是儒学，不懂数学、物理、化学，考官就叫我写篇文章看看。写完，考官看我写的字很好，商量商量就录取了。我在军佐训练班学了将近一年时间，地点在泌阳源潭乡（今属唐河）大王庙，当时泌阳还属于南阳。训练班大队长叫王振环，是师长的内弟。师长张华棠经常到班里

①国民革命军第30军：前身为西北军吉鸿昌等部。1937年7月至年底，该军隶属第1军团，先后参加了平汉路北段沿线作战和太原会战中的娘子关战役。1938年隶属第2集团军时，田镇南任该军军长，参加了徐州会战，奉命坚守台儿庄主要防御阵地，与日军进行了反复争夺，对此次战役的胜利起到了重大作用。后该军又参加了武汉会战，在武汉外围六（安）商（城）公路和固（始）潢（光）公路沿线担任阻击日军的作战任务。1939年2月，该军隶属国民党军事委员会直辖，在河南南阳地区整训，同年4月至12月，该军参加了随枣会战和冬季攻势作战。1940年5月，参加了枣宜会战。1941年参加了豫南会战和第二次长沙会战。1943年，参加了鄂西会战和常德会战。（据《国民党历史上的158个军》）

讲话，要求我们既要学文的也要学武的，武的比如学习射击，有立射、跪射、卧射，文的有公文写作，对上级、下级、平级的公文行文规范，还有夜间教育，怎样识别方向，比如通过北斗七星斗口的两颗星连线，朝斗口方向延长约5倍远，就找到了北极星，再就是夜里手摸大树，相对光滑的一面为南。

口述人诗集

毕业后我被分配到30军30师88团1营1连，军长是池峰城[①]，师长是张华棠[②]，团长是周炳之（音），营长是刘世英（音），连长是刘墀。这（墀）还是我帮他改的名。他原名是“峙”字，和当时河南省主席重名，刘峙后来在日军进攻时逃跑，老百姓讽刺他为“留耻”。

分到连里之后，部队开到湖北枣阳，连长让我当上士军需，负责管理枪炮弹药等物资，因司务长临时有病住院，我又把管理伙食的工作承担下来了。

农历八月间，跟着部队接到参加战斗的命令，经过唐县镇，一夜行军180里，到随州南边独崇山[③]，八个伙夫连我九个人。伙食上的事我交给了一个老伙夫负责，他参加过很多战役了，有经验；领东西的事由杨见习帮助。我们1营1连打的是正面，冲锋号一响，咱们的部队根本就不怕死，连长大叫：“冲啊，冲啊，往前冲！”当时我正好往阵地上送饭，看到正在冲锋，我掂起一支枪也冲了上去，伙夫说：“你不管送饭了？”我说：“下来再说。”跟着大家冲了上去。那时候都是热血青年，心想能打死一个老日是多么光荣的事。敌人在高处有工事，机枪不停地打。1班的刘班长掂着机枪

①池峰城（1903—1955）：河北景县人。抗战期间，先后担任第2集团军第31师师长、第六战区长江上游江防军副总司令、第33集团军副司令等职，曾率部参加著名的台儿庄会战。1949年率所部参加北平和平解放。（据《徐州会战——原国民党将领抗日战争亲历记》）

②张华棠（1900—1993）：天津津南区义和庄村人。国民党陆军大学特三期毕业。1927年任冯玉祥西北军骑兵师中将师长，后为国民党第五战区第2集团军第30军独立44旅旅长。1939年春，调30军30师任师长，1939至1943年，在湖北省枣阳县、随县同日本侵略军作战，九进九出，号称铁军。后任30军副军长、军长。张效法冯玉祥热心教育，部队所到之处，常常扒庙宇改做学校，在南阳潦河吴集建有华棠小学。（据天津津南区政府网）

③独崇山：在湖北省随州市南，自古以来就是古随州城三山两水的重要组成部分。因为地处城南制高点，可以控制随南、随西入城的主要通道，历史上就是重要的战略要塞。抗日战争时期，日寇曾重兵屯此，扼守随州，阻断襄（樊）花（园）公路；著名的长沙会战，夺取独崇山之战也在整个战役节点上举足轻重。（据随州政府网）

站起来打，连长大叫："你疯了!"

从那时起，我参加了三次战斗，也打死过老日。日军的武器要比我们的好，大炮射击的声音也不一样。我们的炮弹要慢一些，一般听到我们的大炮一响，敌人就掩蔽，我们往往趁这个时机往前冲一段。我学过卧射，这样目标小，比较安全。这个太重要了，很多当兵的不懂得卧射，很容易伤亡。这次战役前部队是三路纵队进发，队伍排好长，打完仗下来时，人员减少接近一半。作战当中，我到团部领军饷，按花名册找军需主任批下来，回到部队，知道又阵亡了一批战友，连长的表弟也牺牲了。人少了，军饷发不完，剩下的钱装在一小布袋里交给连长，连长哭得很痛心，说："咱连死得没啥人了，剩下这钱你保管好，这都是咱弟兄们的命啊。"

到八月二十六，部队接到换防命令撤到南阳城外35里的东王营休整，27师换上去。不久，我们30师又开到湖北当阳、钟祥，在这里和日军交火。这一次，我们行动迅速，敌人没有防备，抵不住了。我们乘胜向前，打退敌人400里，给军部报了捷。再往后又换上乜子彬的31师，我们师又换下来。那一次战斗，我们师立了功，我们师长还被提为中将。在南阳杨庄开庆功会，我们营坐在最前面，师长向大家一一介绍："这一位是战区总司令长官李长官（李宗仁），这一位是总座孙总司令（孙连仲），这一位是总座的夫人罗院长，这一位是罗院长的妹妹罗小姐。"罗院长是黄泛区13个县的难童教养院院长。

此后我还想继续学习，听说军校在南阳招生，我和一位正阳的战友商议后请假报考军校，结果名额满了，我们没考成。战友由此回到正阳，我暂时回了家，休息了一段时间。

1942年家乡大年馑，我和战友联系后又一起到叶县集团军分监部再次加入部队。战友的哥哥在31集团军分监部当上校主任，把我安排到分监部人力运输第一中队。这个中队实际就是挑担子搞运输的，俗称"伕子队"。那时候汽车太少了，运输全靠马车和人力，平时按上级命令，在集团军活动范围内派什么运什么。虽说是运输队，但管理还是很严格，和部队正常编制一样，九个班，扁担、绳子怎么摆放都有规定。在这里工作了一段时间，我还是当军需官兼司务长。我看到当地老百姓使用一种俗名叫"小土牛"的小推车很方便，就给长官建议买一部分"小土牛"试试。长官同意了，由我经办，购买了几十辆"小土牛"，这样，一个人推，一个人拉，省劲多了，劳动效率也提高了。

1944年3月，日本进攻河南，主力部队撤走了，运输部队没活干，遣散了不少，我从嵩县车村回到家乡。

1946年我又开始在家乡教书，一直到1981年退休。

没人要的小兵起了大作用

朱国新，男，1920年3月生，河南许昌市鄢陵县只乐乡寺后河村人。1938年在国民革命军59军军部侦察连任侦察员。

民国27年我被抓了壮丁，送到鄢陵许郾师管区。当时我才18岁。后来我被送到许昌宋集训练一个星期，再往湖北去，当时铁路扒了，路上全是步行，有时下着雨夹雪，也不让停，步行走了半个月，到了湖北老河口食货街住下，补充进国民革命军第59军[①]。

各团挑选新兵的时候，他们都嫌我太瘦弱，我那时虽然十七八岁了，但是不怎么长个，也没力气。当兵的平时要背一支枪、二十梭子弹、四个手榴弹，还有水壶、饭包、被子等，我又瘦又小，背不动，没人要我。当官的给我5块钱路费让我回家，这时军部一个侦察班班长说了："报告团长，这个兵你们都不要，我要，我有用。"团长同意了，班长让我跟他走，我就跟他走了。

我连个二等兵都没当上，分了个三等兵。二等兵一个月三块钱现洋，三等兵才有一块半。我们班长叫张宏祥，他对我说："你只记住你是4班的就行，听我的话，我叫你咋着就咋着。"我说："中。"

①国民革命军第59军：1937年由西北军第29军原第38师和特务旅合编组成第59军。宋哲元以第1集团军总司令兼任军长（后为张自忠），李文田为副军长。辖第38师，黄维纲任师长；第180师，刘振三任师长；骑兵第13旅，姚景川任旅长。该军组成后至1939年，先后转战河北、鲁北、豫北等地，参加了平津作战、津浦路北段沿线作战、平汉路北段沿线作战、徐州会战、武汉会战等。在徐州会战中，该军由淮南地区赴临沂，增援守军庞炳勋部第40军，在两军互相协同下，完成了防御任务，有力地支援和保障了台儿庄战役的胜利。1939年秋，该军隶属国民党军事委员会直辖，在湖北南漳地区整训后，参加了随枣会战和1939年冬季攻势作战。1940年5月，在枣宜会战中，第33集团军总司令兼该军军长张自忠在湖北宜城之南瓜店战斗中殉国，此后至1945年，该军先后参加了豫南会战、第二次长沙会战、鄂西会战、常德会战、豫西鄂北会战等。（据《国民党历史上的158个军》）

训练时间长了，我啥都知道了。在这儿过了个年，到春上，天气暖和了，当兵的都生病了，是传染病，一个接一个地死，新兵158个人剩了38个人，死的都埋河沿上了。

国民党小兵（图片来源：人民网）

过了一段时间，班长说："你也学了不少东西了，也该试试本领了。"

班长带着我来到驻地几十里外的一个地方，找了一间破庙躲进去，班长说："再走10里，有个山头，上面有个小村子，叫流水沟，驻了一个营的日本兵。你去侦察，看看他们岗哨都撒在哪儿，人都在哪儿住，回来后详细汇报。"我说："中。"

我穿着一件老百姓的破衣裳，加上我又瘦又小，就跟一个要饭的一样。到村口，我看到有一个院子，院里三间房，烟囱还在冒烟。我走进院里，见一个留着胡子的老头正在往锅里舀水，他问我："你干啥的？"我说："要饭的。"他说："要饭来这里要？你莫不是个探子吧？"我说："我不知道啥是探子。"老头看着精得很，他说他过去也当过兵。我看根本瞒不住他，不如明说，我就说："我们班长叫来看看。"老头一听，痛快地说："你不用说了，我什么都明白。"

老头就让我跟着他去给日本人送豆腐。二三十斤重一块豆腐，放在方木斗里。人有三个连，一个连送一块豆腐，外带一个营部，一共五块豆腐，他挑三块，叫我挑两块，还交代我千万别说话，我的口音和这儿人不一样，一说话就露馅了，日本人要是问了就说我是他的娃子。

就这样，我挑着豆腐跟在他后面往村子里面走。这个村子不大，只有一条十字街，向南向西有通路，可走人也可走车，每条路上都有岗，站岗的位置我都看得清清楚楚。我们把豆腐送到每个连，最后，我们到了敌人营部，一个军官挂着军刀出来问老头："什么人？"老头说："他是我娃子。"军官就没再说什么，我放下豆腐四下看看，军官说："开路开路。"我就和老头一起出来了。老头说："看清了没有？"我说："看清了。"老头说："看清了你可莫再回来了，回去给你们班长说清楚，营部前面有几道岗哩。"

我回到小庙找到班长，把情况一五一十给他报告了，班长说："干得好!"

班长回去后又给团长详细报告了情况，团长派全团出动，连夜去摸营。

我们天黑后才出发，挑选有本事的人组成先锋队，专门负责摸掉敌人岗哨。部队把整个村子都包围住了，敌人的枪在操场上架着，一下子被我们全缴了，还缴获有汽车和别的物资，大部分敌人被俘虏了，集中起来押送走了，也不知道送到哪儿了。

随后几年，我们一个班都是跟着班长在军部周围搞侦察活动，平时化装成老百姓，浑身穿得破破烂烂的，有时给百姓干活，住在百姓家，有时候要饭、做小生意四处跑，干什么的都有。有时候也会碰上敌人的探子，只要发现，就打死他们。

后来，日本人又派了大部队来，有飞机，有坦克，张自忠阵亡了，部队打得五零四散，我和部队失去了联系。

后来，孙连仲的部队来接防，把日本人打退了。我被收容，归到这个部队后，又训练了一年多，我分在18师59团2营，营长叫郭延宾（音），他们还是嫌我瘦小，不想要我，叫我回家了。

一个汽车兵的八年抗战

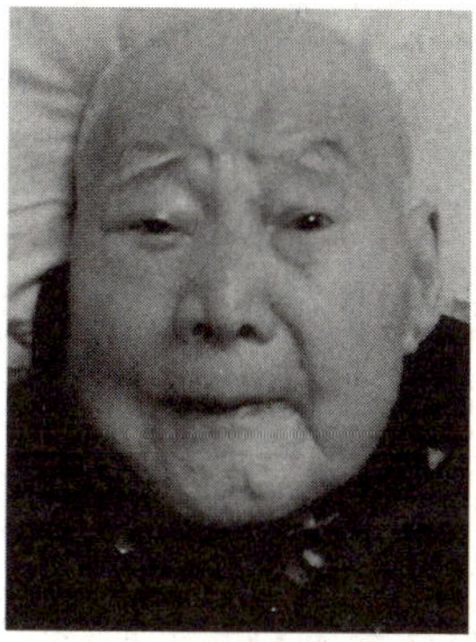

王杰，男，1919年生，河南郑州市金水区大石桥街道人。1937年考入国民革命军汽车兵团，参加上海、南京、武汉、长沙、昆仑关等战役，1942年至1945年加入驻印军任助理教官，1945年到1948年先后在汽3团和汽5团当司机，1948年脱离部队到成都民营运输公司当司机，1950年转为四川地方运输公司职工，“文革”中被关进“牛棚”，1974年调到郑州纺织机械厂工作至退休。

我小时候上过两年私塾，上过三年洋学，算是高小毕业。

1936年我先后在冯玉祥部队和张学良部队里，当时年纪小，不算正规编制，只能算是混口饭吃。1936年年底我参加了国民党。西安事变后，张学良的部队散伙了①，我又回到郑州。

1937年，国民党部队在郑州招考，我文化水平一般，就花了一块大洋，请人代考，考上了机械化部队，接着到南方训练了几个月，“术科”全部通过了，但是“学科”没通过。“七七”卢沟桥事变爆发后，政策放宽了，只要“术科”通过的，都可以接新汽车。我们在广东湛江接到美国的新汽车。当时，中国的汽车很少，部队军长也只能骑马，老百姓更没见过汽车，湛江的群众围着新车看稀奇，汽车一开过来，有的吓得往河里跳。

88师在上海闸北的环形工事里同日军巷战（图片来源：新华网）

后来我们由机械化部队归入汽车兵团

①关联资料：西安事变后，张学良送蒋介石回南京被扣押，近20万东北军经历强烈的内部动荡后，被东调整编，然后分别投入抗日战场，经过了苦难而曲折的道路。他们用自己的鲜血和生命为抗日战争的胜利做出了贡献。（据腾讯网）

（陆军驾驶兵教育兵团）管理。我分配到第1暂编营，团长叫钱宗陶，营长是彭颁基（音）大校，大家都叫他“扳机”。开上新车不久就赶上参加上海“八一三”淞沪抗战。

我们车队驻地在湖南长沙营房，从长沙运弹药、物资到上海，交给上海外围沿线的兵站，兵站50公里就有一个。他们卸下弹药、物资，给我们打个收条就可以了。担架队把伤兵从火线上抬下来，由我们车队运送到长沙，再由长沙转运到广西甘棠渡（灵川县甘棠渡）的大医院。

淞沪抗战期间，爱国青年太多了，男子报名参军上前线，女子学包扎救护，他们都不到20岁，22岁那时就算老兵了。在运送伤兵的路上听到很多上海战斗中的事。那时候，我们的兵都很爱国很勇敢，很多伤兵都不愿下火线，是被硬抬下来的。有几个伤兵最终没走，要了两个手榴弹藏在身上，日本兵打扫战场时引爆了手榴弹和敌人同归于尽了。有个士兵因为同村一起来的乡亲都阵亡了，觉得回家没法交代，负伤后坚持不下来，要战友帮他弄个血衣，又在脸上抹些血，留下来与敌人同归于尽。还听伤兵们说，上海最后还有“五百壮士”[①]留到最后没有撤，都是班长、连长这些好汉，一直坚持到最后。

淞沪会战一直打到1937年农历九月底，之后战事又转到南京，我们又开始往南京送弹药，到12月13号，车队就进不去了，日本人在南京屠杀中国同胞30万。我们拉的伤兵说，在南京，日本兵都会说“蒋介石”这三个字，刺刀捅死中国人时，他们嘴里还喊着“蒋介石，蒋介石”。

记得老司机周师傅曾编过一个曲子，抄在纸上让我们几个年轻人传着学唱，记得写的是：“想起了当年我终生恨，恨那孬孙日本人，杀我同胞三十万，丧尽天良的日本人……”

1938年元月份南京失守后我们转到武汉战场搞运输，这里属于第九战区，司令长官是陈诚，他对运输车辆是很重视的，谁敢拦截或者强行调用军车，让他知道了非处

①湖北省赤壁市中伙铺抗战老兵田际钿所保存的油印文字资料记述：在战斗开始时，中央通讯社上海分社收到一则报道，标题为“谢晋元率部五百余人，退守四行仓库”。社长冯有真在审稿时改为“八百壮士，固守四行仓库”，将500余人改为“八百”，并以“壮士”一词更加突出了这批战士的英雄气概。另据《八百壮士：中国孤军营上海抗战纪实》，8月13日，日军进攻上海。中日双方在上海及其周围地区进行了长达3个多月的大会战。10月26日，日军攻陷大场、江湾、闸北、庙行地区。中国守军腹背受敌，战局危急。为避免全军覆没，中国最高军事当局决定将主力撤至苏州河以南阵地。为掩护大军撤退，第88师奉命留下1个团，死守闸北，牵制日军。师长孙元良在团以上军官会上问谁愿意挑这副重担，第524团中校团副谢晋元当即表示愿意留下。于是，决定以该团第1营为基干，组成加强营。全营共有3个步兵连、1个机枪连、1个迫击炮连，共450余人，对外仍用团番号，称800人，由团副谢晋元、一营营长杨瑞符少校等率领，以四行仓库为据点，实施掩护任务。八百壮士在四行仓库与日军血战4昼夜，歼敌200余名，自己仅伤亡30余人，胜利完成任务。八百壮士孤军抗击日寇的英雄壮举震撼了全国人心，引起了国内国际的关注和尊敬。后奉命撤入租界，在租界又坚守4年，直到抗战胜利后幸存者才获得自由。（据赤壁网）

理不可。我们用的是军用执照，到地方上只要出示证件，都不敢拦，地方上还会全力配合帮助车队，逢山开路，遇水造桥。我们路上遇到道路不通等困难，就找当地政府，县长马上协调地方上组织人力，用麻袋填也要把路修好，完成任务后县长还要签字办手续。

1940年，中国军队悼念在昆仑关战役中牺牲的同胞（图片来源：凤凰网）

1939年以后又在长沙、衡阳、柳州、南宁等地为前线部队运送弹药、物资。

抗战期间国家从各国购买了大量卡车，买过英国的奥斯汀，美国的道奇、万国，还有德国的奔驰柴油货车，一辆车值上百两的黄金。除此之外，海外华侨还给国家捐了很多汽车[1]。有个卖万金油、八卦丹的胡文虎、胡文豹兄弟[2]，他们捐了一个汽车队，宋庆龄是名誉队长。1940年在广西，汽车兵团还购买了一批美国造的小装甲车，车上配五个人，有司机、瞭望员、射手。我开的车是美国制造的吉米西卡车，开坏后又换成美国的福特卡车。我在柳州还开了一年的装甲运兵车，轮胎、方向盘和汽车一样，四周包了一层铁皮，步枪打不进去，一车能装40个人。

①抗战时期的“献机”“献车”热潮：抗战期间国内缺乏飞机和汽车，海外华侨掀起了“献机”“献车”的热潮。仅美国旧金山华侨一次就献机40架，菲律宾华侨献机50架，美洲华侨捐献救护车200辆，缅甸和新加坡华侨分别捐献卡车100辆和40辆。当时在大后方有不少机身和车身上可以看到“某某华侨号”“某某华侨精神号”或“某某侨团献赠”“某地华侨某某捐献”等字样。据统计，全面抗战头三年广大华侨就捐献飞机217架，救护车、卡车1000余辆，坦克23辆。[据《浙江师范大学学报（社会科学版）》2005年第6期《华侨对祖国抗战经济的贡献》]

②胡文虎、胡文豹：祖籍福建永定，出生在缅甸。其父在仰光开了一家永安堂药铺行医卖药。父亲去世后，兄弟二人子承父业，对父亲的“玉树神散”进行改良，发明了“虎”标万金油，并靠“重视宣传广告”的经营要诀，使“虎”标万金油畅销于缅甸、印度、新加坡、马来西亚，胡氏兄弟由此发家致富。他们在新加坡创办了第一份《星洲日报》，并先后创办了17家中英文报纸，各报均以“星”字冠头，组成了他们的星系报业王国，成为举世闻名的报业巨子。胡文虎兄弟爱国观念强烈，对公益事业非常热心，其中以捐资于医药方面为最多，以创建医院、造福贫病为急务，先后在国内捐资兴建了南京中央医院、汕头医院、福州福建省立医院、厦门中山医院、广州广东军医院等12座医院；他们还积极支持兴办教育，先后资助过国内几十所学校，并热心支持祖国体育事业。在抗日战争时期，兄弟俩在捐款、赠药和认购公债、慰劳伤病、保育儿童等方面都做出了巨大的贡献，是抗日战争期间捐资献物最多的华侨。（据《梅州日报》）

1939年昆仑关战役①中，我们的任务是为杜聿明的200师服务，主要运送的是小战车上用的炮弹。这次战斗中国军队使用了战车，把日军打退了五十多里。后来敌人从东南亚调来水上飞机，空投了小钢炮和穿甲弹，打坏了不少中国的小战车。

1941 年的美国吉米西军用卡车（图片来源：卡车之家网）

1939 年的福特卡车（图片来源：卡车之家网）

战争年代开车很艰苦，一路上不准住旅馆，每人发个棉大衣，夜里趴在方向盘上睡觉，一醒就接着开车。路上实在瞌睡了，就到路边树下睡一会儿，押运兵看着表，两个小时就叫醒继续赶路。我们的汽车常遭敌机轰炸，车上配发有专用的步枪，垂直射程2000米，配用红头的燃烧弹，专打飞机，押运兵还配有一支短筒马枪和一支手枪。

抗战期间我两次负伤。一次是被流弹打中后背，神经受伤，当时没事，后来影响到一只手活动不便。第二次受伤是1941年年底在南宁四堂，当时我们三部汽车从南宁拉着汽油往柳州运，敌人飞机追了60公里。附近没有树林，我们跳下车跑到田地里，一颗约100磅的炸弹在三个人中间爆炸，炸开一个几米深的大坑，土块把我全埋起来了。附近老百姓把我们挖出来，两个战友头部炸伤，我被炸到肩膀、屁股、腰部，用担架抬到车上，送到柳州伤兵医院住了三个多月。出院后找不到原来部队了，就把我送到贵阳的汽车3团暂编营。

到抗战后期日本人实力也不行了，飞机上没炸弹，就把手榴弹捆成捆儿往下投。

太平洋战争爆发后，中美联合作战，中国派出远征军到缅甸作战，失利后第5军进了野人山，孙立人绕道瑞金到了印度。1942年11月，中国组织驻印军，我自告奋勇报名参加，坐飞机经过喀喇昆仑山口到印度加尔各答。在印度，美国人用中国人训练中国人，我是拥有1937年军用驾驶执照的老

①昆仑关战役：抗日战争的大型战役之一。1939年11月15日，日军在北海湾龙门港登陆，攻占钦州、防城后，以一个师团又一个旅团的兵力于24日沿邕钦公路北犯侵占南宁，12月4日进占昆仑关，桂南会战打响。国民政府调集四个战区五个集团军的兵力参加桂南会战，以确保桂越国际交通线的安全。第38集团军第5军奉命主攻昆仑关，先后三次攻克昆仑关，歼灭敌第21旅团5000余人，击毙敌少将旅团长中村正雄。（据《中国事变陆军作战史》）

司机，当上了助理教官，教新兵开汽车，一个月毕业一期，一直干到反攻缅甸战役开始。1945年初，远征军把缅甸的日本人消灭完了，美国把在印度基地的汽车和物资都交给了中国，我们开着卡车回国。车队分两路，一路走史迪威公路，一路走缅甸。我走的是缅甸。我们开着吉米西、斯地匹克、大万国、泰拖拉等大型卡车经过八莫、密支那、瑞金、畹町、遮放、芒市、惠通桥、保山，把物资运到昆明。回国后我被编入辎汽3团，也就是新汽3团。那时世界各国都需要熟练司机，经常有人联系。只要和联系人讲好，把枪和军装一上交就可以坐飞机到海外。我们在印度、缅甸工作的200多名老司机，一部分被海外运输公司挖走了，他们都发了财，成了有钱的华侨。我因为家里有父母爷奶，兄弟姊妹又多，需要靠我照顾，所以没走。

口述人和他珍藏的历史照片（图片由口述人提供）

抗战胜利后，新汽3团将调往南京。经历了八年抗战，我不想再参加内战，就想办法托人调到新汽5团。1948年年底，我所在的营接到命令调往新疆。我不想去，当时我们排长是我教过的学员，算是自己人，走到成都，我和排长说明情况，上交了枪和服装，从此脱离了国民党部队。

内战期间，大多数国军部队的老兵经历了八年抗战，都很想家，共产党军队一是进行阶级斗争教育，二是允许投降的国军官兵先回乡探家再按期归队，还给他们发路条发路费，一路管吃管住。我们都知道这个政策，所以国军部队很多老兵战斗力虽然很强，但是有厌战情绪和“中国人不打中国人”的思想，作战时打空枪现象很多，指挥官很下劲儿，但当兵的都不愿打，打两三个小时就投降。当兵的几年、十几年没回家了，想妈呀。国民党军队为保存实力，相互之间不团结，不配合，解放军发现这个弱点后就各个击破，所以整师整团投降的很多，傅作义的50万军队也起义了。

九、庄严受降

我参加了太和殿受降仪式

张翠萍，女，1925 年生，河南洛阳人，现居北京。1942 年加入国民革命军第 15 军卫生队，1944 年参加了洛阳保卫战，后随丈夫先后在第 16 军、第 40 军马车队任职，1945 年参加了北平太和殿受降仪式，1946 年在北平开办一家兽医诊所，1957 年公私合营后丈夫在北京市动物园工作，本人做家务，丈夫去世后靠打零工、烧锅炉、蹬三轮等维持全家生活。

小时候，家乡在洛阳北边的冢头村，这儿有一个大坟头。那时候经常闹土匪，常跟着大人跑寨子。1942年15军救护训练班招生，我经老乡做保入伍。那时候训练班设在西工兵营，有五六十个人。每天三操两课，就是早中晚出操，上下午学习，主要内容是急救常识、操作、药品简单用法。有时上政治课，要求无条件服从领袖。三个月后，先分配到补充团，又转到64师卫生队。15军军长叫武庭麟，师长叫姚北辰。

我那时候是个二等兵，有工资，任务是护理伤员。我在医院认识了在这儿住院的伤员戴福祥，他是个上尉连长，战斗英雄，经长官批准我和戴福祥结婚。1943年我回家生孩子。1944年春节前，戴福祥去了西河清（在孟津县）守黄河。

春节过后，我接到通知，回到了部队。连年打仗，部队人员减少很多，我被分配到关林附近的军部医院工作。

1938 年南京中央大学女学生从军报国（图片来源：《老照片》第 53 辑）

抗战期间国民党宝鸡救护训练队（图片来源：蜂鸟网）

牡丹花开的时候，日军攻打龙门。中央军守着龙门的东山和西山。我们的医院从关林经林森桥撤到西工兵营。林森桥北岸修了许多工事，桥东由四川人守着，桥西由64师的夏念民带人守着。夏念民是戴福祥的朋友，当时任营长，洛阳战役之后就没有了音讯。医院成立了野战救护站，我们负责64师的战地救护。傍晚，林森桥被炸断了。我们去兴隆寨救护伤员，这里有寨墙，修了许多工事，挖了许多大沟，布置了铁丝网，埋有地雷。那里有一条七里河，附近有许多小土山，老百姓在土山上挖窑洞住，我们就在窑洞里救治伤员。七里桥打得很激烈，接伤员时，我看见鬼子的坦克插着树枝，坦克后面跟着鬼子，天上有几架飞机丢炸弹。

在邙山、庄王山、营庄，我们部队用钢筋水泥修了许多碉堡，很多大坟都挖空做了工事。窑洞在地下很深的地方，还挖了很多大沟、设置了铁丝网、埋着地雷，鬼子进攻时把老百姓家的猪、牛都赶过来趟地雷。当时还下着大雨，医院窑洞进水，我们连续一夜转移伤员。

仗打得可惨了，鬼子攻不下来，死了很多人，急眼了，就放毒气。王宇振参谋长①从苗沟、烧沟抬到我们那儿就已经牺牲了。

洛阳西城门上安有警报器，敌人飞机一来就响，老远就能听见。在城西北角有个关帝庙，有护城河，城门口两边垛着半人高的工事，架着机枪。白天，团长杨福禄命令我们护着伤员从城西门进城，到夜里部队也撤进了城内守着城墙。城墙上打得激烈，城墙根挖了很多防空洞。天一亮，一帮鬼子的飞机就来轰炸，一会儿扫射，一会儿又丢传单。城里有奸细给鬼子打信号，设标志，很多仓库被炸了，防空洞也被炸塌了，闷死了很多人。飞机轰炸时很多人耳、鼻、眼出血，被震死了。我们逮住一些奸细，有的被活埋了。不打的时候，日本人在城外用喇叭喊话，叫我们投降。当官的讲话要大家杀身成仁，死不投降！凡是能拿动枪的都要上火线，救护队的人也发了枪，每人一支中正式步枪、一挂子弹、三颗手榴弹。鬼子看我们不投降，炮打得跟雨点似的，伤员们用绳子捆住肢体止血，有的用土盖住伤口，有些活活痛死了。凡是能动的人都参加挖一人深一人宽的战沟，把没炸塌的房子窗户堵死，只留个枪眼，准备打巷战。我们的药也用完了，也没有东西吃，一天只能吃一个馍，喝点凉水，也不能休息，整个人都麻木了。

傍晚的时候，西门北边的城墙被炸塌了，坦克冲了进来。前几辆坦克从西门大街往东门开，鬼子蜂拥冲进来。洛阳城除了十字大街，剩下的都是小胡同土路，坦克进不来，我们就和敌人打起了巷战。士兵们把十个八个的手榴弹捆成捆儿炸坦克。大

---

①关联资料：第64师守西工阵地，师参谋长王宇振亲到第一线指挥，用望远镜观察敌情，被敌机枪射中胸部，伤势严重，危在旦夕。64师师长刘献捷用担架将王参谋长抬到军部见武庭麟军长，此时王参谋长已奄奄一息。他用微弱的声音向武庭麟说，战况日趋严重，日军最后要压迫我师进城，想把我师全部歼灭，所以我师千万不要进城，言罢气绝身亡。（据《洛阳战役回忆》）

家饿着肚子打到天黑，找不到当官的了，开始乱了。我随着人群向南城门冲，冲一次被打回来一次，死人一堆一堆的，地上的血和成泥，跑起来很滑。后来，我随着人群上城墙，天黑，深一脚浅一脚的，踩着软的硬的净是死人。我头上被削掉一块头皮，流了很多血，用黄土裹住，用布扎紧，右胳膊和脚脖子也受了伤，耳朵也被震坏了。我们从城墙缺口往下跳，护城河里漂的死人一碰肚子就炸开了，臭气熏得人头发晕。过了护城河又过了一条大沟，我玩命地跑，终于跑出来了，后面的人又被鬼子打回去了。我又饿又累又困，就跑回家里治伤。

后来日军占领了洛阳，汉奸贴布告叫我们自首，我在家住了四天，汉奸天天去搜查。没办法我就到西河清去找戴福祥，当时他在3营9连，我跟着他们的部队向灵宝撤退。到灵宝接到命令不许撤退，部队就地整编参战。整编后的师长叫戴慕真，团长姓刘。这里是山岭地带，产大枣，缺水，喝水窖里的水，喝前用纱布过滤。在灵宝西南的桂花头（桂花村）和鬼子骑兵打了一仗。当时是在行军时和鬼子相遇的，鬼子骑兵有30多人，我们有100多步兵。戴福祥当时骑着马，两个鬼子骑兵奔他而来，他拔出马刀将俩鬼子劈了。咱们士兵一看士气高涨，端着刺刀冲了上去。鬼子军官挥着刀和戴福祥打在一起，后来戴福祥把鬼子军官的胳膊砍下来一截，鬼子军官负伤逃跑。戴福祥的马不行，追不上，剩下的鬼子也都跑了。

还有一次在灵宝老鳖嘴，有奸细在山上给日军打旗语发信号，一支有30多辆马车的大车队遭到鬼子炮击，损失惨重，我们去救援。有的马被炸断了腿，痛得直哆嗦，有的马肠子都被炸出来了。我跟着戴福祥一起抢救伤马，把肠子塞回到马肚子里，再缝上伤口，敷上药，救活了一些马。戴福祥老家是邯郸的，世代学医习武，家附近就有一个大马市，他从小跟着父亲给牲口看病，还和大人一起到西北、内蒙贩马。所以当时到营地后戴福祥又帮着给马看病。大队长非常感谢我们，得知了戴福祥的经历后就主动找戴福祥想让我们留在大车队，并且把职务提升一级。就这样，我们俩留在了马车队。当时灵宝的马法五将军缴获了一批战马，大队长叫我和戴福祥帮着对马匹进行治疗和训练。马将军为表示感谢，与我、戴福祥、大队长一起合影留念。马将军听说我是从洛阳城逃出来的，还特意给了我一百大洋。这样，我和戴福祥就加入了大车队，戴福祥升为少校医官，我升为上等兵。

潼关至陕县的黄河滩上有行沙。有一次，我们七八十人带着二三十辆马车和近百匹马运完物资往回走，为躲避鬼子骑兵就顺着黄河边走。走着走着，沙子越走越深，一直没过小腿肚，不能停，一停沙就往下陷。戴福祥问老兵是咋回事，老兵说一个月前在这儿走过，不是这样。戴福祥叫大家把马从车上卸下来，把枪放在马背上，除了干粮别的什么也不要了，让马在前头走。走出一段回头一看，马车全没影了。走了好几个时辰，我们都走不动了，跌跌撞撞，揪着马尾巴硬是走了出来。后来问当地人，才知道这是行沙，是马救了我们的命。

后来，我和戴福祥受派经潼关到大荔县负责选马、给马看病、训练骑兵。大荔县有炉齿面，有在石子上烙的干馍。1945年8月15日，日本投降，我们渡过黄河经过永济、运城、洪洞、石家庄、保定，最后到达北平。

太和殿受降仪式上日方在降书上签字（图片来源：新华网）

日军献刀纳降后，现场民众高呼“中国万岁”（图片来源新华网）

1945年10月10日在太和殿举行受降仪式，打败日本的理想实现了，这一天我永生难忘。

这天，我老早就穿上新军装，我们排着队从天坛到前门、天安门、太和殿广场。当时北平沿街家家户户插着国旗，马路扫得干干净净，天安门挂的是蒋委员长的画像，太和殿中间挂着国旗，两边挂着美、英、法、苏的国旗。东边是外国人，西边是各界名人大官，中间站一排将军，前面有一张大桌子，受降司令官是孙连仲将军。那天天气特别好，太和殿广场和天安门广场上都是人。景山上大喇叭一响，受降仪式开始，奏乐、默哀、升国旗，日本军官挎着刀从太和门西侧门走向太和殿广场，通过台阶来到平台上。他们排队立正后，孙连仲讲话。之后，日本军官挨个双手献刀，由我们的青年军官接过后按顺序码放在桌子上，然后日本军官在投降书上签字画押。这时，人群沸腾了，我们热泪盈眶，大家高喊：蒋委员长万岁！中国万岁！人群往前涌，大喇叭广播喊道：“不要挤，留出道路。”日本军官在军警的保护下下了台阶，从老路走了。整个受降仪式时间不长，但那天，大家都跟过年似的高兴。

1946年我和戴福祥退役。那时候北平运输主要靠马车，西直门外有许多大车店。我们在现在德宝饭店的位置开了一个兽医诊所，给马看病，在北平立住了脚。

我在南京受降典礼上担任警卫

史定坤，男，1925年生，河南平顶山市湛河区九里山街道李堂村人。1943年在河南参军，后被选入远征军，在新6军14师40团1营1连3班任机枪手，后任营部传令兵，1945年9月9日在南京日军投降典礼上担任警卫。1947年回乡务农。

我6岁时跟着父母要饭。过去狗多，要饭又不能进人家家门，只能站在外面喊，不好要。

民国26年，我12岁，会自己单独去要饭了。我常去一个村子要饭，这个村子上有唱小戏的，地摊戏，名字叫南阳调，也叫梆子戏。我不识字，全凭脑子记，看戏多了，我也学会了，就和他们约了五六个人一起去南阳一带唱戏卖艺。不管到哪儿，只要有人管饭，就上场唱几天，算是个大要饭的。

民国31年，河南年馑，我正在南阳北边方城县券桥西大辛庄（音）那里唱戏，看到公路上过来很多逃荒的，大多数是我们宝丰那里的，还有郏县、临颍、漯河这一带的人。我怕家里人逃荒走了以后找不到，就立即动身往家赶，一路卖唱要饭回到家。家里人为了等我，还没走，东西都卖光了。我在鲁山唱戏时认了个干娘，干娘给我做了一件棉袍，只好把这件棉袍也卖了换吃的，结果一件绸面的棉袍才换了半升大麦，折合有三四斤，最后全家五口人一起外出逃荒。

小妹八九岁，会自己走路；小弟3岁，饿得不会说话了，脖子精细，看着我直哭，哭出来的声音小得像猫叫。父亲把小弟放进筐子里挑上，一家人流落到泌阳县老河乡山里。没办法，父母把弟弟卖给人家，换来半升谷子，妹妹也送给人家当闺女了。后来，逃荒的人太多，要不来饭，父母被饿死了……

我在这个时候被抓壮丁到了国军。刚当兵，啥也不懂，打了一次败仗，从这个部队到那个部队，一直没稳定下来，最后在南阳北边石桥镇小屯这个地方被高侠轩的补训处收容了，不久被运到陕西西安，正赶上挑选出国兵，十来万人选出几千人，我被选上了。

我们坐飞机到云南沾益，又坐火车到昆明，再坐飞机经过冰天雪地的喜马拉雅山脉到印度，在印度汀江机场下飞机，不久就开进野人山和日军作战。

我所在的部队是新6军①，我分配在14师40团1营1连3班，军长是廖耀湘②，师长是龙天武，团长叫王启瑞，是湖南人，营长叫赵振英，是天津人，连长叫朱世吉（音），是湖南人，一排排长叫徐云（音），二排排长叫王英（音），三排排长叫张荣先，是安徽人，班长叫孙其先（音），是湖南人。到印度后，过去用的老套筒、汉阳造全换成英国的三零步枪，美国的汤姆森冲锋枪、卡宾枪，比利时重机枪、轻机枪和迫击炮、火箭筒、手雷、子弹匣、钢盔、工兵锹、十字镐、背包、蚊帐、水壶、饭包等。官兵去时穿的衣服、被褥鞋帽全被收起来烧了，换成美式无檐圆帽、夹克、皮鞋。军官戴的钢盔分里外两层，当兵的钢盔是圆形的，像洗脸盆一样。每人发一大包衣服，重得一个人提不动，需要两个人才能抬走。大包上有块白布条，可以写上部队番号和自己的名字，部队到哪儿，随后有汽车把这大包运到哪儿。平时吃不完的东西存到给养站，一月到头算算账，省的东西折成钱发补助，有时候省下的钱比饷钱还多。

野人山原始森林遮天蔽日，树、藤、灌木丛交错，无路可行。经常听见枪炮声、说话声，却看不到人。官兵每人发了一把缅刀，行军打仗都靠它砍路前进。这里经常下雨，林子里又潮又湿，闷热极了，还要戴钢盔，当兵的头上长出大疖子，部队就每人发一点绿豆加芝麻，放在嘴里嚼碎当药糊在头皮上。这里的蚊子又黑又长，隔着蚊帐能叮人，有的军官发有一个纱帽防蚊子。旱蚂蟥经常爬到人身上吸血，抠都抠不掉。每到一处，砍来竹子支起悬空的平台，睡在竹子编的大铺上。

---

①国民革命军新编第6军：1944年5月，国民政府为加强中缅印战区的军事力量，合编组成新编第6军，由廖耀湘任军长。1944年10月，新6军刚刚出世，便和新1军从密支那、孟拱分头出发，向日军发起第二期缅北作战。新1军战果累累，新6军在西线的进攻也十分漂亮，作战完全是另一种风格，大刀阔斧，干脆利落，如疾风暴雨，似风卷残云，一路横扫过去。12月，新6军新22师、第14师奉命紧急空运回国，只留下第50师继续扫荡残敌。1945年元旦，第50师主力由东瓜南下，连克万好、南图、细包、乔梅，拔掉日军在缅北的最后几个据点，凶恶的日本第33军宣告全军覆没，中国期待已久的国际交通线中印公路全线开通。1945年1月28日，中国驻印军与中国远征军会师典礼在芒友隆重举行。廖耀湘率新6军回国后，在黔阳地区与侵入湘西南的日军进行过几次战斗，粉碎了敌人进占芷江机场的企图。1945年8月15日，日本投降。21日，侵华日军副总参谋长今井武夫一行8人到芷江，向国民党陆军司令部洽降。何应钦即在芷江机场设受降台，举行隆重的受降仪式，廖耀湘率新6军高级军官登台参加受降仪式。（据《抗战胜利后新6军对南京的接防》）

②廖耀湘（1906—1968）：湖南邵阳北乡酿溪镇（今新邵县县城）人，国民党将领，爱国民主人士，曾任国民党“五大王牌军”之一的新编第6军军长。黄埔军校第六期毕业，曾留学法国，回国后参加南京保卫战，1942年同杜聿明率领中国远征军赴缅甸抗日，为抗战胜利作出了重要贡献。1948年10月辽西大会战中，廖耀湘战败被俘，后于1961年12月作为特赦战犯被释放。“文革”期间受迫害，因心脏病突发去世。（据《国民党高级将领花名册》）

我们是第二次赴缅作战的中国驻印军，指挥、战术、士气、编制、训练、装备、后勤支援等各方面都有很大提升。我们一个团有四个营，一个营有四个连，三个步兵连加一个重机枪连，营部还有无线电班、传令班、卫生班、炊事班，配美军联络官两人，每个团还有战炮连，每个排都有电台。那时我们总打胜仗，伤亡比日军少。

我是轻机枪射手，枪法好，战友们都叫我“神枪手”。我年龄小，个子低，背机枪吃力，当官的就给我配了两个预备射手，一个是贵州人李银武，比我年纪大，一个是福建人尹少余。这两个人都是大个子，平常行军他俩扛着机枪，用的时候交给我。我们班是大编制，18个人，光机枪组就有8个人，因为打起仗来需要几个弹药兵专门装子弹。

这个阶段老日的势力已经不行了。过去我们武器装备不如他们，没有飞机、坦克，也没有防毒设备。过去敌人放毒后，我们只能用土办法对付，就是点一把干草放面前，用烟来驱走毒气，现在用上了防毒面具，还有火箭筒、战防枪，专门对付战车。敌人的飞机也不敢出来，一出来就有高射炮、高射机枪对付。部队的轻、重机枪都配有高射杆，可以随时打飞机。

到后期，日军的后路也被我们切断了。敌人缺少药品和食品，只能用飞机空投，又不敢低空飞行，投得不准，很多物资落在我方阵地上。日军又派出空降兵空投增援，飞机像羊拉屎一样往下投空降兵，还在半空中就被我们打死了，血淋淋地掉下来，有的挂在树上。

那时候我们虽然常打胜仗，但也免不了伤亡。野人山范围很大，在原始森林里打仗苦啊，有时下大雨还要在泥地上匍匐前进。我的战友们表现英勇。一次大炮轰击后，离我不远的几个地方成了大坑，烂布片和肠子挂在树上，一节大脚趾落在我面前……重机枪射手陈发海右手中指、无名指、小指不知道啥时候被打掉了，还继续用大拇指、食指不停地射击。我身上多处被炮弹炸伤，有一处开了三次刀弹片都没取净，走路还是痛，最后医生用细钢丝做成工具才把一个很小的弹片勾出来，这才算治好了我的伤。

芷江受降仪式(图片来源：《解放军报》)

《1944 · 中国远征军》(油画)　赵力中

打了一段时间被换防下来，最后听说日军被消灭完了，部队又从汀江机场坐飞机回到国内短暂休整。

1945年初，我们部队又开到湖南作战，参加了著名的雪峰山战役①。

在雪峰山打得很激烈。日军低估了国军的战斗力，他们一个劲地攻，被打死很多，也被俘虏了很多。有一次大战役过后，我们一个连在百八十里范围进行清剿，和日军相遇，他们的数量和我们差不多，打得剩下七十多个人，还是不服气，和我们硬打硬攻。我当时在尖兵排尖兵班，还是机枪手，我们班长问我："怎么样，能顶住不能？"我说："只要子弹跟上，你只管放心。"几个弹药兵趴在地上不停地帮我装弹夹，我用三连点发，专打前面的敌人，嗒嗒嗒，嗒嗒嗒，冲在前面的敌人被打倒一批。敌人停下来，开始往后跑，我还用点发，还先打跑在前面的，最后敌人顶不住了，准备投降。战场上有很多我们的便衣队撒的劝降传单，敌人按劝降传单上的要求，把旗插在枪口上，躺地上举起来示意投降。停火后，他们按要求抽掉皮带，右手提着裤子，左手举起，帽檐向后，按顺序走出阵地。走过来后，我们逐个搜查身上有没有武器，然后让他们系上皮带，就地坐在一起，我们架起机枪看管起来。我跟朱世吉连长说："把他龟孙们带到沙滩里崩了算了。"连长说："你不懂，送到重庆，以后还要交换战俘哩。"

雪峰山战斗后，我们换防下来，驻扎在湖南怀化榆树湾李家祠堂，虽不打仗但并没有放松训练，每天在野外演练，练班攻击、防御，连攻击、防御，对树林攻击、对河流攻击、对坟园攻击、对村庄攻击，一部分人演习，一部分人观看学习。

中国远征军抗日将士纪念碑

这时候我已经被调到营部传令班当传令兵了。

1945年8月16日那天，值星官很早就集合好了队伍，提前开朝会。营长赵振英少校上前讲话说："昨天夜里收听重庆广播，日本鬼子8月15日宣布投降啦！我们胜利啦！"大家一听，开始时有点半信半疑的，队伍里有俩排长也说听到了，鬼子真的完蛋啦！我们高兴得一个个都跳了起来。赵营长命令：收拾行李，随时准备出发。几天后的一个下午，美国的四轮卡把我们送到了芷江机场驻扎。

21日小晌午时，芷江飞机场天上响声

①雪峰山战役：也称湘西会战，是中国人民抗日战争中的最后一次会战。侵华日军此战目的是争夺芷江空军基地，故又称"芷江作战"。战争起于1945年4月9日，止于6月7日。双方参战总兵力28万余人，战线长达200余公里。在王耀武指挥下，湘西会战取得了雪峰山大捷，歼敌3万余人。湘西会战最后一仗主战场为雪峰山东麓洞口县的高沙、江口、青岩、铁山一带。战役以日本军队战败而结束。湘西会战的胜利标志着中国抗日正面战场由防御转入反攻阶段。（据《方永刚重塑蒋介石》）

像打雷，好多架中国战斗机转来转去，其中一架首先落在跑道上。不一会儿，一架涂着“红膏药”的日本大飞机落了下来。飞机前头挂着白旗，尾巴后拖着长长的红布条，据说这是事先命令日本人做的投降标记。紧接着，又有两架中国战机降落。“红膏药”上下来的是日本代表，挨个被检查后，七八个光头鬼子一个个哭丧着脸，躬着腰从神气的40团官兵面前走过，上了同样挂着白旗的汽车。白旗就跟招魂幡一样，日本鬼子再也没有了往日的威风。后来得知，日本人在机场向何应钦的代表投降，又拜见了何应钦将军，办理了相关手续后，第三天才耷拉着脑袋离开。

又过了几天，大约是8月27日、28日，我们奉命坐飞机去南京。14师40团1营是先头部队，要先到南京打前站，所以比团长、师长去得都早。我们带的装备多，每架飞机只能坐三四十人。飞到南京时正下大雨，看不清地面，也不太清楚日军的情况，为了安全，没有降落，天快黑时又飞回了芷江。第二天下午，再次起飞，顺利降落在南京光华门外的大校场机场，下了飞机看见我们的空降兵也正在机场周围空地上降落。每隔十多分钟，就有一架美国军用飞机飞来，一会儿就降落了六七架飞机，每架都载有好几十名官兵。

芷江受降纪念坊（图片来源：《解放军报》）

第二天朝会上，赵营长告诉我们，新6军接到陆军总司令部下达的接收南京的光荣任务，是抗日战争胜利后光复首都的第一支中国部队。我们在缅甸全歼了参与过南京大屠杀的第18师团，巧合的是，驻南京的日军番号也是第6军，新6军是机械化部队，行动快，反应迅速，对他们有着很大的震慑作用。新6军官兵关系较好，饭不限量随你吃，实弹训练随你打，军纪严明，打仗心齐，军民关系也好，各方面都是国军的样板。①

我们营驻扎在机场最北头。当时日军的武器还没有上缴，为了安全稳当地接收，我们连夜行动，进入日军营地四周，挖了散

①1945年4月，雪峰山战役打响，统帅部命令廖耀湘率新6军从缅北空投到芷江，作为此次战役的总预备队。雪峰山战役完毕不久，美国《纽约时报》发表评论说：“芷江会战胜利佳音，可视为对日战争转折之暗示。”不久，这段评论就得到了验证。1945年8月15日，日本天皇裕仁接受《波茨坦公告》，宣布无条件投降。抗战胜利后，一个重要的问题是接收南京。史迪威的接任者魏德迈将军认为，日本当时很嚣张，并不认为他们失败了。到南京去受降，部队应该有一种威慑力量。当时中国部队有威慑力量的是新1军和新6军。新1军还没有回国，新6军就在芷江，就在空军基地。到南京几个钟头航程就行了，应该让新6军去。于是廖耀湘率领新6军被空运到首都，接受日军的投降。（据《廖耀湘与蒋介石》）

兵坑，架起了轻、重机枪和迫击炮。天亮后，我方军官请来南京市民当翻译，拿着日军军官上交的军用地图、人员名册和武器清单，一个兵营一个兵营地清点接收。营房院子里，日军早就按命令分门别类地摆好了武器、弹药和其他装备。清点完毕，又把营房角角落落查了个遍。鬼子兵们按命令一律去掉皮带，解开上衣扣子，一只手提裤子，另一只手高高举起，帽檐朝后，排队走出营房大门，经过仔细搜身后，在指定的空地蹲下，点名核对后再回到营房，等待遣返。

镇远“和平村”的日本战俘(图片来源：当代贵州图片库)

刚到南京时，朝会上长官就讲了，蒋委员长说要“以德报怨”，对日军实行宽大政策。接收过程中，我们还算是文明对待日军俘虏的，没有打骂。不过，想想日本鬼子占领南京那会儿的野蛮暴行，我们也绝不会把这些侵略者当客待，绝不会有好脸子给他们看，绝不会对他们和和气气的。收缴日军武器装备前，听到南京市民的哭诉，有的年轻士兵实在忍不住，宁可违反军令，也要找鬼子算账。有一回，我和重机枪连的老乡陈发海冲到日军兵营，对把门的哨兵破口大骂：“库里科八格牙路！”上去左右开弓给了他几个大嘴巴，这个鬼子把枪立地上，连声“哈伊哈伊”地点头鞠躬，一边擦着嘴上的血，一边转身面朝着墙壁，呜呜地哭起来，鬼叫一样。还有一回，一连的王连卿和我“八格牙路”了日军哨兵，还赏了他几耳光，从那个兵营扛了两袋白面，送给机场北边街上卖烧饼的大爷大娘。老百姓打骂鬼子的事儿，我们也碰到几回。刚到南京时，有一回，一群老百姓看到我们几个军人走过来了，就围住五个巡逻的鬼子兵乱打，这几个扛着三八枪的鬼子全被打得头破血流，满街逃窜。从市民的骂声中听出来，8年前，他们中有的家人被鬼子杀光了，只剩下一个人死里逃生。

日本兵缴了枪，又听说要遣送他们回国，有些日本兵家乡被美国原子弹轰炸，无家可回，也有绝望自杀的。有浑身乌青服毒的，有鼓着眼珠子舌头伸得老长老长上吊的。一个日本兵投了井，老百姓围着水井骂：“畜生！活着作践人，死了也坑害人，叫我们怎么吃水呀！”

后来，我幸运地被挑选担任受降仪式的警卫人员。

受降仪式于9月9日在一个军校里举

行。赵营长担任警卫班班长[①]，挑选了包括我在内的18个弟兄担任警卫。平时，营长对我非常关心，我年龄最小，比较机灵，反应快，也勤快，跟随着营长，知道的事儿也多。和营长形影不离的主要是我和刘怀轩、曹桂香三个人。刘怀轩是营长的勤务兵，

①南京受降仪式警卫营长赵振英回忆抗日受降仪式：

赵振英个人简介：出生于1917年，黄埔军校十四期学员，1939年加入54军，1944年任中国驻印军第14师40团1营营长，后归辖新6军，亲历1945年8月湖南芷江的洽降仪式和1945年9月9日在南京的受降仪式。

受降地中央军校也作了专门布置。大礼堂正门上，悬挂着中苏美英的国旗。正门上方的塔楼上嵌着一个巨大的红色“V”字以示胜利之意，下面悬着一块红布横幅，上面贴着“中国战区日本投降签字典礼会场”14个金字。正门和其他出入口均有新6军战士和宪兵守卫，戒备森严。礼堂正中被用淡蓝色的布包围起来。受降席桌子边放着5把皮椅，桌子中间预先放置了文具盒、文件夹和广播电台的麦克风。投降席桌子比受降席窄，旁边有7把木椅。受降席西侧是中国和盟国高级官员观礼席，东侧为记者席，楼上是中外一般官员观礼席。礼堂大门的两侧各设一个签到处，备有两本签名册，签名册上印着“中国战区日本投降签字典礼签名册”字样。

8时52分，悬挂在受降席和投降席上方的4个大型水银灯突然放光。时任中国战区陆军总司令的何应钦由礼台后方休息室走进来，全场迅速肃立，摄影记者纷纷拍照。

8时58分，由军训部次长王俊中将引导日本投降代表、驻华日军最高指挥官冈村宁次及小林浅三郎等7人，自大礼堂正门步入会场。日军军官们都是低着脑袋、哭丧着脸，呆呆地任由中外记者拍照。

冈村宁次当时戴着眼镜，深深地低着头，一言不发。受降方代表何应钦，当年在日本陆军士官学校学习时曾是冈村宁次的学生。冈村宁次这次不仅为失败而低头，也为颜面扫地而羞耻。

中国战区日军投降签字仪式在南京黄埔路陆军总司令部前进指挥所举行。受降席居中坐的是陆军总司令何应钦，左为海军上校陈绍宽，空军上校张廷孟，右为陆军二级上将顾祝同、陆军中将萧毅肃。投降席上有日本中国派遣军总司令冈村宁次、驻华日军总参谋长小林浅三郎、副总参谋长今井武夫等7人。参加受降仪式的中国方面还有国民党将领汤恩伯、王懋功、李明扬、郑洞国等，盟军将领有美军麦克鲁中将、柏德勒少将，英军海斯中将等。

9时04分，何应钦命冈村呈验签降代表证件。接着，何应钦将日本投降书中日文本各一份交中国陆军总参谋长萧毅肃转交冈村宁次，冈村用双手捧接，低头阅读。小林则在一旁替他磨墨。冈村阅毕，取笔蘸墨，写上自己的名字，并从上衣口袋内取出印章，盖于名下，低头俯视降书达50秒钟。此时是1945年9月9日9时07分。因为紧张，冈村的印章盖歪了，他面露难色，又无可奈何，只得让小林将他签名盖章的降书呈交何应钦。随后他立即起身肃立向何应钦深鞠一躬。骄横跋扈的日本侵略军在这一刻，终于无条件宣告投降。

9时10分，中国战区日本投降签字仪式完毕，日本代表退出会场。随后，何应钦向全国及全世界人士发表广播讲话，宣布南京受降仪式顺利完成。他说：“这是中国历史上最有意义的一个日子，这是8年抗战艰苦奋斗的结果，东亚及世界人类和平与繁荣亦从此进入到一个新纪元。”

日本投降后，侵华日军从11月开始被陆续遣返回国，到1946年底遣返完毕。从中国大陆及台湾地区遣送回国的日军共123万余人，日侨175万余人。从此，中国的神圣领土上不再有日本侵略者的踪迹。

赵振英回忆起那一天，“重温胜利时光”的情景仍然历历在目：“黄埔路一路彩旗高挂，大门口里的广场道路两旁，每十步就竖有彩旗（各国国旗），每根旗杆下就有一名我营的警卫士兵肃立，我营担任整个仪式的警戒任务。我在前一天已经分别布置了任务给部下。我们营的士兵全部换上了哔叽呢的新军装，头上戴着美式钢盔，全部戴白手套，端美式冲锋枪，精神焕发，威武庄严。”“我在会场里面，我肯定在会场里面，因为我营是14师的第一个团的第一营，第二营是谢济踪，任务交给第一营完成，有点儿象征意义。我看见了各国的记者聚集在上面的记者席上，当然我亲眼见到了何应钦、顾祝同、冷欣等大人物，也看见了盟军的几位高官，我叫不上那些人的名字。还有，我们军长廖耀湘、副军长舒适存和师长龙天武也在场内。”“受降仪式结束后没几天，南京举行军民大庆祝活动，倾城欢庆，军民上街游行，全南京是锣鼓喧天、鞭炮齐鸣、彩旗飘扬，热闹极了。我还记得，在游行的队伍中，我曾骑着一匹大马。那时营长配有座骑，走在第一营的队列最前面，非常威风，后来留有一张那时拍的照片，我一直视为珍贵纪念品珍藏。后来‘文革’中我不敢保留，销毁了。”

负责营长生活杂务，曹桂香是班长，我们俩传达命令、查岗最多。特别是夜间，赵营长常常轻声对我说："馒头，走！"不知道是谁给我起了"馒头"这个外号，可能是因为我爱吃馒头，个子也不高，又胖乎乎的原因吧。

南京受降仪式（图片来源：新华网）

在军校大礼堂门前，路边立着旗杆，从上到下裹着蓝白红三种彩布，旗杆顶上都挂着彩旗。每根旗杆边都有士兵执勤，一个个头戴钢盔，身穿新崭崭的哔叽呢军装，手戴白手套，脚穿黑皮鞋，背着方方正正的背包，全副武装，持枪威武地挺立着。只是外人不知道，枪里都没压子弹，背包也是空的，里边装的是临时用薄木板钉成的空盒子，这样看起来军容更整齐。大路上搭起了几座牌坊，大礼堂正门上头挂着好几面中国国旗。大门外几米远斜朝大门处摆放有桌子，供进入会场的人签到使用。礼堂里的圆柱子上都缠着红白蓝三色布条，转圈插着联合国的旗子和中、美、英、法、苏的国旗。大礼堂上挂着四盏大吊灯，跟日头照着一样亮。朝着正门的墙上挂着孙中山的大画像和国民党党旗、中华民国国旗，礼堂正当中摆了一张长桌子，上面铺着白布，放着一个麦克风，桌子后面摆有五把椅子，这是受降席。受降席正对面摆着一张短一些的桌子，这是给日本人布置的投降席。受降席上放着毛笔、墨锭、砚台和印盒，投降席上也有这些东西。

受降席椅子后头10个士兵站成一条直线，投降席椅子后头站着8个士兵，4人一组分列左右，士兵们端着亮锃锃的汤姆森冲锋枪。平时，这种枪里一般总是装着15发一梭子的子弹，上火线时才换上30发和50发的梭子。不过，警卫会场时都没有装子弹。这都是前一天就安排好的，还演习了好几回。只有赵营长带了手枪，枪里还压满了子弹，他是会场里唯一可以四处走动的警卫人员。营长后来对我说，他很兴奋也很紧张，特别怕出意外，随时准备应对。

《公元一千九百四十五年九月九日九时　南京》（油画）　陈坚

9月9日上午，最早进场的是中国受降代表。8点半开始，参加受降典礼的盟国代表、国民党政府官员、中外记者先后到来，他们拿着请柬，在门外的签到桌上签名，有四五百人。

快9点时，7个光脑袋日本投降代表从我们跟前走过。我们警卫们个个都昂首挺胸，威风凛凛，眼盯着他们去排队签到。中间一个瘦高个子日本军官伸着脖子，躬着腰，还没走到桌子跟前，身子就摇晃起来，眼泪鼻涕一起流了下来，嘴巴大张着，看样子是强憋着没有哭出声来，两边的矮个子日军代表慌忙搀扶住他。我估摸着他就是营长说的日本派遣军总司令冈村宁次！我心里骂道："龟孙应死！"

这7个鬼子进去不到20分钟，就签完投降书走了出来，一个个哭丧着脸，像死了老子娘，秃脑袋耷拉得更低，腰弯得更深，脸阴得像要下雨，嘴噘得能拴住驴。奶奶的，他们在中国杀人如麻，作恶多端，血债累累！早知今日，你何必当初！想想日本鬼子的滔天罪行，恨不得上去活剥了他！

签字那会儿，礼堂外40团的官兵一次次地站起来挥胳膊高喊口号："日本投降啦！""中国光复啦!""我们胜利啦！""中国万岁！"

第二天，南京城举行了庆祝活动，我们新6军参加列队游行，走分列式。南京城市民几乎全都涌上街头，老百姓满脸泪水满脸欢笑，人们高喊："八年亡国奴，我们光复啦！""胜利万岁！"街边到处是鞭炮，一串串相接，用长竹竿挑着燃放，响声震天，地上的炮纸足有几寸厚。

部队游行每到一处街口，总有市民拦住送东西。人们抬着面粉、大米、老酒、鸡蛋、汽水、被单、手套、鞋帽、衬衣、油盐酱醋，多得数不清，堆得大街上到处都是，部队走不动了，常常是原地踏步。不收下东西老百姓死活不依，只得请示上级，上级也没有啥好办法，最后派车来把东西全部收下拉回，游行提前结束。

在驻地经常有老百姓赶着大猪来慰问，他们说："老总啊，你们把日本鬼子打跑了，老百姓凑钱买的猪给你们吃。"我们不要，但他们放那儿就走，我们也没办法。

回到驻地，方城老乡、副营长牛振远专门对我说，昨儿个签到桌上那个哭鼻子老鬼子叫冈村宁次。我说管他娘的叫啥东西，就叫他龟孙应死！大家一起起哄，齐叫"龟孙应死"！牛副营长哈哈大笑。

抗战胜利后，我又随部队开到东北战场与解放军作战，被俘后归入解放军四野，南下时途经许昌，我请假回家探亲，等我回到驻地时，部队已接到紧急任务开拔走了，我遂回乡定居，长期务农，1971年随李堂村农转非成为城市居民。

几十年过去了，我还记得和我一起参加远征军作战的战友。一个是陈发海，他是平顶山原薛庄乡肖营村人，在老家务农，一生单身；另一个是宝丰县城北的王连青；还有一个是方城县的牛振远。这三人都已去世。

后来得知，我的营长赵振英还活着，是我儿子史文召联系上的。他还记得"馒头"，老战友一别60多年本应见面，但我行动不便，赵振英身体虚弱，想通个电话也听不见。不久前赵营长得知我骨折住院，还寄来了500元钱。

我儿子史文召现在是平顶山关爱抗战老兵志愿者，找到并帮助了很多抗战老兵。